【第十四辑】

SAN JIN FA XUE

三晋法学

主编◎王继军　主办◎山西大学法学院

中国法制出版社
CHINA LEGAL PUBLISHING HOUSE

目　录

Contents

名家论坛

探索与争鸣

法学各科专论

认罪认罚从宽研究

课题成果

名家论坛

◎ 搞好教学、科研、社会服务之体会

搞好教学、科研、社会服务之体会

王继军*

摘　要：大学教师的使命在于为国家和社会培养优秀人才，这一任务的完成有赖于正确处理教学、科研、社会服务三者之间的关系。笔者通过总结40年来从事高等法学教育工作的经验，深入剖析了作为一名大学教师，应如何搞好教学、科研和社会服务工作。大学教师具有教学、科研和社会服务的多重职责，做好研究生教学必须以专业科研为基础，同时应积极参加社会实践，在实践中发现问题，推动教学科研的进步，这样才能有效提高人才培养质量。

关键词：大学教育　教学　科研　社会服务

今年是我从事高等法学教育整整40周年的纪念日，我对自己40年来的教学、科研、社会服务情况进行了简单的统计，看着自己这40年来给本科生、硕士生、博士生讲授的课程和人数，完成的科研项目、发表的论文、出版的著作、获得的科研奖励，办理的社会法律服务事务等庞大的统计数字，我感到自己这40年没有白活，没有愧对大学教师这个光荣的职业，成就感满满的。细想起来，这些成就取得的原因，客观上得益于大学的环境和领导以及其他老师、学生的帮助和合作，主观上得益于自己正确处理好了教学、科研、社会服务三者的关系。因此，借《三晋法学》一席之地，谈谈自己40年来是如何搞好教学、科研、社会服务的体会。

* 山西大学法学院二级教授，博士生导师，主要从事经济法、矿产资源法研究。

一、搞好教学、科研、社会服务是大学教师的职责

大学教师教学、科研、社会服务的职责，是由大学的性质和功能决定的。大学之所以不同于中小学，就在于它不仅承担着传授已有知识、培养人才的使命，还承担着创造知识，并用创造出的新知识培养人才、为社会服务的使命。中小学乃至大学本科主要是培养对已有知识掌握的人才，教师的主要职责是传授已有的知识，教与学的核心，解决的是知道和认识客观世界，即客观世界“是什么”的问题，因此，中小学乃至大学本科教师的使命是传授已有的知识，当然传授已有的知识也存在科研问题，但这种科研的对象和范围仅是研究传授“哪些是好的知识”和“如何传授好知识”的问题，也称为教学研究。大学教育虽然在本科阶段还是在传授已有知识，但这种知识比较专业，不像中小学那样广泛全面。到了硕士、博士研究生阶段的人才培养，教学已不再是传授已有的专业知识，而是在学生已有的专业知识基础上，培养学生解决自然界和社会发展变化中“为什么”“还有什么”的问题，这就需要大学教师用自己创造出的新知识去培养学生，也就是要用教师的专业科研成果去培养学生，因此，大学教师不但要搞教学科研，还要搞专业科研。知识是不断更新和发展的，大学教师的科研成果在任何国家都占有重要的地位和比例，因此，大学教师的专业科研成果，不仅要用于培养人才，还要服务社会。教学科研与专业科研的主要区别在于，专业科研的对象和范围集中在自然与社会某一领域的某一未知问题，而教学科研则是针对已有知识，研究如何传授已有的好的知识和好的传授方法问题。将大学定位划分为，科研型大学、教学科研型大学、教学型大学，正是有源于此。专业科研是一种创造性活动，必须要通过研究对研究对象有新的见解和认识，产生新的知识，这就是我们所说的创造新知识。创造新的知识不是凭空想象出来的，而是通过实践和在实践中发现问题、分析问题的研究中得来的，因此，大学教师，特别是研究生导师，必须参加社会实践，实践是认识的源泉和动力，也是科研的源泉和动力，因此，大学教师不能仅停留在教室，还应深入自己讲授专业的社会实践中。培养人才是大学的终极使命，也就是说，大学教师进行科学研究、社会服务的最终目的是提高人才培养质量。

二、搞好教学特别是研究生教学专业科研是基础

大学本科生学习的是知识，解决“是什么”的问题，虽然有统编教材，但要想讲好本科生的课，必须进行教学科研，通过教学科研将本专业最好的已有知识选出，用研究出的最好方法传授给学生，教学质量才能得到保障。但到研究生培养阶段的教学，由于硕士研究生是在掌握已有知识，在解决了“是什么”问题的基础上去学习解决“为什么”的问题，博士研究生是在解决了“是什么”“为什么”的基础上探寻“还有什么”的问题，因此，研究生的教学必须有专业科研的基础，否则，研究生教育只能停留在本科的教学层面上。

1997年，我开始担任经济法学硕士研究生导师，至今指导过的硕士研究生有204名。当硕导后遇到的第一个问题就是，所指导的研究生都是法学本科毕业，在本科阶段都学过经济法学这门课，在研究生阶段再开设的经济法课程应该怎么讲？讲哪些？研究生阶段的经济法学课与本科阶段学过的经济法学课有什么区别？经过摸索，我认为，法学硕士同学们在本科阶段所学的经济法学，解决的是认识问题，即经济法“是什么”的问题，硕士研究生阶段再学经济法学，要解决的是在实践中很多“为什么”的问题，因此要引导学生在知道经济法“是什么”的基础上，发现和解决经济法在立法、司法实践中遇到的很多“为什么”的问题。如经济法学中的矿产资源法，在本科阶段讲授的是矿产资源法的概念、地位、作用等知识，解决了什么是矿产资源法的认识问题。到硕士研究生阶段，我用在2009年参加山西省煤矿企业兼并重组中亲自办理的某个体户以250万元的价款从政府有偿取得的地下煤炭资源，以1.6亿元的价格转让给国有企业净赚1.3亿元（除去资产和资源价款）的案例，研究了矿产资源法中矿产资源有偿取得制度的问题，发现了矿产资源法有偿使用制度中，存在有用政府税费替代国家（全体人民）对矿产资源的收益权的重大问题，这一专业问题列为教育部研究课题（后在系列论文的基础上与研究生一起出版了专著），研究成果与党的十八届三中全会中自然资源改革的方案相吻合，与2017年国务院出台的权益金征收方案相一致。由此可见，在硕士研究生阶段要引导学生，发现已有的制度在实践中存在什么问题、为什么存在这些问题以及解决的办法。因此，硕士研究生的教学解决的是实践中“为什么”的问题，教师必

须通过社会服务的实践，发现问题，研究问题。

2009年，我开始担任博士生导师，我所指导过的7个博士生，其中5个都是原来自己带过的经济法硕士研究生，在教学过程中，同样首先遇到的问题是专业课应该怎样讲？讲什么？我认为，博士研究生是在认识了客观世界“是什么”“为什么”的基础上去探寻“还有什么”的问题，解决的是未来预测问题。与硕士研究生培养不同的是，硕士研究生侧重于从实践中发现问题，而博士研究生则应从已成熟的理论中发现问题，因为现有的理论往往会制约人们对未来的预测，要探寻未来发展“还有什么”的问题，就必须对现有理论中的问题进行发现、分析。如在国家治理体系中公平的价值观占有主导地位，当时理论的价值取向始终是全面说，即在立法、司法、行政管理中均需直接实现、体现公平，将价值取向与实现路径混同，在社会管理活动的实践中，公平与秩序的关系常常发生矛盾和冲突，行政机关无所适从，很多人打着公平的旗号无视秩序，针对这一问题，我指导博士研究生研究了《实现社会管理创新公平价值的法治路径研究》课题，并以此课题顺利地通过了学位论文。从目前看，依法立法、依法司法、依法行政理论基本取代了公平立法、公平司法、公平行政理论的价值取向。

搞好专业科研必须坚持有稳定的研究领域和方向，地方大学的专业研究必须有地方特色，只有有地方特色才有可能成为全国甚至世界的新知识成果。2007年以来，由于我坚持了以山西是煤炭大省，矿产资源丰富这个地方特色，坚持研究矿产资源法律制度中的问题这个领域和方向，截至2017年，先后取得5项国家级课题，发表论文30余篇，出版相关著作5部，这些专业科研成果在培养硕士和博士研究生中发挥了重要作用。

无论是教学科研还是专业科研，思维方式即研究方法极为重要，从某种意义上讲，研究生培养就是在培养研究生的思维方式。因为在已有知识的基础上探究“为什么”“还有什么”的问题，研究生需要通过大量阅读经典著作、导师的科研成果，学习经典作家、导师怀疑、分析、批判、否定、肯定问题的思维方式，学会发现问题、分析问题、解决问题的方法。在研究方法方面，我认为无论是自然科学还是社会科学，马克思、恩格斯、毛泽东的研究方法是十分科学的，值得学习和仿效。如从标志着马克思主义诞生的《共产党宣言》到《毛泽东选集》第一卷第一篇《中国社会各阶级的分析》等文章，均体现了马克思、恩格斯、毛泽东用阶级的分析方法（利益的分析），分析历史、政治、经济、社会、法律等问题，为无产阶级革命的胜利和解放提供了科学的理论指导。用马克思、恩格斯、毛泽东的思维和方法进行专业科研是如鱼得水、获益无穷的。

在搞好专业研究的同时，切不可忘记大学教师讲课的基本职责，特别是本科生的讲课任务。40 年来，我不但给本科生、研究生讲授过经济法学，还讲授过法理学、刑法学、民法学、民事诉讼法学、行政法学、律师业务、公安业务、马克思恩格斯经典著作选读等不同专业的课程和各种专题讲座。课程虽然杂了些，但是为我进行专业研究提供了重要帮助，为学科交叉打下了基础。如研究采矿权法律制度改革（2012 年开始主持国家社科基金项目，2019 年已出专著），采矿权虽然是经济法的范畴，但采矿权的客体涉及民法，管理处罚等制度又涉及行政法，整体研究涉及马克思主义的利益分析方法，如果仅用一个专业的知识进行研究，很难得出科学结论。所以我认为，大学教师应该是“一专多能”，即在传授已有知识的基础上多开课，在专业研究上要专一，有自己稳定的研究领域和方向，会获得学生受益、教师科研受益的双赢效果。

三、搞好专业科研必须参与社会实践（服务）

我常想，作为一个教外科手术学的教师，如果连自己都没有做过手术或不会做手术，怎么能培养出会做手术甚至超越自己的学生呢？因此，大学教师必须参加自己所研究领域的社会实践，用参与社会实践获取的体会选择好的知识、好的方法来讲好本科生的课，培养出“会做手术”的学生，用参加社会实践发现的问题进行科学研究，培育出超越自己的学生。毛主席在《实践论》中指出：“实践是认识的源泉、实践是认识的动力”，因此，实践也是科研的源泉和动力，只有在丰富的实践中才有可能发现问题，研究出解决问题的办法。如1985 年我办理了一起行贿辩护案，一审法院判处被告人 3 年徒刑，二审时我发现一审法院适用法律错误，当时的刑法和司法解释规定行贿罪的法益要件是“为牟取非法利益”，被告人谋取的是经批准的合法利益，行为虽有不正当性，但从法益的角度不构成行贿罪，二审法院采纳了我的意见宣告被告人无罪。被告人虽然无罪了，但我觉得刑法规定和司法解释有漏洞，不利于国家的廉政建设，我在结案以后，将刑法和司法解释中关于行贿罪法益要件“非法利益”不科学，应改为“不正当利益”的意见写成书面材料，寄给全国人大和中央政法委，1988 年，《全国人大常务委员会关于惩治贪污罪贿赂罪的补充规定》将行贿罪的法益要件改为了“不正当利益”。这一案例的实践，一方面在课堂上教会了学生如何运用法律，另一方面使我初尝了专业科研的甜头。再如我在担任漳泽电力独立董事期间，发现由于电的用途广泛，国家实行的是计划价，但是发电的主要“粮食”煤炭是市场价，受市场变化的影响，煤电双方矛盾十分尖锐，针对这一问题，我在 2008 年拟题申请了司法部《电力市场法律问题研究》课题，提出了“煤电联营”的构想（2011 年出版专著），现在漳泽电力与同煤企业已合并的事实与我研究的结果相同。这 40 年来，我办理大量律师业务、担任法律顾问、参加各种咨询等社会实践（服务）的经历，为自己进行专业科研提供了强大的源泉和动力，取得了丰硕的科研成果。

教学、科研、社会实践（服务）是大学教师的使命，社会实践推动科研发展，科研成果又促进了教学和社会服务质量的提高。在这一过程中，大学教师的终极使命是培养出能超越自己的、国家和社会需要的优秀人才。

以上仅是自己的体会，仅供大家参考。

探索与争鸣

◎ 智能汽车时代交强险制度的变革

◎ 无人驾驶汽车交通事故侵权责任研究

◎ 论仲裁员披露义务的免除情形

智能汽车时代交强险制度的变革

汪渊智* 史雨菲**

摘　要： 交强险制度是在传统汽车运行背景下产生的一种基本责任保险，其在促进道路交通的高效运行、及时补偿受害人损失方面起到了重要作用。随着智能汽车的发展与普及，智能汽车交通事故的特殊性使交强险制度在适用方面出现诸多困境。为应对智能驾驶背景下交通事故的新变化，交强险制度应在坚持填补损失、促进道路高效运行之原则的前提下，增加投保主体、变更承保范围、简化理赔程序，使其在智能汽车时代发挥更加积极的作用。

关键词： 智能汽车　交通事故　交强险　投保主体　承保范围

1956年的达特茅斯会议明确提出“人工智能”（Artificial Intelligence）一词。此后经过六十多年的不断发展，人工智能技术逐渐实现了由知识获取阶段向深度学习阶段的跨越。智能汽车是人工智能技术在工业生产中的体现，指通过搭载先进传感器、控制器、执行器等装置，运用信息通信、互联网、大数据、云计算、人工智能等新技术，具有部分或完全自动驾驶功能，由单纯交通运输工具逐步向智能移动空间转变的新一代汽车，其通常又被称为智能网联汽车、自动驾驶汽车、无人驾驶汽车等，① 本文统称为智能汽车。智能汽车时代，与传统汽车时代相对应，是全球汽车产业转型升级的时代，具体指智能汽车取代

---

* 山西大学法学院教授，博士生导师，主要研究方向为民商法学。

** 山西大学法学院民商法学专业硕士研究生，主要研究方向为民商法学。

① 国家发展和改革委员会产业协调司：《智能汽车创新发展战略》（征求意见稿），http：//www. gov. cn/xinwen/2018 –01/07/content_ 5254108. htm。

传统汽车成为人类主要的通行工具，担负起构建智能交通网络和建设智慧城市重要使命的社会发展时期。在智能汽车时代，机动车发生交通事故后，传统交强险制度能否发挥分散风险与损失填补的作用，以及人类应采取怎样的措施以更好发挥这一作用，是一个值得深思的问题。

一、智能汽车交通事故的特殊性

智能汽车交通事故的特殊性在于智能汽车所安装的智能驾驶系统之特殊性，因此，对智能系统的了解是分析智能汽车交通事故特征的基础。目前国际上关于智能汽车的等级划分普遍采用的是 2014 年国际汽车工程师协会（SAE International）制定的划分标准，具体划分标准如下①：

表 1　2014 年国际汽车工程师协会关于智能汽车等级划分

SAE 等级	名称	含义	驾驶操作
L0	无自动化	驾驶员完全掌控汽车。	驾驶员
L1	驾驶辅助	由一项驾驶辅助系统完成某些特定的驾驶操作，驾驶员完成剩余部分的驾驶操作。可在车道内实现自动驾驶。	驾驶员 + 系统
L2	部分自动化	由一项或多项驾驶辅助系统完成某些特定的驾驶操作，驾驶员完成剩余部分的驾驶操作。可实现换道行驶、环岛绕行、拥堵跟车等自动驾驶。	驾驶员 + 系统
L3	有条件自动化	由驾驶系统完成所有的驾驶操作，但是驾驶员应当随时能够根据驾驶系统的提示接管驾驶。可在高速公路上实现自动驾驶。	系统
L4	高度自动化	在特定情形下由驾驶系统完成所有的驾驶操作，驾驶员无须接管驾驶。一般可在高速公路、市区道路上实现自动驾驶。	系统
L5	全自动化	由驾驶系统完成所有的驾驶操作。可在所有道路环境下实现自动驾驶，完全替代人驾驶。	系统

① 国家发展和改革委员会产业协调司：《智能汽车创新发展战略》（征求意见稿），http：//www. gov. cn/xinwen/2018 -01/07/content_ 5254108. htm。

表1的内容表明，在不同阶段的智能汽车中，驾驶员所扮演的角色是不同的。L0阶段，未安装任何智能系统，驾驶员应对驾驶过程中发生的交通事故负责。L1～L2阶段，虽有驾驶辅助系统的介入，但驾驶员在汽车的整个行驶过程中仍起着至关重要的作用。L3阶段，① 智能驾驶系统负责完成特定情境下的驾驶操作，驾驶员则根据系统提示随时准备介入。L4～L5阶段，驾驶员转变为车内乘客，智能驾驶系统逐渐代替驾驶员，在整个行驶过程中扮演着最为重要的角色。总的来说，L1、L2阶段的智能汽车事故责任问题与传统汽车事故责任相似，此阶段事故的处理可参照传统汽车事故责任的认定规则；L3～L5阶段，智能驾驶系统逐渐代替驾驶员，使得此阶段的责任认定较为复杂。从目前技术的发展趋势和各国的立法状况来看，L3以上阶段是智能汽车未来的发展方向，且此阶段的事故责任认定是理论界与实务界关注的重点，故本文主要讨论L3～L5阶段的相关问题。

（一）责任类型与责任主体的变化

传统汽车由人类驾驶员操控，发生交通事故的原因不外乎以下几种：（1）驾驶员的过错；（2）车辆存在产品缺陷问题；（3）不可抗力，如突发自然灾害等。基于发生事故的不同原因，我们可以认定车辆的所有人或者使用人承担机动车交通事故责任，认定车辆的生产者或者销售者承担产品责任。相比之下，现有的法律规定在认定智能汽车事故责任类型方面可能存在一定的变化。

假设处于L3～L5阶段的智能汽车在智能系统控制下发生交通事故，造成人员伤亡或财产损失，应如何认定其责任类型？

根据《侵权责任法》及《道路交通安全法》（以下简称《道交法》）的规定，机动车发生交通事故造成人身伤亡、财产损失的，由保险公司在交强险限额范围内予以赔偿，不足的部分由侵权人按照相应的归责原则进行承担。② 此类侵权由交通事故造成，认定为机动车交通事故责任最为直观。但《侵权责任法》的目的在于填补损失，每一个侵权行为必须确定具体的侵权人，根据《道

---

① L3阶段为有条件自动驾驶阶段，因此阶段需驾驶员介入接管系统，也称为人机混合驾驶阶段。

② 比如机动车之间发生事故的，适用过错原则；机动车与非机动车驾驶人或行人发生事故的，适用无过错责任原则。

交法》第七十六条的规定，机动车交通事故责任的承担主体为“机动车一方”，另从《侵权责任法》第四十九条至第五十二条的规定来看，《道交法》中“机动车一方”重点指的是机动车的实际驾驶者，也就是说，在判定机动车交通事故责任人时，要注重分析谁是风险的掌控者。具体到智能汽车交通事故中，车辆的使用者仅担任开启智能驾驶系统的责任，操控车辆的整个运行过程，决定车辆在具体情形下应如何“行动”的是智能驾驶系统本身。在认定机动车一方责任时，我们不能将智能汽车的使用者或者所有者包括在内，因其并未实际驾驶汽车，对风险的发生无掌控力，亦不能认定智能驾驶系统为实际驾驶员，因其不具备民事主体资格，无法对自己的行为承担责任。所以，即便认定为机动车交通事故责任，也无法确定谁是真正的驾驶者。

考虑到汽车的实际运行是由系统操作，使用人并没有实施实际驾驶行为，故发生交通事故只能归因于系统；而系统的产生源自系统的制造者，① 将系统未按照预期的效果完成驾驶任务认定为制造者的产品责任，具有一定的合理性。② 事实上，众多智能汽车制造者愿意承担此责任，比如沃尔沃总裁宣称“对其自动驾驶模式下汽车造成的损失承担全部责任”；谷歌和戴姆勒也都提出，如果他们的技术有缺陷，他们将承担责任。③ 但是，主张制造者的产品责任不能为交通事故受害者提供充分保护，因为产品责任以产品缺陷为前提，而制造者可以提出“现有工艺”抗辩。④ 故有学者提出，应当将自动驾驶领域的产品责任和机动车保有人责任合并升级为辅之以保险的制造商的无过错责任。⑤

---

① 本文中系统的制造者通指系统设计者和汽车生产者。

② 殷秋实：《智能汽车的侵权法问题与对应》，载《法律科学（西北政法大学学报）》2018 年第 5 期。郑志峰：《自动驾驶汽车的交通事故侵权责任》，载《法学》2018 年第 4 期。冯珏：《自动驾驶汽车致损的民事侵权责任》，载《中国法学》2018 年第 6 期。

③ 冯珏：《自动驾驶汽车致损的民事侵权责任》，载《中国法学》2018 年第 6 期。

④ 邢海宝：《智能汽车对保险的影响：挑战与回应》，载《法律科学（西北政法大学学报)》2019 年第 6 期。

⑤ 冯珏：《自动驾驶汽车致损的民事侵权责任》，载《中国法学》2018 年第 6 期。

（二）因果关系与责任认定的复杂性

根据《智能网联汽车道路测试管理规范（试行）》第七条的内容可推知，①未来在市场上通行的智能汽车一定会拥有事件数据记录功能，也就是所谓的“黑匣子”技术，这些数据将会是证明交通事故发生原因的有力证据。但是相比传统汽车，智能汽车事故认定程序较为复杂，在智能汽车发生交通事故后，得先确定智能汽车所处阶段，然后再判断汽车硬件、系统是否存在故障，有无人类驾驶员介入及介入的适当性，并且记载这些信息的数据需要具备高新技术的人员参与解读，这大大增加了因果关系认定的复杂性。

此外，L3 阶段的智能汽车要求人类驾驶员在紧急情况下随时准备接管汽车，在这样一个人机混合驾驶阶段，当智能汽车发生交通事故并造成人员伤亡或财产损失时，认定人类驾驶员与智能驾驶系统之间的责任将是一大难题。比如发生紧急情况，系统提示人类驾驶员接管车辆，但人类驾驶员未能及时作出反应致使损害发生，应如何分配人类驾驶员与系统之间的责任。如果让人类驾驶员承担事故的全部责任，似乎违背了智能汽车设计的初衷，并未真正将人类驾驶员从驾驶过程中解放出来。

在未来，智能汽车的投入将显著减少交通事故的发生，但任何技术都并非完美无瑕，智能汽车交通事故的特殊性要求我们必须提前做好准备以积极应对智能汽车时代的到来。

二、智能汽车时代交强险制度的困境

交强险是首个由我国法律规定实行的强制性责任保险制度。《机动车交通事故责任强制保险条例》（以下简称《交强险条例》）施行至今，在维护道路交通

---

① 工业和信息化部、公安部、交通运输部于 2018 年 4 月 3 日联合印发的《智能网联汽车道路测试管理规范（试行）》第七条规定，测试车辆应当具备车辆状态记录、存储及在线监控功能，能实时回传车辆控制模式、位置及运动状态信息，并自动记录和存储前述信息在内的相关信息在车辆事故或失效状况发生前至少 90 秒的数据，数据存储时间不少于 3 年，这些信息还包括环境感知与响应状态、车辆外部 360 度视频监控情况、反映测试驾驶人和人机交互状态的车内视频及语音监控情况等。

通行者人身财产安全、确保道路安全方面及减少法律纠纷、简化处理程序，确保受害人获得及时有效赔偿方面起到了重要作用。随着智能汽车的不断普及，智能汽车在交通事故中所表现的特殊性使交强险制度在适用方面出现了诸多困境。

（一）投保主体单一

我国现行《交强险条例》规定交强险的投保人应为机动车的所有人、管理人。笔者认为，这样规定的原因在于传统汽车的所有人、管理人对汽车可能造成的风险具有很强的操控性，且大多交通事故的发生是由驾驶员失误造成的；强制要求机动车的所有人、管理人对其机动车进行投保，可在保障受害人权益的同时，减轻交通肇事方的经济负担。但在智能汽车时代，尤其是在L3阶段以上的智能汽车时代，智能驾驶系统将逐渐取代人类驾驶员的地位，机动车的所有人、管理人对汽车风险的操控性也随之减弱甚或消失，与此同时，在行驶中发生的事故责任也转由系统的制造者承担。在智能汽车时代，交强险仅以机动车的所有人、管理人作为投保人，将有违交强险制度制定之目的。交强险制度若想实现有效发展，必须在投保主体方面发生相应的变化。

（二）承保范围有限

根据《交强险条例》第三条的规定，① 交强险的承保范围不包括车内人员、驾驶者因车祸造成的伤亡与损失。但自动驾驶技术的应用无疑会增加人类驾驶者和同乘人员成为受害人的可能性，“邯郸特斯拉案”便是实证。② 据央视此前的报道，2016年1月20日，京港澳高速河北邯郸段发生一起追尾事故，一辆特斯拉轿车撞上一辆正在作业的道路清扫车，特斯拉轿车当场损坏，司机不

---

① 《机动车交通事故责任强制保险条例》第三条规定：“本条例所称机动车交通事故责任强制保险，是指由保险公司对被保险机动车发生道路交通事故造成本车人员、被保险人以外的受害人的人身伤亡、财产损失，在责任限额内予以赔偿的强制性责任保险。”

② 张龙：《自动驾驶背景下“交强险”制度的应世变革》，载《河北法学》2018年第10期。

幸身亡。① 在智能汽车时代，所谓的“驾驶者”年龄跨度较大，各自能力参差不齐，且在发展初期，驾驶者对智能汽车具体性能并非完全了解，此类事件的发生是难以避免的。现行交强险制度仅保障本车人员、被保险人以外的受害人人身伤亡、财产损失，很难适应智能汽车时代的发展趋势。

（三）理赔效率降低

出于某种原因，智能汽车相撞发生交通事故，根据《交强险条例》的规定，被保险人应向保险公司提交赔偿申请，保险公司在收到赔偿申请之日起1天内，会书面告知被保险人需要提供的与赔偿有关的证明和资料，并于收到证明和资料之日起5日内，对是否属于保险责任作出核定，将结果通知被保险人。相比传统汽车，智能汽车是集合环境感知、规划决策、多等级辅助驾驶等功能于一体的综合系统，依靠车内以计算机系统为主的智能驾驶仪来实现自动驾驶，是典型的高科技配置综合体。② 智能汽车的这种高科技配置给保险公司定损估价带来了诸多难题。为完成这一复杂的定损估价过程，保险公司可能需要付出更多的时间和精力，如此一来，理赔效率会大大降低。

此外，《交强险条例》规定保险公司开设交强险业务可通过两种途径，一种是自行申请，另一种则是响应保监会的要求。在现有法律制度不变的情况下，随着智能汽车的不断普及，自行申请开设交强险的保险公司数量会减少，且应保监会要求开设此业务的保险公司也将会力不从心。原因在于，在智能汽车时代，保险公司为实现高效理赔，可能需要聘请更多专业的查勘定损员对事故发生原因进行分析，确定各项配置对出险率和维修金额的影响，从而完成定损。③ 智能汽车发生交通事故后，无论最后的责任归属于谁，保险公司极有可能会先

---

① 据事故后行车记录仪中的视频分析，事故发生时，天气晴好，特斯拉轿车行驶速度并不快，但已处于“定速”的状态，并未能及时识别导致撞上前车。现场交警的调查也显示，事故发生时涉事特斯拉没有刹车和减速的迹象，也没有采取任何躲避措施。参见奕含：《邯郸特斯拉事故致死案：公司承认案发时处“自动驾驶”状态》，https：//www.guancha.cn/society/2018_02_27_448303.shtml。

② 朱倩倩：《车险业如何拥抱无人驾驶时代》，载《中国保险（焦点专题）》2017年第11期。

③ 朱倩倩：《车险业如何拥抱无人驾驶时代》，载《中国保险（焦点专题）》2017年第11期。

行垫付，再根据相关法规对责任的划分进行追偿。上述现象将会增加保险公司的成本，而保险费率的调整可能需历经较长的时间。①

三、智能汽车时代交强险制度变革应遵循的基本原则

《交强险条例》从制定到现在已有十三年之久，其在整个条例开篇就明确了设置交强险的目的。该制度的建立，使交通事故受害人获得了及时有效的经济赔偿和医疗救助；在一定程度上减轻了交通肇事方的经济负担；有利地促进了道路交通安全；通过“奖优罚劣”的费率经济杠杆手段，促进驾驶人增强安全意识；充分发挥了保险的社会保障功能，维护社会稳定。② 从之前的传统汽车到如今的智能汽车，机动车上所体现的技术发生了前所未有的改进，其在提高交通效率的同时也给人类带来了不一样的驾驶体验。未来，科学技术的发展将会给驾驶工具带来怎样的变化，我们无法准确预测，但无论其经历怎样的发展变化，保险的基本理念、人类对道路交通安全的基本要求会始终如一。

2018 年出台的《智能网联汽车道路测试管理规范（试行）》第九条规定，智能汽车测试主体向拟开展测试路段所在地的省、市级政府相关主管部门提出道路测试申请时，所提交的申请材料中应包括“交通事故责任强制险凭证，以及每车不低于五百万元人民币的交通事故责任保险凭证或不少于五百万元人民币的自动驾驶道路测试事故赔偿保函。”在智能汽车测试阶段尚且注重交强险的作用，更何况在未来的发展时期呢？

笔者认为，交强险作为责任险的一种，在未来发展阶段，应始终遵循损失填补原则；作为车险的一种，应始终遵循促进交通高效运行原则。

---

① 《机动车交通事故责任强制保险条例》第六条规定：“机动车交通事故责任强制保险实行统一的保险条款和基础保险费率。国务院保险监督管理机构按照机动车交通事故责任强制保险业务总体上不盈利不亏损的原则审批保险费率。国务院保险监督管理机构在审批保险费率时，可以聘请有关专业机构进行评估，可以举行听证会听取公众意见。”保险费率需要在对交通事故分析的基础上确定，而这需要智能汽车发展到一定的阶段。

② 保监会：《交强险制度建立的背景》，http：//www.gov.cn/zwhd/2006－06/30/content_324106.htm。

（一）损失填补原则

随着工业社会的发展，各种类型的意外事故频繁发生，传统侵权责任中的过错责任已不能很好地保护受害人利益，于是各国的立法者在过错原则之外承认无过错原则作为补充和特例。无过错责任对于消费者和劳工来说大有裨益，但对企业来说正好相反，有时一笔巨额赔偿就可以使一个中小型企业濒临破产。企业的这种状况对于受害人来说，意味着赔偿不能全额实现，甚至判决将变成一纸空文。为了更好地维护受害人的利益，责任保险应运而生。由此可知，责任保险从产生之日起，就担负着填补受害人损失的重任，分散风险只是其外在表现形式。

未来社会，智能汽车的运行将大大减少交通事故的发生，尤其是将显著减少因人类错误引起的事故，但事故并不能完全避免，即使是完全自动驾驶汽车，其系统也可能发生故障，进而导致交通事故。[①] 通过前文分析可知，智能汽车交通事故涉及的责任主体将发生扩大或转移，受损害主体亦不能将车内人员和驾驶员排除在外。考虑到智能汽车检测维修时的高成本及车内人员的人身保障，交强险对这些“受害人”也应当坚持损失填补原则。

（二）促进交通高效运行原则

目前，影响道路交通通畅最主要的原因就是交通事故的频繁发生，而迅速化解矛盾、确定各方责任是疏通道路的有效方法。智能汽车时代，交通事故的因果关系和责任认定较为复杂，但现实给我们查勘的时间有限，如何在有限的时间内安抚各方情绪是我们面临的一大挑战。设想，如果社会中存在高效的方法弥补各方损害或减少损失，纠纷的解决速度将显著提升。因此，交强险作为车险的基本形式，应当设计相关条款，缓解肇事方或者受害方的恐惧或担忧，在一定范围内补偿各方损失，从而达到促进交通高效运行的目的。

交强险制度将是长期存在的一种保险制度。未来交强险制度的发展应当在万变中掌握不变的原则，在遇到问题时始终以这些原则为出发点去解决问题，方能达到理想效果。

---

① 邢海宝：《智能汽车对保险的影响：挑战与回应》，载《法律科学（西北政法大学学报）》2019 年第 6 期。

四、智能汽车时代交强险制度变革的具体举措

随着智能驾驶技术的发展，各国纷纷出台相应政策以积极应对发展中可能存在的问题。英国一直致力于在交通领域的技术革命中保持领先地位，特别是在保险政策方面，更是一直走在各国前列。2017 年 10 月，英国提出《自动与电动汽车法案》（Automated and Electric Vehicles Bill，以下简称 AEV 法案），该法案将车辆强制保险范围扩大至自动驾驶汽车，规定对于车辆在“自我驾驶”状态下发生事故的，保险人或者车辆所有人应当承担首要责任。① 另外，自 2017 年 4 月起，日本东京海上日动火灾保险公司将自动驾驶期间的交通事故列入汽车保险的赔付对象，开启了日本无人驾驶责任保险的先河，在防范风险的同时，最高程度地实现救济的准确性和及时性。② 从保险的本质特征来讲，其一定程度上体现了客户对于风险以及风险带来的恐慌最直接的人性需求，故笔者认为，交强险在未来的发展中，应当注重保障系统设计者、汽车生产者的利益，弥补驾驶者和车内人员的损失。

（一）增加投保主体，变更承保范围

1. 增设系统的设计者、汽车的生产者为投保主体

当智能汽车发展到 L4 或 L5 阶段，发生交通事故的原因可能来自系统的缺陷或者故障，相应地，承担责任的主体也将转变为系统制造者。未来的交强险应将智能驾驶系统运行中的缺陷责任归入交通事故责任，增设系统制造者为投保主体。当设计者与生产者相分离时，应由设计者投保交强险；当设计者与生产者为一体时，则应由生产者进行投保。将系统的制造者纳入交强险的投保主体后，受害人就承保事项可直接要求保险公司在责任限额内承担赔偿责任，无须向制造者主张产品责任。需要特别注意的是，对于系统制造者，交强险仅承保其系统在运行过程中产生的“故障”，系统在出厂时就已存

---

① 曹建峰、张嫣红：《〈英国自动与电动汽车法案〉评述：自动驾驶汽车保险和责任规则的革新》，载《信息安全与通信保密》2018 年第 10 期。

② 张建文、贾章范：《〈侵权责任法〉视野下无人驾驶汽车的法律挑战与规则完善》，载《南京邮电大学学报（社会科学版）》2018 年第 4 期。

在的缺陷应属产品责任险的承保范围。

2. 承保范围的变化

我国现行交强险，指由保险公司对被保险机动车发生道路交通事故造成本车人员、被保险人以外的受害人的人身伤亡、财产损失，在责任限额内予以赔偿的强制性责任保险，其承保的标的是被保险人在交通事故中对第三人依法应负的民事赔偿责任。相比在智能汽车时代，除车辆的驾驶人可能存在潜在的危险驾驶行为外，智能汽车基于其深度学习与自主决策能力，也会给驾驶者、行人或其他车辆造成一定的危险（尤其是 L4、L5 阶段），故笔者认为，应当借鉴英国 AEV 法案的相关规定，将承保的范围由承保司机向承保汽车转变，① 凡是智能汽车造成的损害都应当属于承保的范围。当然，针对不同的投保人，应当分类别设定承保范围。当已投保的智能汽车发生交通事故后，保险公司应当在所承保的责任限额内对智能汽车造成的包括驾驶人和车内人员在内的受害人的损害先行赔付。

（二）简化理赔程序，提高赔偿效率

“黑匣子”技术是未来智能汽车必须具备的技术之一，此项技术的应用可帮助人类知悉事故发生时智能汽车所处状态及各项系统运行情况、车内人员所处状态及驾驶员介入的适当性等，从而降低权利主张者的举证难度，避免受害人求偿不能。智能汽车发生交通事故后，我们只能对事故的表面客观情况进行迅速勘定，至于车辆的具体情况，必须事后通过对黑匣子所存储的数据进行分析才能知晓，而这一分析过程可能耗费较长的时间。为体现交强险高效理赔理念，应当简化理赔程序，对保险公司实行严格责任，只要是智能汽车造成的损害且已投保交强险，除存在免责事由外，保险公司都应当赔偿。

（三）明确保险公司的免责事由和追偿权

交强险作为一种责任保险，应当只对被保险人应承担的民事赔偿责任在一定限额范围内进行赔付，故对不属于被保险人的责任，保险公司无须赔偿。笔

① 朱倩倩：《车险业如何拥抱无人驾驶时代》，载《中国保险（焦点专题）》2017 年第 11 期。

者认为，保险公司对以下损害后果不承担责任：第一，保险公司对第三人侵入驾驶系统造成的损害后果不承担责任；第二，若损害是由受害人故意造成的，保险公司不承担责任；第三，车辆驾驶人违反保险公司的规定更改软件造成事故的，保险公司不承担责任。在查明事故具体发生原因后，保险公司有权就属于第三人赔偿责任部分在赔付数额范围内向第三人追偿。在特定情形下赋予智能汽车交强险的保险人对第三人的追偿权，既顺应了交通事故责任向制造者转移的趋势，又能够平衡保险人与制造者、车辆所有人及实际驾驶人之间的利益。①

除此之外，为适应智能汽车时代的发展，交强险制度还应在其他方面作出相应变革，比如智能驾驶情形中事故发生概率较低，保险费率将会逐年降低至最低标准，为使保险公司不亏损，银保监会应根据实际情况确定合适的保险费率。此外，随着智能汽车对驾驶员要求的降低，驾驶员的年龄跨度将会增大，交强险制度应当针对驾驶员的不同年龄作出不同的回应。

结　语

交强险制度作为传统汽车时代的一种强制性责任保险，从其产生至今，在弥补受害人损失、促进交通安全高效运行方面发挥了积极作用。但在智能汽车时代，交强险制度的适用却存在诸多困境，比如责任类型的变化、因果关系与责任认定的复杂性等。为保障其良性发展，交强险制度应就其不足方面作出积极改变，将承保范围由驾驶者变为智能汽车，增加系统的设计者、汽车的生产者作为新的投保人；简化理赔程序，要求被保险人只需提交智能汽车致损的结果即可获得赔付；规定保险公司的免责事由与追偿权，避免保险公司责任的无限扩大等。本文所提到的措施仅为交强险变革中的一部分且可能存在不足之处，但相信类似措施的采取将会使交强险制度迎来新的发展前景。

总的来说，交强险制度的应时而变只是应对智能汽车侵权责任的一方面措施。在未来，我们尚需制定与完善相关法律法规，出台具体政策以迎接智能时代的到来，无论采取怎样的措施，都应当以平衡与保护各方利益为重点。

---

① 邢海宝：《智能汽车对保险的影响：挑战与回应》，载《法律科学（西北政法大学学报）》2019 年第 6 期。

无人驾驶汽车交通事故侵权责任研究

王淑娟*　冀国芳**

摘　要： 无人驾驶汽车属于机动车，故对其交通事故进行宏观上的责任认定时仍应适用传统交通事故责任认定规则，且同样应先由保险公司依据《机动车交通事故责任强制保险条例》的规定承担赔偿责任，由于无人驾驶汽车发生交通事故通常由产品缺陷所致，故在保险限额外的责任承担中引入产品责任，由生产者作为具体责任主体更为妥当。不过，鉴于无人驾驶汽车所具备的强人工智能特性，现行机动车交通事故侵权中的保险责任制度与产品责任制度须作适度调整。

关键词： 无人驾驶汽车　交通事故责任认定　产品责任　保险制度　困境与路径

一、问题的提出

继互联网时代、大数据时代，人类社会已经迈向人工智能时代，随着人工智能的不断发展，其将逐渐应用到诸多领域，呈现出“人工智能 +”这一新的发展态势，为人们的生产和生活方式带来巨大的改变。目前人工智能在汽车产业应用最为广泛，无人驾驶汽车作为自动驾驶汽车发展的最终目标已然成为各国政府、各大汽车制造商以及各大互联网企业关注的焦点。诚然，无人驾驶汽车因在降低交通事故的发生率、缓解交通拥堵、方便人们出行、减少环境污染以及增加人们可支配的自由时间这些方面能够发挥较大优势而备受推崇，但不可否认的是，其并不能完全避免交通事故的发生，且其强人工智能性使交通事

* 山西大学法学院副教授，主要研究方向为民法学。
** 山西大学法学院民商法学专业硕士研究生，主要研究方向为民法学。

故侵权责任的认定面临挑战，因此，对无人驾驶汽车交通事故侵权责任进行研究极为必要。

二、无人驾驶汽车交通事故侵权责任之认定

（一）无人驾驶汽车之内涵界定

1. 无人驾驶汽车之概念界定

无人驾驶汽车存在广义与狭义两种理解。广义的无人驾驶汽车包含一切智能化汽车在内，狭义的无人驾驶汽车仅指不需要人类驾驶员的完全智能化驾驶汽车。本文所指的无人驾驶汽车为国际汽车工程学会（SAE）提出来的0~5级智能驾驶汽车分级标准中的5级自动驾驶汽车，即狭义的无人驾驶汽车，其“是一种通过人工智能算法、传感器等装置的协同合作实现自动化运行的汽车。其中传感器装置负责收集周围环境的信息，人工智能算法系统对信息进行处理并对操作系统下达相应的加减速或转向等指令。”① 狭义的无人驾驶汽车在可使用的环境中均由自动驾驶系统完成全部驾驶任务，其不仅排除人类驾驶员对汽车运行的操控，而且排除电脑远程操控，其完全在自动驾驶系统的指令下行驶。②

2. 无人驾驶汽车之性质界定

认定侵权责任的前提是确定侵权责任主体，而对无人驾驶汽车性质的认定将会影响到无人驾驶汽车交通事故中侵权责任主体的认定，因而有必要对无人驾驶汽车之性质加以厘清。

无人驾驶汽车的最大特点是人工智能驾驶系统通过自主决策和运行替代人类控制车辆。学界基于无人驾驶汽车的高自主性而对是否赋予其法律主体地位这一问题产生了争议。对此，必须采取极为谨慎的态度。“实际上，法律调整的对象从来都是人的行为，即便是法人与非法人组织最终也离不开背后的

---

① 谢薇、肖飒：《自动驾驶汽车的交通事故损害赔偿责任》，载《长安大学学报》2018年第4期。

② 杨立新：《自动驾驶机动车交通事故责任的规则设计》，载《福建师范大学学报》2019年第3期。

自然人。”[①] 法律对于无人驾驶汽车的调整亦为对其背后的自然人行为的调整，无人驾驶汽车虽然具有超强的自主性，但其所执行的指令仍然为人类依据形式逻辑所编写的程序，因此，笔者认为无人驾驶汽车并没有动摇民事主体制度的根基，不应赋予其法律主体地位，其仍属于目前“人”“物”二分法之下“物”的范畴。

在“物”的范畴之下，无人驾驶汽车作为机械汽车与智能驾驶系统的有机结合的产物，属于人类智力产品，符合《产品质量法》第二条对产品所作的规定。另外，无人驾驶汽车虽具有不同于传统机动车的一些特点，但仍然符合《道路交通安全法》第一百一十九条对机动车所作的定义。因而，无人驾驶汽车属于产品，且为机动车这种特殊产品。

（二）无人驾驶汽车交通事故侵权责任属性之认定

根据上述对无人驾驶汽车性质的分析可知，无人驾驶汽车作为机动车之一种，其发生交通事故后，首先仍应适用传统交通事故责任认定规则，即依据《道路交通安全法》第七十六条的规定进行责任认定。不过，考虑到无人驾驶汽车的专业技术性所导致的证明难度，当交通事故发生于无人驾驶汽车与普通机动车之间时，不妨采取过错推定的归责原则，推定无人驾驶汽车一方存在过错，毕竟由其证明案件事实相对容易。

然而传统交通事故责任认定规则仅能对无人驾驶汽车、传统机动车、非机动车与行人这三方主体之间的责任承担作宏观上的认定，无法对具体的责任归属作进一步的厘清。毕竟，传统交通事故责任认定规则建构的基础是人类的驾驶行为，其规制的主体是汽车的所有人或驾驶人，而无人驾驶汽车中并不存在人类驾驶员这一概念。若从宏观上认定无人驾驶汽车一方为责任主体，同样地，应首先依据机动车交通事故责任强制保险进行赔偿，不足部分则由具体的责任承担者予以赔偿。不过，具体的责任承担者还须进一步认定。

当无人驾驶汽车处于运行状态时，智能驾驶系统是汽车运行的实际支配者，

---

① 韩旭至：《自动驾驶事故的侵权责任构造——兼论自动驾驶的三层保险结构》，载《上海大学学报（社会科学版）》2019 年第 2 期。

交通事故的发生往往因驾驶系统本身的缺陷所致，因而引入产品责任，由生产者作为具体的责任承担者实为必要。况且，由生产者承担无人驾驶汽车的交通事故侵权责任具有合理性。

第一，生产者处于消化成本的有利地位，其可通过定价来广泛地分散损失，这也符合风险与收益相一致的原则。第二，由生产者承担侵权责任更能满足消费者购买无人驾驶汽车的合理期待，从而有利于无人驾驶汽车的市场拓展，推动无人驾驶汽车产业的发展。第三，生产者处于风险防范的优势地位，由其承担责任能够激励其更新算法，不断提升无人驾驶技术的智能化水平与安全系数。① 此外，从减轻证明难度，查明案件事实这一角度来说，将生产者作为责任主体，将汽车所有人或使用人存在过错的情形作为其减轻或者免除责任的事由亦为合理之举，由生产者承担证明责任，是基于生产者在技术、所掌握的数据等方面所具有的优势，由其承担证明责任相对来说是比较容易的。第四，生产者承担产品责任后可通过保险制度来分担损失。

综上，无人驾驶汽车交通事故侵权责任具有交通事故侵权与产品侵权的双重属性，存在交通事故责任、产品责任以及保险责任三种责任形态，且彼此之间并不冲突，具有逻辑上的先后顺序，即首先依据交通事故责任认定规则进行宏观上的责任认定，其次依据强制保险制度进行赔偿，最后依据产品责任来确定经保险赔偿后仍不足部分的最终责任主体，这是一种链式责任认定与承担的模式。

三、无人驾驶汽车交通事故侵权责任所面临的困境

如前所述，对于无人驾驶汽车交通事故侵权责任的具体承担而言，须在强制保险责任限额范围外适用产品责任，然而现行交通事故责任强制保险制度与产品责任制度在适用于无人驾驶汽车发生交通事故的场合时，均显示出其不足以应对的一面。

---

① 王泽涛、胡文丰、吴月：《无人驾驶汽车交通事故侵权责任探析》，载《天水行政学院学报》2019 年第 2 期。

（一）适用现行交通事故责任强制保险制度面临的困境

与传统产品责任强调对消费者的保护不同，无人驾驶汽车作为现代化强国的重要支撑，其发展创新必须得到保障，因此，对无人驾驶汽车而言，须兼顾其创新发展与受害人的权益保护。对此，交通事故责任强制保险可以提供一种平衡，其既能分散生产者的损失，保障无人驾驶汽车产业的创新发展，又能确保受害人及时受偿，因而必须得到足够的重视。然而，现行交通事故责任强制保险在应对无人驾驶汽车交通事故方面尚存不足。

1. 事故分项限额制亟待调整

根据《机动车交通事故责任强制保险条例》的规定，我国目前的交通事故责任强制保险采取事故分项限额，而非受害人分项限额。根据该事故分项限额规则，当同一事故中受害人为数人时，各受害人将共享一份赔偿金，从而使得各受害人所得的赔偿金较少，以至于其基本保障无法得以满足。此外，各项赔偿限额的数额较低，其中，医疗费用赔偿限额更低。从实际所发生的交通事故侵权案件来看，受害人因交通事故受伤的概率远远高于致残或死亡的概率，然而，目前的医疗赔偿金限额远远低于死亡伤残赔偿金限额，受害人因交通事故受伤而未达伤残时，所能获得的保险赔偿金甚至不足以支付其所需的医疗费用。这一问题并非因无人驾驶汽车所具有的特性所致，而是交通事故责任强制保险自身所存在的不足，因此必须加以调整。

2. 未将无人驾驶汽车一方的损失纳入保险范畴

目前的交通事故责任强制保险并没有将机动车一方的损失纳入保障范畴，这已然无法适应无人驾驶汽车的发展。无人驾驶汽车根据预先设定的程序运作，当其面对一些程序中未包含的突发状况时，很可能无法准确及时地作出应对，这无疑增加了无人驾驶汽车一方遭受损失的可能性，若将该损失排除在责任强制保险范畴之外，对于无人驾驶汽车一方不甚合理，因此可能影响到人们购买无人驾驶汽车的积极性，进而影响到无人驾驶汽车产业的发展。

3. 投保主体限于汽车所有人或管理人

目前交通事故责任强制保险的投保主体为机动车所有人或管理人，保险对象为机动车交通事故责任，而无人驾驶汽车发生交通事故，通常由生产者承担产品责任，而非由所有人或使用人承担交通事故责任，因此，投保主体仅限于机动车所有人或管理人无法满足无人驾驶汽车所提出的要求。

4. 保险责任认定困难

无人驾驶汽车技术上的专业性，使保险责任的认定存在较大困难。不过，由于保险公司的保险责任限额根据被保险方是否有责来进行认定，因此该问题又回到无人驾驶汽车交通事故侵权责任的认定上来，此处不再另作讨论。

（二）适用现行产品责任面临的困境

无人驾驶汽车作为强人工智能产品，其算法具有高度复杂性，且往往具有“黑箱”性质，使受害人难以对产品责任的成立要件加以证明，在这种情况下，普通产品责任显示出其不足以应对的局限性。

1. 责任主体认定困难

以现行产品责任体系来看，产品责任涉及的主体包括生产者、销售者以及第三人，其中，生产者与销售者为直接责任人，被侵权人可以选择向生产者或者销售者请求赔偿，生产者、销售者以及第三人之间最终的责任承担则通过内部追偿加以解决。而对无人驾驶汽车来说，其生产者内部，又可以分为机械系统生产者与自动驾驶系统生产者，自动驾驶系统生产者则包括硬件生产者、软件设计者与网络服务提供者。可见，与普通产品相比，无人驾驶汽车产品责任涉及的主体较多，这将导致责任主体认定困难，被侵权人主张权利的难度加大。

2. 产品缺陷认定困难

产品责任的核心在于产品缺陷的认定，根据学界通说，产品缺陷包括设计缺陷、生产缺陷与警示说明缺陷。根据我国《产品质量法》第四十六条之规定，产品缺陷的认定标准是产品存在不合理危险或者产品不符合有关国家标准与行业标准。无人驾驶汽车之制造缺陷的认定与普通产品之制造缺陷的认定并无二致，但由于目前尚未确立相关国家安全标准，也未形成相关行业安全标准，使认定存在困难。无人驾驶汽车的警示说明义务较普通产品则相对较高，其强人工智能特性使得普通的所有人或使用人对此并无日常所积累的生活经验作支撑，对于无人驾驶汽车的操作、保养、系统升级等均依赖销售者作出明确的说明，然而目前并无明确的警示说明标准，导致该缺陷的认定存在困难。对于设计缺陷而言，自动驾驶系统作为无人驾驶汽车实际意义上的驾驶者，其缺陷往往是导致交通事故发生的原因，而该缺陷又常为设计缺陷，因此，对无人驾驶系统的设计缺陷进行准确认定至关重要。然而，编程的专业性与秘密性使得设计缺陷的认定较为困难。

3. 因果关系认定困难

无人驾驶汽车发生交通事故后因果关系认定较为困难，原因在于：首先，与普通产品责任的因果关系认定不同，无人驾驶汽车因涉及的责任主体较多，其因果关系的认定要一直向前追溯，在这期间可能有许多其他因素介入，加大因果关系的认定难度。其次，可能的责任主体较多，使因果关系的甄别与证明变得更加困难。最后，自动驾驶系统决策的不透明性与专业技术性也使归因变得非常困难。

4. 免责事由规定不够全面

我国无人驾驶汽车目前尚处于起步阶段，协调好创新发展与安全保障之间的关系至关重要，科学地规定生产者免责事由能起到促进创新发展的作用。然而，目前我国《产品质量法》针对产品责任仅规定了三种免责事由，而且这三种免责事由对无人驾驶汽车而言也并非均可适用。

首先，“未将产品投入流通”这一免责事由，显然不应适用于无人驾驶汽车，目前各国的无人驾驶汽车虽未量产流通，但上路测试已为常态，路测过程中发生交通事故的情形也已有之，若以此而免除生产者的产品缺陷责任，对于事故中的受害人而言，显然有失公平。其次，“产品投入流通时，引起损害的缺陷尚不存在”以及“将产品投入流通时的科学技术水平尚不能发现缺陷的存在”这两种免责事由，虽基于对无人驾驶汽车的创新发展以及智能驾驶系统的深度学习能力的考虑可以适用，但因其适用的前提是投入流通，故在目前意义不大。

四、无人驾驶汽车交通事故侵权责任问题的解决路径

针对无人驾驶汽车侵权责任适用现行法所面临的困境，本文拟通过对以下两方面的适度调整来加以解决。

(一) 完善现行交通事故保险制度

1. 实行受害人概括限额制并提高赔偿限额

一方面，将事故限额制改为受害人限额制①，如此将因不再对一项赔偿金在数个受害人之间进行分配而增强对受害人的保护力度。另一方面，不再实行死亡伤残赔偿金与医疗费用赔偿金的分项限额，而将二者合并作为一项概括限额，使死亡伤残赔偿限额与医疗费用赔偿限额二者之间可以互相调剂使用，并提高各项赔偿限额，如此将使得交通事故中的受害人能够获得更多的赔偿，从而尽可能满足其基本保障需求。

2. 将无人驾驶汽车一方的损失纳入保险范畴之内

若无人驾驶汽车发生交通事故是由于智能驾驶系统的深度学习能力所致，即事故对于生产者或所有人而言为不可预测的风险，此时生产者可依发展风险抗辩而主张免责，对所有人或使用人而言，若不将其损失纳入强制保险范畴实为不妥，毕竟其对事故的发生通常并无过错，其同样属于受害人。再加上无人驾驶汽车成本高且缺乏准确应对突发状况的能力等原因，此类交通事故给所有人或使用人所造成的损失往往比普通交通事故更严重，因此也更需要通过保险来分担损失。

3. 要求生产者投保机动车交通事故责任强制保险

由于无人驾驶汽车交通事故责任在绝大多数情况下由生产者以产品责任的形式承担，而汽车所有人或使用人仅在存在过错的特定情形下承担交通事故责任，因而除由无人驾驶汽车的所有人或管理人投保机动车交通事故责任强制保险外，应要求生产者依据其可能承担的产品责任投保责任强制保险。如此不仅能够确保受害人及时受偿，而且能够分散生产者的风险，使其不致因巨额赔偿而濒临破产，从而起到推动无人驾驶汽车产业创新发展的作用。

4. 发展符合无人驾驶汽车特点的商业保险

对于商业保险不妨借鉴欧洲议会向欧盟委员会提交的《机器人民事法律规则》立法建议的相关规定，鼓励保险行业开发符合无人驾驶技术进步要求的新

---

① 张龙:《自动驾驶背景下“交强险”制度的应世变革》，载《河北法学》2018 年第 10 期。

型产品和服务。对此，有学者提出构建实时保险模式，即精准到每一次用车风险投保，转变传统的年度投保模式①，放眼未来，这种构想无疑为无人驾驶汽车与商业保险的发展提供了一种新路径。

（二）适度调整现行产品责任

1. 明确规定直接侵权主体为自动驾驶系统的生产者

针对责任主体认定困难的问题，明确规定直接侵权主体为自动驾驶系统的生产者。由于大多数无人驾驶汽车企业并不直接生产无人驾驶汽车，而是通过对传统汽车进行改造并搭载自动驾驶系统而形成无人驾驶汽车，所以存在对无人驾驶汽车生产者的认定问题，从整体来看，无人驾驶汽车是由改造者进行改造之后投入市场的，因此将改造者，一般为自动驾驶系统的生产者认定为直接生产者。而自动驾驶系统生产者与机械系统生产者之间，自动驾驶系统生产者与硬件生产者、软件设计者、互联网服务提供者之间，机械系统生产者与各零部件生产者之间往往存在委托合同关系，故基于违约责任在内部进行责任分担即可，如此有利于被侵权人明确责任主体主张自己的权利。

2. 有针对性地解决产品缺陷认定难题

（1）确立无人驾驶汽车的国家安全标准或行业标准

确立无人驾驶汽车的安全标准对于产品缺陷的认定至关重要。对此，我们不妨借鉴美国《自动驾驶法案》对安全标准的相关规定。首先，制定关于无人驾驶汽车的设计、施工、性能、系统、零件以及警示说明义务等强制性安全标准。其次，每五年对该安全标准进行审查并更新，使安全标准随智能化水平的发展不断调整适应，推动无人驾驶汽车的创新发展。

（2）要求无人驾驶汽车安装使用“黑匣子”系统

为准确认定事故是否因无人驾驶汽车存在缺陷而致，我们不妨借鉴德国，要求无人驾驶汽车安装“黑匣子”系统，记录交通事故发生前后的各项相关数据，以通过对数据的分析来认定事故原因。对于“黑匣子”系统应注意如下问题：首先，“黑匣子”所记录的数据极容易被破坏，因此，加密保护源数据至关重要，区块链技术基于其去中心化及难以篡改等特征在加密数据方面具有极

① 郑志峰：《自动驾驶汽车的交通事故侵权责任》，载《法学》2018 年第 4 期。

强的优势，不妨将区块链技术引入“黑匣子”技术之中。其次，应明确规定数据在服务器中的保存期限以备查验。最后，由于目前译码技术不够成熟，不妨建立一个统一的跨区域黑匣子信息分析中心，由相对固定的专业团队进行译码，从而提升处理交通事故的效率并实现事故处理的公正性。①

3. 实行产品缺陷推定与因果关系推定

如前所述，在无人驾驶汽车发生交通事故的场合，被侵权人证明缺陷存在以及因果关系成立相当困难。虽然“黑匣子”技术的发展能够在一定程度上解决无人驾驶汽车产品缺陷以及因果关系的认定难题，但就目前来看，统一的跨区域黑匣子信息分析中心在短时间内无法设立，“黑匣子”系统获取的数据依旧由生产者掌握，况且，即使受害人有权获得相关数据，译码的难度使得数据对于受害人证明难度的减轻并没有太大帮助，且申请专家辅助人成本太高，出于对生产者与受害人之间利益平衡的考量，在此应采用推定原则，一旦无人驾驶汽车交通事故中存在损害后果，即推定无人驾驶汽车存在缺陷，且因果关系成立，生产者则得以反证推翻。

4. 补充规定产品责任的免责事由

依据无人驾驶汽车自身所具有的特点，对于如下免责事由，法律应加以明确规定。

（1）无人驾驶汽车不存在固有产品缺陷，事故因所有人或使用人的如下过错所致时，生产者免责：所有人未尽必要的保养与维护义务，比如所有人未按照系统提示将无人驾驶系统升级到最新版本、所有人未按照规定对无人驾驶汽车进行定期的全面检验；使用人未按操作规范进行使用，比如在不适宜无人驾驶汽车运行的道路环境中按下了汽车启动按钮。

（2）事故因第三人侵权行为所致，且生产者为防止第三人侵权已尽到相关注意义务时，生产者免责。比如，生产者为保障网络安全已经采取必要的加密防护措施，但系统却仍然被黑客侵入并破坏；再如，因道路设施出现故障而扰乱汽车的运行程序导致事故发生时，应由道路设施维修主体承担责任，生产者则免责。

---

① 张建文、贾章范：《〈侵权责任法〉视野下无人驾驶汽车的法律挑战与规则完善》，载《南京邮电大学学报（社会科学版）》2018 年第 4 期。

面对无人驾驶汽车对现行机动车交通事故侵权责任所提出的挑战，抓住民法典制定这一机遇寻求解决路径实为必要。本文基于对法律稳定性、权威性及其所具有的弹性的考量，以及对受害人保护与无人驾驶汽车产业发展二者之间的平衡，认为无人驾驶汽车并未脱离传统交通事故侵权责任的法律框架，不过应针对其人工智能的特性作适度调整。

论仲裁员披露义务的免除情形

金永恒*

摘　要：仲裁员披露义务的方式和内容在各国商事仲裁制度中都有明确规定，而且是被强制贯彻的，只在极个别情形下仲裁员可以免除披露义务或者不受披露义务的制约。随着社会经济的多元化变革，商事仲裁当事人与仲裁员都或多或少地参与到各类经济社会活动中，从而导致仲裁员披露义务内容的不确定性，也使当事人申请仲裁员回避的理由变得不够明确。本文依据商事仲裁的新变化，提出仲裁员披露义务的免除情形，以便当事人与仲裁员更多地关注商事仲裁案件实体公正，避免一些不明确的披露义务纠缠和影响商事仲裁的顺利进行。

关键词：仲裁员　披露义务　商事仲裁　程序公正

商事仲裁强调自主性原则，当事人意思自治是商事仲裁顺利进行的基础。但是，商事仲裁具有一定的司法性质，对当事人实体权利的保护依赖仲裁程序的公正与完善。仲裁员披露义务是商事仲裁中确保仲裁公正性的一项重要制度。一般来说，仲裁员披露义务应当详尽完备，尽可能穷尽仲裁员应当披露的一切内容，但学界很少系统地分析仲裁员披露义务的免除情形，更没有人关注仲裁员披露内容应当在一定情形下受到限制。随着现代经济的发展，商事仲裁案件类型更加丰富，涉及的领域不断扩大，而且仲裁员自身在经济活动中参与的程度和内容变得复杂多样。在具体仲裁商事争议时，很多情形下，仲裁员也无法把握自己应当披露什么内容，有时仲裁员也不宜因为参与某次仲裁案件而将自身的各种经济行为与社会活动充分暴露出来，否则会对参与商事仲裁的仲裁员

* 山西大学法学院讲师，主要研究方向为仲裁法和诉讼法学。

带来一定的损害。出于保障商事仲裁公正性的需要，确定仲裁员披露义务是正确的，但是一味要求仲裁员履行披露义务，而不顾及现代商事仲裁的新变化，会对商事仲裁裁决产生不利影响。

一、仲裁员披露义务的一般规定

各国仲裁法和国际主要仲裁规则均对仲裁员回避条件作出了清晰的规定。商事仲裁当事人如果申请仲裁员回避，必须知悉仲裁法或国际仲裁规则规定的回避理由。当事人可以通过多种途径依法获得仲裁员的回避理由，不过很多商事仲裁案件中，当事人难以全面了解仲裁员的情况，单凭当事人及其代理人有时无法获取申请仲裁员回避的充分理由。因此商事仲裁制度中就规定了仲裁员的披露义务，以便当事人和仲裁委员会更好地了解仲裁员的情况，据此作出是否申请和同意回避的决定。

《中国国际经济贸易仲裁委员会仲裁规则》第三十一条规定，被选定或者被指定的仲裁员应签署声明书，向仲裁委员会书面披露可能引起对其独立性或公正性产生合理怀疑的任何事实或情况。在仲裁过程中出现应当披露情形的，仲裁员应当立即书面向仲裁委员会披露。仲裁委员会将仲裁员的声明书或披露的信息转交各方当事人。《联合国国际贸易法委员会仲裁规则》规定，预期中的仲裁员应向为了他的可能被指定而同其接洽的人透露任何可能会使人对他的公正和独立引起正当怀疑的情况。仲裁员一旦被指定或选出后，即应向各方当事人透露此种情况，除非他已曾将此种情况告知他们。这些规定表明，仲裁员披露义务是强制性规定，仲裁员必须遵守。此外，《国际商会仲裁规则》《伦敦国际仲裁院仲裁规则》《美国仲裁协会仲裁规则》《法国民事诉讼法典》等都规定了仲裁员披露义务，可见仲裁员披露义务是商事仲裁中的一项普遍制度，被认为是保证商事仲裁公正性的不可或缺的方法。

仲裁员披露义务的强制性是针对仲裁员而言的，对于商事仲裁当事人并不当然产生强制力。以当事人选择《中国国际经济贸易仲裁委员会仲裁规则》来看，当事人仍然可以协议选择排除其中的披露义务的规定。《中国国际经济贸易仲裁委员会仲裁规则》第四条规定，凡当事人同意将争议提交仲裁委员会仲裁的，均视为同意按照本规则进行仲裁。当事人约定适用其他仲裁规则，或约定对本规则有关内容进行变更的，从其约定，但其约定无法实施或与仲裁地强制性法律规定相抵触者除外。这是因为商事仲裁奉行自主性原则，应当充分尊重当事人的意思自治。① 从商事仲裁实践来看，当事人有时会协议约定排除适用仲裁员披露义务的规定，也比较注重仲裁员披露内容是否详尽透明，特别是对对方当事人选择的仲裁员更是如此。在一些临时性仲裁中，当事人不太关注仲裁员的披露义务，因为临时性仲裁主要是双方当事人约定选择的。由此看来，之所以强调仲裁员的披露义务，还是因为当事人对仲裁员的信任程度较低造成的。

仲裁员履行披露义务的程序也是当事人十分关心的。各国仲裁法和国际主要仲裁规则对仲裁员披露义务的程序主要有两种做法：一种是以《国际商会仲裁规则》为代表的披露程序，采用仲裁员候选人签署独立公正声明书的做法。这种披露程序中，仲裁员候选人被指定或确认其指定前，应签署一份独立声明书，向仲裁委员会书面披露可能影响仲裁员独立性的任何事实或情况。而仲裁委员会应将此声明书书面通知各方当事人，并规定期限要求各方当事人进行评估。另一种是《国际商事仲裁示范法》和《联合国国际贸易法委员会仲裁规则》确立的两阶段披露程序。这种披露程序中，仲裁员披露义务按照两个不同阶段实施。前一阶段是仲裁员候选人向因其被指定而同其接洽的人披露可能对他的公正性和独立性引起正当怀疑的任何情况，后一阶段则是仲裁员一旦被指定或者选定，同样有义务向所有的当事人披露其未曾披露的可能对其公正性和独立性产生合理怀疑的所有情况。这两种做法的共同点是仲裁员在得到委任或者确认之前必须进行相关事项的披露。

商事仲裁的民间性，使得仲裁活动常常处于两难状态，一方面是当事人的自愿与商业需要，另一方面又担心仲裁程序的自主性会损害当事人的权利保障。仲裁员披露义务的实施也会呈现两面性，一方面会使仲裁员的情况更加公开透明，防止仲裁员滥用仲裁权利，另一方面过分强调仲裁员的披露义务，会使仲裁员在一定程度上失去应有的信任，因为对仲裁员披露内容不彻底的怀疑或指责会使仲裁员与当事人之间产生隔阂，影响商事仲裁的效率。美国联邦最高法院在“Commonweath Caotings Corp. v. Continental Casualty Co.”一案中就仲裁员

① 张斌生：《仲裁法新论》，厦门大学出版社2002年版，第6页。

披露义务确立了“明显不公”和“不正当方式”两种认定标准。该案对仲裁员披露义务确定了较高的标准，仲裁员需要对引起其公正性和独立性的任何事实予以披露。不过，美国联邦法院司法实践中更多遵循的是关于不能仅依据仲裁员未予披露的事实就撤销仲裁裁决的判例。申请撤销仲裁裁决的当事人必须向法院提交直接的、明显的证据以及有说服力的证明，当事人有义务提供引起对公正性正当怀疑的事实。① 协调好仲裁员与当事人的关系是商事仲裁实践中的一个重要问题，也是当事人信任和积极参与商事仲裁的基础。

二、免除仲裁员披露义务的必要性

仲裁员披露义务是普遍的规定，就是说，各国仲裁法和国际仲裁规则大多认为仲裁员应当承担披露义务，这是保证商事仲裁公正性的重要措施。但问题是，一旦涉及仲裁员披露的内容，即什么内容应当属于仲裁员披露的范围或者以什么标准履行披露义务，就众说纷纭了。仲裁法学界一个较为通行的看法是，决定是否披露以及披露什么一般是困难的并且是需要谨慎对待的。② 大致来说，有两个基本的披露标准，即客观标准与主观标准。客观标准是指仲裁员应就当事人可能对其公正性和独立性引起正当怀疑的任何事由予以披露和说明。《国际商事仲裁示范法》和《联合国国际贸易法委员会仲裁规则》等众多仲裁规则都采用这种客观披露标准。主观标准是指仲裁员应就当事人认为仲裁员可能影响公正性和独立性的事由进行披露。国际律师协会《国际商事仲裁利益冲突指南》和《国际商会仲裁规则》等对仲裁员披露义务采用这种主观标准。不论什么标准，在具体贯彻执行时都会面临难以解决的困难。

仲裁员披露义务的客观标准只是要求对其公正性和独立性所引起的正当怀疑事由予以披露和说明，对当事人没有证据证明的不正当的怀疑事由不必予以披露和说明。但对于什么是正当怀疑事由，《国际商事仲裁示范法》和《联合国国际贸易法委员会仲裁规则》等众多仲裁规则都无法予以解释。实际上，正当性问题本来就是模糊的，是属于裁决中自由裁量的范畴，根本无法用规则条

---

① Ormsbee Dev. Co. v. Grace，668 F. 2d1140（10th Cir. 1981）.

② Yves Derains、Eric A. Schwartz：A Guide To The ICCRules of Arbitration，Kluwer Law International 2005（Second Edition），p. 135.

文加以界定。披露义务的主观标准同样存在问题。《国际商事仲裁利益冲突指南》一般标准3（a）指出，如果存在当事人看来对其公正性和独立性产生怀疑的事实或者情况，仲裁员应当在接受任命前或者其知情后尽快向当事人、仲裁机构或者其他任命当局以及其他仲裁员披露这些事实或者情况。《联合国国际贸易法委员会仲裁规则》等确立的标准大体与此一致。这种主观标准有一个明显不足，即仲裁员披露内容取决于当事人的认识，但当事人在许多情况下无法知悉仲裁员的情况，这就类似于诉讼中法官回避面临的同样问题，只依赖当事人申请回避并不能解决法官与案件具有关联的问题。《联合国国际贸易法委员会仲裁规则》关于仲裁员披露事由的这种认定标准将会鼓励不以正当理由为依据的仲裁员异议以及毫无必要的披露。《联合国国际贸易法委员会仲裁规则》制定者认为，在联合国国际贸易法委员会仲裁案件中，仲裁员自身无法对未披露的正当性进行判断，因而联合国国际贸易法委员会仲裁员被要求应集中精力考虑如何使当事人获悉特定的事实或者理由。从理论上说，对仲裁员披露义务予以规则指导不仅不能充分，而且很可能给仲裁员造成误导，或者会使商事仲裁过程陷入烦琐境地。因而需要仲裁员采纳多样化的标准来决定某项披露是否是必要的。

仲裁员披露义务和仲裁员回避制度是统一的。履行披露义务，也是为了更好地实现回避制度。但商事仲裁制度披露义务，要么以当事人决定的主观标准实现，要么以仲裁员自身决定的客观标准实现，这两种方法都有不合理的因素，而且在商事仲裁案件中很难真正有效实施。这其中有两个重要的原因：一是当事人与仲裁员各自独立，互相并不了解对方，因此不论以当事人认定为标准还是以仲裁员认定为标准，都会存在欠缺。在诉讼制度中，实行回避固然有当事人的申请作为依据，但更重要的是诉讼制度中有法官法约束审判者，使法官必须服从公平正义的理念和秉公执法的要求，但是商事仲裁中的仲裁员来自社会，没有严格的制度进行约束，就只能依靠仲裁员自身的良知和理性了。① 所以商事仲裁制度中有必要设立披露义务，以保证商事仲裁的公正性，可是仲裁员的披露义务实行又存在诸多困难，即披露的标准难以明确，常常处于含混不清的状态，这就造成了虽然有仲裁员披露义务，但很难发挥出这一制度的作用。二是现代经济社会发展变化很大，各方面的人员都有可能参与经济经营活动，使

① 杨良宜：《国际商事仲裁》，中国政法大学出版社1997年版，第345页。

自己变成商人，有时候连自己都不清楚就已经卷入经营活动中了。比如个人购买股票、从事期货经营、与他人合伙等，都可能使自己成为一个商人，有可能与其他人发生各种各样的经济关系，很多情况下自己都不知晓自己与什么人发生了经营联系。商事仲裁中的仲裁员很多都参与各类经济活动，或者是自己家人、朋友参与经营活动，就可能与当前仲裁案件中的当事人发生各类经营联系或者其他关系，但仲裁员本身可能并不知晓或者是有在裁决作出后知晓的。所以有必要重新思考仲裁员披露义务的规定，一方面鼓励当事人和仲裁员履行披露义务，另一方面又要根据仲裁案件实际情况适当免除仲裁员的披露义务，这样更有利于商事仲裁的正常开展。

为了解决商事仲裁中仲裁员披露义务存在的实际问题，一些国家仲裁法或国际仲裁规则想办法试图弥补仲裁员披露制度中存在的缺陷。其中影响较大的做法是对披露事项进行分类，不同类别的事项采取不同的处理态度。《国际商事仲裁利益冲突指南》试图通过对仲裁员披露事由进行分类以破解仲裁员披露标准引发的披露任意性和不确定性。《国际商事仲裁利益冲突指南》将仲裁员披露事由分为不可放弃红色清单、可放弃红色清单、黄色清单以及绿色清单四个等级。不可放弃红色清单是指具有明显利益冲突的事由，如仲裁员和当事人之间存在重叠的法律身份、仲裁员是一方当事人的代理律师、仲裁员与当事人之间存在实质性的经济利益关系、仲裁员向当事人提供法律咨询并获得报酬等。可放弃红色清单是指可能使仲裁员丧失资格，但如果争议当事人通过明确约定出现特定情形不需要取消资格时，则此类情形是可以接受的。黄色清单是对特定情形所作的非穷尽式列举，这类情形可能使当事人对仲裁员的公正性或独立性产生合理怀疑，仲裁员有义务就此进行披露。绿色清单是指不会产生利益冲突或不会有实际上的利益冲突，仲裁员对绿色清单上所列事由并无义务进行披露。这种划分等级的做法，表明仲裁员披露内容的复杂性，在具体商事仲裁案件中，有时很难分清应当披露的内容。不过，这种分类方法贯彻起来也是困难重重。

要想能够切实保证仲裁员履行披露义务，避免披露内容标准不确定引发的对商事仲裁公正性的质疑，可以建议规定仲裁员披露义务的免除情形，给仲裁员披露内容划分出一个合适范围。属于免除情形的，仲裁员不承担披露义务，而且是自始不承担，即在免除情形范围内的事由，当事人不得以此为理由主张商事仲裁程序不公正，也不得追究仲裁员的法律责任。事实上，现代商事仲裁制度中，已经或多或少有一些类似的制度或者是划分披露义务范围的做法。《中国国际经济贸易仲裁委员会仲裁规则》规定，当事人收到仲裁委员会转交的仲裁员的声明书或书面披露后，如果以仲裁员披露的事实或情况为理由要求该仲裁员回避，则应于收到仲裁员的书面披露后10天内向仲裁委员会书面提出。逾期没有申请回避的，不得以仲裁员曾经披露的事项为由申请该仲裁员回避。对仲裁员的回避请求应在收到组庭通知之日起15天内以书面形式提出，如果要求回避事由的得知是在此之后，则可以在得知回避事由后15天内提出，但不应迟于最后一次开庭终结。这些规定已经涉及仲裁员免除披露义务的内容，特别是涉及免除披露义务的法律责任。总的来说，目前各国仲裁法和国际主要商事仲裁规则都没有完整规定披露义务的免除情形，没有意识到仲裁员执行披露义务时产生的困难在于这一制度本身范围过于宽泛，仲裁员与当事人都很难掌握披露的内容究竟是什么，谁也不能明确断定哪些事项是可能影响公正性和独立性的。

三、仲裁员披露义务的免除情形

仲裁员在裁决案件过程中，即使从内心愿意如实全面进行披露可能影响公正性和独立性的事由，但在具体披露时也很难切实合理把握披露的内容。有些可能影响仲裁员公正性和独立性的事实，仲裁员本人也难以披露或者不能归责于仲裁员本人不如实披露。① 仲裁员不向当事人披露对其公正性和独立性产生合理怀疑的情况和事实，则将对当事人产生严重的法律后果。当事人往往会以仲裁员未履行仲裁员披露义务为由要求撤销仲裁裁决。法院受理当事人请求撤销仲裁裁决的申请后，依据不同情况分别作出驳回撤销申请或撤销仲裁裁决的决定。从各国商事仲裁案件实际情况来看，当事人仅根据仲裁员未履行披露义务而申请撤销仲裁裁决的案件并不少，其中最终获得胜诉的案件比例不小。究其原因，还是因为各国仲裁规则规定的披露义务内容不明确造成的。为此，有必要在现有仲裁员披露义务的规定基础上，增加披露义务免除的规定情形，使当事人不必过多纠缠仲裁员披露义务可能导致的不公正性，而更多关注商事仲

① 张圣翠：《论国际商事仲裁员披露义务规则》，载《上海财经大学学报》2007年第3期。

裁的实体公正。根据商事仲裁的具体情况，结合仲裁法的基本理念，可以考虑在以下几个方面设置仲裁员披露义务的免除情形，以便更好地实现仲裁员对仲裁程序负有的公正独立的责任。

（一）因不知情或不应知情而免除披露义务

仲裁法规定仲裁员应当履行披露义务，那么就会引起一个重要的问题，即如果仲裁员未履行披露义务是否应当承担法律责任。对此问题，不同的国家或国际仲裁规则在实际判断时有较大的差别。有的认为商事仲裁具有自主性，是仲裁员、仲裁委员会与当事人之间的合意形成的一种解决纠纷的方式，不能比照法院诉讼中对法官刑事责任的严格规定，但可以追究仲裁员的民事责任。奥地利、荷兰和阿根廷等国仲裁规则均持这类观点，均规定仲裁员应该为其不履行披露义务的行为给当事人造成的损失承担损害赔偿责任。在瑞典进行商事仲裁，仲裁员如违背披露义务，其获取仲裁员报酬的权利可能受到影响，还可能会就此承担损害赔偿责任。有的国家仲裁规则不仅仅追究仲裁员的民事责任，认为仲裁员职能司法化趋势导致仲裁员可以利用商事仲裁程序枉法裁决，并可能给当事人造成重大损失，因此应像要求法官一样要求仲裁员。英美法系国家仲裁规则支持这种观点并付诸司法。在美国，仲裁员和仲裁机构对在其披露义务范围内提出的诉讼，尽可能享有豁免，但也不能完全不承担司法上的责任。英国1996年《仲裁法》第29条和第74条规定，参与商事仲裁的仲裁员就其履行职能无须承担责任，除非能证明其存在主观恶意。不论是否追究仲裁员不履行披露义务的法律责任或者是追究哪方面法律责任，都必须以仲裁员具有主观故意为条件。但如何判断主观故意在司法实践中是很棘手的事情，因此在仲裁员披露义务中应当直接规定凡是不知情的一律免除披露义务。主观故意是一种主观标准，在司法证明中存在诸多难题，而不知情则是客观标准，只要仲裁员对某些客观存在的事实不知情就应当免除披露义务，而无须考虑仲裁员的主观思想是怎样的。① 现在经济发展迅猛，仲裁员披露事由的复杂性和广泛性决定了仲裁员全面完成披露义务几乎是不可能的。仲裁员未履行披露义务当事人就可以起诉仲裁员，这会导致仲裁员履行仲裁工作顾虑较多，妨碍商事仲裁程序

---

① 江伟主编：《民事诉讼法》，高等教育出版社2013年版，第222页。

有序进行。

商事仲裁涉及的经济活动范围非常广泛，有时候仲裁员可能对自己身边发生的事项都不太了解，或者很难觉察到某些事项是否与本案有关联。例如，某仲裁员的配偶在甲公司任职，乙公司是该仲裁员仲裁案件的当事人，甲公司与乙公司实际上是具有业务关联的公司，但对此情况仲裁员可能并不了解，甚至其配偶也不清楚。这种情况就应作为仲裁员不应知情而免除其披露义务。随着技术革新和投资关系多元化，公司之间的联系错综复杂，仲裁员本人有时很难了解具体情况，因此，免除仲裁员不知情或不应知情的披露义务更有利于商事仲裁的健康发展。

（二）因当事人放弃异议而免除披露义务

仲裁裁决对当事人的约束效力并不是绝对的。根据各国仲裁规则的普遍规定，当事人有权对仲裁裁决效力以及仲裁程序的正当性提出异议。对于仲裁裁决或仲裁协议甚至仲裁程序是否正当，当事人既可向法院或仲裁委员会提出确认其无效的申请，也可以先行向法院起诉。只要当事人提出异议的程序符合法律规定，且能够证明仲裁裁决、仲裁协议和仲裁程序确实存在无效理由，法院或仲裁委员会应予以支持并进行法律救济，从而保证仲裁的公正性。不过，根据国际商事仲裁普遍实践，当事人可以以某种行为默示放弃对仲裁协议、仲裁裁决和仲裁程序提出异议的权利。如果当事人对仲裁协议的效力有异议必须在法律规定的异议期限内明确提出，否则视为当事人已默示放弃了提出异议的权利。对于仲裁裁决而言，即使存在应予撤销的法定理由，但如果当事人在仲裁程序进行期间已知这些理由存在但未及时提出反对，也构成对裁决撤销理由的默示放弃。在仲裁程序进行期间，当事人通过其行为可能已经放弃申请撤销仲裁裁决的某一特别理由，如果当事人在仲裁程序进行期间本能够提出异议但未提出，在裁决撤销阶段法院将不再支持这些异议理由。《中国国际经济贸易仲裁委员会仲裁规则》规定，一方当事人知道或者理应知道本规则或仲裁协议中规定的任何条款或情事未被遵守，但仍参加仲裁程序或继续进行仲裁程序而且不对此不遵守情况及时地、明示地提出书面异议的，视为放弃其提出异议的权利。《联合国国际贸易法委员会仲裁规则》规定，当事一方知道有不遵照本规则的任何规定或要求行事的情况，仍进行仲裁程序而不迅速声明他对此种不遵照规定或要求行事的情况表示反对，则应视为他已放弃提出反对的权利。这种放弃异议的规则在仲裁法理上具有合理性。禁止反言原则在商事仲裁中是必要的。当事人既已发现了仲裁协议无效、仲裁庭无管辖权、仲裁程序不当等情形，仍继续参加仲裁程序并且不提出异议，实际上是认可了仲裁协议的效力、仲裁庭的管辖权和仲裁程序的正当性，此后再提出反对属于自反前言，应当禁止。①而且在商事仲裁中，当事人应本着诚信精神，保持行为的连续性和一致性，以维护商事仲裁程序的稳定有效。当事人明知仲裁协议或仲裁程序存在瑕疵，但不及时提出异议并继续参加仲裁程序，在发现裁决结果于己不利时转而以此否定仲裁协议和仲裁裁决的效力，显然有违诚信精神。

仲裁员披露义务属于商事仲裁程序的重要内容，当事人在仲裁过程中如果明知仲裁员具有应当披露的事由而没有披露，则将免除仲裁员的披露义务。仲裁员与当事人本来就是不同的，仲裁员知悉的披露事由，当事人未必清楚，同样，当事人了解的披露事由，仲裁员也未必清楚。所以在具体的商事仲裁案件中，如果当事人已知或应当知道仲裁员具有应予披露的事项就应当提出，如果不及时提出而等到仲裁完毕再行提出，势必影响商事仲裁的效率和违背当事人诚实信用原则。

（三）因仲裁员与当事人协议而免除披露义务

当事人达成的仲裁协议是仲裁委员会受理仲裁案件的前提，因此商事仲裁程序要考虑当事人的意愿。各国仲裁制度和国际商事仲裁规则处处体现出仲裁程序的灵活性和便捷性，在仲裁过程中，当事人可以根据情况选择仲裁程序或修改既定的仲裁程序，这也是仲裁权不同于审判权的表现。② 各类商事仲裁规则中都规定了当事人选定仲裁员的规则。《中国国际经济贸易仲裁委员会仲裁规则》规定，当事人从仲裁委员会提供的仲裁员名册中选定仲裁员。当事人约定在仲裁委员会仲裁员名册之外选定仲裁员的，当事人选定的或根据当事人之间的协议指定的人士经仲裁委员会主任依法确认后可以担任仲裁员、首席仲裁员或独任仲裁员。当事人选择仲裁员有一定的自由性，既可以选择仲裁庭的人数，

① 钟澄：《论国际商事仲裁中“异议权放弃条款”的适用》，载《河北法学》2009 年第 7 期。

② 乔欣：《仲裁权研究》，法律出版社 2001 年版，第 22 页。

也可以选择具体的仲裁员，而且很多仲裁规则还允许选择仲裁委员会仲裁员名册以外的人士担任仲裁员。在具体的商事仲裁案件中，当事人之所以选择某人士担任仲裁员是基于对其的充分信任和了解，这便于当事人与仲裁员的合作，消除对仲裁员公正性和独立性的怀疑。随着商事仲裁方式的变化，如网上仲裁、法官参与非诉讼争端解决方式、临时仲裁和行业仲裁等，当事人在选定仲裁员时愿意与仲裁员达成免除披露义务的协议，而且许多人士答应就任案件仲裁员工作的前提也是要求与当事人达成谅解协议。特别是在某些行业或领域，专业人士参与仲裁更能合理有效地解决争议，但是这些专业人士往往与当事人都属于同行，彼此之间无法隔断关系。这就形成一个僵局，如果选定这些专业人士担任仲裁员，可能不符合回避要求或者必须履行披露义务，而如果不选择这些人士担任仲裁员又没有更合适的人选担任仲裁员。这种情况在计算机、互联网、建筑、知识产权和医疗等领域表现尤其突出。化解这种僵局的一个途径是当事人与选定的仲裁员达成谅解，即免除仲裁员的披露义务，也不需要仲裁员承担可能引发的民事赔偿责任，这样可以使当事人与仲裁员更多关注案件的实体公正以及当事人是否能够服从仲裁裁决。

法学各科专论

◎ 试论我国产业结构调整政策与法律的协调
◎ 共享民宿业法律规制的思考
◎ 进口农产品质量安全风险防控机制初探
◎ 大众创业、万众创新的经济法回应
◎ “一带一路”背景下PPP模式面临的法律风险及应对
◎ 我国台湾地区金融科技监管沙盒制度的启示与借鉴
◎ 拒不履行信息网络安全管理义务罪客观要件的认定
◎ “扫黑除恶”中涉黑企业刑罚适用问题研究
◎ 风险社会视野下的刑法谦抑性研究
◎ 结果加重犯中直接性关联理论的本土化应用
◎ 行贿罪量刑规范化分析
——以山西省近三年行贿罪为样本
◎ 刑事电子数据取证主体思考
◎ 《民事诉讼法》司法解释第91条的再思考
◎ 司法责任制下院庭长审判监督管理权的转型路径
◎ 域外法官责任豁免制度比较与借鉴

董仲舒思想的特点及其蕴含的法律因素

李 博*

摘 要：董仲舒的思想尤其是以“尊君”为核心的大一统的儒家理论学说，在中国思想史上占有重要地位。其以儒家封建伦理道德为核心的法律思想影响了中国数千年的法律制度进程。董仲舒继承了先秦儒家思想的精华，并结合阴阳五行和道家学说，通过对其解释和发挥建立了自己新的儒家理论体系。本文分析了董仲舒思想的四个方面：试图通过剥离其“天人合一”的神学思想外衣及纷繁的阴阳五行学说，探讨其在政治意义上的终极目的；对“道”的论述说明董仲舒要变老子的自然之道为伦理之道；“大一统”理论对中国政治思潮的影响；封建伦理道德所包含的内容及对中国古代法律道德化产生的影响。

关键词：君权神授　道　大一统　仁　阴阳五行

在汉代，董仲舒确立了儒家思想为统治者尊崇的政治法律核心思想后，社会的各种制度也依其建立并对其发展产生极大影响，这种情况一直持续到清末，甚至在今天，有的学者还以复兴儒学为己任。是何种力量以致如此？我认为首先要对这种制度的创立者董仲舒的思想特征有一个全面的把握，并且从中看到其思想是如何对政治目的实现与法律制度建立产生影响的。从孔子开山立派至汉代已有两个多世纪，其思想经历了由简约到繁复的过程，董仲舒的思想呈现出如下特征：

一、构建了“天人合一”的世俗宗教

世俗与宗教判然有别，然而汉代乃至以后的中国政权与教权却呈现了同一

* 中国社会科学院大学（研究生院）硕士研究生，主要研究方向为中国古代法制史。

化的特点，这种现象是由汉初的政治形势决定的。

东周末年，周天子的权力缩小，同时礼义制度遭到破坏，诸侯纷纷称霸。当以刘邦为核心的汉代政权一统天下时，其政权本身就面临一个十分棘手的问题。君主对天下的统治的合理性与合法性是从哪里来的？汉代的统治者需要证明其政权的取得拥有不可辩驳的绝对权威性与高高在上的神圣性。董仲舒“天人合一”思想的提出，为西汉政权的合法性找到了理由，从而奠定了神权政治的基石，进而构筑了世俗宗教的大厦。

他首先从儒家传统思想中的“天”入手。董仲舒认为“天”是宇宙中的至上神，“天者，百神之大君也。”① 董仲舒强调天的神圣性，其目的是论证政治权力的神圣性，他说：“今所谓新王必改制者，非改其道，非变其理，受命于天，易姓更王，非继前王而王也。”“受命之君，天之所大显也。”② 又说道：“人受命于天，有善善恶恶之性，可养而不可改，可豫而不可去。”③“天不言，使人发其意；弗为，使人行其中。名则圣人所发天意，不可不深观也。受命之君，天意之所予也。故号为天子者，宜视天如父，事天以孝道也。”④“人受命于天”“受命之君”等都明白无误地说的是“天命”，人君的权力来自天。王亚南先生也认为儒家的“天”有更多神性。仔细分析古今学者的观点和意见，都说明了天子或皇帝，是百神之大君的天的代表，其权力是天之所授，其目的就是要通告天下的臣民，天子权力的来源本身就拥有不用证明的合理性与合法性。既然“神授”之“君权”具有不用证明、“天然”的合理性与合法性，那么，普通百姓只能服服帖帖地服从皇帝的统治，这才是对合理与合法的政权的尊重，否则，一旦发生对抗天子或反对朝廷的言论与行为，就一定要被“天诛地灭”，因为这本身就是背叛上天的意愿和安排，且违背“天德”了。“君权神授”的理论就此产生。顺着如此这般的思路，君主势必成为神灵在现实世界的唯一代表，成为一神之下，亿万民众之上的半神半人的怪物，其结果是天下安危系于君王一身。“王者承天意以从事”化为后世所谓“奉天承运”的口头禅。董仲

① （汉）董仲舒：《春秋繁露·郊祭》，中华书局1975年版，第508页。
② （汉）董仲舒：《春秋繁露·楚庄王》，中华书局1975年版，第1页。
③ （汉）董仲舒：《春秋繁露·玉杯》，中华书局1975年版，第23页。
④ （汉）董仲舒：《春秋繁露·玉杯》，中华书局1975年版，第23页。

舒引用了《诗》中的文句道“一人有庆，万民赖之。”① 其实，还应加一句：一人有祸，万民承之。

君权神授理论也使法律的制定最终找到了合理的依据。对天本身的敬畏，对朝廷和天子的信任与崇拜的思想，可以使董仲舒顺理成章地标举“刑出于天”的理论，把法律起源归因于神，即天。因为天乃万物之源，法律自然也概莫能外，这样，法律秩序也可以依照天意建立起来了。由于世界万事万物产生的原因都是上天，“天者，万物之祖。万物非天不生”②，天体运行的秩序是社会法律秩序的根据。天是万物之主人，它的特点就是：“天主其道为万物主，君执其常为一国主。天不可以不刚，主不可以不坚。天不刚，则列星乱其行；主不坚，则邪臣乱其官。星乱，则亡其天；臣乱，则亡其君。”③ 人间的秩序像天体的秩序那样日月星辰，各在其位，形成一整套井然有序、并行不悖的人间统治的规则与秩序，正如昼夜四季一样各有其序。所以“王者配天，谓其道。天有四时，王有四政，四政若四时，通类也。天人所同有也。庆为春，赏为夏，罚为秋，刑为冬。庆赏罚刑之不可不见也，若春夏秋冬之不可不备也。庆赏罚刑，当其处不可不发，若暖清寒暑，当其时不可不出也。”④ 班固在总结汉代的立法理论时说道：“圣人既躬明哲之性，必通天地之心，治礼作教立法设刑，动缘民情，而则天象地。”⑤ 人间拥有最高权力的就是君主，人君的立法是上天意愿的安排，是顺应天地四时之规律与活动的，其所制定的法律必然像每一个拥有最高统治权的统治者所宣称的那样，代表了人尘世间的政治制度、法律制度和人情与人法。这就在汉代的立法方面给法律的形成无形之中蒙上了一层神秘主义的面纱。在司法方面，汉代的法律也体现了较强的政治性和宗教性的神秘主义特色。董仲舒认为“阳为德，阴为刑；刑主杀而德主生”“是故阳常居大夏，而以生育养长为事；阴常居大冬，而积于空虚不用之处。”⑥ 从这样一种规律演变成为要按照四时的运行规律施行，从而对犯人采取刑罚，最终确立了严

① （汉）董仲舒：《春秋繁露·为人者天》，中华书局 1975 年版，第 385 页。
② （汉）董仲舒：《春秋繁露·顺命》，中华书局 1975 年版，第 517 页。
③ （汉）董仲舒：《春秋繁露·天地之行》，中华书局 1975 年版，第 585 页。
④ （汉）董仲舒：《春秋繁露·四时之副》，中华书局 1975 年版，第 437 页。
⑤ （汉）班固：《汉书·刑法志》，中华书局 1983 年版，第 35 页。
⑥ （汉）班固：《汉书·董仲舒传》，中华书局 1983 年版，第 23 页。

格的刑狱时令原则，强调顺天时，赏以春夏，刑以秋冬。

君权神授论，使这一皇权官僚体制中的统治权变得至高无上，皇帝兼任了所有的统治权，没有任何一部法律可以对皇帝或天子限制，而皇帝的命令就是代天而言，皇帝成为九五之尊，皇帝俨然就成了上天的儿子和大祭司。于是中国的政权与教权合为一体。而与此有很大不同的是，在西方的中世纪即在其处于封建时期，西方的封建主拥有完全的行政、司法、军事等权力，君主本身也并没有完全的行政统治权。与此同时，整个欧洲中世纪还存在着另外一种强大的势力，那就是教会。中世纪的教会由于宗教信仰的因素，使得其掌握了很大的世俗政治势力，甚至连国王的任免权都要唯教会教皇马首是瞻，并且在教会中有着严密的阶层权力组织，有教会法和教会法院，与一个合法的政权组织一般无二。于是，在上百年间就产生了政权与教权的对立和斗争，局面纷乱不休。特别是在1705年，教皇格列高利七世在位时对教会进行了重大改革，宣布罗马教皇在整个教会中拥有政治和法律的至高无上的地位，僧侣不受世俗控制。在司法方面，教会法院的司法管辖权也随着教会与王权的斗争而迅速扩大，由于中世纪的西欧人一般都已加入教籍或已成为天主教徒，因此教会法院的审判权也不受世俗王权的限制。总之，无论从政治还是从法律上都可以反映出西方在封建时期是政教分离的体制，而中国在汉代以后君权与教权或神权是合为一体的。

二、“道”是政治的永恒规律

老子的政治乃至整个哲学思想的核心和最高原则就是我们常常听说的“道”。“道”是先于天地和万物而存在的，可以理解为一种秩序，更确切地说应该是一种规律。它是“独立而不改，周行而不殆”① 的永恒存在，它的运行法则是“道法自然”②。在政治活动中，老子主张“王法地，地法天，天法道，道法自然”③，是说人间的王要遵循道的总规律不得任意违反和篡改。而这个总规律在具体政治运作中的策略就是无为而治。老子说：“天之道，不争而善胜，

---

① 《老子》，中华书局1985年版，第33页。
② 《老子》，中华书局1985年版，第33页。
③ 《老子》，中华书局1985年版，第33页。

不言而善应，不召而自来”① “道常无为而无不为”②。在老子看来，无为而无所不为是宇宙万物普遍存在的法则，统治者的统治之“道”就是：只有“以辅万物之自然而不敢为”③，才能最终做到不争而取胜，无为而无不为。而“道”在董仲舒那里却有着另外的解释和功用。

董仲舒认为“道之大原出于天，天不变，道亦不变”，④ 并说“道者万世亡弊，弊者道之失也。”⑤ 他在这里所说的“道”是篡改了老子的哲学之道和自然运行之道，而变为封建的道统，即封建的政治统治秩序。董仲舒认为，所谓的道统是封建君主从“天”那里继承而来的，因而作为封建统治原则的“道”是不会改变的，人间秩序也就不会改变。他的“天不变、道亦不变”的思想是用来论证封建国家政权和封建统治秩序的永恒性与合法性，成为我国历朝历代封建统治者所尊崇并一直矢志不渝奉行的原则。为什么“天不变、道亦不变”，董仲舒何以自圆其说呢？他分析了人类社会的共性后得出一个结论：“古之天下亦今之天下，今之天下亦古之天下，共是天下。”⑥ 古代社会反复更替有其共同点，那么在汉代国家的大政方针上，也一定存在共同的“道”。尽管不同时期统治者拥有不一样的方式或方法，但所使用的“道”是共同的。所以说：“天下无二道，故圣人异治同理也。”⑦ 他又说孔子在《春秋》这本史书中提到了为君权统治稳固的“上通五帝，下极三王，以通百王之道”⑧，这个“道”是政治统治的铁律。“臣闻乐而不乱、复而不厌者谓之道，道者万世亡弊，弊者道之失也。”⑨ 这就是说道是没有弊端的是乐而不乱，乱的原因是违背了道，因此说道不能变。正如国外学者所持的观点那样，他们均认为舜从尧那里得到权力、禹又从舜那里得到政权那样，都是遵守的同一种不变的“天律”，即“三圣相受

---

① 《老子》，中华书局1985年版，第99页。
② 《老子》，中华书局1985年版，第26页。
③ 《老子》，中华书局1985年版，第55页。
④ （汉）班固：《汉书·董仲舒传》，中华书局1983年版，第78页。
⑤ （汉）董仲舒：《春秋繁露·举贤良对策》，中华书局1975年版，第98页。
⑥ （汉）董仲舒：《春秋繁露·楚庄王》，中华书局1975年版，第15页。
⑦ （汉）董仲舒：《春秋繁露·楚庄王》，中华书局1975年版，第15页。
⑧ （汉）董仲舒：《春秋繁露·楚庄王》，中华书局1975年版，第15页。
⑨ （汉）班固：《汉书·董仲舒传》，中华书局1983年版，第23页。

而守一道，亡救弊之政也，故不言其所损益也。”①

在董仲舒的思想中还存在着阴阳学派的“转基因”，他承接了战国时期阴阳学派的学说，另解释为：“天之道，终而复始。”② 从而提出了“三统三正”的理论。“三统三正”说的提出就是应用上古所流传下来的朝代与其代表的颜色及其所对应的月份的说法来蒙蔽百姓，从而论证其宇宙大循环的理论。董仲舒认为，改朝换代虽然屡见不鲜，但形式上的改变不会影响最终实质的动摇。他提出：“故王者有改制之名，无易道之实。”③ “若其大纲、人伦、道理、政治、教化、习俗、文义，尽如故。”④ 这是说在历朝历代都发生过改制的事情，但是王朝统治的“一个中心”是绝对不能动摇的，这个“中心”为何？封建的道统，纲常人伦教化者是也。这也是他的“天不变，道亦不变”的体现。当然，董仲舒也解释了那种大乱社会的由来和去向。他认为，导致乱世的原因不是道本身有问题，而是大道的丧失，是无道。对于这样的社会，后继者理当从根本上进行改革。他说：“继治世者其道同，继乱世者其道变。”⑤ “道同”是因为统治者所施用的治世之道是一样的，是符合规律的真正的大道，所以无须改变；“道变”的原因是在世道纷乱时期所实行的是“无道”的政策，所以社会就不稳定。如何解决呢？只有一个办法，恢复“道”，恢复失去的封建道统。董仲舒反复对“道”的得丧有无进行论述，其根本目的无非是要求人们遵守统治者所制定的封建道统，即封建的纲常伦理之道，并使其成为政治与法律所遵循的总规律。老子在其书中还提到了数字与道的关系：“道生一，一生二，二生三，三生万物。”⑥ 这个道本是在自然的意义上探讨人与宇宙的关系，但由于在老子的这句话中出现了道与万物，从而被董仲舒抓住并作了发挥。经过董仲舒的加工，本是作为结绳记事的数字的排列，却成了一种永恒而神秘的自然法则，这其中蕴含着“天定人数”的观念。在中国古代典籍中，我们时常可以见到“天数已定”“命数难逃”之类的文字，对数的这种神秘规律的崇拜，恰恰可以

---

① （汉）班固：《汉书·董仲舒传》，中华书局1983年版，第23页。
② （汉）董仲舒：《春秋繁露·阴阳终始》，中华书局1975年版，第415页。
③ （汉）董仲舒：《春秋繁露·楚庄王》，中华书局1975年版，第19页。
④ （汉）董仲舒：《春秋繁露·楚庄王》，中华书局1975年版，第15页。
⑤ （汉）班固：《汉书·董仲舒传》，中华书局1983年版，第23页。
⑥ 《老子》，中华书局1985年版，第44页。

用来表明皇权的至高无上，这就是“天数”。

以上我们分析了董仲舒对“道”作的种种解释和发挥。由此看来，上天还是那个上天，如果把一代王朝比作一个大公司，则无论董事长是谁，管理层为何，这个大公司的公司结构总是一定的。皇权专制主义的政体及其合法性在董仲舒“道”的观念的庇护下可以一劳永逸，万世长存。

三、“大一统”

董仲舒的“大一统”理论是根据《春秋公羊传》的“大一统”思想作出的发挥。他在书中写道：“《春秋》大一统者，天地之常经，古今之通谊也。”① 董仲舒把“大一统”视作存在于天地人世之间的根本的道理。上文已经提到过，天子的权力来自不可侵犯的神圣的上天的赐予，而天子所奉行的是天道，因此“大一统”必然要统一到天子的权力之下。

“大一统”使得皇帝的权力迅速扩大，皇帝集一切权力于一身，可以纵揽权威，独断天下。这种特点在法律上也有所反映。在立法上，皇权是最高的法律渊源。汉武帝时期，各种律令的大量产生鲜明地体现了皇帝对法律的产生掌握着控制权与主动权。汉代诏令对律的大量补充，皇帝对判例的认同或否定，都体现了大一统的皇权专制的烙印。在司法上，皇帝拥有最高裁决权。无论是奏报疑案，省录囚徒，还是朝议的大案要案，皇帝均拥有不可动摇的最高权力，是最具权威的审判官。

董仲舒又认为思想统一是政治大一统的基础。思想统一到哪儿去？董仲舒是儒学起家的，自然要统一到儒学那里去，也就产生了“罢黜百家，独尊儒术”。董仲舒在《对策》中说：“今师异道，人异论，百家殊方，指意不同，是以上亡以持统一，法制数变，下不知所守。臣愚以为诸不在六艺之科，孔子之术者，皆绝其道，勿使并进，邪辟之说灭息，然后统纪可一而法度可明，民知所从矣。”②“今师异道，人异论，百家殊方，指意不同”讲的是在董仲舒所处的时代，国策并不统一，按百家议论来确定各种制度，也使国家所制定的法律

① （汉）董仲舒：《春秋繁露·竹林》，中华书局1975年版，第43页。
② （汉）班固：《汉书·董仲舒传》，中华书局1983年版，第24页。

包含了不同政策思想。引申到具体的问题上，一旦发生法律冲突，适用包含不同思想的法律可能会得到不同的裁决结果。董仲舒把法律最终归入孔门，一定于儒，就是要使儒学成为全社会的指导思想，使政治经济法律被儒学所统。儒家定于一尊，最终的受益者还是君主，由此皇权专制体制得到极大的加强。

纵观古今，我们可以发现，中国古代政治与法律活动一直围绕着“大一统”来展开，正如王亚南先生所讲：“大一统至使现代以前，中国人的政治词典中，始终没有‘分治’‘联邦’那一类名词。‘一统的江山’或‘一统的政治’未曾实现，就称‘创业未半’，已实现而后为人割裂，就称‘偏安’。每到一个朝代末期，群雄并起，互相厮杀，直到最后有力有势者，混一宇内，才使老百姓得到一点喘息机会。‘真命天子’出现了，‘大一统’的理想，又实现了一回。”① 这是董仲舒“大一统”观念的直接影响。

与其相比，外国却呈现了不同面貌。在美国的制宪史上，纵览其在从分而治之走向联合的统一国家的进程，其道路与中国古代有着根本的不同。在中国古代，无论是秦始皇统一六国，还是汉武帝在思想上实行“大一统”政策，在统一的方式上都表现出共同的特征：秦国的统一是在先灭六国再实现统一的构想下完成的，而汉武帝更是完全采纳了董仲舒的建议，在政治上实行“罢黜百家，独尊儒术”，即先排除异端邪教，再独尊儒教。可见中国人的“统一”思想中不具备包容与妥协的精神。反观美国的统一，其是建立在各州平等协商、自愿联合的基础之上，各州可以在宪法的原则与规定之下讨价还价。这种“统一”是先要尊重他人的权力再考虑自己的利益，在反复的利益博弈中最终实现动态的平衡式的“统一”。因此应当把西方或美国称作“联合”，而把中国称作“统一”。

正是由于西方国家的建立是基于妥协，并且是在宪法原则之下构建的联合政府，因而在管理国家行使权力之时就会产生为了各自的利益而相互制约，自然就能够形成权力的制约和分立的法律制度；而中国的统一从一开始就把异端排除在政治权力之外，没有任何力量可以与天子抗衡，因此统治者自然可以公然宣称自己就是各种利益的代表，由于权力失去了制约，独断专行的暴君便滋生出来，专制主义的产生自然不在话下。

① 王亚南：《中国官僚政治研究》，中国社会科学出版社1981年版，第156页。

四、封建伦理道德是核心内容和本质

董仲舒的伦理思想，是以其仁学思想为主导的。首先，他把其仁学化的“天”神，视为他伦理思想的来源：“是故仁义制度之数，尽取之天。”① 他还以天副人数的理论，论证“人之德行，化夫理而义，人之好恶，化天之暖清”②。总之，他使“天”神成为他仁学思想的化身，并认为封建统治者的整个政策，都是效法“天”神的仁爱意志而确立的，要求统治者“泛爱群生，不以喜怒赏罚，所以为仁也。”③ “天常以爱利为意，以养长为事……王者亦常以爱利天下为意，以安乐一世为事。”④ 在董仲舒看来，天子是仁爱思想的具体实施者。正因如此，董仲舒在其天人三策中，极力奉劝武帝实行德教，“王者承天意以从事，故任德教而不任刑”。他认为，一个国家的成立，就是因为有德，如果没有了德，也就没有了国，“国之所以为国者，德也……是故为人君者，固守其德，以附其民。”⑤ 所谓德教，其实就是用其仁爱思想对人民进行教化，“渐民以仁，摩民以义，节民以礼。”⑥ 他的伦理思想的提出与总结秦王朝因为实行严刑峻法最终亡国有关，因此提出“仁义礼智信五常之道”⑦，把仁德的政策作为执政者兴利国家的根本。

这就为实施仁政奠定了理论基础。正是在这个基础上，董仲舒进一步从理论上完善了儒家“德主刑辅”的法律思想观念。他主张以德教为主，以刑罚为辅，特别是对贪欲进行放纵同时也破坏了国家的纲纪法度的人（是否可以解释为类似贪污的公职犯罪，也未可知），礼仪教化能够起到抑制作用。他说：“圣人之道，众堤防之类也，谓之度制，谓之礼节。”⑧ 这种度制一旦得不到遵守就会出现危险的情况：“凡以教化不立而万民不正也。夫万民之从利也，如水之走

---

① （汉）班固：《汉书·董仲舒传》，中华书局1983年版，第23页。
② （汉）董仲舒：《春秋繁露·为人者天》，中华书局1975年版，第385页。
③ （汉）董仲舒：《春秋繁露·离合根》，中华书局1975年版，第205页。
④ （汉）董仲舒：《春秋繁露·王道通三》，中华书局1975年版，第401页。
⑤ （汉）董仲舒：《春秋繁露·保位权》，中华书局1975年版，第215页。
⑥ （汉）班固：《汉书·董仲舒传》，中华书局1983年版，第23页。
⑦ （汉）班固：《汉书·董仲舒传》，中华书局1983年版，第23页。
⑧ （汉）董仲舒：《春秋繁露·度制》，中华书局1975年版，第281页。

下，不以教化堤防之，不能止也，是故教化立而奸邪皆止者，其提防完也；教化废而奸邪并出，刑罚不能胜者，其堤防坏也。”①。

在定罪施刑的法律实践中，董仲舒提出了“原心论罪”和春秋决狱的主张。春秋决狱是中国古代法制发展史上的一个现象，是儒学在政治上确立了统治地位以后，在法律制度上的进一步渗透和具体的表现形式，其含义为：“《春秋》之听狱也，必本其事而原其志，志邪者不待成，首恶者罪特重，本直者其论轻，罪同异论，其本殊也。”② 从中我们可以看出注重对人的心理思想的追究和改造成为儒家法律思想中最为显著的特点。“原心论罪”是春秋决狱总的指导原则，君臣父子之义为其核心思想。《史记·太史公自序》中有一段记述，对《春秋》之义作了高度概括：“《春秋》文成数万，其指数千。万物之散聚皆在《春秋》。《春秋》之中，弑君三十六，亡国五十二，诸侯奔走不得保其社稷者不可胜数。察其所以，皆失其本已。故《易》曰‘失之豪氂，差以千里’。故曰‘臣弑君，子弑父，非一旦一夕之故也，其渐久矣’。故有国者不可以不知《春秋》，前有谗而弗见，后有贼而不知。为人臣者不可以不知《春秋》，守经事而不知其宜，遭变事而不知其权。为人君父而不通于《春秋》之义者，必蒙首恶之名。为人臣子而不通于《春秋》之义者，必陷篡弑之诛，死罪之名。其实皆以为善，为之不知其义，被之空言而不敢辞。夫不通礼义之旨，至于君不君，臣不臣，父不父，子不子。夫君不君则犯，臣不臣则诛，父不父则无道，子不子则不孝。此四行者，天下之大过也。以天下之大过予之，则受而弗敢辞。故《春秋》者，礼义之大宗也。夫礼禁未然之前，法施已然之后；法之所为用者易见，而礼之所为禁者难知。”毋庸置疑，君臣父子之义是贯穿其中的最高纲领，其中的根本就是要用君臣父子之义来评断案件的对错，注重根据犯罪动机“原心定罪”。“故《春秋》之治狱，论心定罪。志善而违于法者免，志恶而合于法者诛。”③ 但是，这种注重在后来的司法实践中演变为只根据思想动机定罪，抓“思想犯”，这种制度在汉代鼎盛一时，在魏晋时期，还依然对法律实践产生着影响。据《魏书·刑罚志》中记载，北魏太武帝太平真君六年春，“以有司断法不平，诏诸疑狱皆付中书，以古经义论决之”。随着儒家思想被确

① （汉）班固：《汉书·董仲舒传》，中华书局1983年版，第23页。
② （汉）董仲舒：《春秋繁露·精华》，中华书局1975年版，第95页。
③ 《盐铁论》，中华书局1998年版，第87页。

定为国家的组织思想，便开始了这种道德法律化与法律道德化的交融发展过程，伦理法成为中华法系的主导。

董仲舒伦理道德思想的另一方面就是建立了三纲的等级制度。董仲舒说："王道之三纲，可求于天。"他以天道的阴阳关系，为"三纲"作出了充分论证。他还把五行按时空配置，以土居中央，象征权力的次序，所谓"木居左，金居右，火居前，水居后，土居中央，此其夫子之序，相受而布……五行之随，各如其序，五行之官，各致其能"。① 董仲舒就是以此来建立起封建纲常等级制度的权威性和神圣性的，他把忠臣孝道视为神圣的法则，"孝子之行，忠臣之义，皆法于地也。地事天也，犹下之事上也。是故《春秋》君不名恶，臣不名善。善皆归于君，恶皆归于臣。"② 任何荣誉都要归于国君，任何罪过都要臣子承担。臣子做一件事，做好了是应该的，是托皇帝的洪福；做坏了，则是自己的失误。这就为国君树立了权威，最终维护的是持续了上千年之久的封建专制制度。

结　论

董仲舒的思想特征是以先秦儒家思想为主并融合了其他各家的理论学说，在此基础之上对他们作了解释与发挥。其目的到底为何，自然仁者见仁。但不可否认的是，在客观上毕竟促进了专制皇权的迅速建立，从而对后世统治者的统治策略产生了极大的影响，同时确立了儒家思想在政治领域长达千年的统治地位，并且在法律上形成了独具伦理特色的中华法体系。

---

① （汉）董仲舒：《春秋繁露·五行之义》，中华书局1975年版，第389页。

② （汉）董仲舒：《春秋繁露·阳尊阴卑》，中华书局1975年版，第393页。

石刻所见明清山西林木保护法令初探

周子良[*] 薛小波[**]

摘 要：石刻记载，明清时期，由于林木价值日益突出，而林木破坏现象却十分严重，山西多地发布乡规民约、官方公告、寺庙禁令等，以保护林木。这些法令规定了林木保护以民众、僧人、管理人员等为主体，他们有积极栽种与禁止毁坏林木的责任，同时通过规定惩罚制度和监督制度保障林木法令的执行。尽管这些法令存在不够科学化、神学色彩严重的缺陷，但是其规定主体的广泛性、措施的可行性、惩处及监督的人性化依然有积极意义。

关键词：石刻 明清时期 山西 林木保护 法令

石刻，是指“镌刻有文字的历代碑、碣、造像碑、经幢、石幢、摩崖题记、墓志铭、画像石等，是历史文化的重要载体”①，其特点在于保存期限长，因而被称为“刻在石头上的历史”。2009年以来，山西出版传媒集团、三晋出版社陆续出版的《三晋石刻大全》广泛搜集了山西境内现存的石刻，成为研究山西石刻非常珍贵的材料。通过对这些资料的梳理，笔者发现，明清时期山西多村社立碑记载林木保护的情形，这些石刻或由政府刻立，或由村社公议公立，同时多发掘于寺庙、村落内，具有相当的公开性，并且得到人们的普遍遵守，何满红称其“既是当地人人皆知的乡规民约，更是约定俗成的民间习惯法”②，是真正的“活着的法”。因此，对这些石刻资料进行研究，有助于我们了解明清

* 山西大学法学院教授，主要研究方向为法律史和法理学。
** 山西大学法学理论专业硕士研究生，主要研究方向为法律史和法理学。

① 李晶明主编：《三晋石刻大全·阳泉市盂县卷》，三晋出版社2010年版，序言。

② 何满红：《明清山西护林碑初探》，载《文史月刊》2007年第1期。

时期山西各地法令对于林木的保护，探寻在当时的社会背景下法令与民间行为的互动，希望对今天林木保护法律制度的制定有所启发。

一、明清山西林木保护法令制定的背景

如前所述，在发掘的石刻中，明清时期山西多县立碑记载林木保护的情形，这一方面是由于人们逐渐认识到林木的价值，另一方面是由于该时期林木破坏相当严重。

（一）林木价值日益突出

在我国古代，无论是建造房屋，还是修筑桥梁，均需要使用木材作为原材料，因而林木既可以直接作为原材料使用，也可以通过变卖获取一定的经济利益，具有丰富的经济价值。《三晋石刻大全》所录的石刻中，即有多处记载寺庙通过变卖木材获得价款，以此对寺庙进行修葺，更有记载村民通过变卖木材而实现赈荒目的，且从记载内容来看，变卖林木所得价款颇丰。如吕梁市柳林县《植树地亩碑》记载："古神柏树十二株，出售柏树三百株，得银一千三百两，一半赎地、一半补葺"①；晋中市灵石县《重修龙天三官商山新建乐楼碑记》记载了乾隆五十年（1785 年），"龙天庙柏树一株，易银三十多两"②；晋城市沁水县《崔含珠老人赈荒碑记》记载："当命匠砍伐，卖钱卅余千，村中贫而将死者赖此得免焉……孰意能补凹风者，兼能救夫荒年"③。

明清时期，林木的生态价值也日益凸显。有人认为，明清时期人口密度及人均耕地面积的变化，使得该时期山西人环境意识较为明显④，从石刻来看，明清时期，人们逐渐意识到林木对于抵御自然灾害、美化环境的作用。如阳泉市盂县《禁山碑序》记载："爰及少壮堆石为界，禁其刍荛，止其牧养。一助

① 高继平主编：《三晋石刻大全·吕梁市柳林县卷》，三晋出版社 2013 年版，第 342 页。
② 杨洪主编：《三晋石刻大全·晋中市灵石县卷》，三晋出版社 2010 年版，第 197 页。
③ 车国梁主编：《三晋石刻大全·晋城市沁水县卷》，三晋出版社 2012 年版，第 340 页。
④ 韩强强：《碑刻所见近五百年山西人的环境意识初探》，载《鄱阳湖学刊》2016 年第 6 期。

养风水，一助捍御水患"①；晋城市城区《村北栽培松柏树木碑记》记载："尝观山清水秀，形势固有天成……则树植之功不可少也"②。

同时，我国古代民间，人们常常将树木与神灵相联结，认为树木具有某种神秘的力量，可以通晓"神"的旨意，毁坏树株要受到神灵的惩罚。如临汾市蒲县《禁伐东山神树碑记》记载："公曰：'地虽民地，树惟神树。以地而论，地以种禾，非以种树；以树而论，生之自神，非生之人……自今以后，一枝一叶不得剪伐，其有违者，幽有鬼责，明有王法'"③；阳泉市盂县《重修白龙神祠碑记》记载："然而树木阴翳，干霄蔽日，神固早以山木示人，使之借此以成盛事"④。而对于村社来说，则认为树木是一方"风脉"所在，关乎村社的风水、民气，影响村社的发展，因而对林木加以保护。在特定情况下，虽然林木属个人或村社所有，亦不许所有者擅自砍伐、损毁。如忻州市宁武县《寺湾保护古榆碑》记载："而树木挟疏，亦足徵村庄之时气……今合村公议，周围积石成基，又建碑以纪其事，俾后人知此树为一村之旺气所关，而长护其庇阴云尔"⑤；大同市灵丘县《大同府灵丘县正堂加五级记录十次张太爷断案》记载："所有在山松林，应令该村管，遇有该村圣事需用，许其砍伐，该村人等亦不得擅伐私用"⑥。

由此可见，林木自身的性质，决定了其具有丰富的经济与生态价值，同时，由于民众将林木与风水、神灵相联系，使得林木具有了一定的社会价值。尽管林木价值突出，却因为自然损毁与人工损害使得林木破坏严重，林木资源缺乏。

（二）林木损坏十分严重

林木作为一种自然资源，其生长容易受到自然环境的影响，发生损毁，晋

---

① 李晶明主编：《三晋石刻大全·阳泉市盂县卷》，三晋出版社2010年版，第418页。

② 杨晓波、李永红主编：《三晋石刻大全·晋城市城区卷》，三晋出版社2012年版，第266页。

③ 王东全主编：《三晋石刻大全·临汾市蒲县卷》，三晋出版社2013年版，第82页。

④ 李晶明主编：《三晋石刻大全·阳泉市盂县卷》，三晋出版社2010年版，第322页。

⑤ 任宁虎、郭宝厚主编：《三晋石刻大全·忻州市宁武县卷》，三晋出版社2009年版，第127页。

⑥ 高凤山主编：《三晋石刻大全·大同市灵丘县卷续编》，三晋出版社2012年版，第95页。

城市泽洲区《茂林口栽树碑记》记载："吾乡之北旧有杨树几株，补其风脉，历年既久，树多朽腐"①；同时，明清时期灾害的发生、人民护林意识薄弱、受利益驱使使得盗伐林木等现象频发，林木损坏严重。晋城市阳城县《荒年碑记》记载了光绪元年至七年，因旱灾发生的饥荒，百姓"草根挖尽树叶遍尝。剥榆皮共蚕砂以延生"②；陵川县《西溪二仙庙禁约碑》记载："南山岭新长小松柏树，多有邻近乡村无知愚民，专一在彼牧放牛羊马骡，头畜吃踏，作践不堪"③；长治市壶关县《立永远禁约山坡》记载："奈有外村之人，赁意摧残，取去便卖，甚止安窑烧炭，刨根砍伐，彼固为糊口计，我们独不为烧燃计乎？"④；临汾市蒲县《东神山禁伐松柏树碑记》记载："奈人心不古，习俗浇薄，近来左右邻村邑中无赖之徒，借砍柴而前偷树株者，托崖陷而卖柏板者，虽神有显灵，而其贪心总不自觉，甚止呼朋引伴，结党为非"⑤。

正是在这样的背景下，明清时期山西多县或由官府，或由各村或多村合议，或由林木所有者撰刻大量石碑，设立于村社、寺庙间，以规范民众行为，达到保护林木的目的。

二、明清山西林木保护法令的内容

为了实现林木价值，保护各村风脉，石刻记载明清时期，县官发布禁令禁止损毁林木，村社自发商议制定乡规民约。同时，寺庙等有权主体亦以石刻方式制止毁林行为。这些法律制度既规定了林木保护的权利义务主体，又规定了林木保护的措施，还规定了对林木保护监督与毁林行为的惩处，以达到保护林木的目的。

（一）法令规定林木保护的主体

林木保护的主体分为一般主体与特殊主体。前者主要指普通民众，即每个

---

① 王丽主编：《三晋石刻大全·晋城市泽州县卷》，三晋出版社2012年版，第489页。
② 卫伟林主编：《三晋石刻大全·晋城市阳城县卷》，三晋出版社2011年版，第490页。
③ 王立新主编：《三晋石刻大全·晋城市陵川县卷》，三晋出版社2013年版，第75页。
④ 张平和主编：《三晋石刻大全·长治市壶关县卷》，三晋出版社2014年版，第221页。
⑤ 王东全主编：《三晋石刻大全·临汾市蒲县卷》，三晋出版社2013年版，第278页。

人都有义务以作为或不作为的方式对林木进行保护。后者包括僧人与管理人员。僧人作为特殊主体是由于寺庙具有一定的空间独立性，僧人毁坏林木的行为较难发现，且实践中僧人单独或合谋毁坏林木的行为不在少数，故多项制度单独对其行为予以规定；管理人员包括住持、社首或会首等人员，住持对于寺庙、社首对于村社都有管理地位也有管理责任。这些人员一方面便于组织成员进行林木保护，如栽种树木等，另一方面基于其权威性，可以对破坏林木的行为予以制裁。此外还有官员对于林木保护的责任，但其主要记载于官方文件之中，石刻记录较少，故在此不表。主体的明确使林木保护有了权利义务及责任的承受者，因此对这些人员保护林木的行为予以规范显得尤为必要。

（二）法令规定林木保护的措施

对普通民众而言，其林木保护义务主要规定于禁止事项之中，即普通民众对林木保护的责任在于不实施规定禁止的行为。这些禁止事项可分为绝对禁止事项与相对禁止事项。绝对禁止事项是指绝对不能做的事情，包括损毁林木的行为、破坏林木的行为、可能损害林木的行为和买卖林木的行为。损毁林木的行为指行为使林木损毁灭失，包括盗伐林木、砍伐林木、烧坡等。如阳泉市盂县《七机岩禁山碑记》记载：“一禁延烧山林……一禁盗伐树木”①；晋城市陵川县《阖社公议移来松峰例禁至界旧碑记》记载：“特立禁约：无论大小树株，不许偷伐、移栽，不许纵火烧燎”②。破坏林木的行为指行为使林木发生损害，如折毁、放牧、作践、剪伐、戕害、樵采等。如运城市盐湖区《演戏辑村记》记载：“凡采薪拾柴，不许斫以树木，若拆伤太甚者，拿住公所议罚”③；临汾市洪洞县《禁止伐树碑》记载：“嗣后不得私行剪伐……并不许在该山牧羊，以致残食树栽”④。可能损害林木的行为主要包括执斧入山、执镰入山等。如晋中市和顺县《禁山碑记》记载：“执斧入山者罚钱八千文 执镰入山者罚钱六千文”⑤。买卖林木的行为包括私买行为和私卖行为。如忻州市宁武县《重修清

① 李晶明主编:《三晋石刻大全·阳泉市盂县卷》，三晋出版社2010年版，第430页。
② 王立新主编:《三晋石刻大全·晋城市陵川县卷》，三晋出版社2013年版，第286页。
③ 张培莲主编:《三晋石刻大全·运城市盐湖区卷》，三晋出版社2010年版，第370页。
④ 汪学文主编:《三晋石刻大全·临汾市洪洞县卷》，三晋出版社2009年版，第456页。
⑤ 冯锦昌主编:《三晋石刻大全·晋中市和顺县卷》，三晋出版社2013年版，第185页。

居禅寺好善乐施禁山碑记序》记载："将本寺山厂阳背坡满林禁止，无故不许轻伐变卖"①；阳泉市盂县《严禁山林条约》记载："如有卖放者，与犯厉禁者一例而罚"②。相对禁止事项是指经禀明后，可以采伐的行为。如长治市黎城县《永禁碑记》记载："一、伐自己树株，亦禀明乡约，不禀亦属盗窃"③；晋城市城区《买树碑记》记载："阖社议定永远不许伐砍，并与地主言明，亦不得催伐"④。

对于僧人而言，对其禁止的行为主要包括串谋他人私伐、盗伐、售卖林木，以及借口伐树、以木抵账等。这些损毁林木的行为均由僧人利用身份便利实施，且都有获取利益。一方面其与不法人员相勾结，以盗伐、售卖的方式获取非法利益，另一方面其假意修葺庙宇，看似合情合理，实则伐木获取林木利益。如长治市长治县《正觉寺土地树木不得盗卖告示碑》记载："后被不法奸僧洪磬等，视为年远，查理无人，凭空设计，将地土木植擅自盗卖，肥己还俗，接踵效尤……以后寺内地土、树木，止许本寺僧人永远相继耕种，不得借口增置明色，卖地一亩，伐树一株，乡人亦不许私买"⑤；临汾市洪洞县《禁伐山柏碑》记载："嗣后山上柏树止许上寺僧人经营巡查，如敢营私擅伐……下寺僧人及地方棍徒倘敢串谋盗伐，许上寺僧人指名禀究"⑥。

对于住持而言，除提出与僧人同样的规定外，还要求住持不得徇私隐匿违法行为，同时对砍伐林木的地点、程序提出了要求。这主要表现为寺庙砍伐林木目的需合法，即仅可以因为庙宇修葺进行伐木；对于砍伐林木的地点，应当选择林木繁多而茂盛者，以尽量减少对林木的损害；对于砍伐林木的程序，住持等应事先预估所需林木的数量，报官核示后方可采伐。如大同市广灵县《严禁滥伐林木告示碑》记载："嗣后宝峰寺山上树株，永不准再行售卖。即遇有要工应需经费，止许该寺僧与董事人等，出外募化，不得卖树抵工。惟

① 任宁虎、郭宝厚主编：《三晋石刻大全·忻州市宁武县卷》，三晋出版社2009年版，第165页。

② 李晶明主编：《三晋石刻大全·阳泉市盂县卷》，三晋出版社2010年版，第386页。

③ 王苏陵主编：《三晋石刻大全·长治市黎城县卷》，三晋出版社2012年版，第228页。

④ 杨晓波、李永红主编：《三晋石刻大全·晋城市城区卷》，三晋出版社2012年版，第294页。

⑤ 贾圪堆主编：《三晋石刻大全·长治市长治县卷》，三晋出版社2012年版，第110页。

⑥ 汪学文主编：《三晋石刻大全·临汾市洪洞县卷》，三晋出版社2009年版，第309页。

所需木材，许于树之稠密处，间择砍用。亦必须先行估计核定确数，禀官核示后，方准伐取。不准多伐用，或有剩亦不准售卖，仍留为后用。总之该山树木，止准该村寺修工酌量应用，不准在外变卖分文，以杜影射、盗砍、巧谋染指之渐”①。

对于其他管理人员而言，一方面要求其栽种林木，另一方面要求其不得徇私。这种管理人员主要指社首、会首等，对于该类人员，要求其带头进行栽种，同时对于发现的不法行为不得徇私。晋城市陵川县《魏家岭村阖社碑记》记载：“自从道光八年社首栽树为始，约定以后轮流社首相继，每年定要栽补松树五千株，不得失误”②；泽州县《合社同众护树碑记》记载：“今后人公议：补栽松柏树数根，接际来脉。”③；长治市黎城县《南村社规碑》记载：“凡以上数条，原为整顿社事起见，无论社首花户，均宜遵办，倘循私舞弊，犯社条规”④。

因此，林木保护的措施依据主体的不同有多种形式，但是尽管规定了林木保护的主体和措施，仍有不法人员知法犯法，法律制度有必要对违法行为进行惩处，对不法行为予以监督。

（三）法令规定林木保护的保障

为了保障林木保护措施的实施，石刻所见明清时期山西地方法律制度一方面规定了对违法制度的惩罚措施，另一方面规定了对林木保护的监督，前者希图以惩罚的方式使民众主动尊法守法，后者则强调对违法行为的监督，避免损失进一步扩大。

1. 违反林木保护制度的法律责任

明清山西多地在禁约中规定了对违反制度的惩罚措施，首先，对于不法人员，由村社议罚，其次，对于不遵守村社处罚的人员或违法行为严重的人员，由官府进行惩处。

（1）村社议罚

对于违反禁约的行为，不同村社有不同的规定，总体来说有三种类型。其

---

① 刘祖福主编：《三晋石刻大全·大同市广灵县卷》，三晋出版社2013年版，第204页。
② 王立新主编：《三晋石刻大全·晋城市陵川县卷》，三晋出版社2013年版，第222页。
③ 王丽主编：《三晋石刻大全·晋城市泽州县卷》，三晋出版社2012年版，第570页。
④ 王苏陵主编：《三晋石刻大全·长治市黎城县卷》，三晋出版社2012年版，第381页。

一是同种类处罚，即以栽补树木的形式予以处罚。阳泉市盂县《补修白龙庙记》记载：“如仍有前不法之徒牧放牛羊，斧斤砍伐，毁坏一株者，罚栽十株”①；晋中市寿阳县《重修白鹿寺并栽松树禁止山碑记》记载：“岐山共栽松树二百余株，每损坏松树一株者，罚栽松树二十株”②。其二是金钱罚，即要求不法人员缴纳一定数量的罚款，对于罚款的多少，有的村社有明确规定，有的村社则根据不法分子的生活情况、违法轻重酌情处罚。运城市绛县《下庄村规民约石碣》记载：“以上每犯罚银五两”③；阳泉市盂县《禁山碑记》记载：“盖有伐树一株者，罚钱十五千文；牧放牛羊者，罚钱八百文。如见容情卖放者，也罚所偷之钱数”④；晋城市陵川县《阖社公议移来松峰例禁至界旧碑记》记载：“如有无耻之辈，大干例禁，偷伐树株，有人拿获，连人带树到社，鸣钟出首，社内量家产议罚外……”⑤；长治市平顺县《禁牧碣文》记载：“树林中不许起土并毁坏枝梢。如有犯者，看轻重议罚，不得强辩”⑥。其三是物品罚，这种处罚不需要不法分子缴纳金钱，但是需要缴纳一定数量的物品，如砖、瓦、油、米、香等，该物品多与生活或宗教有关，值得一提的是，多个村社将献戏作为违法的处罚方式。阳泉市盂县《七机岩禁山碑记》记载：“一禁延烧山林，罚戏三期。一禁盗伐树木，罚戏三期。一禁牧放牲畜，罚香五万”⑦；该县《三官庙禁山碑记》记载：“如有斩伐秋柏树者，罚米一石。有人烧坡者，罚米一石”⑧；长治市长子县《禁赌碑》记载：“有人进松坡砍伐松柏柴者罚砖一千个，搂松针者罚瓦一千个”⑨。

（2）县官处罚

送官处罚包括两种，一种是实施法律制度禁止的行为后，先由村社进行处罚，对于其处罚不予遵守或抗拒的，才送县或禀官进行处罚。长治市黎城县

① 李晶明主编：《三晋石刻大全·阳泉市盂县卷》，三晋出版社2010年版，第228页。
② 史景怡主编：《三晋石刻大全·晋中市寿阳县卷》，三晋出版社2009年版，第594页。
③ 柴广胜主编：《三晋石刻大全·运城市绛县卷》，三晋出版社2014年版，第206页。
④ 李晶明主编：《三晋石刻大全·阳泉市盂县卷》，三晋出版社2010年版，第388页。
⑤ 王立新主编：《三晋石刻大全·晋城市陵川县卷》，三晋出版社2013年版，第286页。
⑥ 申树森主编：《三晋石刻大全·长治市平顺县卷》，三晋出版社2012年版，第191页。
⑦ 李晶明主编：《三晋石刻大全·阳泉市盂县卷》，三晋出版社2010年版，第430页。
⑧ 李晶明主编：《三晋石刻大全·阳泉市盂县卷》，三晋出版社2010年版，第296页。
⑨ 申修福主编：《三晋石刻大全·长治市长子县卷》，三晋出版社2013年版，第218页。

《禁赌、禁牧、禁伐碑》记载："倘有不尊者，禀官究治必禁"[①]；晋城市陵川县《郑家岭村禁约碑》记载："倘有违行不遵社规，送官究治"[②]。另一种是对于严重的违法行为，直接由县官进行处罚，如对于影响极其恶劣的，或者应当判处刑罚的。长治市壶关县《东柏坡社补立禁坡碑记》记载："嗣后，倘有在禁坡之中仍行损坏者，约社查处，即以窃盗为论，轻则议罚，重则禀官"[③]；临汾市蒲县《东神山禁伐松柏树碑记》记载"木匠勾通住持解板，工人勾通住持送板者，俱禀官治罪，追公价入公"[④]。而送官处罚的结果除上述财产罚外，还可以对不法人员科处刑罚，对特殊主体还有身份罚。如前述《东神山禁伐松柏树碑记》就记载了"住持偷卖柏树者，赶逐离山，不准还俗，使乞食四方"[⑤]，临汾市洪洞县《禁伐山柏碑》记载了"如有擅伐一株者，均以盗伐治罪……同级、同宝各予一杖以儆，仍追树银五十两"[⑥]。

2. 对林木保护的监督

除了对不法人员进行惩罚，禁约中大量规定了对不法行为的监督，包括民众监督、住持、社首等主管人员监督和专人监督，而且对于三类监督人员的待遇也千差万别。

首先，以奖赏的方式鼓励民众参与监督。明清时期，山西地方民众积极揭发毁坏林木的行为，甚至为了制止毁木行为，自掏腰包进行保护，晋中市灵石县《西许村"周槐"碑记》记载了西许村三位村民主动禀官阻拦他人砍伐树木的行为，晋城市阳城区《善士捐资买树入庙以培风脉记》记载了长清社村民自己出资阻止树主砍伐树木的行为。这种现象盛行的原因除人们认为林木与风水、神灵有关外，离不开禁约等法令中对于民众监督的鼓励。这种鼓励采用直接的物质奖赏的方式，拿获或者告发毁林者的群众往往可以得到一笔财产。多数村社规定可以平分对不法分子的罚款，有的村社甚至约定四六分成，或在奖赏的基础上规定了抽成。这种制度的激励，使民众参与度得到提升。阳泉市盂县

① 王苏陵主编：《三晋石刻大全·长治市黎城县卷》，三晋出版社2012年版，第294页。
② 王立新主编：《三晋石刻大全·晋城市陵川县卷》，三晋出版社2013年版，第190页。
③ 张平和主编：《三晋石刻大全·长治市壶关县卷》，三晋出版社2014年版，第238页。
④ 王东全主编：《三晋石刻大全·临汾市蒲县卷》，三晋出版社2013年版，第278页。
⑤ 王东全主编：《三晋石刻大全·临汾市蒲县卷》，三晋出版社2013年版，第278页。
⑥ 汪学文主编：《三晋石刻大全·临汾市洪洞县卷》，三晋出版社2009年版，第309页。

《严禁山林条约》记载："若有见而执之来告于庙者，定赏钱八百文"①；晋城市陵川县《重修真泽宫碑记》记载："如违者，有人扯至社内，得赏钱三千文"②；泽州县《嘉庆玖年禁约碑》、长治市黎城县《岚王庙筑堤记》《禁赌、禁牧、禁伐碑》《重立禁赌碑记》等均记载了拿获者与社平分的规定，黎城县《合社公议严禁赌博盗伐树株碑文》记载："盗树者罚钱三千文。赏见者一半，入社一半，决不宽恕"③；陵川县《阖社公议移来松峰例禁至界旧碑记》记载："赏给出首者大钱五千文，抽罚三分"④。

其次，以加倍惩罚的方式督促主管人员进行监督。对于主管人员的监督，禁约一般认为主管人员具有监督的责任与义务，因而，对于其应当严加监督而疏忽大意致损，或纵情私放的行为，采取加倍惩罚的方式促使主管人员认真履行职责。晋城市陵川县《重修崇安寺禁约序》记载："以上诸条，违者罚银一两，住持徇隐倍罚"⑤；长治市黎城县《南村社规碑》记载："无论社首花户，均宜遵办，倘循私舞弊，犯社条规，富者罚演戏两天，贫者罚八仙一桌，荤供一桌"⑥。

最后，由专门人员采取不定期进行巡查的方式进行监督。尽管在明清时期，山西地方并未形成统一的林业保护监督机构，但石刻记载当时已经以村社为单位，由专门人员进行林业监督。阳泉市盂县《西栈碑记》记载："择一尚友，使居山中巡行看守，严禁山林，以图厥后私伐材木"⑦；临汾市洪洞县《禁伐山柏碑》规定了上寺僧人需对林木经营巡查，对下寺僧人与他人串谋盗伐的应指名禀究，如果隐晦不报，则"以徇纵疏忽究处"⑧；《禁止伐树碑》规定了乡保地方、住持方及附近居民等应不时巡查。

① 李晶明主编：《三晋石刻大全·阳泉市盂县卷》，三晋出版社2010年版，第386页。
② 王立新主编：《三晋石刻大全·晋城市陵川县卷》，三晋出版社2013年版，第315页。
③ 王苏陵主编：《三晋石刻大全·长治市黎城县卷》，三晋出版社2012年版，第318页。
④ 王立新主编：《三晋石刻大全·晋城市陵川县卷》，三晋出版社2013年版，第286页。
⑤ 王立新主编：《三晋石刻大全·晋城市陵川县卷》，三晋出版社2013年版，第140页。
⑥ 王苏陵主编：《三晋石刻大全·长治市黎城县卷》，三晋出版社2012年版，第381页。
⑦ 李晶明主编：《三晋石刻大全·阳泉市盂县卷》，三晋出版社2010年版，第481页。
⑧ 汪学文主编：《三晋石刻大全·临汾市洪洞县卷》，三晋出版社2009年版，第309页。

三、明清山西林木保护法令的评价

明清时期山西林木保护法令从主体、措施、保障多个方面对林木加以保护，这些乡规民约、规章制度带有浓重的神学色彩。无论是村社制定的禁约，还是官府制定的公告，无论是制定规范的社首、知县等，还是执行规范的僧人、民众，都无一例外受到风水、风脉、神灵等神学色彩的影响。同时，受时代限制存在立法不够科学的缺陷，如明清时期山西各村社并未对林木进行科学划分加以不同保护，但是这些法令的制定和实施，在客观上为山西各地的林木保护作出了贡献。

石刻记载的法令不同于官方制定的法律，其中重要的一点就是官方制定的法律距民众尚有一定的距离。尽管这些制度也规定了对于林木的保护及惩罚措施，但是地广人稀的地理特征决定了官方文件难以得到村民的普遍遵守，有违法情形亦难查处，而护林碑则多以村、社为单位，制定主体也是社首或多村合议，后者由民众请示后官厅发布，离民众生活较为接近。同时，法令内容的以下特点使这些法令最终得到有效遵守。

首先，林木保护主体的广泛性。在本文第二部分，笔者介绍了林木保护的主体，包括普通民众、僧人、住持、社首和县官等，尤为突出的是普通民众的主体地位，法律制度规定了普通民众有最广泛的保护林木的责任，而在实践中，民众也起到了至关重要的作用。

其次，林木保护措施的可行性。在石刻所见的林木保护中，集中对村社常见的林木毁坏的行为予以规范，这种规范并非一概而论，而是区分了多种情形，如对于自己需要砍伐的树木，规定了开放日期，对于必须采取的柏叶，规定了采取的期限和数量等。

最后，林木保护惩罚与监督的人性化。对于毁林行为的惩罚，也并非固定标准，而是结合具体情况灵活运用，如现存于长治市平顺县西社村的碑文区分了不同作案时间的惩处，夜间作案比白天作案的处罚更甚，又如规定了对于贫困者，可以以物品代替金钱的惩罚。而对于林木保护的监督，则以不同的方法面对不同的监督主体，对于群众采取赏钱鼓励的方法，对于管理人员采取以严厉责任督促的方法。正是这些人性化的规定，使林木保护得到充分保障。

无论是古代社会，还是现代社会，无论是发展经济，还是建设生态文明，都需要对林木资源进行保护，而林木保护都需要得到法律制度的保障。明清时期石刻所见山西乡规民约、官方禁令等法令的出现，对于保护地方林木的长远发展起到了一定的积极的作用。这些法令以要求民众对林木进行保护，号召民众对毁林行为进行监督，责令主管人员对林木进行管理为手段，提升了群众的环保意识，避免了林木损失的扩大。法令中具体可行的林木保护制度、赏罚分明的林木监督制度等，现在亦值得我们学习。

南京国民政府时期占有的权利推定规则

梁文婷*

摘　要：南京国民政府运用《中华民国民法》第943条设立起占有的权利推定规则，又通过最高法院之判例释明了该规则的丰富内涵。适用范围上，这一时期占有权利推定规则的适用主体不限于占有人，适用对象不限于动产，适用权利不限于物权。在适用效力上，这一规则主要有使占有人处于举证的有利地位、推定不限于占有人利益、占有之诉中仅产生正当消极的效果等效力。另外，这一时期占有权利推定规则的适用，实现了维护秩序、促进正义、提高效率等法律价值。

关键词：南京国民政府　占有　权利推定　效力

南京国民政府以《中华民国民法》第943条“占有人于占有物上行使之权利，推定其适法有此权利”的规定设立起占有的权利推定规则，但这一规则的丰富内涵是通过最高法院判例所具有的法律解释功能释明的。因此，要真实还原这一时期占有权利推定规则的立法司法全貌，需要结合最高法院判例，明晰其适用范围、适用效力、适用价值等具体内容。

一、南京国民政府时期占有权利推定规则的适用范围

（一）适用的主体范围

南京国民政府时期认定的可以援引占有权利推定规则的主体可以是主张

* 山西大学法学院法学理论专业硕士研究生，主要研究方向为法律文化。

自己有本权的人，如现时占有人、占有主人（存在占有辅助人时）、间接占有人等，也可以是主张对方有本权的人，如动产的善意取得人、质权人、登记机关等。

依《中华民国民法》第943条之文义解释，现时的本权占有人当然是该规则的援用主体。

最高法院关于占有权利推定规则的5则案例中，均存在现时物的占有人，虽其占有物的权利基础不同，但在物的交易、物的占有面临侵夺、物的本权存在争议等需要的情形下，① 可主张自己是占有物的本权人，援用这一规则。《中华民国民法》第941条规定了间接占有人这一占有类型，间接占有人可因成立间接占有主张其享有本权，援用占有的权利推定规则。第942条规定了占有辅助人这一占有种类，但仅将占有主人视为物的占有人，依条文内容，其同样为占有权利推定规则的适用主体。

赋予占有权利推定的法律效果后，需同样赋予交易的第三人以援用规则的资格以解决举证责任的转换，因而在最高法院的案例中可以看到，具体适用中动产的善意取得人、质权人、登记机关等会因占有相对人享有本权，亦成为占有权利推定规则的适用主体。

二十一年一月十五日民事上字第二二一号所载案例，被上告人的双重身份可说明动产的善意取得人可主张让与人有本权成为规则的援用主体，质权人对占有的动产主张出质人享有本权成为规则的援用主体。案例中，上告人在货款迄未清偿的情况下将闽纸转移给姚坤记所有，姚坤记于买受后交被上告人作质，抵借债款，上告人因请求返还闽纸与被上告人涉诉。本件之被上告人，如要旨所描，其善意受让该动产取得之质权及其占有均应受法律保护，② 其信赖的是姚坤记占有动产适法之权利，在此情况下，法院依职权将其作为占有权利规则的适用主体依照该规则保护其占有，为驳回上诉之判决。

二十二年九月十八日民事上字第五七九号所载案例中，上海市土地局因职责应为基地所有权在档之情况为函复，其详查档卷作出了相应复函，此例即登记机关因举证责任之转换而援用占有权利推定规则的表现，故登记机关（行政

---

① 隋彭生：《民法典占有与本权章建议稿》，北京大学出版社2017年版，第178页。

② 郭卫、周定权：《最高法院民事判例汇刊》（第5期），上海法学书局1934年版，第55页。

机关）自可以称为该规则的适用主体。

由此可知，南京国民政府时期占有权利推定规则的适用主体不限于占有人，第三人也可以主张。

（二）适用的对象范围

《中华民国民法》第943条之内容，未对占有权利推定规则的适用物的范围进行限定，可认为其适用对象既有动产又有不动产。从最高法院的案例中看亦是如此。二十一年一月十五日民事上字第二二一号所争议对象为闽纸这一动产，其他几例，二十一年五月十八日民事上字第九四六号、二十二年九月二十一日民事上字第六三零号、二十二年九月十八日民事上字第五七九号等均以土地作为占有权利推定规则解决的纠纷对象。

比较各国之立法例，对于占有权利推定规则适用的物的范围设置主要有三种：其一是认为占有的权利推定规则仅适用于动产，以《德国民法典》第1006条为代表；其二是认为占有的权利推定规则适用于动产外，区别适用于不动产。已在不动产登记簿上进行过登记的适用登记的推定力，而未登记的不动产适用占有的权利推定，以《瑞士民法典》第930条及第937条为代表；其三是认为占有的权利推定可以适用于动产以及不动产，以《日本民法典》第188条为代表，《中华民国民法》第943条即是仿效日本的立法例。①

立法各例均承认动产适用占有的权利推定规则，主要是由于以占有表彰动产本权根据社会的经验法则具有高度的盖然性。取得动产的占有往往意味着动产物权变动的发生，因而根据占有的事实推定占有人享有本权，适用占有的权利推定规则自然应该将动产纳入适用的对象。

对于不动产能否作为占有权利推定规则的适用对象学界一直存在争议，但国民政府时期选择将不动产作为第943条的适用对象是受到日本民法的影响，也是因为在当时的历史条件下，这一立法选择具有积极意义。在未建立起全面的不动产登记制度前，选择对不动产实施权利推定之保护，② 能够在当时实现最为紧要之社会秩序的稳定。随着社会实际的变化，值得注意的一点是，我国

① 程啸、尹飞：《论物权法中占有的权利推定规则》，载《法律科学》2006年第6期。
② 王利明：《试述占有的权利推定规则》，载《浙江社会科学》2005年第6期。

台湾地区的现行“民法”已经通过修正案的形式，将已登记之不动产排除在占有权利推定规则的适用对象之外。在登记的推定力与占有的推定力间选择登记的优先效力，这一点对我国在设立占有权利推定规则时具有重要的借鉴意义。

由上可知，南京国民政府时期占有权利推定规则的适用对象不限于动产，不动产也可适用，这一立法选择可堪为其占有权利推定规则的一大特征。

（三）适用的权利范围

南京国民政府时期的占有权利推定规则认定，凡是以占有标的物为内容的权利，均在推定的权利范围之内，不限于物权，也包括债权。

比较各国之立法例，对于占有权利推定规则适用的权利范围主要有两种主张，其一以德国为代表，否认债权在推定的权利范围之内。《德国民法典》通过第1006条、第1065条及第1227条认定，被推定的权利包括动产的所有权以及动产上成立的以占有为生效要件的他物权；其二以日本为代表，认定被推定的权利包含一切以占有为内容的权利，国民政府时期也采这一主张。

最高法院二十二年九月二十一日民事上字第六三零号的判例要旨中指出，原告如为占有该土地而行使所有权之人，则依法已推定其适法有所有权。[①] 这有力地证明了所有权当然属于占有推定的权利范围。同案上诉人所呈证据中含有民国二十三年方世宝、方世银、方胜余等所立租字三纸，方世宝等人作为可主张占有相对人享有本权之人，是规则的适用主体，其行使权利期间适法推定享有的是租赁权，是债权，因而债权亦属南京国民政府时期占有推定的权利范围。二十一年一月十五日民事上字第二二一号这一判例中，被上告人占有姚坤记移转之阄纸为质物，其于占有物上行使之权利，推定适法的是质权，说明质权也在占有推定的权利之列。

王泽鉴先生在其著作中引用了中国台湾地区一判例：“一九八四年上字第二九八四号判决谓：‘第九四三条……其所指之权利，究为何种权利，应依占有人行使权利当时之意思定之，并非专指所有权而言。’”[②] 这段判决的内容在明确了占有推定之权利不限于所有权的同时，提醒我们，推定占有人享有的权利时

---

① 郭卫、周定权：《最高法院民事判例汇刊》（第15期），上海法学书局1934年版，第10页。

② 王泽鉴：《民法物权 用益物权·占有》，中国政法大学出版社2003年版，第263页。

也可通过关注占有人的“主张”，占有人的主张也是其行使权利的一种重要表现。这对于破除《中华民国民法》第944条将对占有的事实推定限定于“以所有之意思，善意、和平及公然实施占有”带来的困境具有重大的指导意义。

由上可知，南京国民政府时期占有权利推定规则的推定权利范围不限于所有权，也包括债权以及限制权利。

二、南京国民政府时期占有权利推定规则的适用效力

（一）占有人举证的有利地位

《中华民国民法》第943条虽为实体法之规范，但其经常被运用于诉讼过程中，确立占有人在举证时的有利地位是国民政府时期占有权利推定规则最重要的效力。诉讼程序中这一效力具体表现为：占有人受权利推定保护后，可不就其占有之权利负举证之责。遇有向其争执权利之他人，可以该条对抗，而无须证明自己有占有之权原。①

最高法院各判例可清晰体现占有权利推定规则这一效力内容。十七年上字四一九号要旨云：“占有人于标的物上行使之权利推定为适法，若他人就该标的物上之权利有所争执，自须提出取得权原之证据，否则仍应保护占有人之利益。”② 二十二年九月十八日民事上字第五七九号要旨又云：“对于现在占有人告争所有权者，应由告争人提出确切凭证，以证明有主张之真实，如告争人不能为确当之证明，法官无法确定物的归属时，则无论现在占有人占有该地是否有正当权原，亦应维持现状而驳回告争人之诉。”③ 这两则要旨内容释明占有权利推定规则在举证责任方面产生的效力最主要的内容，即占有人就权利推定的效果无须举证，而告争人需得提出正当权原的依据，如若不能，由其承担诉讼的败诉风险；另二十二年九月二十一日民事上字第六三零号要旨载：“确认土地

---

① 谢在全：《民法物权论》，中国政法大学出版社1999年版，第963页。

② 最高法院判例编辑委员会：《最高法院判例要旨合订本》，大东书局1944年版，第84页。

③ 郭卫、周定权：《最高法院民事判例汇刊》（第16期），上海法学书局1934年版，第64页。

所有权存在之诉，原告就所有权存在之事实固有举证之责任，唯原告如为占有该土地而行使所有权之人，则依法已推定其适法有所有权，除被告有反证外，原告即无庸举证。”提出我们在适用占有权利推定规则效力时应当注意的一个重要内容，即占有的权利推定规则是使占有人的举证责任减轻，令其在诉讼中处于举证的有利地位，而非无举证责任。若他人提出证明自身正当权原之反证，占有人为推翻该证明，自仍需举证。在确认所有权的诉讼中，占有人不能仅据占有事实而无举证。此外，二十一年五月十八日民事上字第九四六号要旨“土地所有权人历久失其土地之占有而不行使权利者，除应证明自己确为土地之所有主外，并应证明不行使权利之原因，确因现时占有人妨害其权利之行使或有不能行使之特别情事，始能诉请确认所有权归属于已或返还占有”① 的内容体现了这一规则效力他人可以通过反证推翻。对他人举证提出的标准一般而言是需证明占有人是无权占有，如果要主张返还物的请求权，除证明自己是真正的所有人外，还需证明其享有的合法占有权是被现占有人侵害。这一设计能够避免法律拟制的推定效力因占有人对于权利推定的滥用对真正的权利人造成损害，给了当事人法律救济的可能，从一侧面也说明了占有权利推定效力所具有的合理性。

南京国民政府时期占有权利推定规则所具有的效力在司法实践中发挥了重大功用，占有人在诉讼中确因此规范处于举证的有利地位。

（二）推定不限于占有人利益

《中华民国民法》第943条未对占有的权利推定，仅对占有人之利益而未作出限制，因而占有权利推定的效力不限于占有人利益，其不利益也应受推定。

《中华民国民法》第445条规定亦可佐证这一结论。承租人对不动产所置物依法应推定其占有，但该条赋予不动产出租人以留置权，给占有人设置了负担，为其不利益。史尚宽先生著作中也有一例阐述占有之推定不限于占有人利益。在土地所有人有所负担时，推定土地占有人为所有人，若其无非所有人之反证，则不能免其负担。②

---

① 郭卫、周定权：《最高法院民事判例汇刊》（第7期），上海法学书局1934年版，第81页。

② 史尚宽：《物权法论》，中国政法大学出版社2000年版，第580页。

比较各国民法典对占有权利的推定规则之表述可以发现，是否明定“为了占有人的利益”是各立法例一大不同。以《德国民法典》为代表的一种，在条文中明确指出占有权利的推定力必须是“为了占有人的利益。”《德国民法典》第1066条第1款就写道：“为了动产占有人的利益，推定占有人即为物的所有人。”南京国民政府时期占有权利推定规则仿效日本，其规定未将推定的效力限制在为了占有人的利益，《瑞士民法典》亦采用此种做法。占有权利推定规则的设定基于占有表彰本权的机能，其出发点是要保护符合真实的权利状况，进而维护交易安全，因而推定并不一定是对占有人有利的，这一规范内容的选择从占有的保护实际看是正确的。

综上，南京国民政府时期占有权利推定的效力不止于保护占有人的内容，不仅与立法的其他条款形成了呼应，也是设立权利推定规则的必然选择。

（三）仅产生正当消极的效果

从最高法院判例看南京国民政府时期占有权利推定产生正当消极之效果，其一是之于他人举出反证而被破除之前维护占有人之占有状态而言，其二是占有人如基于占有事实就占有物之所有权或其他权利为申请登记时，不得适用此规定。

占有权利推定正当消极效力之第一含义从十七年上字四一九号判例要旨之后半段“若他人就标的物上之权利有所争执，自须提出取得权原之证据，否则仍应保护占有人之利益”以及二十二年九月十八日民事上字第五七九号判例要旨之后半段“如告争人不能为确当之证明，则无论现在占有人占有该地是否有正当权原，亦应维持现状而驳回告争人之诉”等司法表现中可见一斑。而占有人不可仅依第943条之规定，请求登记所有权或其他权利则在二十二年九月二十一日民事上字第六三零号判决主文的理由中表现明显。理由载：“查阅原卷，本案系上诉人张致平等为原告提起确认系争滩地为其所有之诉，上诉人张佑柏则未提起确认该地为自己所有之反诉，依民事诉讼法第380条之规定，纵令上诉人张致平等不能证明该地为其所有，亦仅至驳回其诉而已……”① 第943条

① 郭卫、周定权：《最高法院民事判例汇刊》（第15期），上海法学书局1934年版，第10页。

旨在免除占有人关于本权及占有取得原因的举证责任，并非直接令占有成为占有人取得所有权或其他权利之根据。该案例中上诉人等无其他证据，仅就占有事实申请确认所有权，应驳回其诉的内容印证了占有权力推定的消极效果。

南京国民政府为何使占有权利推定具有该种效力，主要原因有三：其一是法律对占有进行保护，其目的是维护现有的物之秩序，维持社会原状，保护交易安全，而非对物的归属关系进行确认；其二是第 943 条内容性质确非因占有而取得权利之规定；其三是如认定第 943 条有此效力，那《中华民国民法》中用第 768 条、第 769 条、第 770 条设立的取得时效制度适用的价值又在何处。

从上看出，占有权利推定的效力保护占有人在他人提出争议却无确切凭证时的正当占有状态，却也产生阻却占有人仅以占有事实申请登记所有权或其他权利之消极效果，这一效力设计也为时效取得制度留下了适用空间。

三、南京国民政府时期占有权利推定规则的适用价值

（一）维护秩序

占有权利推定规则在南京国民政府时期的适用价值，首先表现于维护物与社会秩序上，其主要体现在以下几个方面：

其一，占有的权利推定规则设立目的之一即是维护占有的现存状态，这一规范保护占有人的适法权利，因而占有人一旦事实上管领该物，其他人就不得进行侵害。即使占有人非真正的本权人，他人也只得通过国家机关经过一定的程序由其出面去剥夺占有人的非法占有。这就有效禁止了私人力量依靠暴力方式对占有现在的状态进行改变。在实现物的归属之同时促进了社会和谐。

其二，占有的权利推定规则赋予了占有人在诉讼中举证的有利地位，在他人未提出确切反证前，保护占有人对于物的继续占有状态，这使得占有人的心理与对于物的支配在争议过程中均处于安定状态。

其三，占有的权利推定规则适用主体不限于占有人，使受占有保护的主体范围既得以扩张的同时，令第三人也可援引该规则进行抗辩，以保护自己在交易中因信赖相对人的占有而取得的利益；国民政府时期的占有权利推定规则之适用对象包括不动产，这使推定效力扩展适用至未经登记的不动产等，受法律

保护的财产范围更加广泛；推定的权利范围不限于物权，使受到保护的本权范围也得到进一步扩大。主体、客体和内容受占有推定规则保护的广泛，使这一规则维护秩序的价值得到了更充分的发挥。

（二）促进正义

占有权利推定规则在南京国民政府时期的设立对正义价值在当时的实现产生了重要影响，其主要体现在两个方面：

其一，占有的权利推定规则很好地保护了占有外观后的本权。社会经验法则告诉我们占有某物通常即享有相应的本权，尤其是动产物权变动的交付主义使动产占有人享有本权具有高度的盖然性，因而用占有的权利推定规则通常可以实现保护占有背后权利的功能。德国法学家将占有的权利推定规则本质认定为举证负担规范，① 这一规则确实使占有人在诉讼中处于举证的有利地位，但应当看到，这一规则是可以通过反证被推翻的，其设置的主要目的在于保护多数占有外观后表彰的本权，而非一味保护占有人利益。保护好本权，使私有财产权得以维护自是其实现正义价值的体现。

其二，占有的权利推定规则是保护善意第三人信赖利益的前提。② 第三人交易中的正义需要保护，这就需要权利推定规则为其提供基础和条件。南京国民政府在立法上认可占有的权利推定规则，其带来的附属效果就是将那些非动产物权人的占有，推定为动产物权的公示，认定其享有本权，相对人基于此在交易中符合法律规定的善意条件下即可取得物的本权，即使真实的权利人能够提出其享有本权的证明也不影响相对人取得的权利。占有的权利推定规则为善意取得制度的成立提供了基础，因而在维护善意第三人的交易中，这一规范实现了其正义价值。

（三）提高效率

《中华民国民法》设立占有的权利推定规则不仅是贯彻了民法的效益原则，也符合诉讼的效益原则，其效率价值主要体现在以下几个方面：

---

① 张双根译：《德国物权法》，法律出版社2005年版，第182页。

② 赵晓钧：《论占有效力》，法律出版社2010年版，第142页。

其一，占有的权利推定规则可产生一定公示公信的效果，可以提高交易效率。就公示效果而言，占有是动产物权存在的公示形式,① 国民政府时期不动产的登记制度尚未全面建立，且推定规则的适用对象包括不动产，因而在当时来说，对于不动产的占有亦可具有物权的公示效力。公信效果以公示为前提，占有的权利推定规则在当时使这种公示可以产生权利正确性的公信。二者合并产生了进行交易的信赖前提，使得人们在交易中不必追根究底地核实权利的正当性，交易后永久保存交易凭证，提高了交易的效率。

其二，占有的权利推定规则可以在物之权属确难查实的情况下，为占有争议提供终局的结论，提高诉讼效率。在双方就一物的权属发生争议而均无法提出切实的证据证明该物的权属，案件陷入真伪不明时，法院可依照占有的权利推定规则确定物属现占有人所有，由告争人承担案件事实无法查清的败诉后果。通过适用占有的权利推定规则可以使这类物的归属权原难以查清的案件不至于陷入诉讼僵局，当事人可得到一结论恢复正常的生产生活，实现诉讼效率的提高。

其三，占有的权利推定规则有利于实现物的使用价值，达到物尽其用的效果。《中华民国民法》规定了取得时效制度，在达到取得时效的期间，占有的权利推定规则为占有人使用物的合法性提供了基础，这能够保证占有人可长期、持续地利用占有物，为物更好地发挥效用进行投资，从而提高物的使用效率。

南京国民政府时期占有权利推定规则的主要内容，虽主要是仿效《日本民法典》而来，但其在当时的社会背景下设立具有其合理性，也实际发挥了较大功用，当下正确认识这一规则对于完善我国的占有制度具有重要意义。

---

① 张友连:《论占有制度的法律价值》，载《民商法学》2008 年第 10 期。

《魏玛宪法》的历史地位和当代价值

——全国外国法制史研究会第三十二届年会主题述评

史永丽* 武 蕾**

摘 要： 全国外国法制史研究会第三十二届年会于2019年8月24日至25日在山西大学隆重举行，本届年会主题为“近代宪法文明的起源和变迁——暨魏玛宪法颁布实施一百周年纪念”，其中重点论及《魏玛宪法》。本文仅就作者所感兴趣的《魏玛宪法》的现代性及其相关问题试做梳理和探讨，并以此为基础，略谈《魏玛宪法》的利弊得失对我国宪法治理的启示。

关键词： 魏玛宪法 现代性 宪治

2019年8月24日至25日，全国外国法制史研究会第三十二届年会在百年老校山西大学隆重举行。本届年会的主题为“近代宪法文明的起源和变迁——暨魏玛宪法颁布实施一百周年纪念”，来自全国各大高校、科研机构和出版单位的160余名专家学者出席了本次盛会。何勤华会长在开幕式上特就《魏玛宪法》的价值和意义发表看法，认为《魏玛宪法》是人类宪法文明进步史上的一个里程碑，它所宣告的一些理念、原则和制度，直到今天仍有重大的理论价值和指导意义，尤其是对公民权利近乎完美的列举和保护，对现代社会的宪法、民商法、刑法、诉讼法、社会保障法等部门法都产生了长远而巨大的影响。在这次会议中，与会专家学者们对《魏玛宪法》相关理论问题进行了广泛而深入的交

* 山西大学法学院副教授，主要研究方向为法律史。

** 山西大学法学院法理学专业硕士研究生，主要研究方向为法律史。

流，思想火花不断涌现，堪称一场学术盛宴。本文仅就作者所感兴趣的《魏玛宪法》的现代性及其相关问题试做梳理和探讨，并以此为基础，略谈《魏玛宪法》的利弊得失对我国宪法治理的启示。

一、《魏玛宪法》的现代性评析

《魏玛宪法》是德国第一部民主宪法，同时也是世界上第一部现代性宪法。首先，在民主制度的设计上，它广泛运用于直接选举，并将公民公决首次写入宪法，同时对权利制约也作了规定；其次，它对于个人基本权利作了精细全面的安排，特别是首次规定了社会经济方面的权利；最后，在权力设置上，划分了立法权、行政权与司法权的权限范围，并尽量使三者相互制衡，同时比较科学地界定了中央与地方之间的权力分配。① 然而，如此先进的宪法文本在实际运行中，却没能发挥其应有的作用，甚至将德国推向战争。在对《魏玛宪法》的现代性问题的理解上，专家学者们各抒己见，进行了热烈讨论。

浙江工商大学胡桥副教授在发言中谈到，首先，《魏玛宪法》在发展过程中性质发生了变化，从限制国家权力和控制国家，逐渐向保障和扩张权力的趋势发展。其次，宪法有一般宪法和特殊宪法之分，一般宪法是为了控制国家权力的，但《魏玛宪法》走的是加强民主、保障经济权利的特殊道路。因为德国作为后发型国家想要超越英法，于是从理论上进行否定和创新，选择了经济宪法、社会宪法的道路，它颠覆了英法宪法的传统模式，结果导致行政权力不断加大。《魏玛宪法》是在特定历史时期出现的特定历史产物，当时的德国急于解决经济危机和社会问题，人民呼吁伟大的元首的出现。因此，时代决定了德国对《魏玛宪法》的特殊需求，而这种非常态宪法能否适用于正常社会值得我们进一步反思。

厦门大学的徐国栋教授认为，《魏玛宪法》制定于艰难之境，但其文本带有唯美主义色彩，内容和制度设计都过于完美，但却没有考虑到实际执行的困难，当时的社会环境并不具备实施的条件。而从其制定时间之短，感觉它准备真正落实的诚意不足。

---

① 耿炳东：《〈魏玛宪法〉评述》，西南政法大学2008届硕士学位论文。

宁波大学董茂云教授谈到,《魏玛宪法》制定时准备实际使用的诚意十足。首先,《魏玛宪法》在规定基本权利时,特别强调通过法律保留对基本权利进行限制,因此它在制定时已经想到要实现,所以才会对权利行使设定边界。其次,关于民主制度的规定,一方面是对旧制度的妥协,虽然有总统,但总统受到议会的制约,民主机制下需要一个有权威的人控制秩序;另一方面它也是对现实政治制度的妥协,因为政党之间竞争异常激烈,在国会不稳定的情况下,需要总统超越党派进行调停。可见,民主制度的设计虽然具有理想主义色彩,但这也是针对现实考虑传统后制定的。最后,在中央和地方的关系上,较多地追寻了帝国时期的传统。不可否认其制定非常仓促,但这也是迫于当时所面临的形势,毕竟政党之间的斗争是基于政治理念的不同,很难通过讨论妥协,而当时的德国亟须出台宪法稳定国内形势。

中国政法大学王志华教授认为,《魏玛宪法》就其文本来说,一方面有其历史性和民族性,另一方面也受到了苏俄宪法的影响,特别是有关经济权利和社会权利的规定。从整个历史的角度来看,《魏玛宪法》在当时可能只是德国的一剂急救方,它不同于英法的宪法,也不同于苏俄的社会宪法,它是属于中间的一个类型。而它能不能实行可能是另一个问题。

湖南师范大学硕士研究生张智同学在发言中提到,《魏玛宪法》在制定过程中吸收了美国宪法的民主制度,但在实践中却没有美国的民主环境实行民主;宪法文本中吸收了社会民主主义条款,但实践中政府却无力兑现自己的承诺。革命的不彻底性和宪法的妥协性最后难以为继,《魏玛宪法》的失败,表面上的直接原因是制度设计的缺陷,实际上还是缺乏民主的基础。因此,再完美的制度缺乏合适的土壤也难以维系。

综上所述,《魏玛宪法》的文本是世界现代宪法体系的起点和开端,体现出超前的立法思想和高超的立法技术。虽然因与德国现实需要不符而以悲剧收场,却不影响它引领了世界宪治体系向现代化方向发展的潮流。任何一部法律都深受国家所处背景的限制,《魏玛宪法》的产生和发展也不例外。第一次世界大战德国惨败,由此引发的德国资产阶级革命推翻了君主专制统治但却形成了政党林立的局面,主要有亲西方的自由民主派、亲苏俄的左派以及主张回归传统的右派,各党派之间由于不同的政治主张而纷争激烈,为维护各自利益互不相让。因此,《魏玛宪法》的制定是多方艰难妥协让步之后的结果,因此会有一些截然相反的原则共存于一部宪法之中。① 可见，历史虽然给德国创造了立宪的机遇，但囿于特定的政治历史环境，致使匆忙制定的《魏玛宪法》还未能发挥作用，就被纳粹势力扼杀于襁褓之中。我们在惊叹于《魏玛宪法》文本先进性的同时，也应反思《魏玛宪法》留给我们的经验教训。

二、《魏玛宪法》第48条与“宪法专政”的关系评析

《魏玛宪法》第48条因其导致希特勒的上台而饱受诟病，在罗斯托的《宪法专政》中写到，德意志共和国的生和死，很大程度上是使用与滥用《魏玛宪法》第48条的历史，在13年中，第48条被援引了250次以上，在纳粹最后的几年里，德国政府的运行几乎完全依赖“宪法专政”。② 许多涉及魏玛共和国总统的权力及其与国会关系的论述一般都会提及《魏玛宪法》第48条，并因此得出了总统具有独裁权力，从而导致希特勒上台开始“宪法专政”的结论。而在本届盛会中，与会专家学者们针对第48条展开了更为深入的研讨。

《魏玛宪法》第48条规定如下：

联邦大总统，对于联邦中某一邦，如不尽其依照联邦宪法或联邦法律所规定之义务时，得用兵力强制，联邦大总统于德意志联邦内公共安宁及秩序，视为有被扰乱或危害时为恢复公共安宁及秩序起见，得取必要处置，必要时更得使用兵力以求达此目的。

联邦大总统得临时将本法第114条（个人不可侵犯）、第115条（住宅不可侵犯）、第117条（通信秘密）、第118条（言论及其表达自由）、第123条（集会自由）、第124条（结社自由）、第153条（财产不可侵犯），各条所规定之基本权利之全部或一部分停止之，按本条第一项、第二项规定处置。但此项处置得由联邦大总统或联邦国会之请求而废止之。③

何勤华会长认为，《魏玛宪法》第48条因被希特勒利用实行法西斯专政而饱受诟病是不公正的。《魏玛宪法》在制度设计上是国会、总统的“二元制”

---

① 王云飞：《从魏玛宪法看魏玛共和的体制性弊端》，载《衡阳师范学院学报》2005年第2期。

② ［美］罗斯托：《宪法专政》，孟涛译，华夏出版社2015年版，第46页。

③ ［德］卡尔·施密特：《宪法学说》，刘峰译，华夏出版社2016年版，第510页。

和代议、直选混合的“半议会制半总统制”，第 48 条最多只是希特勒上台的因素之一，而非主要因素。德国在“一战”失败后人们的怨气，对德国过于苛刻的《凡尔赛和约》，1929 年爆发的经济危机，普鲁士君主专制统治的传统，尤其是尚未形成的权力制约机制等都是重要原因。显而易见的是，宪法治理机制的形成，仅靠宪法条文的规定是不够的。

上海外国语大学张海滨教授谈到，《魏玛宪法》第 48 条的意义十分重大。因为宪法研究方法不同于部门法，在部门法遇到问题时，就需要宪法决断，宪法遇到问题时就需要人民主权出场决断。而魏玛共和国在当时内忧外患的情况之下，其实有没有第 48 条都影响不了希特勒的上台，影响不了第三帝国的发展。列宁认为，形势就是现实的宪法，永远引领并高于文本意义上的宪法。所以，不应该过多地责备该条款，法治和“决断”状态是可以和谐共存的，问题在于由谁来使用。

徐国栋教授认为，第 48 条的存在是有必要的，问题在于紧急权应该通过期限予以限制。首先，第 48 条规定的紧急权并非《魏玛宪法》首创，法兰克福宪法中早就对此有过规定；其次，紧急权与正常权利的搭配自古有之，该条款有很深厚的罗马法历史背景，在罗马历史上独裁从来都是民主的必要组成部分。民主适用于通常状态，独裁适用于紧急状态。最后，《魏玛宪法》第 48 条最大的问题在于没有规定紧急权的期限，并由此可以推出“永久独裁”，所以才会有人说希特勒上台的 12 年的历史就是第 48 条的历史。而罗马公法对于“独裁”的期限规定为六个月，且系因事而设而非因时而设。

山东师范大学夏泽祥教授认为，除了可以对总统行使特别权力的时间进行限制，还可以通过对其进行事后责任追究来限制。规定立法机关在特别状态结束之后，对总统的行为进行责任审查，如果立法机关不予认可，那么总统的特别权力行使就是违法的。因此，宪法上如何设置行政权力并不是一个太大的问题，它靠什么来限制这种特别权力才是核心，而当今为各国所用的，就是合宪性审查制度。

通过上述讨论，我们可以看出，大部分学者认为，第 48 条并非导致希特勒上台的主要因素，而紧急权的存在也有其合理性。首先，紧急权并非《魏玛宪法》独创，在其他国家的宪法中也曾存在；其次，紧急权的制定是由当时特定的历史情境所决定的，面对内忧外患中的德国，民众希望有一个强大的领导者带领德国走出困境。最后，紧急权本身具有积极作用，但应当通过一定手段对其进行约束，将权力限制在可控的范围内。在此次年会中，与会学者们对《魏玛宪法》第 48 条的认识更加深入和多元化，就第 48 条应当为希特勒的上台负多大责任的问题上，笔者认为，《魏玛宪法》在制度设计上确实存在缺陷，所以应当对希特勒的上台负责，但是，因为法律条文本身有其历史背景以及时代所赋予的使命，不应当对法律文本过于苛责。权力本身即具有扩张性，所以对于强权必须通过相应的制度予以约束。

三、文本宪法和实践宪法的评析

《魏玛宪法》的文本在制度设计上体现了当时最先进的理念，但在实践中却举步维艰，甚至将整个德国乃至世界引向深渊。与会专家学者围绕文本宪法和实践宪法进行了激烈而精彩的讨论。

北京理工大学刘毅副教授在其发言中提出，宪法应是在政治斗争结束后就现状所签订的确认书，重要的不是宪法文本，而是宪法在社会中的实践情况。宪法不同于一般的法律，所有法律都以宪法为依据。从立法等方面，法律实证主义可以轻而易举地推导一般法律的逻辑关系和自洽性，但宪法具有创新性，是一个政治性和社会性的博弈。宪法不是一个为了能在未来使用的蓝图，而是一份在所有政治、社会斗争结束后，大家就现状而签订的确认书。它已成为既定事实，只是写下来让人遵守，而非在斗争尚未开始或进行之时就制作的蓝图。由此可以看出，中华民国时期和魏玛共和国时期宪法的相似处，在文本上具有先进性，但未能得到执行，最后甚至引发了战争。总之，无论一个好的宪法还是好的法治社会，除了文本与法学家，最重要的是社会与公民。所以，不应过于夸大宪法文本和意识形态的作用，真正的宪法是一个真实社会演进的确认书，对于宪法和宪法理论的定义，应当回到真正的历史情境中去。

董茂云教授对此提出不同的看法，他认为宪法虽然是斗争的产物，但宪法文本依然非常重要，不能因为英国早期没有宪法理论和宪法文本但仍然发展得好，即可认为文本不重要，没有英国的宪法实践和宪法理论，就不会有后来的美国联邦宪法。而如果没有宪法文本，那宪法权威从何而来？没有宪法文本，合宪与违宪之分从何而来？所以，一定要重视宪法文本。

北京大学李红海教授认为，宪法可以分为构建的宪法和通过经验积累而确认的宪法。后者如英国的宪法，英国的宪法是实践之后的结果。但法国的宪法就是构建的宪法，描绘理性设计的东西，而美国宪法也是经过非常深入的讨论之后构建的。那么，是不是构建的宪法更容易得到落实？起码从美国宪法的角度来看是得到了落实的。而《魏玛宪法》没有真正得到实施的原因之一就是缺乏切实可行的落实机制，从英美的经验来看，要想保证宪法的落实，必须有强有力的对抗，对最强权力者的制约，才能使社会保持平衡，宪法得到落实。

华东政法大学靳匡宇博士通过其论文《美国宪法海事司法条款的形成：基于“积极号”帆船案的分析》得出结论，认为：第一，宪法只有植根于生动的实践基础上才会有生命力，宪法应该有自己的现实关切，不然会沦为纸上的宪法；第二，宪法不能自动生效，必须依赖配套制度运作，理念能否落地关键靠制度助力。

综合上述内容可以看出，宪法有文本宪法和实践宪法之分，二者区别在于是宪法文本构建在前还是宪法实践经验在前。与会专家学者们对此问题的意见大致可分为三类，第一种观点认为，宪法应当是在政治斗争结束之后对结果的确认书，是历史演进的确认。研究宪法不应局限于宪法文本，重要的是要理解宪法文本背后的斗争过程和结果。而通过此种方式制定出来的宪法，自然有实行的社会基础和条件。第二种观点认为，文本宪法和实践宪法都是制定宪法的方式，两种方式虽然不一样，但并不影响宪法的实际落实，而关键在于是否有保证宪法落实的制度，是否存在对强权的制约。第三种观点认为，宪法作为根本大法，必须以宪法文本为基础，重视宪法文本，才能体现宪法作为根本大法的权威性。笔者认为，宪法的文本和实践应该是一种相辅相成的关系，科学完备的宪法条文是实行宪治的基础和标准，不断发展变化的宪法实践是宪治所处的实然状态，二者相互促进，共同发展。

四、《魏玛宪法》对我国宪法治理的启示

我国《宪法》在序言中规定：“国家的根本任务是，沿着中国特色社会主义道路，集中力量进行社会主义现代化建设。”法治现代化建设是我国社会主义现代化建设的重要组成部分。党的十八大以来，以习近平同志为核心的党中央

坚持和拓展中国特色社会主义法治道路，开辟全面依法治国理论和实践新境界，开拓建设社会主义法治国家新局面，开启中国法治现代化建设新时代。通过对《魏玛宪法》的研讨，可以对我国的法治现代化建设和宪法治理的进一步完善提供有益借鉴和启示。

（一）宪法治理应与具体国情相适应

近代德国，既没有像英国一样悠久的宪法传统作支撑，也不能像美国那样没有历史负担地前行，而且没有经历过像法国一样彻底的革命清洗。[①] 因此，即使通过了最为民主的《魏玛宪法》文本，但却实行缺乏与之相应的政治历史和法律文化等条件，这是其宪治难以推行的主要原因。因此，在我国的宪法治理过程中，制宪、修宪必须与具体国情相适应。宪法固然有其抽象性，但更应该是具体的、历史的和现实的。具体性指应当遵守本国的宪法文本，以此为阐释基础；历史性指它应当遵循本国的宪法发展传统，以此为阐释背景；现实性指它应当尊重本国的具体国情，以服务于社会当下宪治秩序。只有宪法文本与社会现实相适应，符合历史发展的潮流和方向，才有落实的可能。因此，我国现行宪法能否真正落实，关键在于是否与我国的国情相适应。

（二）宪法治理应有完善的制度保障

徒法不足以自行，宪法的落实必须依靠制度来保障。在笔者看来，根据我国国情，可以通过加强合宪性审查制度、宪法解释制度以及宪法宣传制度建设来推进宪治的切实实施。

首先，所谓“合宪性审查”就是由有关权力机关依据宪法和相关法律的规定，对于可能存在违反宪法规定的法律法规和规范性文件以及国家机关履行宪法职责的行为进行审查，发现违反宪法的问题，并予以纠正，以维护宪法的权威。[②] 合宪性审查的根本目的在于维护宪法的权威，有效保障宪法的落实，确保公民基本权利不受侵犯。其次，要完善宪法解释制度。一方面，宪法解释可以促进宪法的实施和准确适用。由于宪法规范的特殊地位所造成的模糊性、开

---

① 冷霞：《〈魏玛宪法〉的悖论》，载《法制日报》2016 年 1 月 27 日。

② 莫纪宏：《依宪治国是推进合宪性审查工作的制度目标》，载《人大研究》2018 年第 11 期。

放性、原则性等特征，宪法的解释对于宪法的实施而言就显得尤为重要。① 另一方面，宪法在解释中不断发展。通过对宪法条文的解释来满足社会对宪法的新的要求，实现宪法的与时俱进。此外，通过宪法解释还能够维护宪法权威、保证宪法法律体系的统一性。最后，还应加强宪法宣传制度，形成社会宪法意识。宪法意识是公民的宪法知识、观点、理念和思想的总称。公民宪法意识是推动宪法实施和民主政治、法治发展的精神动力，也是衡量国家法治化程度的标志之一。② 增强宪法意识是推进宪法实施的根本前提，如果民众没有形成宪法意识，就不会有维护宪法权威的行动。

（三）宪法治理应有充分的组织保障

制度的运行需要靠具体组织机构负责落地。笔者认为，实现宪治必须坚持中国共产党的领导，我国《宪法》第一条第二款明确规定：“……中国共产党领导是中国特色社会主义最本质的特征……”因此，我国的宪法治理，应当在党的统一领导下进行，充分发挥全国人大及其常委会以及宪法和法律委员会的作用，同时也需要各类社会组织机构的积极参与。

首先，全国人大及其常委会作为国家最高权力机关，依法负有监督宪法实施的职责。这既是我国根本政治制度要求，也是维护宪法权威和稳定性的必然要求。因此，全国人大及其常委会应当负责对宪法实施进行监督，对宪法争议进行处理，推进合宪性审查、宪法解释等制度的落实和完善。其次，宪法修正案将全国人大法律委员会更名为宪法和法律委员会，作为加强全国人大在宪法方面工作的重要举措，为我国宪法监督机关专门化构建提供了依据。宪法和法律委员会作为专门机构，可以在其内部分为审议和监督两个部门，使其成为具有统一审议法律和推进合宪性审查、担负宪法监督、宪法宣传等综合功能的机构。最后，宪治的实行离不开各类社会组织机构的积极参与。进一步开展宪法普法宣传、开设宪法知识展览，通过学校教育普及宪法、引导公民参与政治生活等方式，增强人民的宪法意识。只有形成宪法至上的理念，才能为全面实施

---

① 韩大元：《〈宪法解释程序法〉的意义、思路与框架》，载《浙江社会科学》2009 年第 9 期。

② 韩大元、孟凡壮：《中国社会变迁六十年的公民宪法意识》，载《中国社会科学》2014 年第 12 期。

依法治国，推进法治现代化建设提供坚实的宪法基础。

综上所述，《魏玛宪法》不仅宣告了德国君主专制政体的终结，促进了德国社会的进步与发展，而且开启了世界现代宪法的新篇章，其蕴含的宪法精神及宪法原则也为后世多国所承袭。本文希望通过对《魏玛宪法》的研究讨论，可以对我国的宪法治理现代化提供有益借鉴和启示。当代中国作为一个继发性的现代化发展模式的国家，在法治现代化的建设过程中，既有需要借鉴吸收的域外经验教训，也有中国特色的自身国情，只有在中国共产党的领导下，科学理性地以中国问题为导向的研究，才能鉴往知来，继往开来，形成完善的以宪法为核心的中国特色社会主义法律体系。

实证哲学视野下的法理学与法哲学关系

史凤林* 王 怡**

摘 要： 关于法理学与法哲学关系的争议由来已久，西方学界由于法律传统和文化传统的差异，两大法系形成了截然不同观点和表述；中国学术界对此有三种基本观点，即对立关系、包含关系（包括等同关系）、交叉关系。两者间的关系作为理论法学研究的重要问题应当厘清，这不仅是一个学者面对学术应有的基本态度，也是对人类法学一千多年发展历史的尊重。运用实证哲学逻辑语义分析的方法、从哲学和法学两个独立视角以及法学与哲学同时作为参照视角，围绕两者在研究对象等六个方面的差异分析，基本可以厘清它们的关系。

关键词： 法理学 法哲学 对立关系 包含关系 交叉关系

一、问题的提出

关于法理学与法哲学关系的争议由来已久，而这种争论首先源自西方。由于法律传统和法律文化的差异，英美法系国家的法学研究中，没有使用“法哲学”一词，而是选择了英国奥斯汀（法理学或实在法哲学讲义）创立的“法理学”一词；但是大陆法系国家，特别是德国几乎没有人讲“法理学”，只有“法哲学”概念。第二次世界大战以后，两大法系开始出现日益融合的趋势，其表现之一就是“法哲学”和“法理学”名称混用，界限混乱。如当代美国法学家博登海默的《法理学——法哲学及其方法》就是例证。

在社会主义国家，仿照苏联普遍设立“国家与法的理论”课程，以作为马

* 山西大学法学院教授，主要研究方向为法理学与法学教育。
** 山西大学法学院法理理论专业硕士研究生，主要研究方向为法理学。

克思主义法哲学的基础理论学科。名称上没有使用“法哲学”和“法理学”。中苏关系破裂后，我国法学界开始用“法学基础理论”代替“国家与法的理论”，20世纪末，再改成“法哲学”和“法理学”。20世纪90年代，“法哲学”这一学科在中国法学体系中的地位日益突出，但仍然没有形成一个公认的学科体系，东西方学者们对“法哲学”和“法理学”的理解仍存在很大歧义。如康德赋予哲学以“形而上学”的含义。他认为所谓的“形而上学”不同于我们所说的与辩证法相对立的事物凝固不变的哲学观点和方法，也非一般意义上的哲学。他说知识包括两种即经验知识和非经验知识，因此，哲学包括质料哲学和形式哲学（逻辑学）。法的形而上学是道德形而上学的一种，所研究的是特殊的道德原则，即通过非经验途径获得的关于法的质料的知识体系（法的形而上学）。不同于通过人的经验而获得的法学知识（法理学）①。也就是说，康德认为法哲学是非经验科学属于思辨哲学范畴，而法理学是经验科学属于实证科学范畴。

经过20世纪末长期的学术争鸣，中国学术界对此有三种基本观点，一是对立论，认为法理学与法哲学是两个根本不同的学科；二是包含论（包括等同论），认为法哲学包含法理学，法理学等同或可以取代法哲学；三是交叉论，认为法理学与法哲学既有联系，也有明显的区别②。进入21世纪以来，关于法理学与法哲学关系争论好像有所淡化，有的学者分析其主要原因是中国法理学产生了学术自觉，法理人更多地从中国立场、面对中国问题、中国实践进行思考研究，不再局限于两大法系学术传统思维差异所引发的争议。但是，法理学与法哲学之间的关系，对于法律实务界而言可能无所谓，也没有必要搞清楚，但对于学术界而言两者关系作为法理学或法哲学研究的重要问题，这是不可回避和不能逾越的问题或命题必须厘清。其主要理由有四：

1. 法理学与法哲学关系虽不是法理学或法哲学的基本问题，却是理论法学的重要问题，尤其对于理论法学教学而言，两者关系是我们不能回避或不能逾越的问题。除非在学生或他人问到这两个概念和关系时你以武断态度表示：（1）两者关系无关紧要、不值得深究；（2）法理学与法哲学对于中国法学来说

---

① 张乃根：《西方法哲学史纲》，中国政法大学出版社1997年版，第149～153页。
② 付子堂主编：《法理学高阶》，高等教育出版社2008年版，第23页。

就是一回事;(3)法理学或法哲学这两个概念我们都不用。

2. 我们完全赞同中国法学和法理学应当走向学术自觉倡导,但这种学术自觉不应当仅仅是从中国立场,面对中国问题、中国实践进行思考研究,还应当面向世界、面向未来、面向传统进行研究思考,中国法学和法理学也应当有对世界的贡献。法理学与法哲学的关系问题西方学者没有厘清,中国法理学人可以搞明白。我国目前的"一带一路"和"构建人类命运共同体"的发展战略,正是以舍我其谁的责任担当为世界人民谋利益、增福祉,法理学人必须用这样的情怀走向世界。

3. 法理学与法哲学关系的厘清,有助于中国法学和法理学学科定位。作为法理学或法哲学的教师,总要在"导论或绪论"课中首先启发学生搞清楚法学的研究对象、法理学的研究对象、法哲学的研究对象。法学属于人文社会学科,其研究对象主要研究人文社会现象和关系,但研究那些具体的特定的人文社会现象和关系,这是法学或法理学、法哲学课程必须搞清楚的,否则研究对象就不清楚,法学与法理学、法哲学也就难以进行学科宏观定位。在关于法学第一堂课中,法理学与法哲学关系,以及它们与法学的基本关系必须厘清。能否以最简洁明了的语言、严谨清晰的逻辑解决和回答这些问题,不仅有助于法学和法理学、法哲学的学科定位,也有利于培养法科生的法学理论自信。

4. 法理学与法哲学关系的厘清,有助于我们把握法学和哲学思想历史发展。目前国内法理学教材基本不写,也不讨论法哲学概念以及与法理学的关系问题。对于本科生而言或许可以,但对研究生尤其是法理学或法哲学专业的硕士、博士研究生则未必合理。原因是不管西方思想史还是中国思想史都存在这样一个客观的历史过程,先有哲学和法哲学思想、后有法学和法理学思想。西方法学在分析法学之前的思想都是以哲学或法哲学思想形态存在的,并不存在法理学;在中国更是如此,不仅春秋战国时期儒、法、道、墨等思想均是以哲学或法哲学思想形态存在,即使在近代,西方法理学出现之后,很长一段时间中国并无法理学的概念,只是近代以来,康有为、梁启超等学者从日本法学家的著作中介绍引入了法理学的概念。因此,法科生研究法学的历史发展、法学思想史演变时,不得不面对法哲学概念以及它与法理学的关系问题。

近年来,中国法理学界围绕中国法理学的发展前途与理想目标及其发展路径问题进行激烈争论。法理学界既表现出唯恐其“死亡”的极度担忧和焦虑①，又表现出努力促成其“新生”的积极探索推进态度②。但不论“中国法理学”是否存在，法理学“在中国”有无发展前途，不论是对“中国法理学”的否定者或担忧者，还是对“中国法理学”的肯定者或呼吁者，其目的都是在通过批判反思或呼吁促成推动法理学在中国的充分发展，实现新时期法理学在中国的创新。要真正促成法理学在中国的发展，必须正视法理学发展的中国问题，同时要肯定法理学发展的中国成就，然后才能真正实现法理学在中国的健康发展③。法理学界的这些激烈争论至少说明，对于法理学的研究对象、研究方法及与部门法学和法律实践的关系问题需要深刻反思。运用实证哲学的方法，即逻辑实证和语义实证分析的方法，法哲学与法理学的关系厘清尤其简约且具有说服力。

二、法理学与法哲学关系的逻辑分析和理论反思

（一）法理学与法哲学关系分析视角的选取

关于法理学与法哲学关系，在国内学术界存在三种代表性观点，即对立关系、包含关系、交叉关系。持对立关系观点者主张，法理学与法哲学是两个截然不同的学科，其研究对象、研究内容、研究方法都不同；持包含关系观点者认为，法理学与法哲学是包含与被包含的关系，但有的主张法理学包含法哲学，有的主张法哲学包含法理学，还有的主张法理学与法哲学没有实质区别、可以相互替代；持交叉关系观点者认为，法理学与法哲学既有联系也有区别。而导致分析结论不同的主要原因是各自的分析视角不同，分析过程中选取的参照物

---

① 陈金钊：《中国法理学研究中的“身份”焦虑》，载《华东政法大学学报》2014年第4期；徐爱国：《论中国法理学的“死亡”》，载《中国法律评论》2016年第2期；陈景辉：《中国需要什么样的法理学》，载《中国法律评论》2016年第3期，第13～14页。

② 张文显：《法理：法理学的中心主题和法学的共同关注》载《清华法学》2017年第4期；李林、齐延平：《走向新时代中国法理学之回眸与前瞻》，载《法学》2018年第6期；钱继磊：《迈向法理时代的中国法学》，载《法学评论》2018年第1期。

③ 史凤林、付杰：《改革开放四十年法理学在中国发展的反思与展望》，载《时代法学》2016年第6期。

不同。因此，在分析研究两者关系时，一是要运用实证哲学的分析方法；二是要对三种观点的研究视角予以展示。

一般而言，我们在对具体学科进行宏观定位时，都要从逻辑角度分析具体学科与其他学科的逻辑关系，然后根据其逻辑关系进行学科定位并揭示其研究对象。对于法理学与法哲学关系分析我们可以选取三个分析视角，即法学视角、哲学视角、法学与哲学共同视角。从法学视角分析，不论是从字面含义、还是研究对象的实质，法理学与法哲学均研究法律的现象、问题、关系。单独从这一分析视角可以得出，法理学与法哲学都属于法学学科，只不过它们具体研究的法律现象、法律问题、法律关系不同；从哲学视角分析，单从字面含义讲，法哲学属于哲学这个大范畴，法理学却不一定属于哲学这个大范畴。但从研究对象的实质而言，法理学与法哲学均研究人文社会关系①，两者均属于哲学这个大范畴。单独从这一分析视角可以得出，法理学与法哲学都属于哲学学科，只不过它们具体研究的人文社会现象、法律问题、法律关系不同，但必须从研究对象的实质上进行详尽的分析论证；如果从法学与哲学共同视角分析，就比较复杂些，一方面，从字面含义讲，法哲学包含于法学这个大范畴，法哲学也包含于哲学这个大范畴；另一方面，单从字面含义讲，法理学包含于法学这个大范畴，法理学可能包含于哲学这个大范畴，也可能不包含于哲学这个大范畴。因为，从字面含义上找不到法理学与哲学的交集。这样我们从法学和哲学共同视角分析就会得出如下结论：一是法哲学既属于法学，也属于哲学；二是法理学属于法学，但不一定属于哲学。

通过对法理学与法哲学关系分析的法学、哲学、法学与哲学共同视角，我们至少可以从逻辑上厘清它们的关系：（1）法理学和法哲学都归属于法学，尽管其研究对象等各有侧重，但从形式到实质均具有合理性。（2）法哲学归属于哲学没有问题，但法理学是否可以归属于哲学，从形式上不合理，从实质上尚需详尽论证分析。下面我们根据这一结果对关于法理学和法哲学关系持对立关系和包含关系的观点进一步展开逻辑分析和理论反思就比较容易了。

---

① 因为，权威观点都赞同，哲学是关于自然知识、人文和社会知识、思维知识的概括和总结，是人们世界观和方法论的统一，是世界观的理论化和系统化。参见肖明主编：《哲学原理》，经济科学出版社 1997 年版，第 1 ~6 页。

（二）法理学与法哲学对立关系和包含关系的逻辑分析

1. 法理学与法哲学对立关系的逻辑分析。根据上文的逻辑分析结论，关于法理学和法哲学主张是对立关系的观点，从逻辑上自然不能成立，理由包括两方面：(1) 法理学和法哲学都属于法学，无论从形式逻辑还是辩证逻辑来分析我们都不能得出两者是没有任何联系的结论，这是不证自明的。(2) 法哲学既属于法学，也属于哲学，对于这一结论，无论从形式逻辑还是辩证逻辑来分析也都可以成立；法理学属于法学，但不一定属于哲学，对于这一结论，从形式逻辑分析可以成立，但若从辩证逻辑分析，至少尚需对法理学的研究对象、研究内容、研究方法进一步论证，方可得出结论。但据此主张法理学和法哲学的关系是对立关系存在瑕疵，从法律论证的理论看该观点存在武断论证的嫌疑。因为，无论如何都不能证明法理学与法哲学毫不相干。

2. 法理学与法哲学包含关系的逻辑分析。同样根据上文的逻辑分析结论，关于法理学和法哲学主张是包含关系的观点，从逻辑上自然不能成立，理由包括两方面：(1) 法理学和法哲学都属于法学，从形式逻辑上，我们不能得出两者是相互包含关系的结论。但要从辩证逻辑角度分析说明它们具有包含关系，就要通过充分论证证明，从内涵到外延，法理学大于法哲学，或者法哲学大于法理学。(2) 法哲学既属于法学，也属于哲学，对于这一结论，无论从形式逻辑，还是辩证逻辑也都可以成立；法理学属于法学，但不一定属于哲学，对于这一结论，从形式逻辑分析可以成立，但若从辩证逻辑分析，至少尚需对法理学的研究对象、研究内容、研究方法进一步论证，方可得出结论。但据此主张法理学和法哲学的关系是包含关系存在瑕疵，从法律论证的理论看该观点也存在武断论证的嫌疑。

（三）法理学与法哲学对立关系和包含关系的理论反思

那么，关于法理学和法哲学主张是对立关系和包含关系的观点，从理论上是否可以证成？我们认为很难。理由包括两方面：

1. 按照法学和法理学的相关理论，法学研究对象是法律和法律现象，其研究对象具体涉及观念的、制度的、事实的法律现象，静态和动态的法律现象，应然和实然的法律现象，历史的、现实的、未来的法律现象，中、外法律现象；而法理学是从整体的角度对古今中外的法律现象中共同问题和一般问题进行研究的一门理论法学，着重在揭示法的基本原理，它是法学的基础理论、一般理论和方法论。法学或法理学研究方法除哲学方法外，还包括价值分析法、逻辑语义分析法、历史分析法、社会实证分析法、比较分析法、经济分析法等。

2. 按照哲学和法哲学的相关理论，哲学是人类知识的总结概括，哲学所要探求的不是某一具体领域的具体规律，而是自然界、社会和人类思维发展的一般规律。法哲学主要指关于法律的一般理论和法学方法论。日本的法学家穗积陈重在《法理学大纲》中指出："西方学者尽管对法理学和法哲学理解存在歧义，但大体可以找出一个共同点，即都是关于法律现象的根本原理的学问。"德国法哲学家考夫曼也指出："法哲学是以哲学的方式去反映、讨论法的原理、法的基本问题，并尽可能给出答案。通俗地说，法哲学是法学家问，哲学家答。"法哲学的研究方法主要是批判反思、理论概况、逻辑抽象。

通过上述理论分析，我们既不能得出法理学与法哲学毫不相干，也不能得出法理学与法哲学两者之间可以相互取代的结论。因为，如果两者是包含与不包含的关系，被包含的一方就可以被取代。

三、法理学与法哲学交叉关系的逻辑分析与理论证成

关于法理学与法哲学关系，我们的观点是两者在逻辑上属于交叉关系；从语义表述上，法理学与法哲学是既有联系又有区别的关系。我们没有在当下搞出一套法理学与法哲学二元对立学科体系的企图，但作为法理学的学人或法哲学的学人，两者的关系必须厘清，这不仅是一个学者面对学术应有的基本态度，也是对人类法学一千多年发展历史的尊重。

（一）法理学与法哲学关系的逻辑分析

立足于前文的逻辑分析结论，我们不难发现，我们主张法理学与法哲学关系逻辑上属于交叉关系，从逻辑分析结论来看是相当清晰有说服力的。

1. 法理学和法哲学都属于法学，从形式逻辑角度分析，能得出两者是有联系的结论，这是不证自明的。另外，从辩证逻辑角度分析，也能得出两者是有

联系的结论，因为至少它们在研究对象上具有共同性，逻辑上能够形成交集。

但是，如何从逻辑上推出它们两者之间还有区别，基本逻辑思路是只要它们都属于法学，而没有出现完全重合的情形，它们两者之间一定是存在区别的，至于区别是否明显另当别论。显然，无论从逻辑推理还是一千多年的法学发展历史事实，我们都不能证明它们两者可以完全重合。

2. 法哲学既属于法学，也属于哲学，对于这一结论，无论从形式逻辑还是辩证逻辑分析都可以成立；法理学属于法学，但不一定属于哲学，对于这一结论，从形式逻辑分析可以成立，但若从辩证逻辑分析，至少尚需对法理学的研究对象、研究内容、研究方法进一步论证，方可得出结论。

据此我们可以得出结论：一方面法哲学同属于法学和哲学，从逻辑分析角度能够证明两者具有联系，因为，虽然法理学不一定属于哲学，但它一定属于法学，所以同属于法学的法哲学和法理学一定具有联系，至于联系有多少另当别论。另一方面法理学属于法学，但不一定属于哲学，从逻辑上我们确实无法得出两者具有联系的结论，这必须通过辩证逻辑推理才能证明；但法理学属于法学，却不一定属于哲学，从另一个角度恰好能够证明两者具有区别。

综上所述，从法理学和法哲学都属于法学的结论，从形式逻辑和辩证逻辑角度都能够直接推出两者在逻辑上属于交叉关系，在语义上两者属于既有联系又有区别的关系；从法哲学既属于法学，也属于哲学的结论，从形式逻辑分析上可以推出来两者具有联系的结论，但不能证明两者具有区别；从法理学属于法学，但不一定属于哲学的结论，从形式逻辑分析上不能得出两者具有联系之结论，但却可以证明两者是有区别的。

（二）法理学与法哲学相互联系关系的理论证成

关于法理学和法哲学的联系中外学者论述者甚少，西南政法大学的文正邦教授认为：“法哲学，即法律哲学，是从哲学的角度和用哲学的方法来研究和思考法学问题的一门综合学科。法理学和法哲学既有联系也有区别。联系在于它们都属于理论法学，都要研究法的基本理论和一般理论”①。

---

① 文正邦：《法哲学的对象和性质论辩》，载《现代法学》1996年第2期。

法哲学是从哲学的角度和运用哲学的方法来研究思考法的理论和实践问题，是理论法学中的最高层次（狭义或严格意义上）。或者说，它是对法的一般问题的哲学反思，是对法学理论的再概括、再抽象，是对法律实践的哲学分析和总结，使这种抽象、概括、分析和总结上升到哲学世界观和方法论的高度。因此，法哲学是关于一定社会的人们的法学观和方法论的理论体系①。法理学主要是从法学角度和运用法学的方法来研究和思考法的理论和实践问题，在理论层次中仅次于法哲学。

因此，无论从研究对象、研究内容、研究视角看，两者都具有三方面密切的联系：

1. 法理学和法哲学的研究对象具有相似性。它们都要研究法律现象、法律问题、法律关系。

2. 法理学和法哲学的研究视角具有相似性。它们都是从总体或宏观的角度对法的理论和实践问题进行研究，其研究成果都具有高度理论化特征。

3. 法理学和法哲学的部分研究内容具有相同性。它们都要研究法的一般理论和方法论。

（三）法理学与法哲学相互区别的理论证成

关于法理学和法哲学的区别，康德是通过《法的形而上学》与法学的比较来说明的。康德认为《法的形而上学》和法学知识区别有三：（1）研究对象不同，即法哲学是关于权利与法律原则的理论知识，法学是关于实在权利和实在法；（2）研究主体不同，即法哲学是哲学家，法学是法学家；（3）知识来源不同，即法哲学来源于先验（自然意志），法学来源于经验②。

法哲学家黑格尔通过他特有的法哲学定义和研究对象来揭示两者的区别。他认为法哲学只能研究法，不能研究实定法。因而它是从人的本性上研究法的问题的。人的本质是自由，所以“法就是作为理念的自由”。理念不同于概念，它能使概念变为现实，所以“任何定在，只要是自由意志的定在，就叫作法”。他认为法哲学所研究的不是充满情感和成见的实定法，而是通过理性才能把握

① 付子堂主编：《法理学高阶》，高等教育出版社2008年版，第23页。

② ［德］康德：《实践理性批判》，邓晓芒、杨祖陶译，人民出版社2003年版，第44页。

的人的本性和规律，即法和法的理念。故“法哲学这一门科学以法的理念，即法的概念及其现实化为对象”。因此法哲学属于哲学中的实践哲学①。

我们认为，从严格意义上讲“法哲学”和“法理学”的区别是很明显的，主要包括六方面：

1. 学科的性质不同。“法理学”为法学的分科；“法哲学”是法学与哲学的交叉学科，其既属于法学，又属于哲学。

2. 研究的主体不同。从事法理学研究的主要是法学家，而从事法哲学研究的既有法学家，又有哲学家，而且主要应该是哲学家，或是具有很深哲学修养的法学家。

3. 研究的对象不同。法理学研究的主要是实在法或法律，而且侧重于某一国家的法律；法哲学研究的主要是应然法，它对实在法的研究超出了时空的界限，涉及国内外和整个人类历史上的法律。

4. 研究的主要方法不同。法理学研究主要使用经验主义的方法，即对实在法进行实证的考察和分析，对部门法学所积累的经验事实进行加工；法哲学研究主要使用理性主义的方法，即抽象思维的方法，对法理学所得出的结论从哲学的高度进行理论的再加工。

5. 研究的主要目的不同。法理学研究主要为了指导一个国家的法制建设，使立法、执法、司法工作有一个统一的和明确的指导思想，以保持其高度地协调一致和有效地落实在人们的行动中；法哲学研究则要大大地超出这一点，它要探索所有法的本质、发展规律和发展趋势，从而能给法理学研究以理论指导。如果说法理学所要探索的只是法的相对真理或法的观念的话。那么，法哲学则以探求法的绝对真理或法的理念为目的。

6. 研究内容的侧重点不同。法理学研究的侧重点是法的内部关系；法哲学研究的侧重点是法的外部关系。

结　语

法哲学是从哲学的角度和用哲学的方法研究和思考法学问题的一门学科，

---

① ［德］黑格尔：《法哲学原理》，范杨、张企泰译，商务印书馆1961年版，第11页。

着重揭示人与法的实然和应然关系，为人们提供科学的法学观和方法论。而法理学是从整体角度对古今中外法的共同问题和一般问题进行研究的一门理论法学，其着重在揭示法的基本原理。它是法学的基础理论、一般理论和方法论。从逻辑上两者属于交叉关系，从语义上两者是既有联系又有区别的关系；两者的研究对象、研究视角具有相似性，在部分研究内容上具有相同性；在学科性质、研究对象、研究目的、研究方法、研究主体、研究内容的侧重点方面具有明显的差异。区分两者的主要价值不在于研究结论本身，而在于实证哲学的方法的应用价值。

公民私域的行政法保护之主要内容与基本原则

陈晋胜*

摘　要： 私域与公域在不同的世界观视域下均有不同的理论成果。权力是公域里最核心的概念，最主要的就是行政机关行使管理国家事务和社会公共事务、维护社会公共利益权力。私域，即公民私人领域，权利是最核心的概念。公域是依靠法律、依靠权力、依靠国家强制力来保障的，所以公域中权力的行使必须严格遵守宪法和法律规定，不得超越法律，不得拥有超越法律的特权。私域则应遵守“法无禁止即自由”的基本法理。

关键词： 公民　私域　公域　行政法保护

一、公民私域与公域的学理解读

私域最自然的形态就是每个独立的、平等的个体都拥有自己的封闭空间，这个封闭空间就是公民的“城堡”。公民之间没有命令与被命令的关系，没有服从与被服从的压迫，平等、独立是公民相处的最基本形态。公民的人格权被法律所保护，公民的隐私权被公民自身所控制。任何社会主体，包括组织或个人，只要是不合法地踏入公民的“城堡”，都是对公民私域的侵犯。

私域最核心的理念要求是自由，公民可以自由地处分自己的意志，可以自由地行使自己的权利，可以自由地表达自己的观点，这种自由不受他人干扰，这是现代文明社会的要求，也是人民生活水平不断提高的保证。法国著名思想

* 山西大学法学院二级教授，博士生导师，主要研究方向为行政法学、警察法学。

家邦雅曼·贡斯当有过“自由只受法律约束”① 的名言。这说明，私域所追求的自由虽是真正的自由，但也是指在法律范围内的自由。

私域所追求的目标即利益，也就是说，最大限度满足自己的需要是每个公民所追求的目标。每个平等的个体都拥有追求利益的权利，这种权利的实现依靠的载体是契约。契约体现双方自由意志，依靠法律的保障以及道德的约束，契约的目的才会实现。但是，正是由于私益的出现，公权力才会干预最有益的区域，干扰个人意志。这使得公域与私域间的矛盾解决不仅仅依靠拥有强制力的法律，也依靠议定规则、道德标准以及民间惯例等规范形式。

私域是平等主体独立的个人空间。在这一空间里，个体拥有独立自主决定权，运用公民权利实现个人利益，与他人达成意思表示实现个人交往。私域包括公民个人权利的实现、私有财产神圣不可侵犯、私人利益的价值实现、家庭生活的幸福追求、个人隐私的自我保护等要素。

私域与公域在不同的世界观视域下均有不同的理论成果。在亚当·斯密的自由主义经济学中，私域代表市场，公域代表政府；在民主的政治学中，私域意味着公民个人，公域指由市民组成的政治联合体；在边沁的历史主义学说以及女权主义学说中，私域代表以亲密关系存在的私人领域，公域代表除了私人领域以外的社会领域。出现上述不同的世界观是由于区分公域与私域所理解的落脚点不同，但学说中的区分均会强化我们对私域与公域的基本认识。

公域，即公共领域。权力是公域里最核心的概念，最主要的就是行政机关行使权力管理国家事务和社会公共事务，目的是维护社会公共利益。权力是一个不断发展的概念，从 19 世纪末和 20 世纪初的“控权论”到 20 世纪 70 年代末的“管理论”再到 20 世纪 80 年代以来的“平衡论”。② 无论哪个时期，公域的权能都在不断地发展和完善，公域中的权力从“管理人”到“守夜人”，从“运动员”到“观众”，体现国家干预主义的色彩越来越淡，与此同时，公民权利扩张的色彩也就越来越浓。

私域，即公民私人领域，在这个领域里权利是最核心的概念，公民用手中

---

① ［法］邦雅曼·贡斯当：《古代人的自由与现代人的自由》，阎克文、刘满贵译，商务印书馆 1999 年版，第 108 页。

② ［美］Richard B. Stwewart：The Reformation of Administrative Law，Harvard law Review，1975，p. 88.

的权利有限地防止公域的任意。① 私域是一种私人领域，是个人空间的体现，是公民权利的延伸，不仅仅是中国，整个国际社会都越来越重视人权，重视私权利，人们越重视私域，公域的权力就会不断地收缩，社会文明才会得到应有体现。

国家手中紧握权力，这种权力来源于人民的授予，国家要想获得权力，必须严格遵照法律规定而且必须经过一系列严苛的程序，才能赋予权力刚性的力量，这种力量不仅仅是为了震慑犯罪，更重要的是保护人民的利益。这是公域里所必备的武器，也是不可或缺的元素。

弗雷德·弗罗霍克提到："政治生活不仅仅包括权力以及命令，还包括私益与交易。"交易的目的是实现自己的利益最大化，但是，在面对巨大的诱惑面前，公域不会无动于衷，总会想方设法地啃一块"蛋糕"，但是当公域与私域相互碰撞的时候，公域必须严格按照法定程序，因为在私域里最多的是比权力还有力的权利。②

公域的价值追求是稳定社会秩序，实现社会公平正义，保障公共利益的实现。公域追求的价值即秩序和正义，这是由公域的核心体现的。秩序是将原本杂乱无章的形态用固定的东西稳定下来，包括自然界的形态和社会界的形态，这些形态是同一的，是接连不断的，是确定的。③ 公域中的灵魂价值即正义，只有正义的公域才会让人们从自己安全的私域中走出来。正义是权利义务的衡平，是价值冲突的衡平，是法理和情理的衡平，这种衡平不以牺牲某方而实现，而是通过双方牺牲、双方均获利来实现。所以正义是每个人所追求的，是一个文明社会所追求的。"正义可以实现每个人永久的愿望。"④

如公域中的权力具有行政管理的职能，但在市场失灵、社会经济动荡不安的时候，公域里的权力需要从"看不见的手"成为"看得见的手"，运用宏观调控的手段保障公共利益。

---

① ［德］哈贝马斯：《公共领域的结构转型》，学林出版社 1999 年版，第 18 页。

② ［美］E. 博登海默：《法理学、法律哲学与法律方法》，邓正来译，中国政法大学出版社 2004 年版，第 219 页。

③ 马黎：《民法目的性价值研究》，西南政法大学 2002 届硕士学位论文。

④ ［美］E. 博登海默《法理学、法律哲学与法律方法》邓正来译，中国政法大学出版社 2004 年版，第 220 页。

私域的价值追求是实现自由、平等①。真正的自由是在个人空间里不受限制的自由，如公民的住宅不受非法侵犯、公民的私有财产不受侵犯、公民的个人信息不被窃取、公民的个人隐私不被曝光等。从自由的本质来看，是对人性的解放，是对人性最本能属性的发扬，是人格尊严和人格尊重的前提。人们在自己的个人空间里要实现自由，首先，就必须认可人类在自己的领域可以主宰一切；其次，人类的自主权不受他人的非法干预。一个依法治国的国家必须充分用法律保障好公民的自由，实现人与人之间的平等，私域的价值才会得到真正体现，法治国家的梦想才会真正实现。② 公域是依靠法律、依靠权力、依靠国家强制力来保障的，所以公域中权力的行使必须严格遵守宪法和法律规定，不得超越法律，不得拥有超越法律的特权。私域则遵守民法中的理论“法无禁止即自由”的经典表述，这种自由必须是在不损害别人利益以及自由的前提下。私域不仅仅受到法律的调整，同时也受到道德、民间惯例的制约。公域中的权力是法治状态下的权力，追求的价值是稳定的社会秩序和社会实现社会公平正义，实现公共利益。公域的范围包括公共权力、公共选择与公共政策、公共利益、公共财政与公共品和公共服务、公共事务这五个方面。③ 私域是平等主体独立的个人空间。在这一空间里，个体拥有独立自主决定权，运用公民权利实现个人利益，与他人达成意思表示，实现个人交往。私域包括公民个人权利的实现、私有财产神圣不可侵犯、私人利益的价值实现、家庭生活的幸福追求、个人隐私的自我保护等要素。

二、公民私域的行政法保护之主要内容

私域的种类包括隐私、住宅、人格、身份、财产等方面，这些方面都是私域最精华的内容，也是私域中的个体最应保护的东西。笔者认为，公民私域的行政法保护之主要内容如下：

---

① 《马克思恩格斯全集》第 1 卷，人民出版社 1972 年版，第 438 页。

② 孙兴全、简佩茹：《公域与私域界分与制度建设的方向》，载《财政监督》2011 年第 13 期。

③ 李晓辉：《公域与私域的划分及其内涵》，载《哈尔滨商业大学学报》（社会科学版）2003 年第 4 期。

（1）隐私信息之保护。隐私是指公民个人生活不受他人非法干预，公民个人信息不被他人任意窃取和公开。隐私包括公民个人的生活和个人的隐私两个方面。公民的个人生活不被非法侵扰主要是指公民享有住宅不受侵犯权，还包括家庭生活不受他人干扰。公民的个人隐私不被任意窃听和公开是指公民信息不能被任意监视监听，公民个人有权决定私人信息是否公开。

社会公众人物享有比普通人物更多的社会资源，享有比普通人更多的光环，同时社会公众人物的生活也就受到广泛的监督。所以，当某明星吸毒被抓后，记者往往会追踪报道，老百姓的眼睛也会盯着不放；当某官员涉嫌犯罪时，记者要通过手中的采访权实现老百姓的知情权，所以社会各界对此类案件一直备受关注。但是老百姓的眼睛往往更关注社会公众人物的私生活。例如，记者偷拍明星私宅的新闻屡见不鲜，某官员在每天 8 小时工作制以外的生活往往也被曝光出来。这就属于私域被侵犯的案件，也属于侵犯隐私权的案件。

（2）住宅之保护。公民个人的住宅不受非法侵犯，住宅是私域个人空间的体现。私域个人空间不仅包括住宅、还包括公民个人所处的宾馆的房间、包括公民个人所在的房车等。① 我国法律对公民住宅不受侵犯权的规定体现在《宪法》第三十九条、《刑法》第二百四十五条以及《治安管理处罚法》第四十条。

"陕西夫妻看黄碟案"就属于非法侵入住宅的案例。如果警察的警察权止于陕西夫妻的门栓外，如果警察的警察权没有肆意行使，如果人们的隐私受到重视，那么本案在当时将不会轰动一时。无论夫妻之间、家庭成员之间在家干什么，只要不涉及他人利益、社会公共利益和政治经济法治秩序那就无可厚非，因为那是私域，是绝对的私域，是绝对的神圣不可侵犯的领域。

（3）财产之保护。公民合法的私有财产不受侵犯，《宪法》第十三条对财产作出了规定。公民私有的财产是维持一个人、一个家庭所必需的物质条件，"对人最重要的第一是财富，第二是财富，第三依然是财富，这里的财富不是指公有财产，而是举足轻重的单个私人财产，这是对人类来说唯一具有意义的追求。"②

---

① 张新宝：《隐私权的法律保护》，群众出版社 2004 年版，第 12 页。

② ［德］Christopher Kuner：《欧洲数据保护法——公司遵守与管制》（第二版），旷野、杨会永译，法律出版社 2008 年版，第 208 页。

三、公民私域的行政法保护之基本原则

加强个人住宅保护，并不意味着个人住宅任何时候都不能进入；加强个人信息保护，并不意味着禁止信息的共享；加强个人财产的保护，并不意味着禁止财产的流通。但是，现代科技的发达与共享已经对公民的私域空间造成了侵犯，如果没有完善的法律法规以及配套的风险防范机制，那么公民私域的个人空间将会名存实亡。[①] 现实中，公民的个人信息被泄露的问题非常严重，这和企业非法买卖个人信息有关，也和行政机关权力的不当行使导致公民的个人信息被恶意利用有关。因此，为了保护公民个人住宅不受非法侵犯，保护公民个人信息不被非法窃取，保护公民个人财产不被任意掠夺，行政机关不仅需要予以立法加强保护，行政机关更要在行政执法的过程中秉持如下基本原则：

1. 法治原则

法治原则即行政合法性原则。“法有明文规定不可违，法无明文规定不可为。”这是行政法最基本的原则，也是最核心的原则。公民私域的行政法保护必须遵循法治原则，即行政机关必须遵守法定职权的原则。对于法定职权范围外的事务尤其是涉及公民私域的事务，行政机关在介入的过程中必须“依法介入”。

2. 实质正义原则

实质正义原则是指行政机关在行使行政权的过程中要求行政权的行使不但必须严格依据法律规定，同时还要具有合理性、合目的性、合比例性。行政权力从谋求利益和关注公民个人权利，是形式正义向实质正义转变的“福音”。[②] 实质正义原则的具体内容包括行政权的行使应当具有合理性、合目的性、合比例性。比如，比例原则就是要求行政权所使用的手段与目的之间存在一定的逻辑关系，当行政主体在行使行政权的过程中对行政相对人产生不利影响时，必须采取对相对人损害最小的手段。即当行政职权的目的与公民自由权冲突时，

---

① 邱本：《自由竞争与秩序调控》，中国政法大学出版社 2001 年版，第 158 页。

② 史尚宽：《民法总论》，台湾正大印书馆 1980 年版，第 300 页。

应该通过比较与选择，采用对自由权牺牲程度最小的一种，而不至于过度。这也就是学界简称的“法益相称”。

3. 程序正当原则

行政权在行使的过程中，必须具有正当性。首先，当行政行为对相对人产生不利影响时，应该听取相对人的陈述，必要时采取听证会的方式，正当性的价值才能得到实现。其次，当行政机关的公务员与所处理的案件有某种利害关系时，必须执行回避制度。最后，行政机关在做出行政行为时应该说明理由，行政执法人员耐心地说明理由不仅体现了行政行为的合法性，更重要的是让行政相对人相信并且接受行政行为。

4. 诚实信用原则

诚实信用原则是民法中的帝王条款，而行政法中的诚实信用原则有成为“君临全法域之基本原则”的趋势。① 行政法的诚实信用原则要求行政机关对自己所作出的行政行为应守信用，不得随意变更。这是因为行政行为具有确定力和公定力。行政行为一经作出，非经法定程序和法定事由，不得随意变更。

5. 行政责任原则

行政责任原则是指行政机关及其公务员因违反行政法律规范，对其违法行为必须承担相应的法律责任。行政行为必须有监督机制和责任机制，才能让行政主体及其公务员在作出行政行为时慎之又慎。责任行政原则不仅要求行政主体承担责任，同时还要求公务员承担相应的责任。尤其是当行政权随意介入公民私域的时候，对违反行政法律法规的公务人员，必须权责一致，依法追责。

① 肖登辉：《行政法视野中的我国个人信息保护立法——兼论个人信息保护法与行政信息公开法的关系》，载《中国法学会行政法学研究会 2009 年年会论文集》，第 483 页。

论行政程序的重新进行

赵银翠* 靳倩霞**

摘 要：允许行政机关重新启动行政程序，一方面可以提升行政的合法性，另一方面可以拓宽公民权利救济渠道，但是，这一权力的行使突破了行政行为的存续力与起诉期限的制度安排，使得法的安定性受到挑战。在司法实践中，由于缺乏明确的法律依据，法官观点不同，判决结果亦不相同，因而，必须从法律层面对行政程序重新进行作出妥当的制度安排。应明确区分作为行政职权之行政程序重启与作为行政义务之行政程序重启、明确区分程序重启之酌定事项与法定事项、明确重启行政程序亦需遵守正当程序原则，明确重启行政程序重开的期限等。

关键词：行政程序重新进行 法安定性 行政合法性 权利救济

行政行为一经作出，除非自始无效，否则，都将产生法律效力。该种效力在德国行政法上称之为存续力，在日本行政法中则称之为公定力。相对人依该行政行为的内容享有权利或负担义务。若相对人及利害关系人未在法定期限内提起行政诉讼，或者因其他情形导致法律救济途径穷尽时，该行政行为获得了不可争力，不可再就其效力提起争讼，该效力谓之形式确定力，或谓之不可诉请撤销的效力。但是，随着行政行为所依据的事实和法律的变化、新证据材料的获取，当这些新情况均有利于相对人及利害关系人时，若完全截断其救济机会，则不能满足法正当性的要求。因而，有必要允许行政机关重新启动行政程序，作为平衡行政法安定性与行政合法性之间价值冲突的例外制度加以规定，

* 山西大学法学院副教授，法学博士，主要研究方向为行政法学。
** 山西大学法学院宪法学与行政法学专业硕士研究生，主要研究方向为行政法学。

同时，亦可拓宽公民权利救济渠道。

行政程序的重新进行是指行政行为获得不可争力之后，在符合特定条件时，由行政机关重新开启行政程序，对行政行为的合法性进行审查，并决定是否予以变更、撤销、重作，以确保行政合法性和当事人权利救济之目的。这一制度作为行政行为存续力制度的例外，开启了行政机关自我纠错的权能，拓宽了公民权利救济之路径。这一制度最早在奥地利得以确立，后为德国等国加以仿效，成为行政程序法上的一项重要制度。在我国，这一制度在《行政许可法》《行政处罚法》《不动产登记条例实施细则》等中多有体现，最高人民法院的相关案例，如“何洪松等15人诉河北省政府不履行法定职责案”“王建设诉兰考县人民政府不履行法定职责案”等，亦对行政程序的重新进行予以阐明，但这些制度与实践尚未上升为统一的制度规范。就理论研究而言，已有学者关注到这一问题，但尚未形成通说，需要继续深入研究，推动理论共识的形成。

关于行政程序的重新进行，有广义与狭义之分。广义上的行政程序的重新进行包括两种情形：其一，行政机关主动撤销与废止已经具有存续力的行政行为；其二，依相对人申请重新启动行政程序，对已具存续力的行政行为进行审查并进而作出是否予以撤销、废止、变更的决定。狭义上的行政程序重新进行，仅指向后一种情况。① 本文的研究涉及行政机关主动重启行政程序，亦涉及依当事人申请重启行政程序。关于行政程序的重新进行，涉及行政法的三个基本问题：其一，行政机关是否有权重新启动行政程序以及行政机关是否有权撤销、废止或者变更已经获得不可争力的行政行为；其二，当事人是否有权请求行政机关重新启动行政程序；其三，对行政机关不予重新启动行政程序以及行政机关启动程序后的决定有异议的，当事人可否提起行政诉讼。

一、行政机关是否可以或者应当重启行政程序

行政行为一经作出，即具有法律效力。该效力不仅拘束相对人，而且拘束行政机关。行政机关不得随意变更、撤销或者废止已经生效的行政行为。这是

① ［德］哈特穆特·毛雷尔：《行政法总论》，高家伟译，法律出版社2000年版，第305页。

法安定性的基本要求。但是，法总是在不同的价值冲突和利益关系之间进行协调、平衡。《联邦德国行政程序法》第48条、第49条、第51条分别赋予行政机关在行政行为获得确定力之后撤销与废止行政行为的裁量权，该裁量权因行政行为授益与否而所受限制不同。该权力的行使能够确保行政适法性以及适当性。从《联邦德国行政程序法》的规定来看，行政机关撤销与废止行政行为的权力是在行政行为获得确定力之后，但是，学理上认为，行政行为是否可诉请撤销并不重要，并不能以行政行为可诉请撤销而限制行政机关撤销或者废止行政行为的权力。①

在我国，尚未有法律赋予行政机关一般意义上撤销或者废止行政行为的权力，但在单行法规范中，有类似的制度规定。如《行政许可法》第八条规定了行政机关依法变更或者撤回已经作出的行政许可的权力；第六十九条规定了行政机关撤销违法行政许可的权力。② 最高人民法院在“王建设因诉兰考县人民政府不履行法定职责案”中也表达了类似的观点，认为“行政机关虽然受行政行为的约束，但在特定条件下可以在法律救济程序之外自行撤销或者废止行政行为”。

不论是依据《联邦德国行政程序法》，还是依据我国《行政许可法》的相关规定，行政机关撤销或者废止行政行为的权力，至少存在以下四个制度特征：

其一，行政机关撤销或者废止行政行为的权力，既可依职权重新启动行政程序，亦可依当事人的申请而为。

其二，行政机关是否重新启动行政程序，由行政机关裁量决定，除非裁量权收缩至零，该裁量权转变为重启义务。

其三，行政机关撤销或者废止行政行为的权力，应符合法定条件；在符合法定条件的情况下，撤销或废止行政行为并非行政机关的义务，而是由行政机关裁量决定。除非裁量权收缩至零，该裁量权转变为撤销或者废止义务。

---

① ［德］哈特穆特·毛雷尔：《行政法总论》，高家伟译，法律出版社2000年版，第274页。

② 《行政许可法》第八条：“公民、法人或者其他组织依法取得的行政许可受法律保护，行政机关不得擅自改变已经生效的行政许可。行政许可所依据的法律、法规、规章修改或者废止，或者准予行政许可所依据的客观情况发生重大变化的，为了公共利益的需要，行政机关可以依法变更或者撤回已经生效的行政许可。由此给公民、法人或者其他组织造成财产损失的，行政机关应当依法给予补偿。”

其四，行政机关撤销或者废止行政行为，应受期限的限制，不得在超过法定期限之外再行启动行政程序，予以撤销或者废止。我国实定法虽未明确规定撤销或者废止期限，但从法理上来讲，在合理期限内行使撤销与废止的权力，平衡法安定性与当事人权利救济，是行政裁量要素之一。

二、当事人是否享有请求行政机关重新启动行政程序的权利

主观公权利，是“公法赋予个人为实现其权益而要求国家为或者不为特定行为的权能”。主观公权利总是与相应的行政义务同时存在，否则主观公权利将形同虚设。① 若当事人请求行政机关重启行政程序的权利构成一项主观公权利，则意味着行政机关负有受理该项请求并决定是否重启的义务；如果法律仅仅是设定了行政机关重启行政程序的权力，在此情形下当事人并非当然享有主观公权利。

是否构成主观公权利取决于法律的具体规定，如若法律明确规定当事人享有某项权利，而行政机关有义务保障该项权利的实现，则该项权利为主观公权利。如《德国联邦行政程序法》第 51 条规定：“行政机关在下列情况下，须应相对人申请，决定是否对一获确定力的行政行为予以撤销或变更……”该规定赋予了当事人享有行政机关重启行政程序的请求权和当行政机关重启行政程序时对其是否予以撤销或变更进行审查的义务。我国《行政许可法》第六十九条亦作了类似规定，该条规定：“有下列情形之一的，作出行政许可决定的行政机关或者其上级行政机关，根据利害关系人的请求或者依据职权，可以撤销行政许可……”

在法律没有明确规定当事人的主观公权利，但规定了行政机关职权的情况下，并不意味着当事人享有相应的主观公权利。当事人是否享有主观公权利，还应根据具体情况加以判断。如果行政机关的裁量权收缩至零的话，其重启行政程序的权力转化为义务。例如，《德国联邦行政程序法》第 48 条、第 49 条规定了行政机关重启行政程序的裁量义务。在此情况下，当事人并不因行政机关负有某项义务而享有主观公权利。但是在符合第 51 条规定的条件下，行政机关

① ［德］哈特穆特·毛雷尔：《行政法总论》，高家伟译，法律出版社 2000 年版，第 152～154 页。

是否重启的裁量权收缩至零，行政机关应重启行政程序。此种情况下，当事人享有请求行政机关重启行政程序的主观公权利。

三、对行政机关不予重新启动行政程序以及对行政机关启动程序后的决定有异议的，当事人可否提起行政诉讼

当事人请求行政机关撤销行政行为，涉及两个阶段的两项请求权：第一阶段，请求行政机关重新启动行政程序；第二阶段，行政机关重启行政程序的，请求行政机关撤销或者变更已经不可诉请撤销的行政行为。

在第一阶段，对当事人申请重新启动行政程序而行政机关拒绝的，是否可以提起行政诉讼。这一问题，即使在德国也存在不同的观点。有观点认为，此类行为属于重复处理行为，并未创设新的权利义务，因而不可诉。相反的观点则认为，行政机关的拒绝决定针对的是重新进行行政程序，它限制了相对人在程序法上所拥有的权利，具有程序法上的处理性，因而亦构成行政行为，相对人当然有权提起行政诉讼。后一观点为通说。①

从我国司法实践来看，在“王建设因诉兰考县人民政府不履行法定职责案”中，一审法院认为，兰考县人民政府拒绝受理、答复王建设注销土地使用证的申请显属不当，责令其限期履行法定职责。二审法院认为其请求已过法定期限，一审法院判令兰考县政府针对王建设的请求履行职责，属适用法律、法规错误，依法应予纠正，故裁定撤销一审判决；驳回王建设的起诉。最高人民法院再审认为，当事人虽然有权请求行政机关重开行政程序，但重开的条件有严格限制，如果当事人仅仅是沿袭之前的主张，并非基于新的事实和法律状态，也没有提出新的证据，行政机关作出的拒绝答复或者不予答复在性质上就系驳回当事人对行政行为提起申诉的重复处理行为，不属于行政诉讼的受案范围。最高人民法院在“何洪松等15人诉河北省政府不履行法定职责案”中表达了同样的观点。在“厦门居泰安物业管理有限公司诉上海市黄浦区市场监督管理局再审案”中，最高人民法院即以发现新事实为由，撤销原判决，责令行政机关

---

① ［德］哈特穆特·毛雷尔：《行政法总论》，高家伟译，法律出版社2000年版，第301页；赵宏：《法治国下的行政行为存续力》，法律出版社2007年版，第214~215页。

重启行政程序。

在第二阶段，行政机关重启行政程序之后，当事人对行政机关作出撤销、变更与否的决定可否提起诉讼。行政机关重新启动行政程序，意味着行政机关要对之前作出的行政行为进行重新审查，判断是否存在撤销或者废止的情形，并作出相应的决定。该决定构成一个新的行政行为，当事人不服的，可以提起行政诉讼。

四、建构我国行政程序重启制度之思路

（一）区分作为行政职权之行政程序重启与作为行政义务之行政程序重启

区分作为行政职权之行政程序重启与作为行政义务之行政程序重启的意义在于，前者行政机关是否对重启行政程序及是否撤销或者变更有裁量权，而后者行政机关无裁量权，行政机关在符合特定条件的情况下，应当重启行政程序。与此相对应，当重启行政程序为行政机关的职权时，当事人在通常情况下无权利请求重启行政程序；当重启行政程序为行政机关之义务时，当事人有请求重启的权利。

（二）区分程序重启之酌定事项与法定事项

酌定事项赋予行政机关在具体情况下的裁量权，而法定事项限制了行政机关重启行政程序的裁量权，将其是否重启的裁量权压缩至零。从《联邦德国行政程序法》规定的具体内容来看，第 48 条与第 49 条规定的行政机关主动重启行政程序的情形，为酌定事项，其裁量权因被撤销的行政行为为负担行政行为或授益行政行为而所受限制有所不同。而第 51 条规定之行政机关依当事人之申请重启行政程序的裁量空间被压缩，在法定情形之下，行政机关必得重启行政程序。从制度目的来看，行政机关主动重启行政程序的目的侧重于确保行政的适法性与公益的维护，而依申请启动行政程序侧重于为当事人提供特别的权利救济机会，保护私益。因而，我国未来行政程序重启之制度构建，应围绕制度目的来进行具体的制度设计，以平衡公益与私益、法安定性与合法性之间的价值冲突。

（三）重启行政程序亦需遵守正当程序

行政机关重启行政程序之后，需要对先前的行政行为重新进行审查，然后作出决定。这一决定不论是维护先前的行政行为，还是对其进行撤销、变更或者废止，均属一个新的行政行为。因而，该行政行为的作出应当遵循正当程序的基本要求，以确保正当程序对行政权力的约束，保障当事人的程序性权利。在“覃焕尚诉被申请人广西壮族自治区乐业县人民政府撤销土地批准行政处理行为案”中，最高人民法院表达了这一观点。最高人民法院认为，“非因法定事由并经法定程序，行政机关不得撤销、变更已经生效的行政决定”。“撤销已经生效的行政决定，必须遵循正当程序原则，听取利害关系人的陈述、申辩意见，查明案件事实，依法作出撤销决定。”

（四）为行政程序的重启设定期限限制

行政程序的重启并不以行政行为具有不可诉请撤销的效力为前提。行政机关在行政诉讼期间亦可变更、撤销被诉行政行为或者作出某项行政行为，即可为例。但在期限的设置上，应以长于诉讼时效为宜。一方面，作为当事人扩大救济途径之例外制度设计，使得当事人在经过诉讼期限之后依然有可能获得权利救济的可能性；另一方面，亦需要在法安定性与合法性之间进行适当平衡。我国台湾地区“行政程序法”规定，申请行政程序重开的期限是自法定救济期限经过之后的 3 个月，其事由发生在后或知悉在后者，自发生或知悉时起算。但自法定救济期限经过后已逾 5 年者，不得申请。《联邦德国行政程序法》第 51 条规定，当事人申请行政程序重启的，应当在行政行为获得确定力之后，当事人得知重新进行的理由之日起算 3 个月。该规定均较撤销违法行政行为之诉的起诉期限为长。我国台湾地区的“行政诉讼法”所规定的撤销之诉为诉愿决定书送达后 2 个月，此期限为不变期间。联邦德国行政法院法设定的起诉期限为行政行为公布之日起或者行政复议决定送达之日起 1 个月，除非法律有例外规定。我国《行政诉讼法》在 2014 年修改之后，将行政诉讼的起诉期限由原来的 3 个月延长至 6 个月，加强了对公民权益的保护，其代价是法安定性的让步。在行政程序重启的期限上，若设定更长的期限的话，似乎合法性与安定性之间会存在失衡的风险，因此，笔者认为，期限应在行政诉讼起诉期限经过之后 3

个月内提出。如果重启行政程序的事由是在法定起诉期限之后发现的，以发现之日起计算，最长不得超过行政行为作出之日起5年。

结　语

允许行政机关重新启动行政程序，一方面可以提升行政的合法性，另一方面可以拓宽公民权利救济渠道，但是，由于这一权力的行使突破了行政行为的存续力与起诉期限的制度安排，使法的安定性受到挑战。在我国司法实践中，各级人民法院面对实践中的行政程序重启案件，均在不同程度上作出了理论贡献，但是，观点不同，判决结果亦不相同，因而，必须从法律层面对行政程序的重新进行作出妥当的制度安排。本文借鉴德国行政法的理论与制度，结合我国司法实践，从四个方面提出建构我国行政程序重新进行的制度进路，即应明确区分作为行政职权之行政程序重启与作为行政义务之行政程序重启、明确区分程序重启之酌定事项与法定事项、明确重启行政程序亦需遵守正当程序原则，明确重启行政程序重开的期限等。希望能以此进一步推动对这一问题的关注与探讨，为完善我国行政程序立法提供理论支持。

行政公益诉讼诉前程序问题研究

呼旭光[*]　王霞君[**]

摘　要：随着公民对公共利益的重视，公益诉讼随之走入大众视野。2017年，行政诉讼法的最新修订标志着行政公益诉讼制度在立法上的正式确立，同时也在法条中明确规定了行政公益诉讼的诉前程序。诉前程序是我国行政公益诉讼制度的重大创新，但是，仍然不可避免地出现了一些问题，需要不断探讨纠正，从而发挥诉前程序的最大价值，进一步保障社会和国家利益。

关键词：行政公益诉讼　诉前程序　检察机关

一、诉前程序概述

2017年6月，最新修订的《行政诉讼法》中，赋予了检察机关提起行政诉讼的权力，正式确立了行政公益诉讼制度。同时，还规定了检察机关在提起行政诉讼之前，“应当向行政机关提出检察建议督促其依法履行职责”，这是诉前程序首次在立法中确定。2018年2月，最高人民法院、最高人民检察院发布的《关于检察公益诉讼案件适用法律若干问题的解释》规定行政机关应当在收到检察建议书之日起两个月内依法履行职责，并书面回复人民检察院。细化了行政公益诉讼诉前程序的实施规则。

行政公益诉讼诉前程序是指检察机关在提起行政公益诉讼之前对行政机关

* 山西大学法学院硕士生导师，中共山西省委党校副教授，主要研究方向为宪法学与行政法学。

** 山西大学法学院宪法学与行政法学专业硕士研究生，主要研究方向为宪法学与行政法学。

违法行使职权或不作为而影响公共利益的行为，应当先行通过检察机关建议的方式督促行政机关纠正违法行为或依法履行职责。因此，行政公益诉讼的诉前程序主要内容为检察机关对行政机关的监督建议。

行政公益诉讼诉前程序的确立，对我国来说是一项重要的制度创新，仔细剖析其法律条文不难看出，诉前程序有其独特的性质所在。

首先，诉前程序具有前置性①，在具体的法律条文中，表述为“应当向行政机关提出检察建议督促其依法履行职责”，“应当”一词，要求相关的主体必须为一定行为。由此可以看出，检察机关在提起行政公益诉讼之前，必须先向行政机关提出检察建议，即提起公益诉讼必须先启动诉前程序。诉前程序在前，诉讼程序在后，在行政机关拒绝履职、检察建议未能落实的情况下才可提起行政公益诉讼，从法律逻辑层面而言，诉前程序是诉讼程序的必要条件②。

其次，诉前程序具有独立性。诉前程序是一项独立的程序，它并不依附于诉讼程序而存在。诉前程序要求在检察机关正式提起行政公益诉讼前，提出检察建议，以柔和的对行政机关监督的方式，督促有关行政机关依法履行职责，如行政机关及时纠正了违法行为，则不用再通过诉讼的方式解决问题，达到了和诉讼同样的效果。实践同时也证明，多数公益诉讼案件在诉前程序阶段就已经结案，由此可见，诉前程序是一种相对独立的结案方式、办案形式。因此，行政公益诉讼诉前程序可以以其自身的功能化解纠纷，而不必经过诉讼程序，具有独立性③。

最后，监督的复合性。行政公益诉讼的诉前程序是检察机关对行政机关行使监督权的一种新型的模式，同时也是连接检察机关与行政机关、融合外部监督与自我纠错的复合型模式。检察机关作为行政公益诉讼的提起人，检察机关具有提起公益诉讼权能的同时也需要依法履行职责。诉前程序，要求检察机关积极履行监督职能，防止检察机关权力滥用或怠于行使权力，进而造成制度资源的浪费。诉前程序的设立，不仅是检察机关对行政机关的一种监督，也是通

---

① 沈开举、邢昕：《检察机关提起行政公益诉讼诉前程序实证研究》，载《行政法学研究》2017 年第 5 期。

② 潘如新、孟祥沛：《行政公益诉讼诉前程序探索》，载《检察日报》2019 年 7 月 11 日，第 3 版。

③ 王春业：《行政公益诉讼诉前程序检视》，载《社会科学》2018 年第 6 期。

过行政机关自身纠错的方式，对检察机关监督权的一种牵制和限制。因此，诉前程序对检察机关来说是一种限制权利的程序，其监督的复合性是其最大的特点之一。

二、诉前程序的程序价值

对于诉前程序的价值问题，大陆法系或英美法系中，理论与实务界普遍对行政公益诉讼诉前程序设置的本质定性为行政权与司法权的关系与配置问题。大陆法系中，行政复议前置制度，亦指明了诉前程序的价值存在。美国行政法中的“成熟原则”“穷尽行政救济原则”等内容，则是行政公益诉讼诉前程序的理论基础。考察德国、日本、韩国等国家可以发现，这些国家也分别有类似诉前程序规定的体现。我国确立检察机关提起行政公益诉讼制度，涉及的是检察权对行政权的监督问题①。因此，在我国确立行政公益诉讼诉前程序亦有其重要的价值。

第一，诉前程序的结案方式为“公益受到损害”提供了一种新型的解决方式，拓宽了行政公益的救济方式，更直接有效地保护了社会和公共利益。行政机关尽管在依法履行对社会的治理责任，但是行政机关的一些乱作为或不作为常常会使公共利益受损。行政公益诉讼法规的出台弥补了这个缺陷，而诉前程序则以检察机关对行政机关提出检察建议的方式，促使行政机关自查、自省、自己改正问题，这种方式则为解决行政机关不作为或乱作为问题提供了新的路径。

第二，体现了效益价值。诉讼相对来说是一项耗时耗力的救济方式，而行政公益诉讼的案件大多数为侵犯公共利益或者国家利益的案件。对于此类案件，若耗时过长，会大量地耗费国家财力、物力、人力资源，不利于及时保护国家和社会公共利益。诉前程序以行政机关自我纠错为主，并且行政机关处理问题，更能够快速、专业地反映到问题所在并及时改正，可起到节约成本、提高效率的作用，有利于纠正错误。这其实是追求行政公益诉讼的耗费与收益的最大比，维护公共利益的结果。通过诉前程序的制度设计，优化司法资源，降低诉讼成

---

① 潘如新、孟祥沛：《行政公益诉讼诉前程序探索》，载《检察日报》2019年7月11日，第3版。

本，实现案件分流。综上所述，诉前程序，体现的是对“公平”与“效益”两种不同价值的平衡。

第三，提高行政机关自我纠错的积极性。从权力的划分来看，在诉前程序中是监督权与行政权之间的关系，而在行政诉讼程序中则变为司法权与行政权的对抗。在诉前程序中是由检察机关的建议而启动的一种行政机关主动进行自我纠错的程序，进入司法程序后，司法机关对案件展开调查、作出判决，行政机关被动履行判决。从行政机关自身利益角度来讲，主动改正违法行为、履行职责更有利于其自身职能的发挥。相较之下，诉前程序有利于调动行政机关自我纠错的积极性，提高行政效率和行政质量。

第四，体现了秩序价值。遵守权力运行秩序，对检察机关、行政机关和审判机关权力运行的秩序进行协调。通过诉前程序的设置，完善检察机关法律监督程序，构建更为优化的秩序体系。

第五，有利于实现检察权、行政权、审判权三者之间的平衡。对此，笔者在阅读大量文献之后，对于行政权与检察权之于诉前程序的关系有了较为清晰的认识。诉前程序给予行政机关纠正的时间和机会，给予行政权以尊重，避免检察权对行政权的过度干预，维护行政机关与检察机关之间的和谐。在诉讼过程中，两方势必会出现对立的局面，这种状态容易造成检察机关和行政机关之间的冲突和矛盾，不利于有效行政。而诉前程序以检察机关手段较为柔和的建议，给予行政机关警示，行使监督职能，使行政机关自我纠错，对于相关行政机关来说可接受度、执行率更高，起到的监督效果、社会效果更好，更有利于维护双方的和谐关系。在进入诉讼程序后，审判权会给予最后的裁定，是保护公益的最后屏障。因此，诉前程序将检察权、行政权、审判权进行了很好的融合，使之达到一个较为平衡的状态。

三、诉前程序的实践现状分析

截至 2017 年 6 月，全国试点地区两年期间共办理行政公益诉前程序案件 7676 件，相关行政机关纠正违法或履行职责的 5162 件，占 67. 25%；行政机关逾期未纠正违法或履行职责的 1530 件，占 19. 93%；尚未到一个月回复期限的 984 件，占 12. 82%。

2017 年 7 月 1 日修改《行政诉讼法》后，检察机关提起公益诉讼进入全面开展阶段，7 月至 12 月，全国检察机关共办理行政公益诉前程序案件 8781 件，相关行政机关纠正违法或履行职责的 5227 件，占 59.53%；行政机关逾期未纠正违法或履行职责的 978 件，占 11.14%；尚未到一个月回复期限的 2576 件，占 29.34%。截至 2018 年年底，全国相关行政机关违法或者履行职责占比约 79%，行政机关逾期未纠正违法或履行职责占比约 12%，尚未到一个月回复期限的案件占比 9%。

收集到的资料显示，在行政公益诉讼诉前程序的案件中，案件主要集中在生态资源和环境保护、食品药品安全领域、国有土地使用权出让领域以及国有财产保护领域，分别占比大约为 64%、9%、7%、20%。

根据两年试点工作情况以及诉前程序正式实施之后的数据可以看出，首先，从公益诉讼的办理方式看，诉前程序是公益诉讼案件办理的主要方式。其次，从行政公益诉讼的最后效果看，诉前程序是行政公益诉讼案件有效结案的主要形式。试点两年来，全国 13 个试点的检察机关超过一半的案件中，行政机关能够在诉前程序中主动纠正违法行为、履行法定职责。最后，从案件来源来看，行政公益诉讼虽然实现了四大案件范围的全面覆盖，但仍然主要集中在生态资源领域和环境保护领域，案件类型发展不均衡。

另外，在阅读大量案例中，发现了如下问题：

（一）诉前程序中检察建议内容不确定

诉前程序是对行政权进行监督的重要方式，从上述案件效果来看，其效果非常明显，具有简便、效率高、成本低等优点，同时手段较为温和，因此多被检察机关所采纳，也被行政机关所接受。但检察建议不可避免地出现了一些问题，检察建议内容的评判标准为何，仅是督促行政机关纠正违法行为或履行法定职责，还是针对具体化的问题向行政机关发出检察建议，抑或是明确其行为的法律后果及其依据①，对于这些问题，最近发布的法律规定中均没有相关规定。一方面，检察建议书的内容模糊，过于抽象和原则，这种做法不利于行政

---

① 邓小兵、赵嘉玲：《关于推进行政公益诉讼诉前程序的探索——以甘肃省行政公益诉讼为例》，载《甘肃广播电视大学学报》2019 年第 1 期。

机关纠正工作，不利于督促其履行职责，行政机关在实际操作中会产生困扰。另一方面，检察建议过于具体也会产生诸多问题。首先，检察建议书中若提出对行政机关行为的具体的建议，前提是检察机关进行了充分的调查、大量的分析以及科学的评估，否则，检察建议将没有理论和现实依据的支撑。但这将耗费大量的人力物力，很大程度上加重工作负担。在两种观点的讨论下，司法实践中产生了诸多争议。因此，检察建议的内容不应过于模糊，也不宜过于具体，急需法律来明确规定。

（二）诉前程序行政机关履职标准不明确

根据最新法律规定，发出检察建议后，行政机关仍然不履行职责的，检察机关才可以提起诉讼。但检察机关提起行政公益诉讼之前，行政机关是否已经履行了法定职责的判断标准是关键和基础。在理论上，有学者认为，最高人民检察院通过指导性案例确立了两种标准："行政过程"标准和"后果主义"标准。其中，"行政过程"标准将行政机关履行职责的行为看作一个相互衔接的连续的过程，在这个过程中，行政机关的任何失职行为都可以视为不履行法定职责。而"后果主义"标准则将社会公共利益是否仍处于受侵害的状态作为唯一的判断标准，即便行政机关在形式上行使了职权，但社会公共利益受损害的事实未消除，相对人的违法行为尚未终止，就应当认为未依法履行职责①。还有学者认为，发出检察建议后，可以从以下方面综合判断行政机关是否依法履行了职责：行政机关是否采取了相关行动或实施了相应行为；行政相对人侵害社会公共利益的行为终止与否；是否存在合理的特殊情形和合法的抗辩理由②。而在实践中，会出现当发出检察建议后，行政机关已经在督促办理，在办理期限内不能完全恢复受损害状态的情况。但是由于对行政机关是否已经履责的标准判断不一，在一些案件中存在检察机关在过了办理期限后提起行政公益诉讼的情况，造成了司法资源的浪费。当行政公益诉讼案件被起诉到法院后，对于行政机关是否未"履行法定职责"，不同法院的判决理由也各不相同，这会造

---

① 卢超：《从司法过程到组织激励：行政公益诉讼的中国试验》，载《法商研究》2018年第2期。

② 冯庆俊：《如何认定行政机关不履行法定职责》，载《检察日报》2017年3月27日，第3版。

成“同案不同判”的现象。因此，行政机关是否履行法定职责应当明确化、具体化，为检察机关提起公益诉讼案件和行政机关应诉提供清晰的判断基准，节约司法资源，同时也避免“同案不同判”现象所引起的社会争议和矛盾①。

（三）诉前程序中履责期限限制不合理

据法律规定，行政机关应当在收到检察建议书之日起两个月内依法履行职责，并书面回复人民检察院。出现国家利益或者社会公共利益损害继续扩大等紧急情形的，行政机关应当在十五日内书面回复。行政机关不依法履行职责的，人民检察院依法向人民法院提起诉讼。这明确了检察机关发出督促履职检察建议后，有关行政机关要在两个月的规定期限内回复，这是希望通过期限的限制督促行政机关及时纠正违法行为或者积极履行职权。但是在司法实践中，检察院在发送检察建议后超期两个月才提起行政公益诉讼，这样的情况大量存在。究其原因，主要是对于“受侵害状态”定义不明，行政公益诉讼的范围主要为生态环境和资源保护、食品药品安全、国有资产保护、国有土地出让等领域，部分领域如生态环境和资源领域专业性较强，情况较为复杂，检察机关对于受损害的状态并无清晰的认知。同时在实践中，由于侵害状态的恢复需要时间，在两个月内是否能做到恢复原状，检察机关并不能作出专业的判断。因此，两个月的恢复期限是否应当延长，或者可变，或者分情况处理，需作更深一步的探讨，使诉前程序能够真正发挥作用。

四、诉前程序的完善建议

截至目前，在行政公益诉讼的立法上，效力等级最高的为《行政诉讼法》，最新的关于行政公益诉讼的法律规定，是2018年3月最高人民法院、最高人民检察院联合发布的《关于检察公益诉讼案件适用法律若干问题的解释》，仔细研读这些法律规定，不难发现，在行政公益诉讼诉前程序这方面多停留在根本性和原则性的规定上，只是简单规定要提起检察建议，并无较为详细、可操作

① 闫大莹：《行政公益诉讼诉前程序问题与展望》，载《胜利油田党校学报》2019年第8期。

性的规定，给予了检察机关、法院很大的裁量余地。因此，以规范性文件或司法解释的形式先行对诉前程序加以细化，不断完善相关立法规定，同时在后续的履行中为检察机关的调查权、强制监督权提供有效保障是必要的①。因此，笔者在这里针对本文提出的问题提出一些具体建议。

（一）明确检察建议内容

在检察建议内容上，理论界、实务界是一直存在争议的，总结上述各方意见，笔者认为，从实践以及大量案例中可以看出，全国地区的检察建议适用情况总体保持一种趋势，即检察建议书的内容不必过于详细。在诉前程序阶段，检察建议只起到一个提醒的作用，让行政机关明确国家利益和社会公共利益处于受损害的状态，受损的具体状况应该留给更专业的行政机关去解决，而不必浪费检察机关过多的资源。检察建议不必过于详细是设置检察建议的必然方向，这样不仅能让行政机关意识到自身的违法行为或者不作为，也能给予行政机关一个“自我纠错”的机会。但从检察建议书较为混乱的形式可以看出，这不易进行统一化的监督管理。对此，相关法律规定，可以进一步明确检察建议的内容与格式，具体包括：行政机关违法行使职权或者不行使职权的事实；国家和社会利益受到损害的基本线索材料、建议行政机关采取的方式；行政机关纠正违法行为或者履行职责的期限；行政机关不认同检察建议内容的救济方式。若同时涉及多家行政机关，应进行多方通知，进行联合磋商，回复建议书。

（二）确立行政机关履职标准

在上述的叙述中，已阐述过目前学界的争议，笔者认为，“行为标准”和“后果标准”，不能在所有案件中择一而论，针对不同的领域应当区别对待。由于现实的复杂性，环境资源保护、国有财产保护、食品药品安全等领域的利益各有其特点，此种领域的标准在另一领域内并不一定能够产生良好的效果。因此，确立以“行为标准”与“结果标准”相结合的判断标准是较为合理的方式。实践中，对于可以在短期内恢复受损害状态的案件应注重“结果标准”，

---

① 彭辉、潘如新：《行政公益诉讼诉前程序的完善》，载《上海法治报》2018 年 9 月 26 日。

即是否会使国家利益和社会利益得以恢复，并辅以“行为标准”，即行政机关是否采取了积极的措施督促整改。对于需要违法行为纠正过程和时间的案件，应注重“行为标准”，辅以“结果标准”，但是在后续的整改过程中，检察机关要继续跟进、监督。只有确立了行政机关履职的标准，才能更好地将诉前程序与行政公益诉讼的诉讼程序衔接起来，更好地保护国家和社会公共利益。

（三）实现履责期限“可变”

试点期间的《人民检察院提起公益诉讼试点工作实施办法》第四十条规定，行政公益诉讼诉前程序行政机关履职期限为一个月，试点之后，在相关解释中，将行政机关诉前履行职责的期限延长为两个月。由此可见，试点期间一个月的履职期限难以为行政机关督促整改提供充足的期限。但是在实践中，由于行政公益诉讼案件类型的复杂性及恢复周期的长期性，在有的案件中，行政机关在两个月的期限内完成督促整改仍然存在一定的难度。因此，笔者认为，对于不同的案件应予以区分，对于可以在短期内履职的案件应在两个月内回复并履职；对于需要违法行为纠正过程和时间的案件，可以在现行规定的两个基础之上设置一定的弹性条框，允许对于整改难度较大的案件，由行政机关提出申请，检察机关审核同意后延期一段时间，但是有次数限制①。这种合理设置“可变”的期间，可以使诉前程序更好地发挥作用。

（四）完善诉前程序的配套监督机制

为解决案件多集中在生态资源和环境保护方面，发展不均衡的问题，检察机关要充分应用“互联网+”、大数据等新兴互联网网络形式，开通公开对外的交流平台，同时检察机关可以与行政机关建立信息共享平台，在行政公益诉讼领域实现信息和线索的实时共享。具体来讲，就是要求各级检察机关应与政府法制办、食品药品监督管理、环境保护、国土资源等部门建立常态化的信息共享和沟通协调平台机制，依托交流平台，建立起行政检察大数据中心，扩大发现线索来源。通过平台强化对行政机关后续整改进行监督交流，同时交流平

---

① 王晓航、张源：《行政公益诉讼诉前程序需要“优化”》，载《检察日报》2019年3月21日，第3版。

台的开放也可以实现公众监督，及时督促检察机关履行职责，缓解社会矛盾，维护社会稳定①。同时，平台的建立也可以为行政机关在履职期限未完成恢复状态的案件抑或是法院判决需行政机关后续履行的案件进行监督，检察机关不断跟进，民众持续监督，以最大程度恢复国家和社会的公共利益，确保不会出现“半途而废”的情况。

结　语

行政公益诉讼诉前程序是司法权对公权力行使的一个良好的监督方式，是国家在行政公益诉讼中一个大胆的尝试。其具有前置性、独立性、监督复合性等性质，同时也在整个诉讼程序中起到完善纠纷解决机制，实现多元化解决纠纷的作用，在很大程度上节约了司法资源。然而，诉前程序发展尚不成熟，不可避免地出现了一些瑕疵。因此，期待未来行政公益诉讼诉前程序的完善能使司法资源实现最大化收益，实现诉讼案件的平缓解决，更好地保护国家和社会的公共利益。

① 高雨洋：《行政公益诉讼制度的冷思考》，载《法制与社会》2019年第6期。

扶贫成效考核评价的法治化检视

——基于21部省级地方立法文本的分析

祁小敏* 卫凯迪**

摘 要：严格考核评价扶贫成效，是确保精准扶贫、精准脱贫的重要环节。扶贫成效考核评价的法治化是全面依法治国背景下精准扶贫工作的发展趋势。全国21部省级综合性扶贫地方立法中对扶贫成效考核评价都作了相应规定，是精准扶贫法治化的“良法”基础。但是从地方立法文本分析，扶贫成效考核评价法治化仍然存在着考核评价主体单一化、考核评价对象模糊化、考核评价内容差异化、考核评价程序与标准缺失化等一些问题，有必要通过丰富考核评价主体、明确考核评价对象、统一考核评价内容、完善考核评价程序与标准等加以完善，促进精准扶贫、精准脱贫。

关键词：精准扶贫 考核评价 第三方评估

当前，我国打赢脱贫攻坚战到了决战决胜的关键时期，实行严格的考核评价，确保精准扶贫的成效，才能实现真扶贫、真脱贫。习近平总书记多次强调，扶贫工作要“加强考核，确保成效”① “实施经常性的督查巡查和最严格的考核评价，确保脱贫过程扎实、脱贫结果真实，使脱贫攻坚成效经得起实践和历史检验。”② 在全面依法治国的背景之下，法治化是我国精准扶贫工作的发展方

---

* 山西大学法学院讲师，主要研究方向为宪法学和行政法学。

** 山西大学法学院宪法学与行政法学专业硕士研究生，主要研究方向为宪法学和行政法学。

① 习近平：《在东西部扶贫协作座谈会上的讲话》(2016年7月20日)。

② 习近平：《在打好精准脱贫攻坚战座谈会上的讲话》(2018年2月12日)。

向，省级扶贫地方立法已成为精准扶贫法治化的主要“良法”基础。截至2019年9月底，全国共有21部省级综合性的扶贫地方性法规和地方政府规章，涉及16个省、4个自治区、1个直辖市。[①] 扶贫成效考核评价法治化也是精准扶贫法治化中的应有之义，这21部省级扶贫地方立法都对扶贫成效考核评价作了一些规定，[②] 一方面体现了扶贫成效考核评价法治化的水平，另一方面也反映了其存在的问题。因此，以扶贫成效考核评价为分析对象，选择现行有效21部省级扶贫地方立法文本分析的视角，运用文本分析法、比较分析法和理论分析法等方法，对我国精准扶贫成效的考核评价法治化现状进行检视，分析存在问题并提出完善建议，具有十分重要的理论与实践意义。

一、扶贫成效考核评价的地方立法文本分析

在我国目前扶贫成效考核评价制度中，有政府考核评价和第三方评估两种主要方式，前者又因考核评价对象不同而分为一般考核评价、财政专项扶贫资金绩效考核和扶贫项目绩效评价等。在21部省级综合性的扶贫地方立法中，都对扶贫成效考核评价作了一些规定，其中绝大部分立法规定了一般考核评价主体、对象、内容等，但只有极少部分立法规定了一般考核评价程序与标准，还有一部分立法规定了财政专项扶贫资金和扶贫项目的绩效考核以及第三方评估。具体分析如下：

---

① 指16个省（甘肃、广东、贵州、河北、河南、黑龙江、湖北、湖南、吉林、江苏、青海、陕西、山西、四川、云南、福建）、4个自治区（广西、内蒙古、宁夏、新疆）、1个直辖市（重庆），其中只有福建省制定了省级扶贫地方政府规章《福建省农村扶贫开发办法》，其他20个省、市、自治区制定了扶贫的省级地方性法规，称为“农村扶贫开发条例”“农村牧区扶贫开发条例”“农村扶贫条例”“扶贫开发条例”“大扶贫条例”等，制定或修改时间都是在2012年以后。

② 扶贫成效考核评价在中央层面主要是政策化推进，主要表现为中央层面出台了《省级党委和政府扶贫开发工作成效考核办法》《脱贫攻坚责任制实施办法》等一系列文件，引入了第三方评估的考核方式。在地方层面，除采取地方立法的法治化推进外，也采取了一些政策化推进，不少省、市、县级地方政府，也分别参照中央的考核办法，制定出台了各自的考核办法并加以细化、完善。

(一) 考核评价主体

在21部地方立法中，扶贫成效考核评价主体的规定有四种情况：

一是关于一般扶贫成效考核评价主体，甘肃、陕西、云南、贵州、河北、河南、湖南、宁夏、青海、四川、黑龙江11部立法规定的是“县级以上人民政府”，内蒙古、山西2部立法规定的是“省级人民政府”，福建、吉林、江苏3部立法规定的是“地方各级人民政府”，广西、新疆2部立法规定的是“省级人民政府和设区的市人民政府”，广东规定的是“上级人民政府”，而湖北、重庆2部立法没有规定。

二是关于财政专项扶贫资金的绩效考核主体，有11部立法专门作出规定，其中福建、甘肃、广东、湖北、湖南、江苏、云南、重庆8部立法规定的是“县级以上人民政府财政部门、农村扶贫开发机构会同有关部门”，内蒙古、陕西2部立法规定的是“县级以上人民政府财政部门、农村扶贫开发机构”，山西规定的是“按照国家和省有关规定”。

三是关于扶贫项目的绩效评价主体，有贵州、河北、河南、黑龙江、新疆5部立法进行了规定，但只有黑龙江省规定了评价主体为“省扶贫开发、财政主管部门组织相关部门或者第三方”。

四是关于第三方评估主体，有8部立法加以规定，其中贵州规定的是“有关科研机构和社会组织”，新疆规定的是“被委托的具有资质的评估机构”，广西规定的是“有关评估机构”，河南规定的是“有相应资质的第三方”，宁夏、河北、江苏、黑龙江4部立法没有规定。

(二) 考核评价对象

在21部地方立法中，考核评价对象的规定主要体现在一般扶贫成效考核评价和第三方评估两方面，财政专项扶贫资金绩效考核和扶贫项目绩效评价的对象未规定：

一是关于一般扶贫成效考核评价对象，福建、贵州、湖北、江苏、内蒙古5部立法规定的是“各级人民政府和相关部门及其负责人”，河北、河南、湖南、宁夏、陕西、四川6部立法规定的是“同级人民政府有关部门和下级人民政府”，甘肃规定的是“下级人民政府、各有关部门、事业单位、国有企业及其主要负责人”，广东规定的是“下一级人民政府和相关部门及其负责人”，山西规定的是“设区的市、县（市、区）人民政府及其主要负责人”，云南规定的是“下级人民政府和本级人民政府的有关部门、定点帮扶和驻村帮扶单位”，还有广西、黑龙江、吉林、青海、新疆、重庆6部立法没有规定。二是关于第三方评估对象，只有贵州规定为“各级人民政府、有关部门和单位”，宁夏、新疆、广西、河南、河北、江苏、黑龙江7部立法没有规定。

（三）考核评价内容

在21部地方立法中，考核评价内容的规定主要表现在一般扶贫成效考核评价、财政专项扶贫资金绩效考核和第三方评估三方面，扶贫项目绩效评价内容没有规定：

一是关于一般扶贫成效考核评价内容，福建、甘肃、广东、河北、湖南、江苏、内蒙古、宁夏、四川9部立法规定为“扶贫开发目标任务完成情况”，黑龙江、吉林、青海、山西、陕西、云南6部立法规定为“扶贫开发工作”，广西、新疆2部立法规定为“扶贫项目的实施、扶贫资金的使用与管理、脱贫目标完成等情况”，贵州、湖北2部立法规定为“扶贫政策落实情况及目标完成情况”，河南规定为“脱贫工作成效”，重庆未规定。

二是关于财政专项扶贫资金的绩效考核内容，福建、甘肃、湖南、江苏、陕西、山西6部立法规定为“财政专项扶贫资金的管理与使用”，广东、重庆2部立法规定为“资金的使用”，湖北、云南2部立法规定为“财政扶贫资金绩效”，内蒙古规定为“扶贫开发成果、资金管理、资金预算安排与执行、扶贫开发项目实施情况等”。

三是关于第三方评估的内容，广西、贵州、新疆3部立法规定的是“扶贫（开发）成效”，河北、宁夏2部立法规定的是“扶贫政策执行情况、扶贫成效、群众满意度等”，河南、黑龙江2部立法规定的是“扶贫开发项目”，江苏规定的是“扶贫开发项目中财政资金使用情况”。

（四）考核评价程序和标准

首先，在考核评价程序的规定方面，21部地方立法中只有贵州笼统规定了“实行分级考核、排名公示和结果通报制度”等一般扶贫成效考核评价的程序内容，其他20部立法都未规定；只有广西、贵州、新疆3部立法规定采取开展专项调查、抽样调查、实地核查等方式进行第三方评估，宁夏、河南、河北、江苏、黑龙江5部地方立法未规定；21部立法都未规定财政专项扶贫资金绩效考核和扶贫项目绩效评价程序。

其次，在考核评价标准的规定方面，21部地方立法中只有青海和贵州两省对一般考核评价指标的科学化和明确化作了抽象规定，前者规定“优化细化扶贫成效考核指标”，后者规定“科学设置扶贫开发考核评价指标”，其他19部地方立法对此都未规定；21部立法都未规定财政专项扶贫资金绩效考核和扶贫项目绩效评价标准以及第三方评估标准。

二、扶贫成效考核评价法治化的问题剖析

通过上述21部地方立法中的扶贫成效考核评价内容分析，不难看出，目前我国扶贫成效考核评价法治化虽然取得了一些成就，但仍然存在一些不容忽视的影响法治化推进的问题。

（一）考核评价主体单一化

精准考核评价是确保扶贫成效的重要保障，而考核评价主体多元化有利于确保考核的科学性、精准性、有效性。但是，从以上地方立法文本分析来看，明显存在着考核评价主体单一化的问题，更多着眼于政府内部控制，多为政府系统自上而下的评价，具有单向性特点，社会参与度有限，不利于考核结果的科学化，主要表现为：

一是政府考核评价主体规定较多。21部地方立法都规定了政府考核评价主体，其中一般考核评价主体就有“地方各级人民政府”“县级以上人民政府”“省级人民政府和设区的市人民政府”“省级人民政府”“上级人民政府”五种，财政专项扶贫资金绩效考核主体也有“县级以上人民政府财政部门、农村扶贫开发机构会同有关部门”以及“县级以上人民政府财政部门、农村扶贫开发机构”和“按照国家和省有关规定”三种，扶贫项目的绩效评价主体有“省扶贫开发、财政主管部门组织相关部门或者第三方”，这些考核评价主体都是政府及其有关部门，是立法规定的绝大多数考核评价主体。

二是第三方评估主体规定较少。由于第三方评估具有评估主体的独立性和专业性、评估过程的客观性和高效性、评估结果的权威性和公信力等特点，具有推进政府治理现代化、发挥社会监督功能、促进群众利益诉求表达等作用，因此近年来地方扶贫考核评价也时常采用第三方评估方式。[①] 但是21部地方立法中尽管有8部规定第三方评估，但只有4部立法规定了第三方评估主体，不仅立法数量少而且内容很笼统，多数只是规定了第三方评估主体为被委托的有关评估机构，只有一部立法明确规定为“有关科研机构和社会组织”。

（二）考核评价对象模糊化

在扶贫成效考核评价中，只有考核评价对象明确，才能明确各级扶贫主体的责任，才能把考核评价结果与考核评价对象的扶贫工作考核挂钩、与扶贫工作追责问责挂钩，达到“以评促改、以评促管”的目的，促进扶贫工作精准发力，真正实现精准扶贫。但是从上述地方立法文本分析来看，21部地方立法对考核评价对象的规定存在差异，表现出模糊化的特点，不明确，不利于达到考核评价的目的，主要表现为：

一是关于一般考核评价对象，在21部地方立法中就有“各级人民政府和相关部门及其负责人”“下级人民政府、各有关部门、事业单位、国有企业及其主要负责人”“下一级人民政府和相关部门及其负责人”“同级人民政府有关部门和下级人民政府”“设区的市、县（市、区）人民政府及其主要负责人”及“下级人民政府和本级人民政府的有关部门、定点帮扶和驻村帮扶单位”等多种规定，差异较大。尽管一般考核评价主体规定比较明确，但是还有6部立法没有规定。二是关于财政专项扶贫资金和扶贫项目的绩效考核的对象，21部立法都没有明确规定。三是第三方评估对象，8部地方立法中只有贵州省明确规定为“各级人民政府、有关部门和单位”，其他7部地方立法没有规定。

（三）考核评价内容差异化

考核评价内容是精准考核的实体条件，只有规定明确的考核评价内容才能

---

① 祁中山：《扶贫绩效第三方评估：价值与限度》，载《信阳师范学院学报（哲学社会科学版）》2017年第6期。

保障精准考核评价。但是从上述地方立法文本分析来看，考核评价内容立法规定存在着明显差异化，不具有统一明确的特点，不利于精准进行考核评价，主要表现在：

一是关于一般扶贫成效考核评价内容，21 部地方立法中主要有“扶贫开发目标任务完成情况”“扶贫项目的实施、扶贫资金的使用与管理、脱贫目标完成等情况”“扶贫政策落实情况及目标完成情况、脱贫工作成效、扶贫开发工作”三种规定。二是关于财政专项扶贫资金的绩效考核的内容，21 部地方立法中有“财政专项扶贫资金的管理与使用”“资金的使用”“财政扶贫资金绩效”以及“扶贫开发成果、资金管理、资金预算安排与执行、扶贫开发项目实施情况等”四种规定。三是关于扶贫项目的绩效评价内容，21 部地方立法都没有明确规定。四是关于第三方评估的内容，有“扶贫（开发）成效”“扶贫政策执行情况、扶贫成效、群众满意度等”“扶贫开发项目”“扶贫开发项目中财政资金使用情况”四种规定。

（四）考核评价程序和标准缺乏化

完善的考核评价程序，能够提高考核评价工作的效率，防止考核评价过程中出现偏差，保障考核评价结果的合法性和真实性。但是从上述地方立法文本分析来看，考核评价程序的规定几乎没有，主要表现在：一是只有贵州省笼统规定了“实行分级考核、排名公示和结果通报制度”等一般扶贫成效考核评价程序，其他 20 部立法对此都未作规定。二是关于财政专项扶贫资金绩效考核和扶贫项目绩效评价程序，21 部立法都没有规定。三是关于第三方评估程序，只有 3 部地方立法对此作出了一定的规定，规定采取开展专项调查、抽样调查、实地核查等方式进行评估。

明确的考核评价标准（指标）对于精准考核评价、科学评价扶贫成效也是必不可少的，但是从上述地方立法文本分析来看，考核评价标准的规定也几乎没有，主要表现在：一是只有青海和贵州两省对一般考核评价指标的科学化和明确化作了抽象规定，其他 19 部地方立法对此都未作规定。二是关于财政专项扶贫资金绩效考核和扶贫项目绩效评价的标准以及第三方评估标准，21 部地方立法都未作规定。

三、扶贫成效考核评价法治化的完善思考

“精准扶贫”能否如期实现，很大程度上取决于考核评价能否“精确导向”，唯有精准考核评价来真实、全面地检验扶贫成效，才能避免弄虚作假、“数字脱贫”和“被脱贫”等问题的发生。深入开展精准扶贫，必然要求推进扶贫成效考核评价法治化的完善。

（一）丰富考核评价主体

为了确保考核评价的科学性、精准性、有效性，应当丰富考核评价主体，不仅规定政府考核评价主体，明确考核评价职责，而且要增加规定第三方评估主体，使考核评价主体多元化。

首先，应当细化政府考核评价主体。一是明确一般扶贫成效考核评价主体。我国扶贫开发实行“中央统筹、省（自治区、直辖市）负总责、县抓落实”的工作机制，精准扶贫主体主要是地方各级人民政府，但扶贫成效考核评价主体应当是县级以上人民政府，包括国务院及省（自治区、直辖市）、设区的市、县（市、区）各级人民政府。二是明确各级人民政府的考核评价职责。针对省（自治区、直辖市）、设区的市、县（市、区）各级人民政府的扶贫考核评价职责，应当根据各自在精准扶贫中的责任加以明确，同时对各级人民政府部门的考核评价协助职责加以说明，如扶贫主管部门、财政部门等，以防止职责不清、相互推诿现象出现，助推精准考核评价。

其次，应当增加第三方评估主体规定。一是增加第三方评估主体的立法规定，加大第三方评估的适用范围。二是适当明确第三方评估主体由“具有资质的评估机构”来担任，甚至可以明确规定为“有关科研机构和社会组织”，并且应该规定各级人民政府及其部门不能担任第三方主体，甚至强调避免地方政府的隐性干预。

（二）明确考核评价对象

为了划分清楚各级政府及其部门的扶贫职责，树立起奖罚分明的鲜明导向，健全完善激励约束机制，确保考核到位、责任到位、工作到位，应当明确考核

评价对象。

一是关于一般扶贫成效考核评价对象，应当统一规定为负有扶贫职责的“各级人民政府和相关部门及其负责人”。二是关于财政专项扶贫资金绩效考核对象，应该明确为“管理和使用财政专项扶贫资金的部门、单位及其负责人”；关于扶贫项目的绩效评价对象，应当明确为“扶贫项目的参与部门、单位及其负责人”。三是关于第三方评估对象，应当借鉴贵州省的立法规定，明确规定为“各级人民政府、有关部门和单位”。

（三）统一考核评价内容

针对现有考核评价内容的地方立法现状，为了扶贫成效考核评价的“精准”，就需要统一明确考核评价内容，加以完善。

一是关于一般扶贫成效考核评价内容，应当细化“农村扶贫开发目标任务完成情况”的具体内容。考核评价内容应规定为责任落实、政策落实、工作落实的情况。其中责任落实包括各级党委政府脱贫攻坚主体责任、党政一把手第一责任人责任、行业部门扶贫责任、驻村帮扶责任等落实情况。政策落实包括饮水安全、义务教育、基本医疗、住房安全等与“两不愁三保障”密切相关的内容。工作落实包括脱贫攻坚目标任务完成情况、各类扶贫开发项目组织实施情况、资金管理使用情况、监督检查发现问题整改落实情况等。二是关于财政专项扶贫资金绩效考核的内容，应当统一规定为“财政专项扶贫资金的管理与使用”，并进一步细化其内容。三是关于扶贫项目的绩效评价内容，应当统一规定为“扶贫开发项目实施情况”，并进一步细化其内容。四是关于第三方评估的具体内容，应当统一明确规定为对“扶贫政策执行情况、扶贫开发项目、扶贫开发项目中财政资金使用情况、扶贫成效、群众满意度等”情况进行第三方评估，提高立法规定的涵盖面和明确度。

（四）完善考核评价程序和标准

考核评价程序和标准的缺失和不合理会影响精准扶贫考核工作的开展和结果，因此，建立科学规范的考核评价程序和标准、严格按照考核评价程序和标准对精准扶贫考核工作是非常必要的。

在考核评价程序方面，一是加快各级政府扶贫考核评价程序的立法，尽快改变目前地方立法几乎未规定的状况。二是明确必要的一般考核评价程序。可以在立法中规定分级考核、排名公示和结果通报等程序制度，规定交叉考核、实地暗访、第三方评估、资金绩效评价、工作成效分类评价等方式。三是结合本地实际制定特殊的考核评价程序。各个省份的贫困程度不尽相同，考核评价的程序也不可能完全相同，各省份要做到因时因地制宜，完善各自地方的考核评价程序。四是加快财政专项扶贫资金绩效考核和扶贫项目绩效评价的程序立法。五是细化第三方评估程序。在规定采取专项调查、抽样调查、实地核查等方式的基础上，还可以就委托主体、委托方式、委托内容等方面明确规定。

在考核评价标准方面，一是加快考核评价标准的立法。针对21部地方立法的相关规定，应当借鉴青海和贵州两省对考核评价指标的规定，对科学设置、优化细化扶贫开发考核评价指标作出原则性规定，以提高地方立法的指导性。二是明确考核评价的精准标准，包括财政专项扶贫资金绩效考核和扶贫项目绩效评价的标准，合理地确定好定量指标和定性指标，在设置过程中要综合各方面的因素，配置好各项指标。三是明确第三方评估标准，科学设置第三方评估标准，保障评估过程的客观、中立，保障评估结论的准确、真实、科学。

结　语

考核评价是促进精准扶贫必不可少的有效手段，法治化是扶贫成效考核评价的发展方向。本文选择21部地方立法文本分析的视角，对当前我国扶贫成效考核评价的法治化现状进行了认真检视，指出了存在的问题，提出了相应的完善建议，具有一定的理论和实践意义。但是限于研究视角的选择，上述问题剖析和完善建议不可避免地带有一定的局限性。另外，扶贫成效考核评价是否能够达到预期的效果，不仅要看考核评价的立法规定本身是否科学、合理，更重要的是看立法规定能否真正实施、落到实处。因此，这些扶贫成效考核评价的“良法”还需要在考核评价的“善治”中来进一步检视和完善。

论建设用地使用权期限届满后地上物的归属

毛瑞兆*　王荣星**

摘　要： 我国的相关法律法规规定，土地使用权期限届满，建设用地使用权由国家收回，地上建筑物、其他附着物一并由国家无偿取得。这样的规定既不公平，也不符合国际通行的做法。本文从我国建设用地使用权期限届满后地上物归属制度的现状入手，分析了我国地上物归属制度的成因，揭示了该问题的实质，并在介绍和借鉴域外相关立法的基础上，对建设用地使用权期限届满后地上物归属和处置提出了重构建议，认为应赋予建设用地使用权人地上物取回权与补偿权，以达到双方利益的平衡。

关键词： 建设用地使用权　非住宅建设用地　地上物取回权　地上物补偿权

一、我国建设用地使用权期间届满后地上物归属之现状

我国的建设用地使用权根据用途的不同，分为住宅建设用地使用权和非住宅建设用地使用权。首先，对于住宅建设用地使用权，《物权法》已经妥善合理地规定和解决了其期限届满后地上物的使用和归属问题，因此本文论述的建设用地使用权问题仅指非住宅建设用地使用权。其次，这里的非住宅建设用地使用权是以出让方式取得的，只有以出让方式取得的建设用地使用权才存在期限届满的问题。土地使用权转让方式除了出让，还可以通过划拨的方式，以划

* 山西大学法学院副教授，主要研究方向为民商法学。
** 山西大学法学院民商法学专业硕士研究生，主要研究方向为民商法学。

拨方式取得的建设用地使用权不存在期限届满的问题。最后，根据通说，地上物主要包括地上附着物和已种植的青苗，这里的地上物仅指地上附着物。地上附着物是指在建设用地上建造的一切建筑物（如平房、楼房及附属房屋等）、构筑物（不能用于居住的建筑，如水塔、水井、桥梁、铁路、水利设施等）以及地上定着物（固定在地上的物品，如花草树木、铺设的电缆等）。

非住宅建设用地使用权期间届满后地上物的归属，是指以出让形式取得的建设用地使用权的土地，被用于经营性建设，在建设用地使用权出让合同约定的或法律规定的出让期限届满后能否延期、该土地上建筑物及其他附着物的所有权及补偿问题。

对于建设用地使用权期限届满后地上物的归属，《物权法》《房地产管理法》《城镇国有土地使用权出让和转让暂行条例》都有规定。《物权法》第一百四十九条规定，住宅建设用地使用权期限届满时自动续期，对于非住宅建设用地使用权期限届满后的处理，没有作出明确规定，而是授权其他法律予以规定。《城市房地产管理法》第二十二条对非住宅建设用地使用权期限届满后续期的程序作出了规定，土地使用权出让合同约定的使用年限届满，土地使用者需要继续使用土地的，应当至迟于届满前一年申请续期，除根据社会公共利益需要收回该幅土地的，应当予以批准。土地使用者未申请续期或者虽申请续期但依照前款规定未获批准的，土地使用权由国家无偿收回。而地上房屋及其他不动产的归属，有约从约，没有约定的，授权其他法律、行政法规规定办理。《城镇国有土地使用权出让和转让暂行条例》第四十条规定，土地使用权期满，土地使用权及其地上建筑物、其他附着物所有权由国家无偿取得。

以上就是我国目前法律、行政法规中关于建设用地使用权期限届满及届满后地上物的归属的规定。关于非住宅用地使用权期满后的续期以及法律后果，《物权法》分别授权于法律、行政法规规定，同时，在新的法律、行政法规规定出台之前，适用的是《城市房地产管理法》和《城镇国有土地使用权出让和转让暂行条例》中的相关规定。在法律效力上，《城市房地产管理法》高于《城镇国有土地使用权出让和转让暂行条例》，前者对非住宅建设用地使用权期限届满及续期的问题作出了规定，规定期限届满使用者没有申请续期或续期申请未获批准的，土地使用权由国家无偿收回，但对于地上物的归属，处理办法是有约定的依照约定，没有约定的须依照法律、行政法规的相关规定。根据国地批（1996）89号①的规定，就又回到了《城镇国有土地使用权出让和转让暂行条例》中的相关规定。国家作为土地的所有人，在土地使用权期满后依据所有权的权能，无偿收回土地使用权无可厚非，但是，期限届满后由国家无偿取得地上建筑物及其他附着物的做法，其合理性值得讨论。

二、建设用地使用权期间届满后地上物归属现状之成因

（一）“房随地走，地随房走”的“房地一体”主义决定了地上物由国家收回

《城市房地产管理法》第三十一条、《城镇国有土地使用权出让和转让暂行条例》第二十三条、《物权法》第一百四十六条和第一百四十七条都分别对“房随地走”“地随房走”作出了规定。“房随地走”与“地随房走”原则，是指土地使用权和土地上房屋等建筑物应一并转让或抵押的法律制度。具体而言，是指土地所有权人要将土地使用权转让、抵押时，土地上所存在的房屋所有权要一并转让、抵押，反之亦然。土地和房屋等地上物之间存在天然的、密不可分的紧密联系，尤其是房屋等地上物根本不可能脱离土地而孤立存在，任何建筑物离开了土地就如无本之木、无源之水，所谓的“空中楼阁”在现实中根本是虚无缥缈、不存在的。在非住宅建设用地使用权期限届满，土地使用权人未申请续期或申请未获批准，土地由国家无偿收回后，该宗土地上的房屋等地上物随土地一并归国家所有，是“房地一体”主义的应有之义。

（二）我国的社会主义公有制土地制度决定了我国采取中国特色的房地关系处理模式

我国土地使用权制度的形成经历了由国家完全控制下的非市场模式到市场模式的过程，形成了具有中国特色的土地使用权制度，其发展过程大致可划分

---

① 即国家土地管理局关于执行《城市房地产管理法》和国务院55号令在执行中如何衔接有关问题的批复，法律施行后，国务院55号令继续有效，国务院55号令的规定与法律的规定相一致的，应结合起来执行；法律没有规定而国务院55号令已有明确规定，应按国务院55号令执行；法律虽有原则规定，但根据法律规定必须依照国务院规定执行的，在国务院新的规定出台之前，应按国务院55号令或国务院其他有关规定执行；国务院55号令有关条款与法律规定不一致的，应当依照法律的规定执行。

为三个阶段。第一阶段是新中国成立之初，引进了苏联的国家绝对控制模式，土地使用者可以不受期限限制永久使用通过行政手段划拨的土地。第二阶段逐渐开始了有偿使用土地的探索，1987 年 4 月国务院首次规定土地使用权可以依法有偿转让。在这个阶段，深圳市因急需建设资金，而当时收取的土地使用费金额太低，远远不能满足城市建设发展需求，就开始效仿毗邻的地产业发达的香港采取的批租制，开创了“土地使用权出让”。① 香港地区深受英国法律影响，规定土地使用权期满后，土地和地上建筑物由政府无偿收回，这也成为我国现行法律规定非住宅建设用地使用权期满后地上物由国家无偿收回的历史原因。第三阶段则为国有土地使用权发展臻于成熟的时期，逐渐形成了通过拍卖、招标、协议等方式，以一定的价格将土地使用权出让给单位或个人使用的模式。

在实行土地私有制的国家，土地的利用完全可以通过转让土地所有权的途径实现，从而避免了土地与地上建筑物权属的割裂。在我国的社会主义公有制土地制度下，土地所有权只能由国家或集体所有，对土地的利用也只能通过出让或转让土地使用权的方式实现，这就决定了当土地使用权期限由政府收回时，其上的建筑物作为土地附属物别无选择地随土地收归国家所有。中国特色的房地一体原则是既承认房屋所有权和土地使用权是分别独立的物权的客体，但在流转时，二者又必须作为一个整体，同时转让、抵押，可以概括为静态上的区分主义和动态上的一体主义相结合的模式。

三、建设用地使用权期间届满后地上物归属问题之实质

非住宅建设用地使用权期限届满后地上物归属问题并非制度本身的问题，而是立法上建设用地使用权期限的有限性与房屋所有权的恒久性之间的冲突、国家的无偿收回与物权的保护之间的矛盾。

所有权是是物权中最重要，也是权能最圆满的权利，包括占有、使用、收益、处分的权利，权利人对其物具有独占性的支配权，其合法行使不受干涉；除所有物灭失外，所有权是永久存在的。地上物所有权同样具备所有权的绝对

① 裴洪儒：《论建设用地使用权期限届满后地上建筑物的处理》，厦门大学 2011 年硕士学位论文。

性、排他性、永续性等特征。在我国，地上物所有权的主体可以是公民个人、集体或国家，而土地所有权的主体只能是国家或集体，个人和其他私权主体只能通过出让、转让等方式取得土地使用权，当土地使用权期限届满收归国有时，土地所有权、使用权与地上物所有权分属不同的主体。基于房地不可分离的自然属性，《物权法》《城市房地产管理法》《城镇国有土地使用权出让和转让暂行条例》等都从法律上规定了处分一体主义，从而使地上物所有权随土地使用权而归属于国家，这便成为非住宅建设用地使用权期满后，使用权人未申请续期、未按法律规定申请续期或续期申请因公共利益需要未被批准时地上物归属问题的实质。

地上物与土地的关系，主要表现为以下四种模式①：

一是一元主义模式，即土地吸附地上物，源于罗马法，后被德国和瑞士民法所吸收。《德国民法典》第 94 条第 1 款第 1 项规定，土地的主要构成部分包括所有地上物，尤其是建筑物以及与土地尚未分离的土地出产物。可知，一元主义模式下，地上物的所有权归土地所有权人所有。二是二元主义模式，即土地与地上物互相为独立的不动产，源于日耳曼法，法国和日本的民法典是其典型代表，我国台湾地区也受此观念影响。《日本民法典》第 86 条第 1 款规定，土地及其定作物为不动产，可见此处土地与地上定作物是并列的，有平等独立的地位。因此，此种模式下，土地和地上物在法律上可以为不同的主体所有，在流转上也可以分别独立流转。三是兼静态上的一元模式与动态上的二元模式，即土地与地上物在性质上相互独立，可以为不同的主体所有，但在处分、抵押上必须同时处分、抵押，此模式就是我国当前的模式。我国的这种模式是经过修正的“房随地走”模式，是基于我国特殊的土地所有权制度而形成的。四是地随房走模式，即房屋吸收土地，这里的地上物也仅限于房屋，此模式以苏联民法为代表。苏联实行土地公有制时，土地不是人类劳动的结晶，不具有财产价值，仅被视为一种自然资源，而房屋中存在着无差别的人类劳动，随着人口规模的增长，供不应求，房屋价格越来越高。因此，相比较之下，土地仅仅是房屋的附属品，因二者自然上不可分离的属性而一同流转。

---

① 栾林蕊：《论土地使用权期满后房屋所有权与土地使用权的冲突》，山东大学 2012 年硕士学位论文。

当前，上述第一种、第四种模式已经被放弃或修正，很多国家会采取第二种模式，即土地与地上物相互独立。大陆法系国家对这种模式的具体操作是设置地上权制度，在地上权消灭后产生两类法律后果，一类是以《日本民法典》为代表的时价购买权，即地上权人具有恢复土地原状的义务和取回工作物的权利，另一类是以我国台湾地区“民法”为代表，土地所有人的补偿义务和延期的选择权，土地所有人应该对建筑物所有权人进行补偿，但在建筑物可使用的期限内也可延长地上权的期限，若地上权人拒绝延长则丧失补偿请求权。

四、建设用地使用权期间届满后地上物归属制度之重构

（一）域外立法借鉴

1. 大陆法系：地上权制度

所谓地上权是指在他人的土地上营造建筑、隧道、沟渠等工作物而使用该他人土地的权利。① 地上权同我国的建设用地使用权一样，有一定的存续期间，在约定的期限届满后，会产生一系列的法律后果，如对地上建筑物、其他附着物及其附属物的处置，土地恢复原状以及土地所有人的购买请求权等。地上权期限届满后，对建筑物及其他附着物的处置，基本可分为德国模式和日本模式两种。

（1）德国法

《德国地上权法》第1条规定，地上权是指在一块土地地表之上或地面之下以拥有建筑物为目的，可转让与继承的权利。德国法律对地上权的存续期间没有限制，即理论上可以存在永久存续的地上权，但通常人们会确定一个期限，如用于居民住宿的地上权期限通常为99年，而用于工业目的的期限通常为50年至70年。地上权到期后，发生的法律后果主要是原地上权人的补偿请求权，即可以请求土地所有人对建筑物给予补偿，这种补偿一般不必是建筑物现值的实价，当事人可以对补偿的金额作出约定，没有约定的应按照专业程序通过调查得出适当费用。此外，若该地上权是为了满足贫困阶层住房的紧急需求而设，

① 杨立新：《物权法规则适用》，吉林人民出版社2007年版，第161页。

则补偿至少要达到地上权期限届满时建筑物现值的三分之二；土地所有权人可以拒绝补偿，但须以地上建筑物尚可使用年限为标准，延长地上权期限，地上权人拒绝的，便丧失了补偿请求权。① 可见，在德国法中，法律赋予了法律关系双方自由选择的权利，地上权人提出补偿请求后，土地所有权人可以通过延长期限替代之，地上权人拒绝的，就丧失了补偿请求权。土地所有权人的延期请求权类似于一种强制缔约，但对方当事人可以拒绝，拒绝后其原权利丧失。

（2）日本法

《日本民法典》对于地上权的定义与德国有所差别，认为地上权是因在他人所有的土地上拥有建筑物等作业物或竹木而使用该土地的权利，即一种使用土地的权利，更强调对他人土地的使用。地上权期限届满后，关于地上建筑物及其他附着物的法律后果主要有地上权人的收去权和土地所有权人的购买请求权。收去权，也称为取回权，是地上权人收去其工作物及竹木的权利，此时，土地所有权人有权请求以时价购买工作物及其竹木，除有正当理由外，地上权人一般不得拒绝。② 与德国模式相比，日本模式中土地所有权人和地上权人都具有主动性，法律对二者给予平等保护；德国模式下，法律规定对土地所有权人明显不利，地上权人行使补偿请求权时，土地所有权人要支付一定的补偿金，这无疑是一种负担，当然土地所有权人可以行使延期请求权，但当延期致其损失更大时，两害取其轻，只能选择给予补偿，甚至在收回土地后，为了更好地开发利用，要对土地上原建筑物进行拆除，恢复原状，这些都会加重土地所有权人的损失。

2. 英美法系：一物多权制度

当土地所有权、使用权和地上物所有权归属不一的情形下，大陆法系通过地上权制度协调平衡权利人之间的冲突，而英美法系国家则通过一物多权制度来解决这个问题。

英国是典型的土地私有制国家，土地使用权主要分为永业权和租业权，永业权即自由保有的地产权，包括无条件继承的土地产业权、限制继承的土地产业权、终身保有的土地产业权，因此，土地使用权由保有人永久所有；租业权

---

① 《德国地上权法》第 27 条。

② ［日］我妻荣：《民法讲义Ⅱ》，罗丽译，中国法制出版社 2008 年版，第 358 页。

即租用保有地产权，是有一定期限的地产权，多依协议而产生，采取批租制模式，即土地承租人为了在他人土地上建造房屋或工作物，在协议确定的期限内，通过交付租金而有偿地使用他人土地，土地使用期限届满，租业权人不再续租的，则地上建筑物无偿收归土地出租人所有。租业权与我国的建设用地使用权较为相似，而我国的立法也借鉴了英国的立法，但略有不同的是，我国法律规定续期申请不被批准情形下，地上物也要无偿收归国有，而英国仅限于租业权人不再续租的情形。

（二）对我国建设用地使用权期限届满后地上物归属制度的重构建议

我国有关法律规定使用期限届满，建设用地使用权人未申请续期或续期申请因公共利益需要未获批准，地上物由国家无偿收回，这样的规定过于笼统概括，也不公平。笔者认为，应区分使用者未提出续期申请和虽申请续期但未获批准两种情形，对其分别作出规定。

首先，建设用地使用权期限届满后，使用者未提出续期申请的情形较为简单。《城市房地产管理法》第二十二条规定续期申请应当至迟于届满前一年提出，但法律未规定从什么时候可以开始申请续期，只是规定了截止时间段，且时间极短，对作为普通民事主体的土地使用权人不得不说是一种考验。未申请续期，从权利人主观心理分析，可分为两种：疏忽大意而错过申请和明知而放弃申请。虽然第一种情况权利人主观上并无在届满时不再缔约的故意，但客观上确实未在法定期间提出续期申请，即内心意思和表示发生了不一致，对方当事人也只能认为使用者无续期的打算。对于第二种情况，使用者作为正常的民事主体，应明知其地上建筑物及其他附着物不可能脱离所在土地而单独存在，没有土地使用权，其地上物所有权也只是空谈，仍然在建设用地使用权期限届满时未提出续期申请，可以推定其已经抛弃了地上建筑物，之后再进行注销登记，地上建筑物及其他附着物便成为无主物，此时由国家无偿收回，符合法律规定。如果要求国家给予补偿，不论数额多少，对于财政收入都是一种负担，纳税人缴纳的税款不能随意用于补偿。

在德国法中，土地所有权人面对地上权人的补偿请求权，可以以延长地上权期限替代之，地上权人拒绝的，丧失补偿请求权，类似于此处的土地使用者拒绝提出续期申请的，也就丧失了补偿请求权，可以由国家无偿收回。英国也有类似规定，即租业权人不再续租时，地上建筑物无偿收归土地出租人所有。

其次，建设用地使用权期限届满后，使用者提出续期申请，但出于公共利益的考量，不予批准。在这种情形下，地上建筑物及其他附着物由国家无偿收回的做法便有失妥当。使用者有继续缔约的意愿，但该宗土地因出于公共利益考量，不能再继续出让，土地上的建筑物及其他附着物因重新规划势必要被拆除，就必须由国家取得其所有权，但不应是无偿的。如前所述，无偿收回侵犯了地上物所有者的所有权，违背了宪法的基本原则，是不公平的。在取得地上物的所有权时，势必要给予补偿。至于补偿的标准，可以参照地上物被征收补偿标准进行。

综上，我国在制度重构时，可以参照德国法作如下规定：1. 建设用地使用权期限届满，土地使用者未申请续期的，土地使用权及地上建筑物、其他附着物由国家无偿收回；2. 土地使用者提出续期申请，但出于公共利益考量，政府不予批准的，土地使用权收回，但应赋予土地使用人以下权利：（1）地上物取回权。土地使用人可以取回土地上的建筑物及其林木。因为土地上的建筑物和林木都是使用人对土地投资开发的成果，归土地使用人所有，因此，当土地使用人在客观上无法对其行使所有权时，自然有权从土地上将其取回。但是由于这些工作物都是附着在土地之上的，与土地形成了不可分割的整体，如要取回，必然造成工作物的毁损或者灭失。当然，有些地上物是可以取回的，如简易房或架构物等。但这类地上物毕竟占少数，大部分地上物属于钢筋混凝土结构的坚固的建筑物类型，客观上不可能取回，这就需要赋予土地使用人以补偿请求权。(2）地上物补偿请求权。如果土地所有人拒绝补偿，土地使用人可向法院起诉，要求土地所有人履行对地上物的补偿义务。这主要是考虑到土地使用人开发土地投入了巨大的成本，地上物仍存在很大的价值，如土地所有人不予补偿，等于将地上建筑物无偿送给了土地所有人，这对土地使用人是很不公平的，因此法律应强制土地所有人进行补偿。

结　语

以出让方式取得的非住宅建设用地使用权期限届满，土地使用人未申请续期或续期申请未获批准时，地上建筑物及其他附着物由国家无偿取得的规定笼统而模糊，缺乏科学性，应区分不同情形分别作出规定。大陆法系国家和地区通过设置地上权，赋予地上权人取回权、补偿请求权，土地所有者延期请求权，平衡双方利益，侧重于静态地对土地资源的支配；英美法系则创造了地产上的一物多权制度，国家象征性地拥有土地所有权，但实质上私人对土地拥有永久使用权，形成一种动态的市场交易模式。我国在今后重构这一制度时，要结合我国具体国情，参照其他国家和地区已有的优良立法例，慎重作出选择，兼顾各方利益。

出售式重整模式的中国适用

李晓燕* 鹿思原**

摘 要：出售式重整秉持“保事业不保企业”的新型重整理念，有效避免了存续型重整耗时长、成本高等问题，对挽救困境企业有重要意义。该模式虽在出售资产上与破产清算略有相似，但其本质仍是重整程序。从重整制度的实践现状来看，出售式重整在我国有很大的适用必要性，但因我国法律尚未对其作出系统性规定，故在适用过程中应重点关注出售式重整的适用情形、候选投资人的选定、出售资产合理估值、公司资产整体托管及政府角色定位五个方面的问题。

关键词：重整 出售式重整 优质资产出售

破产重整作为一项再建型债务清理制度，对防范破产、挽救企业以及维护社会整体利益有着至关重要的作用。综观各国立法和实务情况，重整大体有三种模式，我国台湾地区学者许士宦对其进行了界定：“其一是企业存续型，由债务人与债权人等协议减免或犹豫债务之额度或期限，以谋求企业之重建；其二是企业清算型，将债务人之财产个别变价，而以所得对价（清算价值）分配于诸债权人等；其三是营业让与型，将债务人营业之全部或主要部分让与他人，而以所得对价（继续企业价值）分配于诸债权人。”① 然而，我国《企业破产法》并未对重整制度的模式进行区分，对重整模式的认知也仅局限于传统的存续型重整，并未对出售式重整作出系统全面的规定，这就导致重整实践中大量

---

* 山西大学法学院副教授，主要研究方向为民商法学。
** 山西大学法学院民商法学专业硕士研究生，主要研究方向为民商法学。

① 许士宦：《债务清理法之基本构造》，元照出版有限公司2009年版，第115页。

企业在面临危机时，即便其本身不适合适用存续型重整，也只能选择通过此模式来挽救企业，即以保留原债务人企业继续存续为前提，通过债务人与债权人达成协议减免债务或延期清偿等，缓解困境企业的债务危机。但是，存续型重整在实践中面临诸多难题，我们不得不认真审视出售式重整的重要价值，思考该模式在中国是否有适用的必要性以及适用中应重点关注的问题，为不适合适用存续型重整的困境企业寻求重整的最佳模式。本文拟通过探究出售式重整模式的本质，分析其在我国的适用必要性，借鉴国内外司法实践中适用该模式的经验，重点研究其在我国具体适用中可能面临的难题，以期对出售式重整模式的中国适用有所助益。

一、出售式重整模式的本质探究

出售式重整，又称事业让与型重整，“是将债务人具有活力的营业事业之全部或主要部分出售让与他人，使之在新的企业中得以继续经营存续，而以转让所得对价即继续企业价值，以及企业未转让遗留财产（如有）的清算所得即清算价值，清偿债权人。”① 换言之，出售式重整不保留原债务人企业的外壳，在其核心事业转让后原企业即被注销，而原债务人企业的核心事业在新的企业中继续存续，即“保事业不保企业”。

出售式重整模式因其打破了传统重整制度就是要保持债务人企业继续存续的认知误区，其本质究竟是破产重整制度还是破产清算制度在学界一直备受争议。当企业出现困境时，选择重整或是清算对企业未来的发展有着截然不同的影响，故而厘清出售式重整的本质对于成功挽救困境企业有重要意义。持“清算说”观点的学者认为，“出售式破产重整其实就是披着重整的外皮而是以重整之名行清算之实，有悖于《企业破产法》的现有规定。”② 而持“重整说”观点的学者认为，“重整的目的是维持公司之事业，而不是企业的外壳，重整制度设置的目的是挽救企业的经济与社会价值，避免因破产清算造成的各种不良社会影响，同时使债权人得到较之清算更多的清偿。故必要时还可采取解散原

① 王欣新：《重整制度理论与实务新论》，载《法律适用》2012 年第 11 期。
② 贺小电：《破产法的原理与适用》，中国人民大学出版社 2011 年版，第 601 页。

有公司，设立新公司，或者公司分立、其他公司合并等方法，以及转让全部营业或者资产的方法，进行重整”①。

不可否认的是，出售式重整在出售企业资产以实现企业重整的方式上与破产清算在形式上有着一些相似之处，但二者之间存在本质上的区别，出售式重整的落脚点仍是重整制度。传统的破产清算制度是以消灭公司法人资格、保障债务公平清偿为宗旨，通过出售等方式处理企业资产，妥善了结企业的债权债务关系，进而保障企业规范地退出市场。其“出售企业资产”行为的关注点在于如何快速实现资金回收，不需要考虑原企业的事业会否继续存续，同时出售的价格也仅仅是资产本身的价值，无法将存续带来的期待价值评估到出售的价格中。而重整是一项再生制度，其设置的根本目的是挽救企业，即挽救企业所经营的事业和与营业相关的社会资源，不仅涉及避免企业事业与财产的重大损失，保护债权人的利益，同时还要尽可能减少职工失业等问题，维护社会稳定。出售式重整模式秉持“破产不破业，保事业不保企业”的理念，通过将企业的优质资产、有活力的营业事业出售，使之在新的企业中继续存续，而“出售企业资产”的行为并不仅是追求财产价值的变现，而是帮助原事业摆脱厚重的困境企业外壳，使之在新的实体中发挥更大的价值。所以，我们应当打破重整要挽救企业就必须维持债务人企业本身继续存续的认识误区，实际上，只要能达到重整的设置目的，在法律允许的范围内采用何种途径均可，出售式重整模式便是如此。

二、出售式重整模式的适用必要性

市场经济下的自由竞争必然导致优胜劣汰，而破产便是淘汰失败者，使之规范退出市场的方式之一。随着市场经济的飞速发展，越来越多的企业面临破产的问题。在我国的司法实践中，存续型重整在化解矛盾纠纷、挽救危困企业方面作出了重要贡献，使许多濒临破产的企业重获新生。但是，由于传统存续型重整模式要求保持企业法人的外壳继续存续，重整企业背负了过重的负担，效率低、成本高、余债责任等不容忽视的问题纷纷涌现出来。而出售式重整模

① 王欣新：《破产法原理与案例教程》，中国人民大学出版社2010年版，第213页。

式恰好在很大程度上可有效解决存续型重整面临的难题，故出售式重整在我国有很大的适用必要性。

（一）保障重整的有效进行

在传统的存续型重整中，不论新的经营者是原股东或是新战略投资者，二者均要将债务人企业的资产全盘接收，包括其中的无效资产。也正因如此沉重的负担，众多投资人对企业的优质资产望而却步，导致实践中许多困境企业想要通过重整实现重生，却因吸引不到投资人而失败，最后不得不走上破产清算的道路。即便企业原股东经营或者有新战略投资者加入，该企业也有可能因无效资产的存在而使重整计划难以执行，最终导致重整失败。而出售式重整模式只保留原企业优质核心的资产注入新的企业，正常运营并创造价值，将有盈利能力的事业与无效资产分割，可有效避免无效资产的减值损失。所以在出售式重整模式中，收购者只要看中原企业的优质资产即可放心收购，无须考虑无效资产的问题，极大地提高了投资者的积极性。同时，此模式下制订的重整计划也更具有合理性和可行性，为重整的有效进行提供重要保障。

此外，存续型重整中债权人获得清偿的来源除新投资者的投资外，主要是存续企业的未来收益，这不仅导致债权人实现债权的周期延长，而且存续企业能否顺利恢复正常经营具有不确定性，债权人能否获得清偿仍有较大的风险，重整仍有失败的可能性。而出售式重整中债权人获得清偿的来源主要是债务人企业的全部或主要营业事业立即转让所得和企业剩余财产（若有）清算所得，对债权人及时有效实现债权、重整计划迅速执行完毕有重要意义。

（二）消除分配模拟计算是否准确的争议

由于企业存续型重整中不对企业财产进行实际清算变现，重整计划草案中财产分配方案一般通过模拟计算得出。“这种模拟计算的结果就可能由于利益冲突、技术失误等因素影响而存在不够准确、合理乃至恶意欺诈的问题，由此引发债权人的争议，且难以解决，甚至因此导致重整失败。”① 而出售式重整模式中，债务人企业通过转让优质资产、核心事业的方式实现重整，其价值变现是

---

① 王欣新：《重整制度理论与实务新论》，载《法律适用》2012 年第 11 期。

基于资产的实际转让，可有效消除分配模拟计算是否准确的争议，推进重整计划的通过和执行。

（三）降低破产重整成本

在我国，现阶段企业存续型重整的成本较高，主要包括以下三个方面，其一是保持企业必要的日常运营及管理费用；其二是重整过程中产生的费用，通常包括法院的诉讼费用、债务人财产管理、变价和分配费用、管理人报酬、公告费用等程序性及事务性服务费用；其三是在重整过程中因追回应收账款或者其他应收权益而产生的法律服务、诉讼费用。高昂的重整成本导致实践中许多困境企业重整失败，最终走上破产清算的道路。较之存续型重整，出售式重整有效地降低了破产重整的成本。该模式效率较高，耗时较短，直接降低了维系企业经营的成本，也降低了各项因重整产生的程序性及事务性的服务费用，大大提高了困境企业选择出售式成本的主动性和积极性。

（四）有效避免存续型重整或有风险

根据我国现行《企业破产法》第九十二条规定可知，债权人在重整程序中未依法申报债权的，在重整计划执行完毕后，可以按照重整计划规定的同类债权的清偿条件行使权利，向债务人要求清偿。从法理上来说，重整后的企业仍继续存续，债权人未申报的债权也并未因法定原因而消失，法律允许债权人在重整计划执行完毕后再向债务人要求清偿是完全符合法理的。但是正是这样保护债权人的规定，在实践中往往会给企业存续型重整造成不良影响，甚至使重整已经顺利完成的企业再度陷入破产危机。债权人在重整程序中申报债权或是在重整计划执行完毕后申报债权在表面上看似乎并无大的差别，但是却对债务人企业有不小的影响。债权人若在重整程序中正常申报债权，因债务人的财产和清偿能力是固定的，债务人只需在重整计划中降低相应类别全部债权的清偿比例，抑或是重整程序因不具备实施条件而直接进入破产清算，避免债务人时间和成本的浪费。但未申报债权人在重整计划执行完毕后再要求债务人清偿，意味着债务人需重新从现有生产经营的资金中抽取一部分来偿还债务，增加了债务人额外清偿债务的负担，违背了重整制度挽救债务人的根本目的。此外，有的企业在重整计划执行完毕后因企业继续存续，仍然面临行政罚款等公法债权的再次追缴，此种情形下，债务人企业不得不另外筹集资金作出额外的清偿，如若数额较大，该企业可能重整失败，再次陷入破产的危机中。

然而，出售式重整模式通过阻断潜在债权人与有效资产之间的联系，可有效避免上述存续型重整可能面临的风险。在出售式重整中，当原企业的全部或主要营业事业转让后，原债务人企业即被依法注销，原有的债权债务关系一律归于消灭，未申报债权和公法债权等均不可追诉新公司，阻断了新公司与原企业的沉重负担之间的联系，新公司不再负担余债责任，可正常经营，有效避免重整失败。

三、出售式重整的中国模式探索

出售式重整模式因其独特的“保事业不保外壳”的重整理念有效解决了存续型重整在司法实践中面临的诸多难题，在保障重整顺利完成、降低破产重整费用以及解决余债问题等方面都有重要的意义。但是，出售式重整模式在我国破产法律中并无明确系统的规定，该模式的中国适用应重点关注以下五个问题：

（一）出售式重整的适用情形

出售式重整模式为债务人企业进行重整提供了新的思路，但该模式并非所有企业摆脱困境的最佳选择，其有特定的适用情形，在实践中应当结合企业自身的资产和经营等实际情况来判断是否适宜适用出售式重整。

其一，企业应当具备必要的优质资产。出售式重整的根本理念就在于挽救企业经营的事业和与营业相关的社会资源，其存在的必要就是通过重整将无效壳资源与优质资产进行分割，以便企业的优质资产可继续正常经营并发挥其自身价值。“优质资产是债务人企业实施出售式重整的基础要件，是重整计划顺利执行终结的有力保障，更是金融机构回收不良资产价值的核心筹码”。[①] 其二，该优质资产可整体打包出售。出售式重整要求企业的优质资产整体打包出售，

① 刘佳、刘原：《出售式破产重整与不良资产处置创新》，载《上海金融》2018年第1期。

只有这样才能使企业资产获得更高的出售对价，同时便于收购资产的新公司能够迅速开展生产经营，实现经济效益的最大化。否则，把企业资产拆分转让将与存续型重整中处理财产的方式并无二致。其三，企业规模较大，资产构成复杂。只有企业的规模较大，才有必要将企业的资产整体出售，发挥出“1 +1 > 2”的资产集合效应，吸引更多的潜在投资者。如若重整企业规模较小，资产构成简单，那么分开出售与打包出售的效果没有太大的差别，也就没有必要耗费时间和金钱寻找合适的投资者。①

（二）候选投资人的选定问题

通过美、韩等国的出售式重整典型案例不难发现，其候选投资人的选定采用“跟踪马竞拍方式”，即在并购公告之前，如果出现收购方，在得到法院的批准后，选任其作为收购方（跟踪马）签订附条件的并购合同，若随后出现提示更好条件的收购方的情形下，可选择赋予预收购方按新收购方的条件收购的权利，或是新收购方支付给预收购方一定的对价，以弥补其在该收购中的花费。采用“跟踪马方式”选定投资人对于出售式重整的顺利进行有重要的意义，不仅可以确保出售，即至少可按照与预收购方协商的条件出售，而且能够确保出售程序的公正和透明，向市场披露预收购方收购目标资产的条件，便于招募更多的收购方。

我国在出售式重整中候选投资人的选定上可以借鉴适用“跟踪马的竞拍方式”，但是应当注重以下两个方面的问题。其一，选定候选投资人的过程应做到信息公开，确保有意向的投资人清楚知晓债务人企业的资产及经营等情况，只有投资人充分了解相关情况和风险才能权衡利弊作出是否收购的决定，避免因信息壁垒造成不必要的损失。其二，在新收购方出现时做好对预收购方利益的保护。在跟踪马竞拍方式中，当新收购方提示价格条件高于预收购方，则预收购方收购失败，而在此种情况下更应该注重对预收购方利益的的保护，否则将降低投资人的积极性，影响重整的正常进行。对预收购方利益的保护可通过支付前期准备费用和解除合同赔偿金的方式来实现，还可赋予其以新收购方提示条件收购的优先购买权。

---

① 徐阳光、何文慧：《出售式重整模式的司法适用问题研究——基于中美典型案例的比较分析》，载《法律适用》2017 年第 4 期。

(三) 出售式重整的资产合理估值问题

债务人企业的优质资产整体打包出售是出售式重整模式中的核心内容，而出售资产面临的一个重大难题就是企业优质资产的合理估值问题。无论企业资产的价格评估过高还是过低，都将给债务人企业和收购方造成一定的损失，故而出售式重整中设置有效机制对优质资产合理估值就显得尤为重要。

结合我国的司法实践，“山东淄博钜创纺织品有限公司破产重整案”中，淄博中院创新性地采用了出售式重整模式，公司各类资产的价值都经山东启新有限责任会计师事务所审计和山东仲泰资产评估有限责任公司评估。而温州中城建设集团重整案中，中城集团公司全部股权价值通过公开拍卖的方式取得了市场的检验，前后共经过 12 次举牌，溢价千余万元才由投资人拍得。① 实践证明，对债务人企业将出售的优质资产的价值进行合理评估对吸引投资人、维护债务人企业的利益有不容忽视的作用，也影响着企业重整能否顺利进行。所以，出售式重整在我国适用时，聘请专业的会计师事务所和资产评估机构完成资产估值是确保资产价格合理评估的不二选择，此外还可以将出售资产竞价拍卖以此来确定资产的价格。

(四) 出售式重整中“公司资产整体托管”问题

在我国《企业破产法》的大背景下，重整企业的财产和营业事务可由破产管理人管理，也可在管理人的监督下由债务人自行管理。而在出售式重整模式中，为保障营业事业的继续运行，“避免管理人因不具备相关行业经营管理经验而出现重整失误，以及债务人企业负责人因出境或失踪不愿或无法正常履职的实际情况”,② 新的投资人势必想要尽早接管重整企业的营业事业，如何让投资人在重整期间合法管理企业事务是出售式重整在我国适用时应考虑的又一问题。

针对此问题，山东淄博钜创纺织品有限公司重整案通过“公司资产整体托

---

① 徐阳光、何文慧：《出售式重整模式的司法适用问题研究——基于中美典型案例的比较分析》，载《法律适用》2017 年第 4 期。

② 刘佳、刘原：《出售式破产重整与不良资产处置创新》，载《上海金融》2018 年第 1 期。

管”方式将此问题有效解决，为我们提供了可借鉴的方案。具体而言，“第一步，由管理人接管公司管理权；第二步，管理人与战略投资人达成《托管协议》，将公司资产整体托管给战略投资人。”① 通过这样的方式，具有同类业务经营管理经验的投资人可直接管理债务人企业，保障营业事业不停工，避免不必要的损失，同时企业员工正常在岗，其工资和社会保险均由投资人承担，维护了社会利益。笔者认为，今后出售式重整在我国适用时可借鉴淄博钜创纺织品公司的经验，管理人可通过与投资人签订托管协议的方式将企业的优质资产交由投资人管理，充分发挥其专业性优势，保障企业正常运作，为重整顺利进行奠定基础。

（五）出售式重整中政府角色定位问题

美国是出售式破产重整模式适用经验较为丰富的国家，在美国出售式重整中，政府多以投资者的角色参与到重整案件中去，其扮演的是多方法律关系利益主体的一员，帮助企业尽快完成重整，实现再生。正如美国政府在典型案例克莱斯勒案和通用案中所发挥的作用，政府对债务人企业进行援助，作为投资者之一成立新公司，推动原企业重整成功。而在我国，政府并不直接参与到企业重整的过程中，其在重整过程中的角色可以定位为各方利益的协调者，通常是依仗公权力对重整企业进行帮扶。笔者认为，我国政府不应将角色定位局限于各方利益的协调者，而应当适时地借鉴美国政府的经验，在必要的情况下作为一方利益主体参与到债务人企业的出售式重整中，发挥政府更大的作用。

结　语

作为一种创新型的企业再生制度，出售式重整有效解决了传统存续型重整耗时长、效率低及成本高的一系列问题，为面临危机的企业提供了新的选择。因其独特的重整方式，出售式重整在国内外都得到了一定的适用，并获得了较

---

① 赵玉忠、张德忠：《关于企业重整过程中几个问题的思考与应对——以淄博钜创纺织品有限公司重整案为视角》，载《山东审判》2015 年第 3 期。

大的成功。但是，出售式重整模式在我国得到广泛适用还有很长的路要走，由于我国《企业破产法》未将该重整模式明确规定，导致实践中适用该模式的争议较大，影响其优势的发挥。因此，加强对出售式重整模式的理论研究，在立法层面为该模式的广泛适用提供依据是我们下一步要做的事。

反专利垄断相关市场界定研究

赵毓森*

摘　要：界定相关市场是反垄断执法的前提，是各类垄断案件调查分析的逻辑起点。传统界定方法主要有假定垄断者测试法、替代分析法和弹性分析法。这些方法适用于涉专利的反垄断案件时，受专利产品差异化、市场竞争动态性和相关费用特殊性等特征影响，存在一些不周延之处。因此，结合专利权利特性，改进界定相关市场的传统方法，综合借鉴其他测试方法，方能对涉专利的相关市场作出科学、精准的界定，从而保证反垄断法在专利市场正确实施。

关键词：专利权　反垄断　相关市场　技术市场　假定垄断者测试法

引　言

专利具有垄断性和排他性，这种垄断性和排他性，对于保护发明人的合法权益、维护正常竞争秩序、推动科技进步具有重要意义，但是专利经营者滥用知识产权，排除、限制竞争的行为，则会对正常的经济秩序造成破坏，因此我国《反垄断法》第五十五条规定了涉知识产权的垄断豁免及除外情形。由于在涉专利的反垄断案件中受专利产品差异化、市场竞争动态性和相关费用特殊性等因素影响，相关市场的界定陷入两难境地，使其成为反垄断执法与司法的“法外之地”。因此，结合专利权利的特殊性，对传统界定方法进行分析，探寻恰当的界定方法，不仅是完善知识经济时代竞争法理论自洽性的内在

* 山西大学法学院经济法专业硕士研究生，主要研究方向为市场规制法学。

需求①，更是正确实施反垄断法营造良好营商环境，推动经济高质量发展的题中之义。

一、传统方法在反专利垄断相关市场界定中的局限性

相关市场的界定是反垄断执法的基础，传统界定方法有：弹性分析法、替代分析法和假定垄断者测试法。这些方法是针对传统经济实体行业而生，在涉专利市场，由于受专利权利特殊性影响，适用时存在有“不适之症”，常陷于较为尴尬的境地。

（一）弹性分析法的局限

需求价格弹性和需求交叉价格弹性是弹性分析的两种不同方法。由于需求价格弹性分析法的计算是通过分析涉嫌垄断商品的价格与需求量之间的变动情况来判断其有无替代品，而无法得知替代品具体为何物，导致该方法在反垄断执法实践中较少使用。在其基础上发展来的需求交叉价格弹性分析法在计算时虽然涉及两种产品，但在运用该方法时仍存在着以下局限需要我们注意。首先，依专利技术生产的产品较同类型产品不论在性能、品质还是服务上都具有明显的差异性，这种差异给经营者带来了竞争优势，使其拥有一些特定偏好的消费群体，相关替代产品的替代性被削弱，价格因素对需求的影响被大大削弱了，导致需求交叉价格弹性较低。以原研药与仿制药为例，即使二者在药物成分、功效等方面相似度高达99%，价格相差近一倍，但拥有专利权的原研药仍能驱使很多消费者为其埋单，导致替代品价格弹性较低，在界定相关市场时可能会出现范围过窄的情形；其次，需求交叉价格弹性并不能精准地指出究竟需求交叉价格弹性要到达哪一点上，才可以认定两种商品属于同一市场，只能通过近似范围来推断，易导致相关市场范围界定不精准；最后，需求交叉价格弹性只能计算两种产品之间是否有替代关系，若涉嫌垄断产品疑似具有多种替代产品，在界定相关市场范围时，

---

① 邹开亮、刘佳明：《大数据产业相关市场界定的困境与出路》，载《重庆邮电大学学报（社会科学版）》2018年第5期。

则需要将每种疑似替代产品与涉嫌垄断产品一一进行计算，该方法成本较高，效率较低。

（二）替代分析法的不足

供给替代分析法是站在供给者的角度去考虑是否具有潜在竞争可以转化为现实竞争，即考察市场中存在多少原先不生产某种产品的生产者，能够在短期内不增加大量额外成本支出的情况下转向该产品的生产和销售。因此，供给替代分析法的核心就是识别潜在竞争者，并将其纳入相关市场范围之内①。但对潜在竞争者如何识别，却是一个相对复杂的问题。在界定潜在竞争者时，供给替代分析法是从有可能投入市场的竞争产品为出发点来判断经营者是否进入该相关市场，对“有可能”的把握具有较高的难度。运用该方法在界定专利产品相关市场时，由于技术迭代速度较快，经营瞬息万变，使得执法机关很难作出正确的预判。另外，技术间转产成本降低推动了跨界竞争，因此在用供给替代法分析潜在竞争者时不能仅包括传统市场中生产近似替代品的厂商，还应将具有相同或相似技术的生产商纳入考虑范围，从而加大了界定难度。

需求替代分析法则站在需求者的角度来考察不同产品间的可替代性。利用需求替代分析法在界定传统实体行业的相关市场时常将消费者对产品质量、价格、功能的需求列为重要参考指标。但专利产品相关市场竞争具有动态性，受技术渗透力、跨界竞争及专利效应的影响，拥有专利权的产品往往带来用户锁定效应，即使存在价格更低、性能更好的类似产品，用户还是会凭借之前的习惯，选择“常用”产品，进而使需求替代分析法的重要指标的参考价值被大大削弱。

（三）假定垄断者测试法的适用困境

运用假定垄断者测试法（以下简称 SSNIP 测试法）界定涉专利的相关市场时存在一些障碍：第一，专利产品基准价格难以确定。SSNIP 测试法要先确定一个基准价格，且该价格必须是充分竞争下的产物。在基准价格之上判断如果

① 时建中、王伟炜：《〈反垄断法〉中相关市场的含义及其界定》，载《重庆社会科学》2009 年第 4 期。

提价 5% ~10% 是否有利可图，但在涉专利的反垄断审查中，基准价格常依现行专利产品价格来确定，该现行价格是否为充分竞争的产物却难以求证。第二，特殊的成本结构使 SSNIP 测试法并不能完全适应专利产品相关市场界定。与传统有形商品相比专利产品的成本构成具有特殊性，其在研发环节付出了大量的固定成本，专利产品的制造、营销等可变成本所占比重相对较小。如某专利药厂研发了一种抗癌药，研发所花费用为固定成本，后生产出产品进入市场销售，唯一的边际成本是药品专利的制造、营销费用。此专利药若想获利其价格至少应包含前期固定成本加边际成本①。假设药厂以超过边际成本的价格进行销售并获利，依假定垄断者测试法的基本原理，只要产品的价格在竞争性水平（即边际成本）之上且经营者仍能获利，反垄断执法机关即可推定该经营者在相关市场具有相当强的市场势力。但权利人若将前期固定成本排除仅以边际成本为基准售价，那么就很难收回研发成本。因而，专利产品特殊的成本结构使其受产品销售价格变化影响的程度不够明显，仅依边际成本确定基准价格未能考虑到专利产品成本结构的特殊性。第三，测试时间较难把握。专利技术型企业为了保持市场竞争力，会加大技术研发投入，或通过交叉许可、回授等方式增强其市场势力，因此产品更新换代速度极快。SSNIP 测试法中“非暂时性涨价”的时间上要求会比传统市场要短，进行相关市场界定时很难准确地运用这一分析方法来确定参与者及各方的份额。

二、对传统界定方法局限性的分析

通过对传统方法在专利产品相关市场界定中局限性的展示，结合专利权利的特殊性，分析传统方法适用于专利产品相关市场界定局限性的原因，是探寻界定反专利垄断相关市场科学方法的前提。

（一）产品差异化产生用户锁定效应

专利产品的差异化源自专利技术的差异性。一项技术之所以能成为专利，

---

① 边际成本：增加一个单位的产量随即产生的成本增加量即称为边际成本，边际成本不考虑固定成本。

是因其与现存技术相比具有显著的创造性和新颖性。一旦该技术成为获得法律保护的专利，便意味着在该领域不存在替代技术或即使存在替代技术也无法与之进行抗衡竞争，这便是专利天然垄断性的由来。但值得我们注意的是专利权的垄断性不同于反垄断法中的“市场垄断性”，前者的垄断排他性仅指禁止他人未经权利人允许而使用专利技术，后者的垄断性则意味着经营者在相关市场范围内拥有势力范围。因此，拥有专利权不等于在相关市场拥有垄断地位，这一点已成为学界共识，并在相关规范性文件草案中有所体现。①

产品的差异化不仅表现为不同产业间产品的差异，更影响了同一产业内不同企业间生产的同类型产品在性能、质量、售后服务等方面的差异。本文的产品差异化即指后者，其成因大多源于专利技术的运用导致技术革新，生产出不同于产业内其他商品的产品。如在智能手机行业，起初市面上流行的智能手机仍旧保留全键盘，与传统手机并无二异，但苹果公司于 2007 年发布第一代 iphone 利用滑动、多点触控技术颠覆了传统智能手机，这种产品的差异性即源自专利技术的应用，提升了苹果公司在智能手机行业的市场竞争力，增强了苹果公司的市场势力；又如近期新研发的第五代移动通信网络（5G），相较于 4G 网络网速快数百倍，这种产品的差异性同样源自专利技术革新，各大通信公司对 5G 标准制定的争夺实质是市场势力的争夺。正是由于依专利技术生产的产品差异性显著增强了企业的市场竞争力，进而培养起具有特定消费偏好的客户，使自身产品与其他同类产品得以区分，削弱了其他产品的替代性。

经营者为追求产品差异化带来的竞争福利，纷纷将大量资金投入研发领域，使得在此环节付出的资金成为产品成本的最大比重，而支出的研发成本也即成为固定成本。这种特殊的成本结构不同于传统商品的成本结构，在传统商品成本结构中占据大量比重的是宣传、生产、营销等成本，这些支出的可变性较大，较大比重的固定成本支出使得专利产品拥有较小的价格弹性，使得运用“弹性分析法”界定相关市场时出现一些局限。

（二）市场竞争动态性打破生产消费整体稳定

所谓市场竞争动态性，是指对某一特定市场（产业）而言，创新改变了其

---

① 《关于滥用知识产权的反垄断指南（征求意见稿）》，http://fldj.mofcom.gov.cn/article/zcfb/201703/20170302539418.shtml。

生产曲线和消费曲线的整体稳定性，从而打破市场格局的相对稳定性和静止性，使该市场格局在整体上发生较大改变或整体改变，在一定时期内呈不断变动的趋势。① 专利经济因其动态性，也被称为“动态经济”。专利经济动态性主要表现为以下两个方面：首先表现为专利技术及依该技术生产产品的快速迭代。这种迭代相较工业经济时代产品迭代更具颠覆性，常表现为一家企业凭借技术优势长时间独占鳌头，然后由另外一家企业凭借技术优势“覆盖式”取而代之，从而改变相关市场格局；其次表现为经营者依专利技术获得的市场势力具有较强的渗透力。市场渗透力即经营者将自己在一个市场的势力通过某种优势方式渗透至另一市场，使其在另一市场也获得相当市场势力，如高通公司利用自己在无线标准必要专利领域的市场支配地位向移动通信设备制造商搭售芯片，从而获得在基带芯片领域的优势地位，就是凭借专利技术来进行市场渗透。

但专利市场竞争动态性并不完全适合传统的反垄断分析框架。传统反垄断分析框架建立在完全市场竞争模型②下。在完全竞争模型的设想下，要求产业整体生产曲线和消费曲线基本稳定，而要保持这两条曲线基本稳定的条件是生产技术、成本和消费水平、消费者偏好没有太大变化。传统的反垄断法分析框架即在此理论假设上建立起来，这一模型对变化较小、相对静态的工业文明时代的产品界定没有太大问题，但对变化迅猛的知识经济时代适用该模型就具有了很大的局限性。因此，反垄断法在界定相关市场时需要将动态性竞争纳入考量范围。

（三）费用特殊性增加市场进入壁垒

专利权不同于其他财产权，是一种无形资产。受其性质影响，专利产品的相关费用也存在一些特殊之处：首先，专利产品成本结构具有特殊性。相较于传统的产品制造需要大量厂房、机器设备等方面的成本，专利产品在生产时所需的制作和销售成本所占比重非常小，大量的成本用于技术研发、方法创新。另外，研发企业往往出于保密等需要，不愿意公布其投入的研发成本，更加剧

① 杨建辉：《数字经济动态性特征对现行反垄断规则的挑战》，载《竞争政策研究》2018 年第 5 期。

② 完全市场竞争模型：买方和卖方均是价格接受者、完全信息、产品同质、没有进入和退出壁垒等是达到均衡的条件。

了成本结构的特殊性；其次，专利技术实施许可费用具有特殊性。技术的许可使用方式有排他性许可、独占性许可、普通许可。不同种类的许可，对应着不同的许可费用，这些都是可以被价格量化的专利许可使用费，但除这些情形之外，还存在一些无法用价格因素量化的特殊许可方式，其许可费用无法纳入价格框架体系内。如专利技术以交叉、回授等方式进行许可时，实质是用技术换技术，许可费用无法代表真实的专利价值，因此专利许可费也具有特殊性。

上述费用的特殊性会对相关市场界定产生两点影响：第一，需求交叉弹性降低。受制于技术转换成本及用户锁定效应影响，消费者不会轻易转向其他产品作为替代产品，需求交叉弹性不会很明显；第二，市场进入壁垒的增加。专利持有人若通过交叉许可、回授许可等方式许可专利技术，无形中巩固了其在相关市场的市场势力，增加了其他经营者进入该市场的难度。

三、欧美国家在界定涉专利相关市场中的反垄断实践

美国、欧盟是较早开始关注知识产权反垄断的国家，二者在该领域拥有丰富的实践经验，对我国界定涉专利的反垄断相关市场提供了有益借鉴。

（一）美国海力士（Hynix）诉 Rambus 案

原告海力士（Hynix）公司是一家计算机存储芯片制造商，被告 Rambus 公司是被 JEDEC 专利标准制定组织认可的成员，拥有大量专利技术。原告指控 Rambus 公司利用其在专利领域的市场势力企图垄断或者试图垄断高性 DRAMs（计算机储存器）接口市场。法院在认定本案的相关市场时，引入了技术市场①的概念，将市场分为技术市场和产品市场两个市场来分别界定。只要能证明被告在一个市场构成垄断，即可认定被告行为构成垄断。法院认为在界定技术市场时需要考虑两种技术的功能相似性以及经济替代性，通过调查专利技术许可费来确定不同技术间的经济替代性，具有替代性的技术即可构成相关技术市场，即使在没有专利许可费用的情况下，只要能证明技术间的经济替代性，也可以

① 技术市场是指由被许可的知识产权（被许可技术）及其近似替代品所构成的市场，而近似替代品是指与被许可的知识产权具有足够的替代性、能够明显地限制被许可知识产权市场势力的技术或产品。

界定技术市场。Hynix 公司通过专家证人提供的证据证明了相关技术间的替代性，法院运用 SSNIP 测试法证实了上述结果，因此法院支持了原告的主张。

（二）欧盟 Germany 诉 Commission 案

欧盟在评估企业合并对竞争影响时采取了“反事实状态”的分析思路。反事实状态即假设未发生涉案的垄断行为时市场竞争会是何状态。① 通过比较垄断行为发生前后两种情况下的市场状态来评估涉案企业是否排除限制了竞争。欧盟一审法院在审理该案中也采用了反事实状态的分析思维。在该案中，法庭认为：“判断涉案行为对竞争的影响必须先假设该案协议不存在。”该案须分两种情况区别对待。首先考虑该案的协议签定后对现有和潜在竞争的影响；其次考虑若无案中协议市场竞争是何种状况。法院因此先预测了该合并未发生时对竞争的影响（即反事实状态）并以此作为分析的出发点，与合并发生后观测到的真实市场状况进行比较，以证明该合并确实对竞争和消费者造成了损害。

四、对专利产品相关市场界定方法的新思考

反观欧美的反垄断执法实践，假定垄断者测试法（即 SSNIP 测试法）是使用频率最高的测试方法。因此，我们可以结合专利权的特点，完善 SSNIP 测试法在界定相关市场时遇到的问题。

（一）产品差异化下 SSNIP 分析法的调整

在涉专利权的相关市场界定中，专利产品差异化和专利产品带来的用户锁定效应对用户需求产生了一定影响。主要表现为经营者利用差异化的专利产品对不同的消费人群提供了针对性的个性化产品和服务，形成了一批忠实的消费者群体，产生了用户锁定效应。在用户锁定效应的影响下，消费者对专利产品日渐依赖。一方面，面对新研发的专利产品，即使新产品是质优价廉的商品，但若价格、质量优势并不十分明显，消费者基于转换成本、心理、习惯等综合因素的考虑，也不会在短期内放弃习惯产品而转向新品；另一方面，即使面对

① 林平：《反事实状态与反垄断执法误差》，载《竞争政策研究》2016 年第 3 期。

习惯产品的小幅度（1 年内 5% ~10%）涨价行为，消费者对产品本身的关注也会高于对价格提升的关注。因此，在专利产品差异化和用户锁定效应下，经营者的涨价行为既不会直接导致消费者数量减少，也不会导致经营者无利可图。若经营者通过小幅涨价行为产生销售量减少，但经营者仍可获利的情况，将目标商品判定为相关市场的 SSNIP 测试法明显存在缺陷。

因此，针对专利产品差异化和用户锁定效应的特点，对传统的 SSNIP 分析法应该做出相应的改进。一方面，可以考虑适当提高经营者涨价行为的幅度范围，通过涨价幅度的提升来抵消专利产品差异化和用户锁定效应的影响，提升幅度范围应该由反垄断执法部门在对已有案件进行总结的基础上作出科学、合理的界定；另一方面，针对专利产品用户对产品质量的偏好高于价格的特点，在进行 SSNIP 分析测试时，还应结合产品的性能、使用效果、竞争者数量等因素进行综合考虑。

（二）费用特殊性下 SSNIP 测试法的完善

专利产品费用特殊性下运用 SSNIP 测试法最大的障碍就是如何确定基准价格。按照国际惯例，在并购案件中采用合并之前的价格作为基准价格；但若并购行为发生，企业已完成经营者集中时不能将滥用时的价格作为基准价格，因为已经是滥用价格，选择滥用时的价格会导致所谓的“玻璃纸谬误”① 使相关市场界定出现错误。国务院出台的《关于相关市场界定的指南》中规定的基准价格是采用竞争性价格，即边际成本。但由于专利产品固定成本较大的特殊成本结构使得在以边际成本为基准价格进行 SSNIP 测试时易造成错误。针对这个问题，欧美等发达国家和地区采用了一种“反事实状态”来进行反垄断执法。这种“反事实状态”即指假如反垄断执法中涉案行为未发生情况下市场竞争会达到的状态。我们在运用 SSNIP 测试法进行相关市场界定时，可以借鉴欧美等国“反事实状态”的分析思路。

---

① 玻璃纸谬误：如果原商品生产者本身就是垄断者，则涨价后企业无利可图并不一定意味着这些替代品对原商品构成竞争压力。因此，把这些替代品包含在相关市场范围内并不恰当，这样会夸大相关市场的范围，而低估该企业的市场势力。

（三）综合运用其他测试方法

尽管对 SSNIP 分析法进行完善后可以应用于涉专利的产品相关市场界定，但改进后的 SSNIP 测试法并不能完全适应专利产品的所有特点。因此，还需要借鉴其他方法对涉专利的产品相关市场进行界定。

1. SSNIC 分析法

即“小而显著的非临时性成本增加”，这一方法主要考察的是消费者所需支出成本的变化，这些成本包括消费者在选择专利产品时所付出的时间成本和选择成本。尽管在实践中，对时间成本和选择成本进行量化比较困难，但与专利产品差异化带来的竞争难度分析相比，SSNIC 测试法有助于提高对涉专利的相关产品市场界定的准确性和可信度。

2. 产品性能测试法

即通过产品性能的变化来确定相关产品市场的方法。产品性能的变化主要包括提高和降低两种方式，如果产品提高而导致其他用户放弃原使用产品，进而选择性能更高的产品，或者产品性能降低导致用户流失，去选择其他类似产品，那么可以将流入或流出的产品纳入相关市场范围之内。这样也能克服 SSNIP 测试法过于关注对目标产品价格变化幅度以及基准价格确定不易的弊端。

结　语

专利权是保护垄断、限制竞争之法，而《反垄断法》是保护竞争、限制垄断之法。不能因为专利的“天然垄断性”就将其作为反垄断执法的法外之地，反而专利权利应在反垄断法的框架内正确行使。但现有法律对涉专利的垄断案件规制存在着一些不周延性。作为反垄断执法与司法的核心，对相关市场界定受专利产品差异化、市场动态性及费用特殊性等特征的影响在界定方法上存在一些局限性。因此，在改进传统 SSNIP 测试法的基础上，综合借鉴 SSNIC 分析法、产品性能测试法来界定相关市场，是解决涉专利的反垄断调查中相关市场界定的最佳路径。

欧盟地理标志和商标关系研究

赵小平* 高 娟**

摘 要：地理标志与商标虽为不同的知识产权类型，但因二者权利边界模糊而存在权利冲突，对此，欧盟持优先保护地理标志的态度，以此为宗旨，欧盟设置了具体的处理规则，结合适用保护在先原则与利益平衡原则，并通过地理标志和商标两个法律制度共同配合加以规范，其协调地理标志和商标关系的做法对我国具有重要借鉴价值。

关键词：地理标志 商标 关系 欧盟

地理标志与商标均为《与贸易有关的知识产权协定》（以下简称 TRIPS 协定）所承认的知识产权类型。任何标记或标记的组合，只要能够将一家企业的货物和服务区别于其他企业的货物或服务，即能够构成商标;① 而地理标志指识别一货物来源于一成员领土或该领土内一地区或地方的标识，该货物的特定质量、声誉或其他特性主要归因于其地理来源。② 二者同为商业标记，具有标识产品来源的功能，但是也存在区别：商标表明产品的生产者、制造者来源和原产地，而地理标志表明的是产品的原产地及其与产品质量、声誉或特征的某种联系。③ 正是因为地理标志和商标既有相同之处也存在区别，即各自权力边界模糊而常常发生冲突。加之，我国地理标志保护法律存在冲突与重叠，地理

---

* 山西大学法学院副教授，主要研究方向为知识产权法。

** 山西大学法学院民商法学专业硕士研究生，主要研究方向为知识产权法。

① Article 15 of Section 2 of Part II of Agreement on Trade – Related Aspects of Intellectual Property Rights (Abbreviated as TRIPS Agreement).

② Ibid, Article 22 of Section 3 of Part III of TRIPS Agreement.

③ 王笑冰：《论地理标志的法律保护》，中国人民大学出版社 2006 年版，第 167 页。

标志和商标的冲突非常严重，如“金华火腿案”“沁州黄小米案”等。因此，我们有必要参考在地理标志保护方面具有先进经验的欧盟，以协调我国地理标志和商标的关系。

一、欧盟地理标志法律制度中二者的关系

欧盟地理标志立法将农产品和食品与葡萄酒、烈酒相区分，分别建立了不同的法律制度，各领域都对地理标志和商标的关系作出了规定。

（一）农产品和食品地理标志

在农产品和食品领域，自2012年11月21日起，《欧洲理事会2012年11月21日关于农产品和食品质量计划第1151/2012号条例》（以下简称《1151/2012号条例》）① 成为地理标志保护的基础性文件。关于地理标志和商标关系的规定与《欧洲理事会2006年3月20日关于保护农产品和食品的地理标志和原产地名称第510/2006号条例》（以下简称《510/2006号条例》）② 一致，在《1992年7月14日关于保护农产品和食品地理标志和原产地名称第2081/92号条例》（以下简称《2081/92号条例》）③ 基础上修改形成。

《1151/2012号条例》第14条规定了地理标志与在后商标和在先商标的两种权利冲突及其具体解决方法：

如果申请注册的商标在原产地名称或地理标志申请注册之后提交，且原产

---

① Council Regulation (EU) No 1151/2012 of the European Parliament and of the Council of 21 November 2012 on quality schemes for agricultural products and foodstuffs, OJ L343, 14.12.2012, p. 1.

② Council Regulation (EC) No 510/2006 of 20 March 2006 on the protection of geographical indications and designations of origin for agricultural products and foodstuffs, OJ L 93, 31.3.2006, p. 12 ~ 25.

③ Council Regulation (EEC) No 2081/92 of 14 July 1992 on the protection of geographical indications and designations of origin for agricultural products and foodstuffs OJ L 208, 24.7.1992, pp. 1 ~ 8.

地名称或地理标志已根据该条例获得注册，其使用将违反第13条第1款①地理标志禁止性权利规定并在同一产品类别上申请注册的，该商标的注册申请应予以拒绝，违反该规定注册的商标应视为无效。相较于《2081/92号条例》，该条例将商标申请在后的时间标准从原产地名称或地理标志的“公布之日”改为“注册申请提交之日”，扩大了在后申请的商标的范围，即扩大了地理标志的保护范围。

在受保护的原产地名称或地理标志申请之日前申请注册的商标，在不违反第6条第4款可能使消费者对产品的真实特征发生误认的情况下，如果该商标在欧盟境内已经被善意申请、注册或根据有关法律规定通过使用而得以确立，且违反第13条第1款的，只要该商标不具有《欧盟理事会2009年2月26日关于共同体商标第207/2009号条例》（以下简称《207/2009号商标条例》）② 或《欧洲议会和理事会2008年10月22日关于协调成员国商标立法第2008/95号指令》（以下简称《2008/95号指令》）③ 规定的无效或撤销的理由，即使原产地名称或地理标志获得了注册，该商标也可以就那些产品继续使用和更新。在这种情况下，应允许受保护的原产地名称或地理标志与相关商标使用。

条例第6条第4款则规定了在后地理标志可以和在先商标共存的例外，根据商标的声誉、知名度及其使用的时间，拟议登记为原产地名称或地理标志的名称将有可能使消费者对产品的真实身份发生误认的，不得登记。

---

① 注册名称应受到保护以防止下列行为：(a) 任何将注册名称直接或间接用于注册范围外的产品上的商业用途，只要那些产品与该名注册下的产品类似，或这种使用利用了受保护名称的声誉，包括那些产品被用作成分的时候；(b) 任何误用，模仿或暗示性的使用，即使标明了产品或服务的真实来源，或者以翻译的形式或以伴有诸如“型”“式”“方式”“如同产于”“仿”或以其他类似方式使用受保护的名称，包括那些产品被用作成分的时候；(c) 在相关产品的内外包装、广告或资料上就产品的出处、来源、性质或基本品质作其他虚假或误导性的表述，以及将产品装入可能引起对产品来源错误认识的容器；(d) 任何可能使消费者对产品的真正来源发生误认的其他做法。

受保护的原产地名称或受保护的地理标志包含在被认为是通用的产品名称中，使用该通用名称不应被视为违反第一款的 (a) 或 (b) 项。

② Council Regulation (EC) No. 207/2009 of 26 February 2009 on the Community Trade Mark (codified version) (Text with EEA relevance), OJ L78, 24. 3. 2009, pp. 1 ~ 42.

③ Directive 2008/95/EC of the European Parliament and of the Council of 22 October 2008 to Approximate the Laws of the Member States Relating to Trade Marks (Codified Version) (Text with EEA relevance), OJ L299, 8. 11. 2008, pp. 25 ~ 33.

（二）葡萄酒和烈酒地理标志

对于葡萄酒和烈酒产业，欧盟自20世纪70年代即开始颁布条例进行规范，目前葡萄酒地理标志受《欧盟理事会2013年12月17日关于建立农产品共同市场组织第1308/2013号条例》（以下简称《1308/2013号条例》）① 的保护，烈酒地理标志受《2008年1月15日欧洲理事会关于烈酒定义、说明、宣传、标签和地理标志保护第110/2008号条例》（以下简称《110/2008号条例》）② 的保护，欧盟对于酒类地理标志与商标的关系如何进行协调，以下分别进行阐述。

1. 葡萄酒

对于葡萄酒产品的地理标志保护，当前以《1308/2013号条例》为基础性文件，与农产品食品领域类似，第102条按照地理标志和商标申请的先后关系对地理标志与商标的关系做出了说明，而条例第101条第2款规定了在后地理标志可以和在先商标共存的例外情形，并将其作为拒绝地理标志保护的理由之一。

申请注册的商标，包含或由受保护的原产地名称或地理标志组成的，不符合相关产品规范或其使用属于第103条第2款③规定的地理标志的不当使用情形之一，并且申请注册的产品属于附件七第二部分所列产品类别之一的，如果商标注册申请是在保护原产地名称或地理标志的申请之日后提交的，且原产地名

---

① Council Regulation (EU) No 1308/2013 of the European Parliament and of the Council of 17 December 2013 Establishing A Common Organisation of the Markets in Agricultural Products and Repealing Council Regulations (EEC) No. 922/72, (EEC) No. 234/79, (EC) No. 1037/2001 and (EC) No. 1234/2007, OJ L347, 20. 12. 2013, p. 671.

② Council Regulation (EC) No 110/2008 of the European Parliament and of the Council of 15 January 2008 on the Definition, Description, Presentation, Labelling and the Protection of Geographical Indications of Spirit Drinks and Repealing Council Regulation (EEC) No. 1576/89, OJ L39, 13. 2. 2008, p. 16.

③ 受保护的原产地名称和受保护的地理标志，以及使用该受保护名称、符合产品规格的葡萄酒，应受到保护以防止：(a) 该受保护名称的任何直接或间接的商业用途：(i) 不符合受保护名称的产品规格的同类别产品，或者 (ii) 在此类使用中利用原产地名称或地理标志的声誉；(b) 任何误用，模仿或暗示性的使用，即使标明了产品或服务的真实来源，或者以翻译的形式或以伴有诸如“型”“式”“方式”“如同产于”“仿”或以其他类似方式使用受保护的名称；(c) 在相关产品的内外包装、广告或资料上就产品的出处、来源、性质或基本品质作其他虚假或误导性的表述，以及将产品装入可能引起对产品来源错误认识的容器；(d) 任何可能使消费者对产品的真正来源发生误认的其他做法。

称或地理标志随后受到保护，则商标注册申请应予拒绝，或者宣告无效。

在不违反第101条第2款的情况下，包含或由受保护的原产地名称或地理标志组成的商标，在原产地名称或地理标志申请注册之日前，或在1996年1月1日之前，已经善意申请、注册或如果有关法律规定了这种可能性的情况下通过使用确立，只要没有《2008/95指令》或《207/2009号商标条例》规定的商标无效或撤销理由存在，即使原产地名称或地理标志已经得到保护，也可以继续使用和更新。在这种情况下，应允许原产地或地理标志与相关商标共同使用。但是，根据商标的声誉和知名度，将申请注册的名称作为原产地名称或地理标志保护可能使消费者对葡萄酒的真实身份产生误认的，不得保护。

在葡萄酒领域，欧盟最早从《欧盟理事会2008年4月29日关于葡萄酒市场共同组织第479/2008号条例，修订第1493/1999，1782/2003，1290/2005，3/2008号条例，废除第2392/86和1493/1999号条例》（以下简称《479/2008号条例》）① 开始，《2009年5月25日第491/2009号条例，修订第1234/2007号建立共同农产品市场组织和某些农产品的具体规定条例（单一CMO法规）》（以下简称《491/2009号条例》）②、《1308/2013号条例》均对地理标志和商标的关系做出了相关规定。《1308/2013号条例》的规定是在旧条例的基础上经过逐步修改而形成的，主要变化表现在：第一，明确了地理标志和商标权利冲突中涉及的商标是指“包含或由原产地名称或地理标志组成的商标”；第二，在先商标的时间界限除“原产地名称或地理标志的注册申请提交之日”外，还有“1996年1月1日”，自1996年1月1日——第3378/94号条例生效之日起，“TRIPS协定”中规定的保护地理标志的规则就被纳入欧盟法律中，③ 为地理标志的保护提供了与TRIPS协定一致的过渡性安排；第三，在先商标的申请、注

---

① Council Regulation (EC) No 479/2008 of 29 April 2008 on the Commonorganisation of the Market in Wine, Amending Regulations (EC) No. 1493/1999, (EC) No. 1782/2003, (EC) No. 1290/2005, (EC) No. 3/2008 and repealing Regulations (EEC) No. 2392/86 and (EC) No. 1493/1999, OJ L148, 6. 6. 2008, pp. 1 ~ 61.

② Council Regulation (EC) No. 491/2009 of 25 May 2009 Amending Regulation (EC) No. 1234/2007 Establishing a Common Organisation of Agricultural Markets and on Specific Provisions for Certain Agricultural Products (Single CMO Regulation), OJ L154, 17. 6. 2009, pp. 1 ~ 56.

③ See, Case C - 4/10, Bureau national interprofessionnel du Cognac v Gust. Ranin Oy, 2011, p. 34.

册或使用必须是善意的，排除了对恶意抢注的在先商标的保护，这与 TRIPS 协定第 24 条第 5 款是一致的。《1308/2013 号条例》的前两点变化也是与《1151/2012 号条例》的区别所在，由此可见，葡萄酒领域的《1308/2013 号条例》的规定要更为严谨、详细。

2. 烈酒

烈酒地理标志目前所适用的法律为《110/2008 号条例》，该条例首次明确了地理标志与商标的关系，表明地理标志保护对于烈酒产业的重要性。具体而言，条例第 23 条对于地理标志与商标的关系区分了三种情况：第一，申请注册的商标，包含或由附件三中登记的地理标志组成，如果该商标的使用会导致第 16 条①提到的地理标志不当使用的任一情况发生，即应被拒绝或无效。第二，在适当考虑共同体法律，商标的使用属于第 16 条中提到的任一情况，而该商标在原产地名称或地理标志保护日期之前或在 1996 年 1 月 1 日之前，已善意申请、注册或如果法律规定了这种可能性，通过使用确立的，在欧盟境内，即使原产地或地理标志获得了注册，只要该商标没有与成员国商标立法或《欧盟理事会 1993 年 12 月 20 日关于欧盟商标第 40/94 号条例》（以下简称《40/94 号商标条例》）② 相近的《第一理事会 1988 年 12 月 21 日关于协调成员国商标立法 89/104 指令》（以下简称《89/104 指令》）③ 规定的商标无效或撤销理由，仍可继续使用。第三，如果根据商标的声誉和知名度以及在欧盟境内使用的时间长度，注册可能会使消费者对产品的真实身份产生误认的，则不得注册地理标志。

---

① 地理标志的保护是指在不影响第 10 条的情况下，在附件Ⅲ中登记的地理标志应受到保护以防止：(a) 任何将注册名称直接或间接用于注册范围外的产品上的商业用途，只要那些产品与该名称注册下的烈酒产品类似，或这种使用利用了受保护名称的声誉；(b) 任何误用，模仿或暗示性的使用，即使标明了产品或服务的真实来源，或者以翻译的形式或以伴有诸如“型”“式”“方式”“如同产于”“仿”或以其他类似方式使用受保护的名称，包括那些产品被用作成分的时候；(c) 在相关产品的内外包装、广告或资料上就产品的出处、来源、性质或基本品质作其他虚假或误导性的表述，以及将产品装入可能引起对产品来源错误认识的容器；(d) 任何可能使消费者对产品的真正来源发生误认的其他做法。

② Council Regulation (EC) No. 40/94 of 20 December 1993 on the Community Trade Mark, OJ L11, 14. 1. 1994, pp. 1 ~ 36.

③ First Council Directive 89/104/EEC of 21 December 1988 to Approximate the Laws of the Member States Relating to Trade Marks, OJ L40, 11. 2. 1989, pp. 1 ~ 7.

与欧盟共同农业政策范围内的农产品和食品、葡萄酒领域的规定对比，作为工业产品的烈酒，其地理标志和商标的关系的协调规定又有所不同，有四点表现：一是该规定仅适用于地理标志而不包括原产地名称；二是地理标志和在先商标、在后商标的权利冲突中，商标使用都必须构成对地理标志的不当使用，而农产品和食品与葡萄酒相关条例只要求保护在先地理标志时，在后商标的使用符合这一条件；三是与在先商标共存的在后地理标志获得注册后，在先的商标仅可以继续使用而没有“可以继续更新”的权利；四是在法律体系安排上，关于烈酒的《110/2008 号条例》将在后地理标志可以和在先商标共存的例外情形作为处理地理标志与商标关系的独立规则，而《510/2006 号条例》则将其与地理标志与通用名称、动植物品种名称和同名地理标志等知识产权权利冲突的处理规则放在同一条文中，而《1308/2013 号条例》则将其作为拒绝地理标志保护的理由之一。由此可见，《110/2008 号条例》的规定适用范围更窄、条件更为严格但是法律体系的安排也更为集中、体系化。

综上所述，酒类产品的地理标志保护法律关于地理标志和商标关系的规定更为明确、详细，具体变现在两方面。其一，所涉商标的构成：地理标志和商标权利冲突涉及的商标特指“包含或由原产地名称或地理标志组成的商标”；其二，在先商标的范围：包括“原产地名称或地理标志的注册申请提交之日前”申请注册的商标，以及“1996 年 1 月 1 日（TRIPS 协定适用于成员国）前”申请注册的商标，这些都体现了欧盟对于酒类产品地理标志的特别保护。

但是，地理标志保护法律制度协调地理标志和商标的关系也有共同的基本要求：首先，权利冲突所涉及的商标必须是与地理标志有联系的，或者是与地理标志注册范围内的产品类别相同，或者是商标标志本身包含或由地理标志组成；申言之，权利冲突是由权利边界不清晰造成的，[①] 只有两者存在交叉才能够产生冲突。其次，商标的使用构成对地理标志的不正当使用，可能使消费者对产品的真实来源发生误认，这是对权利冲突的结果要求，只有权利冲突产生负面影响才需要法律进行规范。最后，无论地理标志的注册申请先于或者后于商标，要求地理标志随后受到了保护，即注册申请获得了批准。“权利冲突应该

① 谭华霖：《知识产权权利冲突之命题解构》，载《知识产权》2012 年第 7 期。

是指合法性、正当性权利之间发生的冲突”①，这一要求则符合权利冲突的“合法性”要求。

二、欧盟商标法律制度中二者的关系

与此同时，欧盟商标条例也对此作出了相应规定，以与各领域地理标志保护条例相配套，共同调整欧盟地理标志和商标的关系。

与1993年《40/94号商标条例》、2009年《207/2009号商标条例》相比，欧盟最新的商标条例——《欧洲议会和理事会2017年6月14日关于欧盟商标的2017/1001号条例》（以下简称《2017/1001号商标条例》）②将在先的地理标志权利作为一项单独的相对异议理由与相对无效理由，进行了特别规定，强调了地理标志保护的优先性和重要性。《2017/1001号商标条例》第8条第6款规定，经任何相关法律授权行使原产地名称或地理标志派生权利的人异议，根据保护原产地名称或地理标志的欧盟立法或成员国法律，只要原产地名称或地理标志在欧盟商标申请注册之日或申请的优先权日期之前已经申请注册，商标随后注册的，或者在某种程度上原产地名称或地理标志授权禁止使用后续商标的，商标的注册申请应予拒绝。第60条第1款第4项规定，如果第8条第6款所述的在先原产地名称或地理标志满足第8条第6款规定的条件，欧盟商标应在向主管部门提出申请时或在商标侵权诉讼的反诉中宣告无效。

《2017/1001号商标条例》虽与各领域地理标志保护条例对在先地理标志和在后商标的规定基本一致，但是因欧盟商标条例结合商标特性、从商标保护的角度出发而有所区别：第一，没有对在后地理标志与在先商标之间的关系规定；第二，原产地名称或地理标志商标在先的时间标准不仅指欧盟商标的注册申请提交之日，而且包括商标申请的优先权日，同时实行“申请在先原则”和“优先权原则”；第三，法律优先保护地理标志的情形除“申请在先”外，还有原产地名称或地理

① 刘作翔：《权利冲突的几个理论问题》，载《中国法学》2002年第2期，转引自：李阁霞：《知识产权权利冲突探析》，载《法学杂志》2008年第1期。

② Regulation (EU) 2017/1001 of The European Parliament and of the Council of 14 June 2017 on the European Union Trade Mark, OJ L154/1, 16.6.2017, pp. 1 ~ 99.

标志授权禁止使用在后商标的情形，但是地理标志保护的相关条例中并没有相应规定；第四，商标条例没有对二者权利冲突所涉及的商标进行限定。

三、欧盟地理标志和商标关系评析

由欧盟地理标志和商标法律制度中的规定可以归纳出，欧盟处理地理标志和商标关系遵循两个基本规则：

第一，在先的原产地名称或地理标志优先于在后的商标。原产地名称或地理标志先于商标申请注册的（按照欧盟商标条例，先于商标申请注册之日或优先权日），在后提出的商标注册申请应予拒绝；如果该申请违反该规定注册的，应当宣告无效。同时在后的商标使用要构成对地理标志的不正当使用，可能使消费者对产品的真实来源发生误认。例如“干邑烈酒（Cognac）案”，2003 年 1 月，芬兰公司 Gust Ranin Oy 就第 33 类中“干邑白兰地和含有干邑白兰地的烈酒”申请注册两个图形商标，该商标包含英文和芬兰文中的“Cognac”字样，法国干邑联合产业办公室就 Gust Ranin Oy 公司两个商标的注册提出了反对，欧洲法院认为使用“Cognac”一词会使相关消费者由于该标志之间的语音和视觉相似性而认为产品受到地理标志的保护，因此，芬兰当局必须使争议的商标注册无效。① 类似的案例还有“帕加诺奶酪（Grana Padano）案”。②

第二，在后的原产地名称或地理标志可以与在后的商标共存，导致消费者混淆的在后地理标志例外。商标的申请、注册或通过使用确立的权利先于原产地名称或地理标志或者早于 1996 年 1 月 1 日，并且该商标的申请、注册或使用是善意的，那么，只要该商标不具有成员国或欧盟商标立法中规定的撤销或无效理由，即可与在后的获得注册的地理标志并存。但是，根据商标已形成的声誉、知名度或已使用的时间长度，地理标志的注册会导致消费者对产品混淆的，地理标志不得注册。在“巴伐利亚啤酒（Bayerisches Bier）案”中，荷兰 Bavaria NV 和 Bavaria Italia Srl 啤酒公司使用“Bavaria”一词的商标注册先于“巴

① See Case C－4/10, Bureau National Interprofessionnel du Cognac v. Gust Ranin Oy, 2011.

② See Case T－291/03, Consorzio per la tutela del formaggio Grana Padano v. Office for Harmonisation in the Internal Market (Trade Marks and Designs) (OHIM), 2007.

伐利亚啤酒”地理标志，因此，在巴伐利亚啤酒酿酒协会提出撤销争议商标或者进行无效宣告时，欧洲法院就适用了并存原则，允许争议商标和“巴伐利亚啤酒”地理标志继续使用。

（一）对欧盟地理标志和商标关系的评析

根据以上总结，笔者认为欧盟对地理标志和商标关系的处理规则具有以下特点：

1. 保护地理标志为基本原则，兼顾商标权利

分析上述规则可知，当地理标志和商标发生冲突时，欧盟不允许在后商标与在先地理标志共存，却允许在后地理标志与在先商标共存，在一定程度上赋予了地理标志优先于商标的法律地位，[①] 同时规定了在后地理标志与在先商标共存的例外情形，形成了“保护地理标志为基本原则，兼顾商标利益”的地理标志和商标权利冲突的处理原则，与 TRIPS 协定优先保护地理标志的精神一致。[②]

2. 保护在先权利与利益平衡相结合

对于地理标志和商标的冲突，一些国际组织提出了“时间在先，权利在先”的处理原则，上述第 1 条规则也遵循了“保护在先”的知识产权权利冲突解决原则，即包含或由地理标志组成的、并且与地理标志申请注册的产品为同一类别的商标与地理标志产生冲突时，以申请时间作为判断标准，优先保护申请在先的权利。这一原则是避免地理标志和商标冲突最直接的方法，在欧盟地理标志相关条例和欧盟商标条例中皆有体现。“保护在先”原则保证了法律保护权利的权威性与效益性，尽管效益不是法所追求的价值目标，[③] 但是法“应当以效益作为权利和义务的分配标准”[④]。第 2 条规则在商标权利在先的情况下，并没有直接否定在后的地理标志权利，而是允许在后申请注册的地理标志

---

① 王笑冰：《地理标志法律保护新论——以中欧比较为视角》，中国政法大学出版 2013 年版，第 144 页。

② See，Article 22（3）、23（2）and 24（5）of TRIPS.

③ 冯晓青、张泽吾：《知识产权权利冲突解决方式之反思》，载《上海市政法管理干部学院学报》2002 年第 4 期。

④ 张文显：《当代西方法哲学》，吉林大学出版社 1987 年版，第 242 页。

与在先商标共存。在此情形中，优先保护地理标志的处理符合欧盟利用地理标志实施共同农业政策与发展农业经济的根本国情，通过权利共存机制来解决二者的权利冲突所考虑的是如何实现在先权利与社会利益的双赢，遵从社会效益的最大化，同时通过例外规定适当地平衡了地理标志和商标之间的利益，是知识产权领域的权利优位法律结构向社会优位转变的表现。

3. 地理标志与商标法律制度相配套

欧盟采用的是地理标志的专门法保护模式，不论是对酒类地理标志还是农产品和食品地理标志，均给予了严密周详的保护，专门的地理标志法律制度为地理标志提供了更有力的保护，因此，欧盟对于地理标志和商标关系的协调也必然是以地理标志法律制度为主的。如上所述，欧盟地理标志法律制度区分具体情况对二者的关系规定了详细的处理规则。但是，权利冲突涉及的是两种权利利益，因此，不仅需要地理标志法律制度的规范，也需要商标法律制度的配合，只有商标法律制度承接、遵循地理标志法律制度中协调地理标志和商标关系的具体规则，这些法律规则才能真正发挥作用。总之，只有两种法律制度双管齐下，才能更好地平衡地理标志与商标所代表的利益。而从上述介绍来看，欧盟商标条例与地理标志相关条例的规定并不完全一致，在后地理标志和在先商标共存的情形，以及商标条例中原产地名称或地理标志授权禁止使用在后商标的情形，地理标志相关条例中也没有相应规定，这些不一致的地方不利于具体规则的衔接与地理标志和商标关系的协调。

(二) 对我国的启示

借鉴欧盟经验，笔者认为，对我国地理标志和商标关系的协调保护有以下启示：

1. 赋予地理标志优先于商标的法律地位，同时注意商标利益的平衡

我国同欧盟一样，都拥有着丰富地理标志资源，根据统计，我国地理标志产品相关产值已经超过一万亿元;① 另外，我国是农业大国，“三农”问题及与此相关的脱贫问题一直深受我国政府的重视，而地理标志主要适用于农产品，

---

① 地理标志产品服务中心:《两会热议:国家地理标志产品，保护知识产权离不开它!》，https://mp.weixin.qq.com/s/N6PqOQOl2L-Gcs1PfgHL6w。

且具有促进区域特色经济发展，助力精准脱贫的作用。因此，我国也应当重视地理标志的保护，在地理标志和商标的权利冲突中，赋予地理标志优先于商标的法律地位，同时也要注意对商标利益的平衡。这不仅是我国农业经济发展的内在需求，同时也是 TRIPS 协定的要求，我国作为 TRIPS 协定的成员国，也应当与 TRIPS 协定优先保护地理标志的精神保持一致。

2. 选择地理标志专门法保护模式并完善相关立法①

目前，我国的地理标志保护法律制度为商标法和专门法并存的“混合模式”。现行的法律法规中，只有《商标法》第十六条和《集体商标、证明商标注册和管理办法》第十二条对地理标志和商标的关系做出了规定，《地理标志产品保护规定》和《农产品地理标志保护管理办法》等地理标志法规中并没有相关内容。但是，《商标法》对地理标志的保护因地理标志和商标存在根本性区别而存在许多适用上的问题，最主要的如商标法对地理标志的规定“门槛低”，不能严格保护地理标志的关联性要素；而《地理标志产品保护规定》和《农产品地理标志保护管理办法》的法律位阶要低于《商标法》，对地理标志的保护效果并不理想。因此，我国有必要在《地理标志产品保护规定》和《农产品地理标志保护管理办法》等原有规定的基础上出台《地理标志法》，并逐步修改或制定新的配套法规，以《地理标志法》为核心构建系统的立法体系。在该专门法及相关配套立法中对地理标志和商标的关系做出妥善安排，具体规则可以借鉴欧盟的做法。

3. 商标法为辅，在商标法中明确对地理标志的保护

实践中，地理标志与商标的权利冲突是最主要的，如何解决地理标志与商标之间的冲突是保护地理标志的一个首要问题。这不仅需要地理标志专门保护法作出规定，也需要《商标法》的辅助与配合。我国《商标法》应借鉴欧盟商标条例加以完善：其一，异议制度为合法权利的维护提供了保障，因此，我国应在商标异议理由中单独对在先地理标志的权利保护作出规定，以明确对地理标志保护的重要性与优先性；其二，我国《商标法》第十六条与《集体商标、证明商标注册和管理办法》第十二条的规定，仍将“误导公众”作为包含地理

① 赵小平、苗荣：《农业现代化视角的欧盟地理标志法律保护研究》，载《山西大学学报（哲学社会科学版）》2011 年第 4 期。

标志的商标与葡萄酒、烈酒地理标志冲突时优先保护地理标志的条件，低于TRIPS协定对葡萄酒、烈酒地理标志的保护水平。借鉴欧盟经验，我国应对此作出修改，给予葡萄酒、烈酒地理标志以TRIPS协定所要求的保护，并逐渐将此项保护扩大至其他农产品、食品。

试论我国产业结构调整政策与法律的协调

董玉明[*]　刘丽娜[**]

摘　要： 改革开放以来，我国产业发展一直依靠于政府出台的产业政策，缺乏高阶位法律的规范，存在涉及范围过宽、部分产业政策失效等问题。新常态下完成产业结构调整新目标，不能再仅仅依靠产业政策，更需要加强产业政策和法律的协调。有必要对政府产业调控行为进行法律规制，完善竞争法等相关法律制度，进而保障产业政策的有效实施。

关键词： 产业结构调整　产业政策　法律规制

改革开放以来，产业结构调整一直是我国经济发展经久不衰的话题，不同时期有不同的调整目标。政府作为宏观调控的主体，在产业结构调整过程中扮演着举足轻重的角色，政府调整产业结构的基本内容包括对产业发展的禁止（淘汰）、限制、支持或鼓励。其基本形态为各类产业政策的制定和实施，多数以“通知”“意见”“产业指导目录”“负面清单”等规范性文件形式出现。随着法治化进程的加快，很多学者提出通过法律手段促进产业结构调整，希望将产业政策法律化。经济新常态下，调整产业结构成为我国转变经济发展方式的战略重点，如何完善相关法律制度、处理产业政策与法律的协调问题，促进我国产业结构调整，成为经济法研究的新课题。

一、我国产业政策的演变

改革开放以来，产业政策一直是政府实施产业调控的主要手段。从产业政

* 山西大学法学院教授，主要研究方向为宏观调控法。
** 山西大学法学院经济法学专业硕士研究生，主要研究方向为宏观调控法。

策的功能上看，可以分为两种，一种是选择性产业政策，其政策功能是主动扶持战略产业和新兴产业，缩短产业结构的演进过程，以实现经济赶超目标。①另一种是功能性产业政策，其政策功能主要是政府通过加强各种基础设施建设并通过对公共产品、外部性信息不对称的规制，克服“市场失灵”，实现公平有序的市场竞争秩序。

（一）产业政策使用初期：1978～1993年

1978年，党的十一届三中全会之后，我国实施改革开放，按照国际上产业发展通行的一、二、三次产业发展标准，工业不再是衡量经济发展水平的唯一指标。这一时期，我国施行计划商品经济体制，并没有明确确立市场经济在我国的适用。但是，受国内需求和国外市场经济的冲击，以及受日本等国家用产业政策引导产业发展的影响，我国政府也开始使用选择性产业政策调整产业结构。例如，1978年中共中央《关于加快轻工业发展若干问题的决定》指出，要对轻工业加以支持，并提出对该行业实施“六个优先”的倾斜政策。1989年国务院出台的《国务院关于当前产业政策要点的决定》同样也明确指出了重点支持的产业类型。

（二）产业政策加速发展期：20世纪末～2010年前后

1993年我国确立了市场经济体制，很多产业都引入竞争机制，市场在资源配置中起基础性作用。理论上政府应当作为一只“看得见的手”，弥补市场失灵，为产业发展提供基础设施等公共产品。但在我国，“强政府”的传统观念很难被颠覆，政府仍然在产业结构调整中占主导地位，不同的是，出现了新的调控手段，即功能性产业政策。

1. 选择性产业政策仍占主导地位

这一时期政府制定的产业政策都是短期发展规划及计划，较多地使用了选择性产业政策。例如，2008年全球金融危机爆发之后，国务院用短短三个月的时间出台十大产业振兴规划，涉及钢铁、汽车、石化、船舶、轻工业、纺织业、装备制造业、有色金属产业、电子信息产业、物流产业，财政部、央行也为这

---

① 江飞涛、李晓萍：《直接干预市场与限制竞争：中国产业政策的取向与根本缺陷》，载《中国工业经济》2019年第9期。

些产业提供了财税、金融支持。这一时期我国产业结构趋向多元化，选择性产业政策无疑是短期内加快特定产业发展的最好选择。

2. 功能性产业政策逐渐增多

市场经济的繁荣必然导致“市场失灵”，功能性产业政策应运而生。功能性产业政策的出现不仅可以加快基础设施的建设，还可以为产业发展提供制度保障。这个时期的功能性产业政策主要包括两类，一类是建立交通、电网、水利等基础设施，国务院的政策文件中有18个都是对各省市机场建立的批复，还有一些是对组建国家水利、电力、能源等国有企业的批复，仅2009年就涉及10个基建集团的组建；另一类是针对产业市场竞争秩序混乱的整顿和规范。例如，2001年国务院办公厅发布的《关于进一步整顿和规范建筑市场秩序的通知》就是通过完善审查监督制度来整顿和规范建筑市场的秩序，惩治违法违规行为。2004年、2006年、2007年国务院都出台了开展整顿和规范市场经济秩序督查工作的相关文件。

3. 表现形式上出现了经济法规

21世纪初期，为了保障产业政策在实践中能够很好地实施，产业政策开始以效力层级较低的行政法规和规章的形式体现。例如，2005年国务院发布了第一个以产业结构调整为内容的行政法规，即《促进产业结构调整暂行规定》，该法规规定了产业结构调整的主要目标、基本原则、调整的方向和目标，在基本原则中指明产业结构调整要坚持市场调节和政府引导相结合的原则，充分发挥市场配置资源的基础性作用，加强国家产业政策的合理引导，实现资源优化配置。该法规最突出的地方是要求出台《产业结构调整指导目录》，并规定产业结构调整指导目录应由鼓励类、限制类和淘汰类三类构成。同年12月，国家发改委出台了部门规章《产业结构调整指导目录》，该目录中详细规定了我国当时需要鼓励、限制和禁止的具体产业，具有很强的行政指导特点。在此之后，《产业结构调整指导目录》成为我国中央和地方调整产业结构指导产业投资方向的重要形式之一。

（三）产业政策改革时期：2010年至今

2010年后，大批科研成果和新兴技术涌现，战略性新兴产业蓬勃发展，特别是2014年习总书记提出我国经济进入“新常态”后，“降速度、调结构”成为经济发展的新目标，在产业发展方面，更加注重技术发展、质量监管等在产业转型升级中的作用。因此，出现了大量的功能性产业政策，而选择性产业政策相对减少。

1. 功能性产业政策趋向于制度建设

2010年之前，政府一直致力于交通、水电、医疗等基础设施的建设，进入经济新常态后，我国基础设施欠缺的不是物质性建设，而是需要在与之相应的制度层面进行完善。因此，2010年后，政府出台了大量的功能性产业政策来完善制度环境。例如，2012年至2014年，国家发改委连续三年出台了《深化经济体制改革重点工作意见的通知》，提到对金融、投资、关系民生的各项制度的改革；在市场监管体制改革方面，2013年国务院先后出台《关于地方改革完善食品药品监督管理体制的指导意见》和《关于加强农产品质量安全监管工作的通知》，在文件中都提到完善监管队伍的建设，明确监管责任的分配。

2. 选择性产业政策注重经济手段的使用

这一时期，选择性产业政策更加注重对财政、金融等经济手段的运用，针对鼓励的产业提供优惠政策，对需要淘汰和限制的产业则加重税收负担，进而达到产业结构优化的目的。笔者认为，政府以《产业结构调整指导目录》为依据，主动引导产业发展，其本质上还是选择性产业政策。其有两种表现形式，一种是直接出台经济政策指明作用的产业。例如，2014年国务院出台的《关于创新重点领域投融资机制鼓励社会投资的指导意见》，就是在改善投融资方式，鼓励社会资本参与到重点产业的发展中；另一种是在针对具体产业发展的选择性产业政策中指明产业的发展需要财政、金融政策的支持，2014年国务院《关于加快发展生产性服务业促进产业结构调整升级的指导意见》中就提到要加强税收、金融支持。

3. 经济法规与规章逐渐增多

这一时期的产业政策除一些“复函”外，绝大部分是以经济法规或规章形式出现的。在北大法宝查找有关产业结构调整的法律法规，笔者仅以“产业结构调整”“新兴产业”“淘汰落后产能”“一二三产业融合”作为关键词，就查找到2010年之后，共出台8个行政法规、193个地方性法规，还有很多部门规章和地方政府规章。在行政法规方面，国务院2012年出台的《国务院关于印发“十二五”国家战略性新兴产业发展规划的通知》、2014年出台的《国务院关于加快发展生产性服务业促进产业结构调整升级的指导意见》均以行政法规的形式出现；在部门规章方面，2011 年、2013 年、2019 年对国家发改委出台的《产业结构调整指导目录（2005 年本）》进行了三次修订，现有《产业结构调整指导目录（2019 年本，征求意见稿）》中更加注重鼓励先进制造业、现代性服务业的发展。这一时期虽然有了很多新的法规、规章，但是，除在产业组织法方面有《中小企业促进法》等法外，还没有统一的产业结构调整法出现。

二、产业结构调整中政策和法律存在的问题及原因分析

从前文的梳理中可以看出，我国产业结构调整的主要手段是产业政策。产业政策经历了由选择性产业政策主导到选择性和功能性产业政策共同发展的转变，效力层级上，从最初效力较低的规范性文件向法规、规章形式的转变，但是，仍然没有出台与产业结构相关的基本法律。结合实践中各产业发展状况，长期以来产业政策的使用出现了很多问题。

（一）产业结构调整中政策和法律存在的问题

1. 产业政策涉及范围过宽且繁杂

产业政策数量繁多，涉及范围过宽。我国由计划经济体制到计划商品经济体制，再到社会主义市场经济体制过渡中，制定的产业政策不计其数，从农业、工业到服务业，再到新兴产业、高端制造业，产业政策几乎涉及了每一个产业的发展问题，或禁止（淘汰），或限制，或支持，或鼓励，调控范围越来越宽，变异性特质明显。内容上非常繁杂，有针对产业发展、技术发展、财政、税收、金融手段等的产业政策，更有用于加强质量安全、维护市场秩序的产业政策，虽然少部分产业政策已经形成一个完整的体系，但是，碎片式的扶持政策比比皆是，遍布在各个部门、各个行业，根本无法推动一个产业的健康发展。

2. 部分产业结构调整政策实施效果不佳

多而繁杂的产业政策往往会达不到预期的实施效果。产业政策以规范性文件的形式出现，没有相应的评估问责等配套机制，因此，实施起来可操作性、强制性差，很容易出现政策失效的问题。太阳能光伏产业就是典型的例子，从几年前的轰轰烈烈、遍地开花，到如今的全行业普遍亏损，一半企业停产，领

头企业破产重整,[①] 十年间经历了波峰与波谷的大起大落,中央与地方政府针对该产业采取了很多扶持政策措施,但现实和理想永远存在差距。

3. 缺乏基本法律的调节

产业结构调整是否需要法律支持,产业政策是否需要法律化,一直以来都是学界争论的焦点,很多学者曾提出要将产业政策法律化,增强其强制力,才能达到预期实施效果,在笔者看来,产业结构调整无须将所有的政策法律化,行政法规、规章的制定和实施一定程度上可以满足产业结构调整的法律需求,但不能缺少基本的法律规范。但是,到目前为止,全国人大及其常委会还未出台过一部产业结构调整的基本法律,同时,还缺乏规范政府产业调控行为的法律制度。政府参与产业结构调整过分地依赖政策,很容易产生弊端,严格意义上讲,政策只是一种软法,行政法规和规章不具有法律所具有的国家强制性等特征,效力也没有法律高。虽然产业政策的灵活性与产业结构调整的阶段性相吻合,但法律在产业结构调整的过程中也是必不可少的,特别是需要建立规制政府产业调控行为的法律制度。

(二)对问题的原因分析

1. 政府和市场的角色错位

在产业结构调整中存在以上问题,最根本的原因是政府与市场在产业结构调整中的角色发生了错位,政府一直以“主人翁”身份自居,没有处理好和市场的关系,出台产业政策时具有强烈的直接干预市场的特征,违背了经济法中适度干预的原则。适度干预原则,又指调制适度原则,是指政府调制经济的范围和目的要合理,调制行为必须符合客观实际,兼顾调制的需要及可能,保障各类主体的基本权利。[②] 在产业结构调整这一问题上,政府没有完全尊重市场的决定性作用,利用选择性产业政策过度干预产业的发展,替代市场选择和扶持具体产业,甚至是产业内的特定技术、产品、工艺,[③] 这种现象就是“政府

---

① 李妍:《光伏教父退位:地方政府过猛助推绑架企业和企业家》,载《中国经济周刊》2013 年 3 月 26 日。

② 张守文:《经济法学》,高等教育出版社 2016 年版,第 73 页。

③ 江飞涛、李晓萍:《当前中国产业政策转型的基本逻辑》,载《南京大学学报(哲学·人文科学·社会科学)》2015 年第 3 期。

失灵”的外在表现。

2. 未真正厘清政策和法律的关系

法律是统治阶级意志上升到一定阶段的产物，是由国家制定和认可并由国家强制力保障实施的社会规范。政策是国家、政党为实现一定历史时期的政治、经济、文化等任务和目标而确立的行动准则、措施和方针。[①] 政策和法律的关系不是相互独立的，两者存在交叉关系，在调整社会关系的过程中相辅相成、互联耦合。一方面，政策是法律产生的前提基础，特别是在经济法中，不少经济法规范是政策经过多年的试用上升为法律的；另一方面，在依法治国大背景下，法律是制定政策的依据，一切产业政策的出台均要“于法有据”，政府等有关部门在制定产业政策时不能超过法律允许的范围。实践中，产业政策失效的一部分原因是其制定和实施缺乏基本法的指引，而基本法的缺位是由于未厘清并协调好政策和法律在产业结构调整中的关系，在缺乏对政府产业调控行为的法律规制情况下，政府仍大量出台产业政策，同时，并没有完善的相关法律制度来保障产业政策的实施和有效退出。因此，厘清产业政策和法律的内在关系，是政府调整产业结构的第一步。

三、产业政策和法律共同调控产业结构

目前我国产业结构调整的重心为第一、二、三产业之间和各产业内部的结构协调，以及各区域之间产业的平衡发展。面对新常态产业结构调整提出的新要求，笔者认为，政府应该在充分尊重市场竞争机制的基础上，取长补短，协调好产业政策和法律的关系，以产业政策为主，完善相关法律制度，为产业政策的制定和实施提供制度保障。

（一）产业政策为主，规范政府产业调控行为

产业结构调整的阶段性特征明显，大部分产业的发展不适合出台相关法律。新时期，各种类型的新兴产业、高端制造业、生产性服务业都需要发展，产业

---

① 宋辉、张晓燕：《浅谈经济法律与经济政策的关系》，载《现代经济信息》2017年第6期。

政策仍然要作为这些产业发展的主要调控手段。产业政策的制定和实施离不开政府行为，对其进行规范的关键在于法律对政府的授权和控权，① 通过经济立法，规制政府的产业调控行为，完善产业政策的制定、实施、监督机制，防止出现“政府失灵”现象。

一是加强产业政策制定的民主性。产业政策最终的适用对象是市场中的各个企业，因此，产业政策的制定主体不能仅仅局限于政府各部门，应该实行主体多元化，引导地方协会、企业、学者共同参与到产业政策的制定活动中来，同时，在制定程序上，要加强事前监督，对于影响力比较广泛的政策文件，在发布前向社会征求意见，以增强产业政策的民主性和科学性。

二是要建立产业政策实施的适时调整和退出机制，把握产业生命周期和发展变化，适时对产业政策进行调整，择机退出。例如，鼓励发展新兴产业的政策要根据产业规模相继退出，衰退型产业政策要根据产业效益恢复、就业状况等退出。全面清理现行各类产业政策，对不符合要求的，坚决进行废止或修改。对保留和修改后继续实行的产业政策，要及时对外公布。②

三是建立完善产业政策的评估和问责机制。对产业政策的评估包括事前和事后评估，前者是指制定前的评估，目的是审查政策出台的必要性，后者是实施过程中的评估，评估结果作为政策是否继续实施的依据。产业政策实施效果不佳一个原因是缺乏产业政策的评估机制，另一个原因就是缺乏问责机制，没有责任约束就会导致权力滥用，实践中只有发生严重的社会后果时，才对制定、执行部门追究责任。完善这两项制度时，可以将政策的实施效果作为相关部门考核的依据。

（二）促进长期性产业政策法律化，完善配套法律制度

法律本身所具有的强制性和普遍性就决定了它的稳定性，社会主体可以根据法律规则对自己的行为作出正确安排。产业结构调整需要法律规范调整，产业政策也需要法律制度保障实施。

第一，对于重要的、需要长期发展的产业问题应及时制定相应的法律，以

---

① 窦春辉：《论经济法在产业结构调整中的功能》，载《行政与法》2013 年第 5 期。

② 王云平：《我国产业政策实践回顾：差异化表现与阶段性特征》，载《改革》2017 年第 2 期。

法律的权威性和稳定性确保产业政策的落实和稳定。虽然“将产业政策内容全部法律化”的观点可操作性差，不符合客观发展实际，但是，也有一部分产业需要制定法律。例如，制造产业一直以来都是我国产业调控的主要对象，近几年很多发达国家也重新开始重视制造业的发展，可见它对一国经济的发展至关重要，故可以针对制造产业制定相关的基本法。效力层级高的法律能够保障产业的稳定发展，在2005年国务院《促进产业结构调整暂行规定》的基础上，全国人大常委会应考虑出台《促进产业结构调整法》，总结改革开放以来产业结构调整政策实施的经验教训，把一些稳定的、长期有效的产业政策固定下来，以便为产业结构调整政策的有效制定和实施提供基本法律保障。

第二，完善产业结构调整的配套法律制度。首先，完善竞争法律制度，尊重市场的决定性作用，产业政策本就与竞争法存在冲突，特别是《反垄断法》中关于行政垄断行为的认定，实践中政府通过产业政策限制竞争的行为并不仅仅限于现有《反垄断法》中列举的几种行为，因此，凡是为市场竞争带来较为严重损害的政府公权力行为，特别是政府的产业调控活动，都有利用《反垄断法》的基本原则、精神和制度予以审视的必要。[①] 其次，完善财政、税收、金融等法律制度，近几年，政府以政策的形式频繁使用这三类经济手段，但是，政策的制定需要法律制度的指引，近期税法法律制度的完善说明我国已经认识到完善这三类经济法律制度的重要性，接下来，将要注意金融监管、金融安全等方面法律制度的完善。总之，要协调好产业政策和法律的关系，减少矛盾，完善各项法律制度，为产业发展提供良好的市场竞争环境。

（三）协调产业政策和法律，共同调整产业结构

经济新常态背景下的产业结构调整需要产业政策和法律的有序配合，一方面，立法部门根据党中央有关新常态下“降速度、调结构、大众创业创新、社会和谐稳定”的政策走向，出台法律法规；另一方面，国家和地方政府在法律的范围内，制定产业政策响应中央提出的新目标，同时，注意中央政府和地方政府之间、各地方政府之间政策、法律内容上的协调，以免产生矛盾，影响实

① 刘桂清：《产业政策失效法律治理的优先路径——“产业政策内容法律化”路径的反思》，载《法商研究》2015年第2期。

施效果，特别是区域间产业结构调整的问题，我国目前比较重视区域间平衡发展，建立了很多城市经济圈，要实现经济圈内各省市产业的协调发展，先要建立健全区域整体产业政策制定和实施的法律制度，建立法律协调机构，处理好产业政策在区域内的统一性和差异性。

结　语

改革开放以来，我国产业结构调整使用的手段主要是政府出台的产业政策，政府行使调控权引领产业走向时，存在产业政策调节过度问题，导致部分产业政策实施效果和理想目标相差甚远。因此，“强政府”观念已不再符合社会发展的实际，经济新常态下，产业结构调整中产业政策和法律都必不可少，首先，要肯定产业政策在此过程中的主要作用，增加使用功能性产业政策，完善配套机制，为政府产业调控行为套上法律的“枷锁”，对政府出台和执行产业政策进行法律规制；其次，要尽快出台《促进产业结构调整法》，完善竞争、财税、金融等相关法律制度，为产业政策的制定和实施提供法律依据和法律保障；最后，协调好两者在产业结构调整中的关系，促进经济新常态下产业结构调整目标的实现。

共享民宿业法律规制的思考

李　冰[*]　梁雅瑞[**]

摘　要：近年来，共享民宿已成为共享经济的新亮点，出于经济和社会因素考量，各地政府普遍将其纳入旅馆业进行规制，并制定了相关共享民宿管理办法，但由于存在缺乏规制共享民宿业的高位阶立法、难以将现行规定直接套用于共享民宿业等问题，因此，需要尽快出台国家层面的法律法规，同时加强监管和行业自律，促使共享民宿行业健康稳定地发展。

关键词：共享经济　共享民宿　法律规制

共享民宿自2010年在国内兴起后，凭借其有效利用闲置房源，降低房屋空置率，使房屋产生多样化增值等特点，使其得到快速发展。但是由于共享民宿属于新兴行业，在实践中出现了一些诸如侵犯隐私、威胁人身安全、噪声扰民等问题，这也折射出共享民宿业法律规制等方面存在的一些欠缺和不足，解决好共享民宿业法律规制问题，有利于促使共享民宿行业健康稳定地发展。

一、共享民宿业的发展及特点

（一）发展及现状

一般来说，共享民宿是指利用当地民居等相关闲置资源，经营用客房不超过4层、建筑面积不超过800平方米，主人参与接待，为游客提供体验当地自

* 山西大学法学院副教授，主要研究方向为经济法。
** 山西大学法学院经济法学专业硕士研究生，主要研究方向为经济法。

然、文化与生产生活方式的小型住宿设施。① 共享民宿一般通过共享平台进行网上预订和交易，相对于传统住宿消费市场而言，共享民宿业有其自身优势：其一，相较于酒店行业，共享民宿的房源众多、户型多样、选择丰富、消费灵活、价格较低，可以进行个性体验。其二，相比于传统线下短租，共享民宿能通过共享平台为租客提供多方面的展示信息、实时沟通交流、解决信息不对称、在线预订支付、降低交易风险等服务。这些优势也成了共享民宿飞速发展的坚实基础。

共享民宿自2010年在国内兴起后，国家层面相继出台了一系列针对共享民宿业的利好政策，为共享民宿业注入了发展的动力。2015年9月国务院办公厅发布了《关于推进线上线下互动加快商贸流通创新发展转型升级的意见》，鼓励商贸线上线下互动创新，激发实体商业发展活力，推进生活服务业便利化，支持住宿企业开展在线订房服务。这是国家首次提出将住宿行业与互联网在线服务联系起来。2015年11月国务院办公厅发布了《关于加快发展生活性服务业促进消费结构升级的指导意见》，提出了形成以大众化市场为主体、适应多层次多样化消费需求的住宿餐饮业发展新格局的任务，积极发展绿色饭店、主题饭店、客栈民宿、短租公寓、长租公寓、有机餐饮、快餐团餐、特色餐饮、农家乐等满足广大人民群众消费需求的细分业态。这是国家首次提出共享民宿概念，将住宿行业进行细分。2015年12月国务院发布了《关于落实发展新理念加快农业现代化实现全面小康目标的若干意见》，大力发展休闲农业和乡村旅游，依据各地具体条件，有规划地开发休闲农庄、乡村酒店、特色民宿、自驾露营、户外运动等乡村休闲度假产品，这是将共享民宿与乡村旅游联系起来。2016年2月发改委、中宣部、科技部等十部门联合出台了《关于促进绿色消费的指导意见》，对绿色消费理念、方式等作出了指导，尤其支持发展共享经济，鼓励个人闲置资源有效利用，有序发展网络预约拼车、自有车辆租赁、民宿出租、旧物交换利用等，创新监管方式，完善信用体系。2016年12月国务院发布了《“十三五”国家旅游业规划的通知》，提出构建新型住宿业，鼓励发展自驾车旅居车营地、帐篷酒店、民宿等新型住宿业态。2017年国家发展改革委、

① 文化和旅游部：《旅游民宿基本要求与评价》，http://www.mct.gov.cn/whzx/zxgz/wlbzhgz/201907/t20190719_845179.htm。

中央网信办等八部门发布了《关于促进分享经济发展的指导性意见》，对共享经济的认识、保障、制度、监管等方面作出了部署，引导共享经济进入正确的轨道。

2018 年 5 月国家信息中心分享经济研究中心发布了《中国共享住宿发展报告 2018》，指出 2017 年我国共享住宿交易规模约 145 亿元，比上年增长 70.6%；共享住宿参与者人数约为 7800 万人，其中房客 7600 万人；国内房源数量约 300 万套，并预估到 2020 年市场规模有望突破 500 亿元；房客数将超过 1 亿元；房源将超过 600 万套。① 2019 年 2 月国家信息中心分享经济研究中心发布了《中国共享经济发展年度报告 2019》，提到 2015 年至 2018 年我国共享住宿收入占住宿业客房收入的比重从 2.3% 提高到 6.1%；年均增速为 45.7%，是传统住宿业客房收入的 12.7 倍；共享住宿用户普及率由 1.5% 提高到 9.9%。② 由此可以看出我国共享民宿业的发展已经颇具规模，并呈高速增长态势。

（二）行业特点

共享民宿业作为共享经济是住宿服务领域的重要组成部分，虽然与一般旅馆业在提供住宿服务等方面有较大的共性特征，但也存在较多自身独特的特性。共享民宿业自身的特性主要有：一是依托互联网服务个性化程度高。共享民宿打破了传统酒店业同质化、标准化的布局、服务和结构，通过共享民宿业主和旅客的互动，给人一种“家”的感觉，注重与当地人文风情的结合，具有文化交流和社交属性。二是存在三个法律关系主体。消费者和共享民宿业主都需要通过共享民宿平台进行住宿消费和服务，即供给者、共享平台、消费者构成三方法律关系。通过共享平台，供给者可以利用闲置资源获得收益，消费者可以低价获得个性化消费体验，共享平台可以通过交易抽成和广告营收获得收益。三是存在一套独有的信用评价机制。交易双方可以互相评价，通过已住宿房客对房源提供者的评价为其他房客选择共享民宿提供参考，其他房客会优先选

① 国家信息中心：《中国共享住宿发展报告 2018》，http：//www.sic.gov.cn/News/557/9325.htm。

② 国家信息中心：《中国共享经济发展年度报告（2019）》，http：//www.sic.gov.cn/News/557/9904.htm。

择高分共享民宿；通过房东对房客的评价，其他房东就可以对房客进行筛选，对没有评分或评分过低的房客可以不与其进行交易，逐步淘汰不诚信的房东和房客。

二、共享民宿业的规制问题分析

我国现行立法中涉及规制旅馆业的法律主要包括：《旅游法》《消防法》《行政许可法》《治安管理处罚法》，行政法规主要有《旅馆业治安管理办法》，以及各地有关旅馆业管理的地方性法规和地方政府规章。根据《旅馆业治安管理办法》的规定，开办旅馆，房屋建筑、消防设备、出入口和通道要符合消防法的有关规定，具备必要的防盗安全设施；开办旅馆，应经主管部门审查批准，经属地公安机关签署意见，向工商行政管理部门申请登记，符合安全管理制度，接待旅客住宿时必须登记。该办法第二条还对适用范围进行了详细规定："凡经营接待旅客住宿的旅馆、饭店、宾馆、招待所、客货栈、车马店、浴池等（以下统称旅馆），不论是国营、集体经营，还是合伙经营、个体经营、中外合资、中外合作经营，不论是专营还是兼营，不论常年经营，还是季节性经营，都必须遵守本办法。"目前各地的普遍做法是将共享民宿纳入旅馆业的范围进行管理。但共享民宿业还是存在以下问题：

（一）缺乏规制共享民宿业的高位阶立法

国家虽然对共享民宿行业进行政策鼓励和支持，但是尚未出台专门的法律法规对其进行有效规制。2018 年修正的《旅游法》规定，城镇和乡村居民利用自有住宅或者其他条件依法从事旅游经营，其管理办法由省、自治区、直辖市制定。这为省级行政部门制定规制共享民宿的管理办法提供了上位法依据。但是目前只出台了 2 个部门规章：《旅游民宿基本要求与评价》《农家乐（民宿）建筑防火导则》和 4 个地方政府规章：《广东省民宿管理暂行办法》《济南市民宿管理办法》《海南省乡村民宿管理办法》《厦门市民宿管理暂行办法》，以及一些地方政府制定的旅游条例，对共享民宿进行了规制。而且各级政府规章里有关共享民宿业的规制主体仍然以政府行政部门为主，都规定了旅游、消防、卫生、工商、公安等部门的职责。尽管国家多次出台文件鼓励共享经济监管模式创新，但是从现实情况来看还未有创新之举，依然是纵向条块的行政规制。若不抓住共享民宿的核心即共享民宿平台，让其承担部分共享民宿内部规制责任，会导致共享民宿规制的难度加大，事倍功半。

此外，这些规定法律位阶较低，影响力较弱，而且法律法规中对共享民宿的表述及概念也不统一。如《旅游法》中甚至都没有提及任何共享民宿的概念，而是直接表述为“城镇和乡村居民利用自有住宅或者其他条件依法从事旅游经营”；《旅游民宿基本要求与评价》对旅游民宿的定义是利用当地民居等相关闲置资源，经营用客房不超过 4 层、建筑面积不超过 800 平方米，主人参与接待为游客提供体验当地自然、文化与生产生活方式的小型住宿设施；《浙江省人民政府办公厅关于确定民宿范围和条件的指导意见》所指的民宿（含提供住宿的农家乐）是“利用城乡居民自有住宅、集体用房或其他配套用房，结合当地人文、自然景观、生态、环境资源及农林牧渔业生产活动，为旅游者休闲度假、体验当地风俗文化提供住宿、餐饮等服务的处所”。这些不同的规定中对于共享民宿的定义有些较为宽泛，有些比较具体，表明目前我国立法层面还没有一个统一的概念可以权威准确地表达共享民宿的含义和内容。

（二）难以将现行规定直接套用于共享民宿业

按照我国《旅馆业治安管理办法》的相关规定，从事旅馆业经营，至少需要获得五种证件：公安部门的《特种行业经营许可证》；消防部门的《消防检查合格证》；卫生部门的《卫生许可证》；工商部门的《营业执照》；税务部门的《税务登记证》。在共享民宿行业中，如果将共享民宿经营者在爱彼迎、蚂蚁短租等共享平台上出租房屋的行为定义为旅馆经营行为，那么根据规定，也需要获得诸如此类许可，也必须提交上述证件。但是在办理旅馆业营业执照时，因为属于特种行业，所以必须先通过公安机关取得特种行业许可证，才能获取营业执照。要取得特种行业许可证，则需要具备安全条件、治安保卫条件、住宿登记等各种要求，但对于个体共享民宿行业经营者来说，很难满足所有这些要求，因此也就很难取得特种行业许可证，导致大量未达到标准的共享民宿游离在非法的边缘，得不到有效规制。所以旅馆业的现行规定难以直接套用在共享民宿中。

（三）不能有效解决共享民宿业的突出问题

1. 平台地位问题。共享经济虽然以闲置资源匹配为主要理念，但是在运作模式上仍然遵循互联网的思维，其在本质上还是一种平台经济。① 在共享民宿中，根据平台是否直接参与共享民宿交易可以分为个人经营与平台自营两种类型。不同类型下共享民宿平台的法律地位也不同，而共享民宿平台的法律性质将直接影响其在共享民宿经营中侵权责任的承担问题以及税收的征收问题。

2. 税收问题。传统的旅馆行业对共享民宿行业的最大不满来自税收，旅馆、酒店要上缴各种税费，面临的税负远比共享民宿行业重，加上商用水电、人员劳务、宣传推广等其他的经营成本，这使得传统旅馆行业因为共享民宿的出现而逐渐丧失竞争优势。但现行法律法规却没有要求共享民宿的提供者或是共享平台承担和其他旅馆、酒店相同的税费和负担，在客观上形成了不公平竞争。

3. 人身安全问题。由于共享民宿平台不能一一去查验共享民宿的设施安全情况，就会留下人身安全隐患，一旦发生损害顾客人身安全的情况，往往不能及时解决。2019 年 7 月 17 日，王女士通过“爱彼迎”网站预订了广州一家共享民宿，入住后在洗澡时浴室玻璃门突然爆裂，导致身上多处受伤，王女士要求平台赔偿却无疾而终。②

4. 侵犯隐私问题。安装摄像头侵犯顾客隐私的行为因违法成本过低而屡禁不止，这一问题不仅在一些中低档旅馆中时常发生，在共享民宿行业中更是问题频发。2019 年劳动节假期期间，杭州一男子与两位同伴去青岛旅游时入住了青岛石老人景区附近的一家共享民宿，在入住当晚发现了房间内的路由器上安装了针孔摄像头，墙上安装了动态感应器。后该男子报警，最后青岛市公安局崂山区分局对该房东做出行政拘留 20 日并处罚款 500 元的处罚，其擅自经营的共享民宿也被依法取缔。③

5. 纠纷解决问题。由于共享民宿行业在卫生、食品、服务、安全等方面缺乏统一明确的行业标准，极易引发相应的矛盾和纠纷。共享民宿行业与旅馆行业最大的区别就是无前台，即无法及时处理各类突发问题，从入住到退房离开

① 齐爱民、张哲：《共享经济发展中的法律问题研究》，载《求是学刊》2018 年第 2 期。

② 北京商报网：《爱彼迎再遇“安全门”》，http：//www. bbtnews. com. cn/2019/0718/312408. shtml。

③ 北京青年报：《教科书式反偷拍揪出隐形摄像头》，http：//epaper. ynet. com/html/2019 -05/06/content_ 326713. htm？div =0。

都无人接待，所以在入住期间若发生设备短缺、质量问题等都不会得到及时处理，影响旅客的住宿体验。此外，大多数共享民宿都是在热门旅游地点附近建立的，所以共享民宿一般也是以短期住宿为主，作为游客的共享民宿消费者也不会在一个地方待太长时间。正因这一特性，当消费者与共享民宿经营者发生纠纷时，只能通过与房东进行在线沟通，若谈不拢再向平台寻求解决办法，而平台得到消息后进行调查、解决就不是一时半刻的事情，往往是消费者都离开共享民宿好几天了，平台才会提供相应的解决办法，而这一解决办法无非就是赠送优惠券，免当晚的房费等补救措施，影响了消费者的基本权利，而政府规制部门对此也无可奈何，无法对平台进行细致严苛的规制，导致消费者权益不能得到有效保障。

三、共享民宿业的规制完善建议

（一）提高立法层级，制定专门条款

鉴于规制共享民宿业的规章法律位阶较低，普遍适用性较差，应该像共享汽车一样出台国家层面的共享民宿业管理办法，只有上位法明确了共享民宿的概念、设置了市场准入条件、创新了规制理念、确定了对共享民宿规制的基本框架或主要准则之后，才能化解共享民宿与传统行政规制、其他法律制度的矛盾，各地的管理规定就能进行准确、适度的实施，避免因各地规定不同而导致共享经济在不同地区发展的不平衡。

（二）完善税收规制

对共享民宿经营者在经营共享民宿时取得的收益应当按类别进行税收征收。对于个人偶尔共享类型，就不需要对其进行征税，一来偶尔共享民宿本身收益较少，免征税可以促进人们参与共享经济的积极性，二来可以养成分享开放的良好社会氛围，并推动共享经济进一步发展。对于个人长期经营型应当按照其收益进行征税，但是可以给予适度的税收优惠政策。而企业经营型则应当按照营业额进行税收征收，避免与旅馆业形成不正当竞争。

（三）明确共享平台责任

应当根据共享民宿平台的法律地位对其应承担的权利义务进行规定。根据权利义务相一致的原则，共享平台在个人自营的共享民宿交易中向双方收取提成，但并不参与交易，应该让其承担与其提供的服务相适应的责任和义务。而在平台自营的共享民宿交易中，共享平台自己成为网络交易的提供者，则应当让其承担比前一种模式下更加严格的责任和义务，才与其法律地位相匹配，也有利于保护消费者的合法权益。

同时，平台应当承担用户信息核验的责任，设置合理的条款，协助共享民宿业经营者和消费者解决纠纷，同时进行自我规制，积极承担共享经济企业的社会责任，及时填补平台自身漏洞，时刻监督平台内经营者的日常活动。

（四）加强监管和行业自律

共享民宿不同于一般的旅馆，因此更需要加强监管。需由文化和旅游部门会同应急管理、食药监部门、网信部门等共同协调监管责任；共享民宿业可以成立行业协会，进行自律规制，协会应当根据不同的共享民宿类型，制定细化的行业标准和准则，与政府规制进行互补，引导全行业遵守。

还可以鼓励基层群众自治组织进行监督。由于共享民宿行业跨越了地域范围，覆盖面广泛，规制难度大，可以依靠当地的基层群众自治组织进行规制，使规制更加经济和高效。

总之，随着我国经济和社会的不断发展，共享民宿的种类也会越来越丰富，我们对其进行规制时应当因地制宜，根据共享民宿的不同类型，分类研究其中的法律主体及法律关系，完善共享民宿的法律规制。

进口农产品质量安全风险防控机制初探

李冰强 [*]　张慧凤 [**]

摘　要：近些年来，在农产品进口贸易额不断增加的同时，非洲猪瘟、加拿大禽流感等进口农产品质量安全问题频频发生，严重侵害着国民的生命健康安全。风险防控以预防为指导思想，通过系统化的风险管理技术达到控制和妥善处理风险的目的。构建以风险识别、风险评估、风险预防、风险化解组成的进口农产品质量安全风险防控机制，为完善我国进口农产品质量安全风险防控体系提供制度支持，保障国民饮食安全。

关键词：进口农产品　质量安全　风险防控

风险防控理念被引入食品安全管理领域后仅有二十多年的发展历史，但是已经被许多国家和组织所采用，纷纷建立起了基于食品安全风险防控理论的食品安全监管机制。我国2015年修订实施的《食品安全法》明确建立食品安全风险监测和风险评估制度，并在实践中不断完善。然而，同我国进口农产品质量安全面临的严峻现实相比，现有的风险防控制度还存在风险防控理念导入不彻底、防控体系与运行机制的系统化建设不足、现代化水平不高等问题。① 如何以改革精神和法治思维，推进实施国家食品安全战略，建立健全国家进口农产品质量安全防控体系，落实最严格的全程监管制度，是当前进口农产品质量安全风险防控的难题。

---

* 山西大学法学院教授，主要研究方向为环境与资源法学。
** 山西大学法学院经济法学专业硕士研究生，主要研究方向为经济法学。

① 葛建、郭慧馨：《产品质量安全风险监控的组织体系研究》，经济管理出版社2016年版，第78页。

一、我国进口农产品质量安全风险的产生背景及特征

随着全球化进程加快，尤其是我国加入世界贸易组织后，农业领域的对外开放不断扩大，农产品进口数量增加，市场竞争更加激烈。然而，在大量引进国外农产品、不断改变饮食结构的同时，随之而来的还有进口农产品的质量安全风险。

（一）进口农产品质量安全风险的产生背景

随着经济全球化步伐的加快和世界农产品贸易量的持续增长，世界农产品供应链体系遭受到前所未有的冲击，特别是随着农产品生产的工业化和新技术、新品种的采用，微生物病原体、人畜共生疾病、寄生组织、天然毒素及过敏原、农药和兽药残留等多种农产品质量安全风险因素越来越复杂。这些因素的变化导致了一系列农产品安全事件的爆发，农产品安全问题已经成为人类面临的重大公共安全问题。

20 世纪以来，全世界范围内接连发生的重大农产品安全事件，给人类的生命和健康造成了巨大的危害和威胁，同时也造成了巨大的经济损失。1997 年禽流感侵袭中国香港；2000 年 7 月日本雪印牌牛奶污染；2001 年上半年欧洲爆发口蹄疫事件；2010 年美国鸡蛋沙门氏菌事件，造成美国大量鸡蛋被召回；2010 年德国二噁英污染饲料事件，严重影响农产品的质量安全。而中国大陆，生态环境不断恶化，化学农药和层出不穷的抗生素、激素等非法添加物的滥用，诸如非洲猪瘟、含辐大米等进口农产品质量安全问题频频发生，都证明了国内农产品安全形势同样十分严峻。在经济全球化和农产品国际贸易的背景下，农产品安全事件在一个国家爆发，往往会引发全球农产品供应链风险。因此在目前的形势下，没有一个国家可以独善其身，农产品安全问题需要国家间的通力合作，才能得到控制。

（二）进口农产品质量安全风险特征

1. 隐蔽性

随着科学技术水平的不断提升，新的种养殖技术不断发展，新的问题不断

涌现，还有很多的问题隐患属于潜伏性的，要经历几年或者几十年才会显现爆发。加之世界环境质量变差，江河湖海污染严重，辐射、激素等难以发现的危险因素越来越多，进口的农产品难以像国内一样进行质量安全源头监管，不安全因素隐藏在农产品中难以全部查检。

2. 复杂性

国际贸易中，农产品供应链的复杂化，带来的是农产品地域和类型的多样化，人类、动物与疾病传播潜在因素之间相互作用的不断变化。① 另外，不同国家的饮食习惯、人口基本身体素质不一，进口农产品安全检验检疫标准也不一致，使得需要综合权衡本国与国际的饮食安全状况，对进口农产品的安全状况加以判断，这些都加剧了进口农产品质量安全风险的复杂性。

3. 严重性

近年来，随着我国对农产品需求的逐渐增加，农产品进口贸易额不断增长。根据商务部统计数据，2015 年中国农产品进口金额为 1159. 2 亿美元，2016 年中国农产品进口金额为 1106. 1 亿美元，2017 年 1 月至 5 月，中国农产品进口金额为 506. 1 亿美元。农产品进口数量的增加意味着一旦发生农产品质量安全事件，其后果将难以控制。另外，农产品作为工业的基本原料，其质量安全也影响着其他工业制成品的安全。

二、进口农产品质量安全风险防控的理论基础

信息不对称理论②（information asymmetry theory）产生于 20 世纪 70 年代，用来明确信息在交易双方的不对称分布对市场交易行为和市场运行效率所产生的影响。信息不对称理论认为，交易主体双方所占有的信息是不对称的，掌握

---

① 罗祎：《食品安全风险分析化学危害评估》，中国质检出版社 2012 年版，第 2 页。

② 信息不对称这一现象早在 20 世纪 70 年代便受到三位美国经济学家乔治·阿克罗夫、迈克尔·斯彭斯和约瑟夫·斯蒂格利茨的关注和研究，三位经济学家分别从商品交易、劳动力和金融市场三个不同领域研究了这一课题，最后殊途同归。信息不对称是市场经济的弊端，要想减少信息不对称对经济产生的损害，政府应在市场体系中发挥有力的作用。这一理论为很多市场现象如股市沉浮、就业与失业、信贷配给、商品促销、商品的市场占有等提供了解释，并成为现代信息经济学的核心，被广泛应用到从传统的农产品市场到现代经融市场等各个领域。

信息比较充分的一方，往往处于比较有利的地位，而信息贫乏的一方，则处于不利的地位。这个理论强调了政府在经济运行中的重要性，呼吁政府加强对经济运行的监督力度，尽量使信息归为对称状态。① 农产品市场也存在信息不对称的现象，主要包括农产品质量信息不对称、农产品供求信息不对称、农产品价格信息不对称等。在生产、流通、销售、消费各环节中也存在大量的信息不对称现象，这使得市场通常不能提供质量安全属性符合社会需要的农产品。农产品质量安全信息的产生和传递如果不能正常进行，农产品市场将因此变成一个“柠檬市场”。② 进口农产品质量安全信息来源少、难以取得，因此要解决信息不对称现象需要拓宽信息来源渠道，建立一个完善的信息交流分享平台。

公共物品理论（public goods theory）是指每个人对这种产品的消费都不会导致其他人对该产品消费的减少，具有非竞争性和非排他性。③ 典型的公共物品有国防、公共安全等，这些物品一旦被国家提供，该国的居民都能享用。农产品质量安全已经成为社会性的公共问题，它具有效用的不可分割性、消费的非竞争性和收益的非排他性，因此农产品质量安全具有公共物品属性，属于公共物品，有关农产品质量安全信息也属于公共物品。公共物品的非竞争性、非排他性的特征决定了生产者和经营者不会主动提供这种公共物品。由于在调节农产品消费者与经营者行为方面存在市场失灵的问题，因此，政府加强农产品质量安全方面的监管被提上重要日程。

20 世纪中叶，法学界大陆法系的学者们从法学研究的方法论高度提出从裁判主义法学向科学预防主义法学的转变，把法的功能定位由事后救济转为对行为过程的矫正与防治，把主观臆断转向科学定论，这一思路获得了广泛的认同。

---

① 李功奎：《“柠檬市场”与制度安排——一个关于农产品质量安全保障的分析框架》，载《农业技术经济》2004 年第 3 期。

② “柠檬市场（the lemons market）”理论，是指当产品的卖方对产品质量比买方知道的更多的信息时，因而买卖双方对产品信息不对称所导致的逆向选择行为，低质量的产品会把高质量的产品驱逐出市场，从而使市场上的产品质量持续下降的现象。

③ 非竞争性是指一个人对某一公共物品的消费并不排斥或妨碍其他个体对该产品的同时消费，也不会因此减少其他个体对该产品消费的数量或质量的减少。非排他性指的是对于某一公共物品，在技术上无法将那些拒绝为其消费行为付费的人排除在其受益范围之外，或者虽然技术上可行但排除成本过高而使得这种排他行为不值得。同时，任何人都不得不消费该物品，即使与自己的消费偏好不一致也无法对它加以拒绝。

20世纪70年代至80年代，全球性食品安全事件集体大爆发，口蹄疫疾病、二噁英危机、禽流感事件引起人们的深思，公共安全领域焦点逐步转移至食品安全，保障公众基本健康和维护生命安全成为当前迫切要解决的根本问题，将其他领域拥有成功经验的风险评估模式纳入农产品质量安全管理中，构建农产品质量安全风险防控制度成为必然和趋势。时事造就下，风险防控原则很快就引起官方重视，被逐步认可和接受，在各国的食品安全相关法律法规中明确了地位。

信息不对称理论、公共物品理论、科学预防主义理论从进口农产品质量安全风险问题产生的原因，政府进行进口农产品质量安全防控的理论依据，当前进口农产品防控的发展趋势三个方面说明了国家对进口农产品质量安全风险进行防控的必要性。只有发挥政府职责，运用科学的管理方式对进口农产品质量安全风险进行防控，才能减少食源性疾病的发生，保障国民饮食安全。

三、进口农产品质量安全风险防控现状及问题

随着经济全球化步伐的加快，我国参与世界农产品贸易的程度越来越深入。经过多年的努力和探索实践，我国已经初步建立起了进口农产品质量安全风险防控制度和保障措施，覆盖了进口农产品安全监管的相关环节，基本上保障了进口农产品的质量安全。

（一）进口农产品质量安全风险防控现状

我国进口农产品质量安全风险防控机制遵守“三严”：源头严防、过程严管、风险严控的原则，实行全过程的风险防控体系。主要包括以下四种制度：

1. 质量风险管理制度。依据WTO相关规定、《实施卫生与植物卫生措施协议》（以下简称《SPS协议》）和国际通行做法，我国对高风险进口农产品按照种类实施检验检疫准入制度，包括开展对高风险的进口农产品进行风险分析，与其中合格的农产品出口国主管部门签署检验检疫议定书，对国外生产企业实施卫生注册，审批动植物源性食品。若发现出口国发生动植物疫情疫病或其他食品安全卫生问题，及时采取相应的风险管理措施，暂停进口该类农产品。

2. 检验检疫制度。在进口时，中国出入境检验检疫机构对进口的农产品进

行检验检疫合格后才可允许进口。海关凭检验合格的入境货物通关单才可通过验放，使其进入中国市场。在检验检疫过程中发现质量安全卫生问题的，有关部门对问题农产品采取相应的处理措施，包括退货、销毁、改作他用等。

3. 质量安全监控制度。在依法对进口农产品进行检验检疫的同时，对风险较高的农产品和进口检验检疫中存在问题的部分农产品实行重点监控，对发现问题较多或多次发现问题的进口农产品进行及时的风险预警，采取增加检测项目、提高抽样比、暂停进口在内的管制措施。对投入国内市场后发现农产品质量安全风险的，实行召回制度，将存在质量安全问题和过期的农产品一律召回。

4. 打击非法进口措施。机构改革后，海关总署同时拥有原国家质量监督检验检疫总局的出入境检验检疫管理职责和打击非法进口的职责，提高了依法执法的效率。与此同时，我国还积极地与其他国家签署联合打击非法进出口食品（农产品）的友好合作协议。国家之间通过开展技术合作、信息通报、专家互访和联合专项打击非法进口行动措施等，共同打击欺诈、夹带、非法转口、走私等非法进出口食品（农产品）的行为。

（二）进口农产品质量安全风险防控存在的问题

随着农产品市场的不断开放与发展，经济活动变得越来越复杂，新的问题不断出现。尽管我国进口农产品质量安全防控体制基本健全，然而，质量“安全”的背后仍然隐藏着巨大的“风险”。

一是监管理念落后。从我国农产品质量安全防控的制度来看，风险防控理念虽有借鉴，但是不彻底，运用不充分。我国在2007年前后正式将召回制度引入政府管理，2008年在质监系统公文中正式发布风险防控的相关文件并开始收集、处理风险信息。尽管经过十余年的研究与实践，但由于我国对风险防控重视程度不够、起步晚，基础设施与人力资源配备不足、风险监控网络存在局限，导致其在应用和贯彻上的不足，风险防控手段的运用缺乏有力的支撑，没有成为农产品质量监管中的指导思想。只有导入风险防控理论，系统运用风险防控手段，全面、有针对性地预防，才能满足当前进口农产品质量安全风险的防控现状。

二是系统化建设不足。虽然目前防控制度和保障措施覆盖了进口农产品安全监管的相关环节，但是由于进口质量安全问题本身的复杂性，对同一类别进口农产品的质量安全防控由多部门分段负责、共同实施。进口农产品质量安全风险防控的部门众多，包括国家质检总局、食品药品监管总局、农业部、卫生部、海关、经济贸易委员会、国家工商总局等，同时，各部门在监管执法过程中所依据的法律规定也不一致。在这种情况下，如果部门之间没有建立起密切的信息交流通道，就会出现职权交叉不清、协调困难，一事多罚等众多问题。从而导致进口农产品质量安全风险防控得不到应有的效率与效果。

三是现代化水平不高。近年来，我国科学技术水平不断提高，国家在各个领域，尤其是信息技术领域的高速发展，带动国家走上了信息化的高速发展道路。然而，这些科技发展成果在质量安全风险防控领域的应用程度还不够深入。例如，质量安全风险验证评价实验室建设落后，专业化人才队伍储备不足，风险信息采集渠道过窄，缺乏风险信息共享交换机制，进口农产品质量安全风险预警机制不够完善，规定可操作性不强等。通过增强这些领域的科学技术水平，有助于不断加强进口农产品质量安全风险防控的机制建设。

四、进口农产品质量安全风险防控机制的构建

一般认为，风险防控是指各经济单位通过风险识别、风险估测、风险评价等方式，并在此基础上优化组合各种风险管理技术，对风险实施有效的控制和妥善处理风险所致的后果，期望达到以最低的成本获得最大安全保障目标的管理过程。[①] 食品安全领域的“风险防控”概念在20世纪80年代出现，食品安全防控的根本目的在于保护消费者健康和促进公平的食品贸易。《SPS协定》和《技术性贸易壁垒协议》（以下简称《TBT协议》），要求各国政府采取的卫生措施必须建立在风险评估的基础上，以避免隐藏的贸易保护措施。第一次以国际贸易协定的形式承认，为了在国际上制定一个合理、协调的食品规则和标准，需要有一个严格和科学的方法。1995年，联合国粮农组织（FAO）和世界卫生组织（WHO）召开联合专家咨询会议并形成一份报告，该报告中对食品质量安全风险领域的风险防控、风险评估、风险交流概念进行了界定，该报告一经问

---

① 刘燕：《风险管理及其模型》，郑州大学出版社2015年版，第33页。

世就受到各个国家的高度重视。目前，食品安全风险防控的理念已经为世界许多国家和组织所采用，被认为是食品安全风险控制的基础。可以说食品安全风险防控理论不光是世界各国面对新的食品安全形势的内在需求，也是参与世界食品贸易的必然选择。

结合进口食品风险防控的研究与进口农产品自身特点，笔者认为进口农产品质量安全风险防控包括识别机制、评估机制、预防机制、化解机制四个组成部分。其中，风险识别是风险防控制度启动的前提条件，从纯技术的角度提供专家意见和历史数据，辅助描绘风险轮廓和防控目标，清晰了解防控需求。风险评估是在特定条件下，对动植物和人类或环境暴露于某危害时产生或将产生不良效应的可能性和严重性的科学评价。风险预防是指相关部门依据对质量安全风险的监测与评估结果，持续发布科学、及时的预警信息，引导消费者安全消费。风险化解是当监测对象出现质量安全警戒状态时，相关农产品质量安全监管机构根据相关规定，启动一定级别的应急响应，并按照国家农产品质量安全风险评估专家委员会和农产品质量安全专家组的决策意见，通过有针对性的应急措施，科学合理地处理危机事件，保障生产消费安全。

如前所述，当前进口农产品质量安全风险防控制度不能满足全球化、工业化快速发展的现实情况，而解决这一问题，就必须从风险识别、风险评估、风险预防、风险化解四个方面重构我国进口农产品质量安全风险防控机制。

（一）进口农产品质量安全风险识别机制及其构建

风险识别机制离不开风险监测平台的建设。因此，在风险监测方面，要制定、发布全国统一的国家进出口农产品质量安全风险监测识别计划，组织开展从口岸到市场的风险监测识别工作，针对影响人体健康、财产安全、环境安全等风险因素开展抽查检测，系统和持续地监测健康危害、物理危害、化学危害、生物危害、环境危害等质量安全风险，依法发布质量安全监测结果。农产品安全风险监测按照农产品质量安全法有关要求执行。

在风险识别标准方面，不同种类的农产品危险因子不同，应根据不同种类的进口农产品确定进口农产品目录及其风险识别标准。然而，我国有关的食品标准有四级、4900 多项，如若直接使用这些标准，会造成各类标准混乱、不能发挥真正作用的情况。同时，还应当关注到国家间达成的农产品贸易条约。进入世贸组织后，相关识别标准也应当与国际接轨。我国进口农产品质量安全风险识别机制应当结合 WTO 关于农产品贸易相关的《SPS 协议》和世界卫生组织等对农产品质量安全的规定。因此，进口农产品质量安全风险识别标准应当在与国际接轨、与协约国相磋商的状况下结合我国具体标准进行制定。

（二）进口农产品质量安全风险评估机制及其构建

推动风险评估机构发展。利用现有资源，建设国家级进出口农产品质量安全风险评估中心，设立国家进出口农产品质量安全风险评估专家委员会，规划建设一批国家级质量安全风险验证评价实验室。通过政府购买服务、搭建科研平台等方式，支持社会力量参与质量安全风险评估工作，开展风险消减有效性评价和技术咨询，推动社会评估机构健康有序发展。

推进风险评估能力建设。强化先进信息技术应用，加快质量安全风险评估标准制定，培育专业化人才队伍。完善质量安全风险评估专家委员会工作机制，推动其参与制订风险监测计划等管理决策，开展独立咨询和专项质量安全风险评估。发挥风险验证评价实验室作用，提升风险评估基础性研究能力，探索风险验证与缺陷评价，强化重大质量安全事故相关技术支持。

强化风险评估结果应用。充分发挥质量安全风险评估工作的前置作用，形成多形式、多维度的成果。为制订风险监测计划、发现与规避潜在危害因素、制定风险处置措施提供支持；为修订法律法规和制定管理政策提供参考。建立科学有效的评价体系，客观评价我国进出口商品质量安全水平。

（三）进口农产品质量安全风险预防机制及其构建

拓宽风险信息采集渠道，构建风险信息共享交换机制。运用移动互联技术，完善消费者投诉和企业报告渠道，持续开展舆情信息收集，建立质量安全伤害信息和食源性疾病信息收集调查制度；加强内外贸结合商品市场、电子商务、边境贸易等重点领域和“一带一路”沿线国家、新兴市场等重点区域的质量安全信息搜集工作；加强国际上关于质量安全信息的交流合作，采集和共享进出口农产品相关数据。加强口岸安全联合防控，推动进出口农产品质量安全风险信息平台与口岸风险布控中心对接，构建全国一体化的风险监测数据共享与交换机制。推动跨部门、跨区域、跨行业的伤害信息通报协作，加快实现信息共享。

完善农产品质量安全风险预警。实施风险预警分级、分类，健全预警信息发布机制。健全风险预警等级划分标准和动态调整规则，按照质量安全风险的危害性、紧急程度、影响范围等因素划分风险等级。根据风险评估结果、目标对象、预警范围等，对需实施口岸布控等快速反应措施的，发布风险警示通报。同时明确时限、权限、流程、渠道及发布程序，规范预警级别、起始时间、预警范围、警示事项等发布内容，统一发布预警信息。制订重大风险预警快速发布预案。探索实施精准推送，利用广播电视、互联网、新媒体等方式，丰富发布手段，畅通查询渠道，提高公众对风险的认知度。

（四）进口农产品质量安全风险化解机制及其构建

健全快速反应措施。综合运用降低信用等级、追溯调查、缺陷召回、限制或禁止进出口、查封扣押、退运、暂停销售、销毁等手段，实施与风险预警等级相适应的全国一体化快速反应措施，及时开展效果评价，动态调整风险等级直至解除相关措施。落实口岸安全联合防控机制，强化执法协作，实现从口岸到市场的全过程有效风险防控。探索实施不合格进口商品口岸调离质量担保措施。加强缺陷进口农产品召回。

强化质量信用激励惩戒。加快质量诚信体系建设，将企业质量安全责任落实情况及风险消减义务履行情况纳入质量信用管理，推动将质量信用信息归集到全国信用信息共享平台。

强化质量安全违法行为惩治。引导媒体和公众参与监督，鼓励同业监督、奖励业内举报。建立质量安全违法“黑名单”，加大曝光力度，强化联合惩戒，建立严重违法企业强制退出制度，依法从严惩处相关企业和责任人。

注重质量安全风险管理结果运用。落实企业质量安全主体责任。加大向企业通报质量安全监测数据和评估报告的力度，鼓励和支持企业开展缺陷消除、技术改造和工艺改进，提升质量水平；加强技术性贸易措施相关工作。密切跟踪国外技术性贸易措施动态变化，评估其对我国相关产业造成的影响，做好预警、咨询、评议等应对工作。发挥全国技术性贸易措施部际联席会议制度的作用，加强部门间协调沟通。积极参与或主导技术性贸易措施相关国际规则和标准制定，加强双边与区域合作交流；探索开展质量安全追溯。鼓励企业健全质量安全追溯体系，逐步统一数据标准。综合运用物联网、移动终端等载体，对食品、消费品、医疗器械等重点进出口农产品实施质量安全追溯，逐步推动健全从生产、检验、物流、销售、使用到维修保养等全生命周期追溯链条，开展公共溯源服务试点。

大众创业、万众创新的经济法回应

刘育芳*

摘　要：当前，大众创业、万众创新成为创新驱动战略的重要抓手和我国经济发展新引擎。经济法与我国经济社会改革相伴而生，大众创业、万众创新方面有其独特的理论优势和制度优势，但在其价值理念、主体制度、宏观调控、市场规制等方面也面临诸多挑战，必须更新经济法理念，完善各项制度，用经济法思维推进大众创业、万众创新。

关键词：大众创业　万众创新　经济法回应

2014年李克强总理在夏季达沃斯论坛上首次提出了“大众创业、万众创新”（以下简称“双创”），近五年政府工作报告中将“双创”定位为经济增长“双引擎”之一，鼓励“双创”向更高层次、更深水平发展。“双创”的实质是改革，需要通过一系列政策、法律制度的安排，释放出新一轮改革红利，激发广大人民群众创业创新的积极性。经济法具有较强的回应性和互动性，如何通过一系列价值考量和制度安排回应“双创”,① 培育经济发展新动能，拓展经济社会发展空间日益成为经济法学界研究的重大课题。

---

* 山西大学法学院经济法学专业硕士研究生，主要研究方向为经济法。

① 张守文：《人工智能产业发展的经济法规制》，载《政治与法律》2019年第1期。

一、“双创”提出的背景与意义

（一）“双创”提出的背景

1. 国内经济发展步入新常态

2010年后，中国经济基本告别了高速增长期，劳动力人口占比逐年下降，总抚养比逐年上升，老龄化问题凸显，人口红利式微。尽管我国出台了多项节能降耗政策，单位GDP能耗呈下降趋势，但仍远高于发达国家，甚至落后于世界平均水平，此外，我国“重发展、轻保护，先污染、后治理”的发展方式导致生态环境遭到了不可估量甚至难以逆转的损害，环境资源约束强化。[①] 经济增长率由高速下滑至中高速只是我国经济进入新常态的外在特征，结构不优化才是“结构性”减速的内在原因，而动力转化则是我国经济在新常态下的发展出路。新常态下，要素驱动和投资驱动难以助力中国跨过“中等收入陷阱”，必须转换经济增长动力，集众智、汇众力，将人口红利转为人才红利，推进“双创”，才能促进中国经济增长提质增效。

2. 国际范围内竞争压力加剧

我国经济发展面临双重挤压：一方面，在中低端产业链，我国与印度、越南等发展中国家存在激烈竞争，只有提高技术创新能力，优化产业结构，才能拉开与它们的距离。另一方面，在新一轮工业革命中，美国、德国、日本等具有先发优势的发达经济体加紧制定和调整创新战略，如美国2015年发布了新版《美国创新战略》、德国2018年发布了《高技术战略2025》、日本发布了《科学技术创新综合战略2017》《综合创新战略2018—2019》……这些发达经济体希望通过加快技术突破和先导产业发展，进一步强化其在全球经济中的优势地位。以美国为代表的发达国家为了遏制中国的技术创新和进步，试图在国际贸易、投资、知识产权保护等方面为中国设置障碍，甚至通过发动贸易战的方式营造不利于中国的国际竞争局面。我国目前正处于从产业链低端向产业链中高端升级的阶段，通过“双创”提升竞争力，逐步放弃和退出低端产业链，跻身全球产业链高端是我国经济发展迈向新阶段的必经之路。

---

① 李扬、张晓晶：《论新常态》，人民出版社2015年版，第110页。

（二）“双创”的内涵与意义

“大众创业”是指众多的人创办新企业、创造新产业，强调创业的民间性、草根性；“万众创新”指的是成千上万公众参与创新活动，创造新技术、新产品、新业态、新模式，强调创新的广泛性、群众性。① “双创”主体为“众”，核心在“创”，实质是改革，通过改革激发市场主体活力，将“众”的数量优势与“创”的质量优势相结合。

“双创”有利于新技术被广泛运用，作用于劳动力、资源、投资等生产要素，形成“乘数效应”，促进产业结构优化升级，甚至重塑产业格局，打造新的经济增长点；“双创”的目的之一就是搭建创业创新平台，营造创业创新氛围，提升各类主体创业创新能力，有利于推动创新驱动战略、供给侧结构性改革、《中国制造 2025》等国家重大战略实施；“双创”有利于打造机会公平的竞争环境，扩大社会就业，缩小收入差距，打通社会纵向流通渠道，保障社会和谐稳定。

二、经济法回应“双创”的理论分析

（一）体现经济法特性

1. 经济法的回应性

诺内特和塞尔兹尼克在《转变中的法律与社会：迈向回应型法》中提出，回应型法是回应社会需要和愿望的一种便利工具的法律。② 有学者由此主张经济法是回应型法，虽有学者对此表示质疑，但经济法具有极强的回应性得到了大多数学者的认同。③ 刘普生教授认为，经济法对经济关系的反映速度快、范围广，与政治联系紧密，而且对社会经济关系的反作用更为明显。④ “双创”的

① 王昌林：《大众创业万众创新理论初探》，人民出版社 2018 年版，第 3 页。

② ［美］诺内特、塞尔尼兹克：《转变中的法律与社会：迈向回应型法》，张志铭译，中国政法大学出版社 1994 年版，第 16 页。

③ 蒙连图：《质疑“经济法是一种回应型法”——基于现实中国的语境》，载《社会科学家》2010 年第 6 期。

④ 刘普生：《论经济法的回应性》，载《法商研究》1999 年第 2 期。

提出是经济发展变革的需要，需要经济法予以积极的、有针对性的回应。

2. 经济法的灵活性

中国经济法在改革开放和要求加快经济立法的背景下应运而生。与其他部门法相比，经济法更能敏锐地感知经济政治形势并快速适应形势变化，具有灵活性、开放性和动态性的优势。从提出“双创”到推动“双创”发展再到打造“双创”升级版，如何转变政府职能服务“双创”、如何完善财税金融等创业创新扶持政策、如何推动新兴产业继续发展壮大对经济法提出更高的要求，需要经济法灵活应对，提高经济治理能力和治理水平。

3. 经济法的现代性

从经济法的产生和发展来看，我国经济法与改革开放相伴而生，并随社会主义市场经济体制的发展而完善；从经济法的价值追求来看，经济法从立法理念到具体制度均体现出保护个体私益与保障社会公益相协调的价值取向；① 从经济法调整手段来看，随着社会关系交叉融合的发展趋势，经济法在调整过程中常打破部门法甚至不同领域之间的界限，奖惩结合、刚柔并济以寻求全局最优，体现出综合性法律领域的特点。经济法较强的现代性使其能与时俱进，及时回应时代之需。经济新常态是我国当前和今后很长一段时期经济发展的大逻辑，而“双创”则是转换动力、促进经济增长提质增效的关键措施。通过对经济立法进行改造，破除经济法在价值理念、体制机制等方面对“双创”的束缚，才能为“双创”发展提供法律保障。

4. 经济法的经济性

以最小的投入获得最大化的收益、促进经济增长是经济法调整目的之一，经济法所追求的经济性与“双创”所追求的拉动经济持续健康增长具有内在统一性。经济法的重心离不开理顺政府和市场关系，推进“双创”的过程中也要正确处理政府和市场的关系，减少政府对市场活动干预，充分发挥市场在资源配置中的决定性作用。政府要改变原有的“父爱式管理模式”，更侧重于为创业创新主体营造高质量的市场环境、营商环境、政策环境和法治环境，以激发市场主体能动性，创造更大的经济价值。

---

① 张守文：《论经济法的现代性》，载《中国法学》2000 年第 5 期。

(二) 经济法原则的要求

1. 适度干预原则

新常态背景下，转换经济发展动能、实现创新驱动仅靠市场主体意思自治是难以及时、有效达成的，必须由国家干预破除创新创业方面的体制机制障碍，完善对创新创业的扶持政策，在全社会营造有利于创业创新的生态环境。① 同时，政府对“双创”的干预要在法律允许的范围内、遵守法定程序的前提下进行，要遵循市场经济运行的规律，把握好政府支持“双创”的“度”，避免政府违背经济规律，随意给予优惠政策，诱使社会资金盲目投入某一领域，导致重复低水平建设，出现产业无序竞争的现象。

2. 社会本位原则

经济法以社会为本位，在对国民经济进行调控时关注社会整体利益的实现而非局限于个人利益的得失。推动“双创”进一步发展体现了社会本位原则：在经济效益方面，有利于推动新旧动能转换，提升供给侧产品和服务质量，扩大有效需求，增强经济增长内生动力；在社会效益方面，深入实施就业优先战略，发展吸纳就业力强的产业为更多劳动者提供就业岗位，针对重点就业群体提供有针对性的就业帮助，改善民生促进社会和谐稳定；在环境效益方面，通过发展战略性新兴产业，改造传统资源密集型产业，保护生态环境，促进经济社会可持续发展。

3. 经济公平原则

经济法的公平更强调实质公正和结果公正，它正视不同经济主体之间的天赋差异并予以针对性的关怀。小微型企业规模小、竞争力低、风险应对能力弱，在市场经济竞争中处于弱势地位，需要政府在财政支持、税收减免、金融服务、融资担保、社会保险等方面予以优待；高校大学生、返乡农民工、退役士兵、残障人士等群体在就业方面存在不同的劣势，需要针对不同群体现实情况，开展专项技能培训，为他们提供更多的信息和求职指导；民营企业在市场经济中和国有企业相比，处于相对劣势地位，亟须清除对其不利的各种不合理规定和隐性壁垒，落实对民营经济发展的优惠政策，为其营造公平的市场竞争环境。

---

① 卢代富：《经济法中的国家干预解读》，载《现代法学》2019 年第 4 期。

4. 可持续发展原则

我国经济的高速增长以牺牲环境、资源为代价，忽视了对生态环境的保护和对资源、能源的节约。这种粗放型经济增长模式严重制约了经济发展的质量和效益，也有损代际公平和自然生态意义上的可持续发展。“双创”聚焦于推动企业技术创新，推进重大科技成果产业化，有利于优化资源配置，淘汰落后产能。通过强化环境准入、环境标准等硬性要求，约束高耗能、高排放、高污染企业的发展，大力推动节能环保等战略性新兴产业，优化升级产业结构，实现经济持续、健康、快速发展。

三、经济法回应“双创”面临的挑战

（一）经济法价值追求冲突

研究我国经济法价值追求须立足于我国经济社会发展大背景，着眼于特定历史时期对经济法的主观要求和客观定位。新常态下，经济转型与经济创新使得经济法价值博弈面临新冲突。“双创”催生出许多新技术、新产品、新业态、新模式，出现靠市场机制难以解决的垄断和不正当竞争行为，必须通过经济法予以规制，维护竞争秩序；发达区域与欠发达区域、新兴产业与传统产业、中小企业与大型企业、民营企业与国有企业、特殊就业群体与高素质人才强弱对立，如何改变弱势主体在经济结构利益中的不利地位、在市场竞争中取得优势，要求我们对传统“效率优先，兼顾公平”的政策予以反思；经济发展权是经济法主体享有的一项综合性权利，经济法保障各类经济法主体通过“双创”实现经济发展权，但推进创业创新的过程中常因发展忽略了产业安全、金融安全、产品安全、消费安全、生态安全问题，出现发展与安全方面的价值冲突。①

（二）经济法主体制度失衡

一是角色定位不清晰。政府对创业创新介入过多容易出现“政府帕金森”，

① 陈婉玲：《我国经济法的观念更新与当代转向——以经济结构调整为中心》，载《法学》2017 年第 7 期。

陷入政府失灵的泥沼当中，政府应从管理者向服务者的角色转变；① 社会中间层主体在创业创新中面临“透明人”困境，不知如何发挥促进“双创”的作用；企业作为“双创”主力军，应注重提升自主创新能力，而非只是利用“双创”优惠政策追求自身利益，缺乏社会责任感；二是权义配置不平衡。宏观调控主体和市场规制主体作为调制主体常常只关注受调制主体的服从而忽略了调制行为应具有民主性，导致受调制主体权益受损。忽略了政府在推进“双创”的过程中的有限理性，忽略了应充分尊重市场规律和市场主体自由意志；三是市场主体差异大。即便赋予各类市场主体平等的机会，弱势主体也会因为自身资源禀赋、信息获取能力、市场竞争大环境等因素在竞争中处于相对劣势地位，更不必说我国对国有企业、大型企业等强势主体存在天然政策偏好，在资源配置方面行政力量与市场机制错位，实质不平等充斥在“双创”发展的各个环节。

（三）宏观调控制度面临挑战

创业创新对各类创业创新群体来说成本高、风险大，但对经济社会的发展具有正外部性，需要政府的宏观调控与扶持。在产业调控方面，我国企业自主创新能力弱，常选择引进先进技术或进行模仿性技术创新，导致我国产业升级缓慢、结构配比失衡，在制定产业规划、调整产业结构、促进产业政策法治化方面对经济法提出新要求；在财政调控方面，要求加大财政资金对创业创新的支持力度，丰富支持的方式、扩大支持的范围，激发创新创业者的积极性和主动性，同时要注意对财政资金使用的绩效考核；在税收调控方面，一是要向以间接优惠为主直接优惠为辅转变，二是要将普惠式与特惠式税收优惠相结合，② 三是应实现“双创”税收优惠政策体系化、法治化；在金融调控方面，缺乏为“双创”主体提供多层次、多元化的金融产品和服务。“双创”主体创新创业风险高、投入大，需要提高对“双创”主体的风险容忍度，提高风险分担能力。

（四）市场规制制度面临挑战

随着“双创”深入发展，新技术、新产品、新业态、新模式必然会对市场

---

① 刘志云、刘盛：《供给侧改革背景下的经济法：挑战与回应》，载《政法论丛》2017年第4期。

② 王昌林：《大众创业万众创新理论初探》，人民出版社2018年版，第205页。

竞争带来新挑战，可能衍生出新的垄断和不正当竞争行为，需要完善相应的竞争法律规则，营造公平、有序的竞争环境；推动“双创”发展要求放宽市场准入，完善市场退出机制，形成优胜劣汰长效机制；在产品质量监管和消费者保护方面也需不断调整以适应发展需求；科技成果转化方面应突破原有制度障碍，创新激励机制，加快科技成果转化。

四、推进“双创”发展的经济法路径探析

（一）经济法价值冲突：平衡与消解

随着“双创”的推进，经济法的秩序与自由、效率与公平、发展与安全等价值之间冲突凸显，但这些价值追求间并不是非此即彼的关系，存在较大的弹性调整空间。在秩序与自由冲突方面，经济法保障市场主体在法律范围内的经济自由，但若出现垄断、不正当竞争等损害市场竞争秩序的行为，则需通过完善反垄断、反不正当竞争等法律对市场主体自由进行限制，维护竞争秩序；对于弱势群体，经济法应在政策和法律方面给予更多倾斜保护，更强调对总体效率和全局效率的追求，实现社会整体利益最大化，在效率和公平之间找到最佳平衡点；推进“双创”是为了培育经济增长新动力，促进经济持续健康发展，注重保护经济发展权的同时，应重视经济法制度设计中安全价值的不足，注重维护经济主体、宏观经济运行和市场竞争领域的安全。

（二）经济法主体地位：定位与调适

首先，要明确政府、社会中间层主体与市场主体在“双创”中的定位和作用。政府在“双创”过程中并不是管理者的角色，应转化政府职能，扮演好服务者的角色，为创业创新营造良好生态环境；社会中间层主体是在政府与市场主体间起中介作用的组织，更能敏锐感知到政府的政策倾向与市场主体的现实需求，应通过提供准公共物品的形式鼓励市场主体创业创新；市场主体则是推动“双创”发展的关键与核心力量，应强化企业作为“双创”主力军的地位和作用。

其次，要理顺政府与市场的关系，关键就在于对政府和市场边界进行动态

调整，不缺位、不越位。政府应通过部际联席会议等制度加强对“双创”的组织领导，加强顶层设计和组织协调；积极转变职能，深化“放管服”和商事制度改革，简化行政审批手续和事项，进一步完善公平竞争审查制度，为“双创”营造一个公平竞争的大环境；优化财税政策，提供普惠性金融服务，实行差异化、包容性金融监管；加快创业创新平台建设，为“双创”提供更优质的公共服务。同时还要充分发挥“看不见的手”的作用，遵循市场经济运行规律，充分尊重市场主体的意愿，增强市场主体在“双创”中的话语权，通过发挥市场在资源配置中的决定性作用，提高资源配置效率，释放各类市场主体创业创新活力。

最后，要平衡“双创”主体间的差异。除要在财税优惠、融资担保、创业基地和平台建设方面采取措施扶持小微企业健康发展外，还要加快创业创新要素在大中小企业间的流通，提升大中小企业融通发展水平，发挥大企业对中小企业的带动作用，形成大企业“顶天立地”，中小企业“铺天盖地”的局面；在对待国有企业和民营企业的问题上，要坚持“两个毫不动摇”，出台支持民营经济发展的法律法规，保护民营企业合法权益，为民营企业发展提供良好的法治环境和营商环境；草根创业者和精英创业者、农村创业者和城市创业者在创业创新方面有自身的优势和劣势，应根据不同群体的实际状况有针对性地进行就业培训和服务，实现创业带动就业的效果。

（三）宏观调控的完善：调节与扶持

我国历来重视通过制定规划促进产业发展，整体规划方面，出台了《中华人民共和国国民经济和社会发展第十三个五年规划纲要》《国家创新驱动发展战略纲要》《中国制造2025》等整体性、综合性规划。专项规划方面，我国就人工智能、大数据等产业已经出台了相应的专项规划。目前正陆续编制、出台如《新能源汽车产业发展规划（2021—2035年)》等相关专项规划，进一步完善专项规划体系。此外，我国可以借鉴日韩产业政策法制化模式，防止产业政策碎片化，保证产业政策在法律保障下得到有效实施。关于不同地区“双创”发展差距问题，应立足整体，加强区域间“双创”发展的互动性和协同性，形成各具特色、协调发展的创业创新格局。

加大财政资金对“双创”的支持力度，除加强财政补贴、减免行政性收费等直接方式扶持力度外，可以设立各类专项基金、创业投资引导基金，促进各类基金间的协同联动，发挥财政资金的杠杆放大作用，解决在创新创业初期市场配置资金的失灵问题；在政府采购方面，采用编制采购预算预留份额、评审优惠、价格扣除、消除门槛等措施向专新特精中小企业倾斜，还可以建立预付款保函等制度减轻中小企业财务负担，为企业创新分担风险。此外，政府须强化对财政资金支持创业创新的执行与监管，提高引导基金的市场化运作效率，完善对资金使用情况的绩效评价制度。

税收优惠方面，首先，除给予“双创”主体免税、降低税率等直接性税收优惠外，还可采用固定资产、研发设备加速折旧；研发费用加计扣除；税收抵免、税前扣除政策；亏损结转抵补等间接方式减轻“双创”主体的税收负担，体现税收优惠的正向激励作用。其次，不仅要为众创空间、科技企业孵化器等载体和平台、各类创业创新主体提供普惠性的税收优惠，还要针对不同主体、产业、地区制定特惠性的税收优惠政策。此外，因我国长期以来对政策灵活性的偏好，导致我国支持“双创”的税收优惠多表现为政策多且分散于不同的规范性文件中，应加强税收优惠政策的系统性和稳定性。

种子期、初创期、成长期、成熟期的企业因发展阶段不同，对金融产品和服务的需求也不同，应围绕“双创”主体需求提供多层次、差异性、精准性的金融产品和服务。通过扩大投贷联动试点范围、完善债权、股权、知识产权等方式拓宽融资渠道；通过加强政银担合作、完善政府性融资担保体系等担保机制分散风险；通过强化对风险投资法律监管等风险管控方式，提高对“双创”金融产品和服务的风险容忍性，加强风险应对能力。

（四）市场规制的健全：监管与保护

以“互联网+”促进创业创新模式为例，互联网与经济社会各领域深度融合，在促进“双创”和跨界融通方面发挥了重要作用，但也常为了争夺用户资源激烈竞争，在很多领域出现了寡头垄断状态，恶性竞争和不正当竞争行为多发，对此应创新监管方式，分领域制定监管规则和标准，完善竞争政策和监管法律体系，同时采取包容审慎的态度，为新业态的发展留足空间；在市场准入方面，放宽准入条件，清理不必要的行政许可和资格认证，降低准入成本，为市场主体进入市场提供便利，同时要完善市场退出机制，保证市场竞争的活力与秩序；对新兴产品和服务，应出台相应的标准，保证产品的质量和服务水平，还要针对互联网平台经济侵犯消费者合法权益行为的新特点、新方式完善对消费者合法权益的保护，为消费者提供切实可行的争议解决方式和救济渠道。

在科技成果转化方面，一要赋予科研机构和人员更大自主权，激发科研人员的热情。鼓励科研人员经单位同意离岗创业、兼职创新或在职创办企业，完善薪酬、股权、期权、分红等激励分配机制，发挥市场机制对科技成果转化的推动作用；二要鼓励高校、研发机构建立专业化技术转移机构，通过转让、许可、作价投资等方式转移科技成果；推动产学研融合，以市场需求为导向，解决产业发展与学校、科研院所研究“两张皮”的问题；三要强化对科研项目的管理，严格根据任务书的约定进行考核，并及时予以调整或取消。项目结束后进行跟踪评价，关注科研项目成果的转移转化，追究对科研态度不端、弄虚作假者的法律责任；四要保护科技成果转化中的知识产权，加大对知识产权的保护力度，完善对侵害知识产权的惩罚性赔偿制度。

结　语

一方面，经济法为“双创”提供了理论支撑和法治保障。另一方面，“双创”的发展也倒逼经济法不断更新理论观念，完善各项具体制度。它要求经济法的回应注重本土性与学习国外经验相结合，注重政策和法律的衔接，注重不同区域“双创”发展的平衡，注重营造鼓励创新宽容失败的氛围等。推进“双创”的过程不仅是促进我国经济动能转换的过程，更是不断提高经济治理能力和治理水平，追求经济法治实现的过程。

“一带一路”背景下PPP模式面临的法律风险及应对

黄晓燕* 王倩楠**

摘 要：自习近平总书记提出“一带一路”倡议以来，受到全世界的关注。“一带一路”为我国企业走出去打开了一扇大门，掀起了一股对外投资的热潮。PPP模式由于其众多的优势，成为我国企业对外投资模式的首选。在此背景下，法律风险的防范对于我国企业“走出去”有着极其重要的意义，本文将从PPP模式在“一带一路”沿线国家的投资情况以及PPP模式所面临的法律风险进行阐述和分析，主要从政府层面和企业层面两个方面提出了相应的应对措施。

关键词：“一带一路” PPP 法律风险

引 言

“一带一路”沿线有65个国家和地区，包括蒙古国、东盟10国，中亚5国，西亚18国、南亚8国、独联体7国以及中东和欧洲16国。由于沿线国家政治、经济、文化、宗教的差异，我国企业在对外投资时面临着很大风险，PPP（Public Private Partnership）因其自身的优势，实现政府和企业共担风险、共同盈利，成为主要的基础设施的投资方式。但由于沿线国家地处不同的法系，以及受宗教、文化以及政治的影响，我国对外PPP投资面临着众多的法律风险，如何应对这些法律风险成为目前最为棘手的问题和挑战。

---

* 山西大学法学院副教授，主要研究方向为国际经济法。

** 山西大学法学院经济法专业硕士研究生，主要研究方向为国际经济法。

一、PPP模式在“一带一路”沿线国家投资现状分析

（一）PPP的含义及法律关系分析

1. PPP的定义及基本特征

PPP模式是Public Private Partnership的英文缩写。目前还没有广泛认可的PPP定义，不同国家和组织制定了许多不同的定义，这些定义之间存在一定的差异。一般理解为PPP是指政府部门和私人企业建立合作伙伴关系，通过长期的合作提供公共产品服务。① 这种合作方式具有平等自愿、合作共赢、风险共担的特点，因而备受投资者的青睐。

虽然PPP没有统一的定义和概念，每个地区和国家对PPP都有不完全一致的理解，但其涵盖的PPP概念都包含以下三个基本特征：伙伴关系、风险分担和利益共享。

（1）伙伴关系即合作关系。在PPP模式中，政府部门和社会资本双方主体平等，政府部门的职能发生转变，作为合同的相对人，与社会资本平等合作，受PPP合同的约束，在合同范围内行使自己的权利和义务。

（2）风险分担。风险贯穿着PPP项目的始终。风险的配置和分担在PPP项目合作中尤为重要。这就要求我国企业在对外签订PPP合同时，要合理地运用和把握风险机制的转移，政府通过和企业合作，将各自的风险降至最低，这样不仅能推动投资者投资的积极性，也能为政府方带来收益。

（3）利益共享。如果PPP项目得以实施成功，PPP的参与方都会受益。PPP模式的建立就是为了以最小的投入获得最大的收益，尽管各方的动机和需求可能不同，但PPP中的所有利益相关者都可以获得利益。政府通过灵活的发展机制扩大其能力，社会资本方获得投资机会，最终用户享受到有效的基础设施和服务。

2. PPP法律关系分析

我国对外开展PPP项目涉及的主体较多，一般来讲，PPP项目包括政府方、

---

① 菲利普·凯利：《制定公私合作（PPP）法律》，载《国际经验观察意见》2016年第4期。

社会资本方和项目公司。政府方一般是指当地的政府部门，但根据不同国家的规定，有的国家有专门的机构负责 PPP 项目；社会资本方就是指私人企业。就我国来说，对外进行 PPP 项目投资的大部分都是大型国企或者央企，这样的企业一般都有较为雄厚的资金支持和稳定的社会信用；项目公司是由政府方和社会资本方以 PPP 合同的形式成立的一个 PPP 项目公司，即合作形式。项目公司负责 PPP 项目的运营过程。但有的 PPP 模式并没有专门的项目公司，而是由投资方直接进行投资，政府方和社会资本方签订 PPP 合同来规范各自行使的权利和承担的义务。

在 PPP 项目中，由于涉及的法律主体和法律关系众多，本文仅对主要的 PPP 法律关系进行简要分析。PPP 模式是一种内在结构相对灵活的合作模式，一般是根据政府的授权成立 PPP 项目委员会或者委托代理机构，再由 PPP 项目委员会设立 PPP 项目公司，二者之间是特许协议关系，同时私人投资者与 PPP 项目公司之间存在着股权协议，私人投资者持有 PPP 公司的股权，成为公司的股东，按照比例对利润进行分配。除此之外，PPP 项目公司与银行等金融机构签订贷款协议，二者之间存在着借贷关系。PPP 项目公司为日常的运营机构，与设计单位签订设计合同，与施工单位签订施工合同，与供应商签订供应合同，与运营商签订管理合同，与用户签订购买合同。根据项目的不同特点，可能还会涉及更多的参与者，比如保险公司和咨询公司等。

（二）“一带一路”沿线国家 PPP 投资现状分析

根据 PPP 知乎大数据显示：截至 2017 年 4 月底，“一带一路”沿线 64 个国家 PPP 项目总计 865 个，总投资额约 5029 亿美金，项目平均投资额 5.8 亿美元①。

首先从投资的数量上来看，仅南亚的 PPP 投资数量就达到了 420 个之多，占整个“一带一路”沿线国家的投资数量的一半以上。排名第二的是东盟 10 国和西亚 18 国，其 PPP 的投资数量分别是 135 个和 131 个。中东欧 16 国，其 PPP 项目数量为 122 个，独联体的 PPP 项目数量为 51 个。中亚 5 国，其 PPP 项目数量最少，只有 6 个。

---

① 肖光锐、王忆南：《“数”说一带一路 PPP 机会》，http：//www. chnihc. com. cn/research – industry/successful – game/01/21843. html。

其次，从PPP项目的投资额来看，南亚的PPP投资数量虽然占总PPP投资数量的一半以上，但其投资额只占到总投资额的五分之一，为1525亿美元。东盟10国和独联体，其PPP投资额分别为1175.3亿美元和992.3亿美元。西亚18国和中东欧16国的投资额，分别各是706.9亿美元和607.5亿美元，投资额最少的是中亚，为20.8亿美元。

最后，从PPP的行业发展分布来看，投资PPP项目的主要针对的是基础设施的建设，主要行业集中在交通、电力、油气、可再生能源等方面。其中交通和电力在PPP项目中所占的比重最多，分别为22%和21%，可再生能源和油气，分别占到20%和15%，社会防卫、水利、采矿和电信，分别占到总行业的10%、5%、4%和3%。

二、"一带一路"PPP模式面临的法律风险

"一带一路"沿线国家法系众多，各国法律规定不尽相同，我国企业在对外PPP投资过程中面临着不同的法律风险，这些风险往往会直接或间接地影响到PPP项目的投资。[①] 本文将从市场准入、劳工、税收、环境保护等方面对PPP面临的法律风险进行阐述和分析。

（一）市场准入的法律风险

在市场准入方面，首先是对市场准入的门槛高低不同，发达国家往往没有过高的市场准入要求。例如，美国主张资本主义市场开放，有很宽松的市场准入，除涉及国家安全及国家秘密方面，没有过多的限制。但在一些其他国家，主要是发展中国家，对市场准入的要求相对严苛，比如当地成分、数量限制等。有的国家有很严格的市场准入门槛，并且设立了专门的委员会。[②]

"一带一路"沿线国家大多为发展中国家，经济发展不平衡，不充分，对外资的入境审查有严格的要求，有的国家可以以"国家安全"为由拒绝外资入

① 中国社会科学院世界政治和经济研究所：《中国海外投资国家风险评级》，http://www.ccpit.nanning.gov.cn。

② 张瑾：《"一带一路"投资保护的国际法研究》，社会科学文献出版社2017年版，第53页。

境投资，这种审查方式具有很强的随意性。并且对外资企业在股权转让和退制上也有很大的限制，如哈萨克斯坦新修订的《矿产和矿产资源使用法》中规定，若在战略意义上的油气合作活动影响到哈萨克斯坦经济利益并威胁到国家安全时，哈萨克政府方有权拒绝，甚至可以单方面宣布终止合同。除此之外，有部分中东国家不允许外资独资企业或外资控股企业承包工程项目，如阿联酋规定在建设施工过程中，选购材料时必须从其提供的供货商名单中进行购买，并且若使用起重机、推土机等重型机械设备时，不得由其公司以外的其他人员进行维修。沿线国家对外资的审查以及对企业成分的要求无疑会阻碍我国企业对外 PPP 项目投资的进程。

（二）劳工风险

在劳务方面，不同国家对劳务的规定各不相同，比如土耳其的《劳动法》中对中国人在当地劳动有明确的规定，要求企业在雇用劳动力时必须按照 1∶5 的比例雇用外地劳动力和本地劳动力，也就是必须保障本地劳动力的就业率。因土耳其长期存在失业率较高的问题，所以土耳其政府认为外国劳务进入本国会给本国的劳动力带来就业竞争力和压力，因而对外国劳务的进入设置障碍。① 还有阿联酋国家，对于一些特定就业岗位，必须优先录用阿联酋国籍的工作人员，并且近年来还出台了一系列的限制外来务工人员的措施和制度，大大减少了我国员工进入当地就业的机会。我国首钢集团也曾面临劳务风险。首钢集团深陷劳资纠纷是导致其在秘鲁投资项目进程缓慢的一个重要原因。自 1992 年首钢投资秘鲁铁矿，在这二十多年间，已经发生过大大小小四十多起工人罢工事件，最近的一次千人大罢工是发生在 2014 年 8 月，铁矿人开始无限期地罢工，原因是要求加薪，这已严重阻碍了首钢的发展，致使铁矿效益低下。首钢秘鲁公司的生产会受到当地工人罢工的影响。除此之外，海外工会对海外投资产生一定的阻力，海外工会与当地工人们有着千丝万缕的关系，经常会组织当地工人有组织地罢工。因此我国企业在对外 PPP 投资时，应尽量缓和与当地工人的劳动关系，同时也要恰当地处理与当地劳动组织的关系。

① 孙南申：《PPP 模式投资风险的法律规制》，载《国际商务研究》2018 年第 3 期。

（三）税收法律风险

“一带一路”横穿不同的法系国家，沿线国家有大陆法系，英美法系，还有伊斯兰教法系，不同法系对税法的规定参差不齐，存在着很大的客观差异，沿线国家除了极少数的发达国家和欠发达国家之外，大部分都是发展中国家，这些国家的税收制度往往都不够完善。有的国家税收法律环境不好，法官有很大的自由裁量权；有的国家虽然法律规定清晰但缺乏相应的执法人才，这些都给“走出去”的企业带来了严峻的挑战。据中国外交部的数据调查显示，有60%的“走出去”企业都面临着税收问题。

首先是双边税收协定的滞后。目前我国已与“一带一路”沿线中的53个国家签订了双边税收协定，覆盖范围较广，但仍存在着很多的不足。我国最早签订的双边税收协定的目的是引进外资，为外国投资者提供一个良好的投资环境，因而早期的税收协定都是偏向于保护外国投资者，但由于近年来我国经济的高速发展，国际综合地位的提高，再加上我国提出了“一带一路”倡议，我国已由原来单一的资本输入国转换为资本输出和资本输入并举的双重身份，原来的税收协定已不适应现在形势的发展，再加上我国与沿线国家的双边税收协定大部分签订的时间都集中在20世纪80年代至90年代，早期的双边税收协定已不适应我国现阶段的经济发展要求，针对目前的情况，我国应对原有的双边税收协定加以更新和完善。虽然我国已与大部分沿线国家签订了双边税收协定，但还有少数国家未与我国签订，应尽快落实尚未签订双边税收协定的国家，推动“一带一路”建设的顺利实施。

其次涉及双重征税的问题。我国企业在对“一带一路”沿线国家进行投资时，各国行使各国的税收管辖权。企业不仅仅要对东道国政府进行缴税，同时投资者的母国也会对其征税。这样会导致投资者的税务负担过重，打击企业对外投资的积极性。为了鼓励企业对“一带一路”沿线国家的投资，我国一般采用的是税收抵免法来消除国家之间的重复征税。例如，中英双边税收协定中就对税收的饶让条款作了明确的规定。但目前来看，“一带一路”沿线国家仍有12个国家未与我国签订避免双重征税的双边税收协定，这将影响我国企业对相应国家PPP项目的投资。

（四）环境保护的法律风险

随着经济全球化进程愈演愈烈，环境问题也日益突出，有的国家对外资企业有着极高的环境要求，并且将其环境影响列为项目能否成功中标的重要因素之一。近年来，由于东道国政府对外企在环境保护方面的管理和要求越来越严格，且不断提高环境排污费等环保收费。在以往的投资中，就有发生过因中国企业不了解当地的环境保护法规，为了减少成本，压缩了该企业在处理污水、废弃、噪声等处理系统的投入，导致违反当地的环境保护方面的法规。就目前形势来看，环境与一国的形象紧密相连，一旦发生严重的环境污染事故，该企业往往会受到当地政府和民众的舆论压力，甚至会上升到对该国家形象和地位的质疑。

目前，世界各地对环境问题越来越重视，出台了一系列的文件和法规，我国企业对外投资过程中对环境注重较少，环境意识比较淡薄，往往是急于收获投资回报，忽视了对当地环境造成的负面影响。例如，2015 年我国企业对外投资的墨西哥加勒比海边坎昆市郊的中资商城项目——“坎昆龙城”，但因破坏生态平衡和当地的环境保护法律以及长期欠缴罚款被墨西哥政府全面叫停。中东国家大部分属于热带沙漠气候，几乎所有的国家年平均降水量在 100 毫米以下，因此这些国家对环境有着很严格的要求，并且对企业和工厂在当地的设立有着诸多的限制，并要求进行环境评估和报告。因此，我国在对外进行 PPP 投资时，应提前了解当地的环境要求，并对我国企业做好环境评估，避免因环境污染导致项目的终止。

三、“一带一路”PPP 模式法律风险防范措施

（一）政府层面的风险防范措施

我们在对东道国投资之前，我国企业一定要提前了解东道国的投资环境以及所面临的风险，准备好相关工作，制订合适的投资方案，这样方能“未雨绸缪”，即使在诉诸东道国法院时，我们也能够做到充足的准备，减少因对东道国法律认识不足而导致诉讼失败的结果。

1. 加强政治合作，为投资者营造良好的投资环境

“一带一路”样本国家的投资风险略高于整体水平，而良好的对华关系有助于降低“一带一路”的投资风险。在“一带一路”PPP 投资中，应充分发挥好政府的作用，首先要加强政府之间的合作。与东道国保持良好的政治外交关系，为我国投资者营造一个良好的投资环境，针对法律风险这些非商业性不可抗力风险，政府要尽可能地完善海外保险制度，降低海外投资者的风险。

此外，政府可以制定专门的投资风险蓝皮书，梳理在对“一带一路”沿线国家 PPP 投资过程中面临的主要法律风险分析及国别研究，为企业在投资前提供最新的信息和引导，应优选政治和法律环境相对稳定的国家进行投资。做好环境和社会影响评估，在执行项目之前检查项目的环境和社会影响。① 也可以基于“中国海外投资国家风险评级”建立一个案例库，以更好地发挥“中国海外投资国家风险评级”对对外直接投资企业的指导作用。

2. 做好“顶层设计”，完善我国 PPP 法律建设

我国的 PPP 相关立法还处于空白和起步阶段，目前我国没有一部专门的 PPP 法律，关于 PPP 方面的立法包括发展改革委发布的《政府和社会资本合作项目通用合同指南》以及财政部发布的《PPP 项目合同指南（试行）》，我国关于 PPP 相关法规主要以部门规章为主，且立法层级过低。在 2015 年公布的《政府和社会资本合作法（征求意见稿）》只是一个意见稿，到目前为止还没有生效。关于 PPP 的相关适用大部分还是参照《行政诉讼法》。因此，只有完善和加强我国 PPP 专门立法，为我国企业“走出去”提供强有力的法律依据，做到有法可依，才能更好地维护和保障我国企业的合法权益②。

（二）企业层面的风险防范措施

1. 企业尽职做好法律调查

对东道国风险评估不充分，应对能力不足是很多企业对外投资失败的主要原因。跨境投资本来就是一项涉及多方面因素的政治、法律和经济活动，投资

① Asian Development Outlook（ADO）2017 Update：Sustaining Development Through Public – Private Partnership，https：//www. azernews. az/tags/2902/.

② 漆彤：《“一带一路”国际经贸法律问题研究》，高等教育出版社 2017 年版，第 109 页。

者要尽职做好相关的法律、政治、人文、环境等多方面的调查。首先，做好合同审查，尤其是对合同的适用准据法、司法管辖权，以及争端解决方式的约定要认真审查和调研。完善 PPP 项目合同，提高防范意识和应对防范的能力，通过完善合同来规避法律风险。

由于“一带一路”沿线国家政治法律环境复杂，我国企业在做跨境 PPP 项目之前，一定要充分了解东道国相关的法律规定、认真客观地评价目标区域社会的政治经济形势、国家政策发挥、市场需求和资源情况，东道国政府的投资意愿、国家环境因素、政局是否稳定以及其可能带来的风险，尽可能地规避风险，做好预防工作，防患于未然。①

2. 认真研究《对外投资合作国别（地区）指南》

2019 年 1 月 29 日，商务部正式对外发布《对外投资合作国别（地区）指南（2018)》，满足了企业对正规投资资讯信息了解的迫切需求。新版指南对原有数据、信息及政策法规等内容进行了全面更新，确保企业及时了解东道国（地区）投资环境。但对东道国的法律审查并非仅此而已，该指南并未覆盖所有的“一带一路”国家，因此，当企业决定要“走出去”之前，一定要尽职地做好法律方面的审查工作。

3. 积极配合当地政府的工作，协调好与东道国政府以及当地民众的利益，减少不必要的矛盾和摩擦

PPP 项目公司可以设立专门的风险防控部门，对 PPP 项目过程进行风险评估与预测，制定项目可行性分析和报告，制定相应的解决措施，尽可能地将风险控制在最小。

4. 充分利用当地劳动力

企业在用人方面，充分利用当地的劳动力，不仅可以缓解当地的就业压力，并且雇用当地人可以更好地让企业了解当地的社会文化环境和风土人情，增加企业与当地人的交流，缓和矛盾，从而为当地提供更好的公共服务。

（三）注重人才的培养，引入专家机制，为 PPP 投资保驾护航

我国对“一带一路”国家的投资进行得如火如荼，但由于历史及社会原

① Andreas Wibowo and Hans Wilhelm Alfen: Government - led Critical Success Factors in PPP Infrastruture Development, Built Environment and Asset Management, 2015, p. 45.

因，我国对外开放程度较低，开放起步晚，思想较为保守，因而在人才的培养方面较为匮乏，缺乏专门的机构结构和组织能力。“一带一路”沿线国家超过一半的经济体缺乏专门的PPP单位。世界银行报告指出，有效的国家PPP单位与成功的PPP项目之间存在高度正相关关系。

由于PPP投资金额大，运行周期较长，而且我国对外投资的主体一般都是国企，央企这样的大型企业，往往会涉及我国国家经济命脉，PPP投资的失败会给我国企业甚至国民经济带来一定的影响和损失，因而应建立一支专业的涉外PPP专家团队，为整个PPP投资过程提供优质高效的咨询服务和法律服务。除此之外，应培养优秀的法官和仲裁员。无论是国际法院还是其他的国际性仲裁机构，其仲裁员和法官大多来自发达国家。随着我国国际地位日益提高，我国对外投资趋势呈持续性的增长，随之而来的纠纷和争议也越来越多，对此，我们应该提高我国法官和仲裁员在国际争端机构的所占比重。

必须加快对涉外PPP人才的培养，这不仅是为“一带一路”建设输送人才，为我国企业对外PPP投资提供后方保障，也是我国加快“一带一路”建设，构建人类命运共同体，建设创新型国家的战略意义所在。

（四）健全和完善海外保险制度

我国目前还没有出台一部《海外保险法》，我国现阶段适用的《保险法》总则中的第三条规定：“在中华人民共和国内从事保险活动，适用本法。”从中可看出，对自然人和法人从事的境外的保险活动并不在保护范围之内。

我国于2001年成立了中国出口信用保险公司，是唯一的提供出口信用保险服务的企业。“一带一路”的倡议提出来以后，中国信保承保的海外投资数额大幅增长，但由于我国对海外保险制度的缺失，在立法方面存在着空白，在实际操作中还有大量弊端。欧美发达国家大都制定了海外投资保险制度来保障其国民对外投资的利益，美国是第一个建立海外投资保险制度的国家。美国的海外投资保险与一般的商业保险不同之处在于其承保范围包括私人直接投资的非商业风险，私人在海外投资遭遇东道国政府内乱、暴动以及其他不可抗力因素导致的损失，私人可以直接找母国进行索赔，本国政府进行索赔后，可以依据两国签订的条约对东道国进行代为追偿。我国关于海外投资保险制度没有相关立法，只有最高人民法院在2013年出台的《关于审理出口信用保险合同纠纷案件适用相关法律问题的批复》。这是一部关于合同适用的批复，具有指导性建议，不能从根本上解决问题。随着“一带一路”倡议的提出，我国对“一带一路”沿线国家的投资额大幅增长，并且随着 PPP 项目进一步推进，我国对外投资额在未来会有更大的增长空间。完善海外投资保险制度，有利于规避我国企业在对外投资的过程中遭受的法律风险，维护我国企业的利益。

结　语

随着“一带一路”的深入开展，不仅为我国企业“走出去”提供了良好的契机，也带动了沿线国家一系列经济发展。我国对沿线国家的 PPP 项目投资会只增不减，我国投资者在东道国面临的法律风险如果不加以控制，会严重打击企业投资的积极性。因而，我们在促进对外经济交往时，我国政府和企业都应尽职做好风险防控工作，也应不断完善我国相关法律，为我国企业在海外 PPP 投资提供强有力的后方保障。

我国台湾地区金融科技监管沙盒制度的启示与借鉴

温树英[*] 蒋鹏晋[**]

摘 要：我国台湾地区金融科技监管沙盒制度具有明显特点与优势：以专法形式构建系统化的监管沙盒制度，不仅有利于节约立法成本，而且便于法律、法规的有效实施；监管沙盒立法兼顾规则性和灵活性，既明确监管沙盒具体运行规则，又赋予主管机关较大的自由裁量权，为金融科技业者营造了稳定的创新发展空间；针对金融科技的高风险，以一般金融消费者保护措施为基础规定了特定的、高水平的金融科技消费者权益保障措施。我国具有设立监管沙盒的环境和条件，可以借鉴我国台湾地区监管沙盒制度，建立专法化的金融监管沙盒。

关键词：监管沙盒 金融科技 金融稳定 金融创新 金融消费者保护

金融科技的发展有利于创新金融商业模式，提高金融效率，促进普惠金融。但是，金融科技产品和业务模式的不确定性、金融科技公司与现有金融机构的利益冲突，以及金融科技监管的模糊性等问题对现有的金融监管提出了严峻挑战。面对金融科技发展机遇与挑战并存的现实，自 2015 年开始，英国、新加坡、澳大利亚等国和中国香港地区相继以政策文件设立监管沙盒的方式创新金融科技监管。监管沙盒是指由金融主管机构为金融科技公司（包括受监管和不受监管的实体）提供测试机会，测试实体根据议定的测试计划，在监管机构监

* 山西大学法学院教授，主要研究方向为国际经济法。
** 山西大学法学院经济法学专业硕士研究生，主要研究方向为经济法。

督下测试创新性的金融产品、金融服务或商业模式。① 其实质是对金融创新进行早期干预和试验性监管。我国台湾地区金融监管机构2018年通过以“金融科技发展与创新实验条例”（以下简称“条例”）为主的系列金融科技法律法规，正式建立我国台湾地区监管沙盒制度。② 作为全球首个监管沙盒法律化的地区，我国台湾地区监管沙盒制度具有明显的特点与优势，分析与认识这些特点与优势对我国金融科技监管的完善和金融科技健康发展具有重要意义。

一、我国台湾地区金融科技监管沙盒制度的主要内容

“条例”是我国台湾地区金融科技监管的基础性法律。为完善金融科技创新实验监管，台湾地区金融监管机构依据“条例”制定了“金融科技创新实验管理办法”（以下简称“管理办法”）、“金融科技创新实验审查会议及评估会议运作办法”（以下简称“运作办法”）。“条例”“管理办法”“运作办法”对创新实验的申请及审查、创新实验的监督管理、消费者保护等进行了具体规定。

（一）创新实验的申请及审查

1. 创新实验的申请

根据“条例”，创新实验是指以科技创新或经营模式创新方式从事属于主管机关许可、核准或特许的金融业务实验。自然人、独资或合伙事业和法人，都可以向主管机关提出办理创新实验的申请。申请包括准入申请、延长申请以及变更申请。

就准入申请而言，申请人应向主管机关提交完备的申请文件。申请文件不完备的，申请人应于规定期限内予以补充。若经审查会议审定申请文件不完备且未依主管机关予以补充的，或申请文件内容有虚伪不实的，主管机关应驳回申请。主管机构应于受理申请后60日内完成审查及做出核准或驳回创新实验的决定，并将审查决定以书面形式通知申请人。

---

① The European Supervisory Authorities, FinTech: Regulatory Sandboxes and Innovation Hubs, p. 5.

② 不同国家和地区对于金融科技的试验性监管模式有不同的称呼：英国、新加坡、澳大利亚、中国香港称为“监管沙盒”；我国台湾地区称为“创新实验”。

就延长申请而言，创新实验期以一年为限，申请人应于实验期限届满前一个月内向主管机关提交延长申请书。延长以一次为限，最长不得超过六个月。但创新实验内容涉及应修正法律时，其延长不以一次为限，全部创新实验期间不得超过三年。若经主管机关审查申请文件存在规划不合理、不利于金融市场、损及消费者权益或未根据主管机关改善要求予以完善的，主管机关应于原实验期间届满前，作出驳回延长申请决定，并书面通知申请人。

就变更申请而言，经主管机关核准的创新实验计划原则上不得变更。但其变更未涉及创新业务的重要事项且对消费者的权益无重大影响的，申请人应向主管机关提交变更申请。① 主管机关应在收到申请后一个月内作出决定，并以书面通知申请人。申请人应于变更起五个营业日内以书面形式通知主管机关。

2. 创新实验申请的审查

台湾地区金融监管机构是创新实验的主管机关。对于创新实验申请，台湾地区金融监管机构应根据“运作办法”的规定召开审查会议，对申请人和所申请业务进行审查。

对于申请人的负责人与代理人，不得存在“公司法”第30条规定的排除情形；② 不得存在银行法等法律规定的相关金融犯罪未逾五年的和违反相关金融法律，经主管机关撤换、解任或解除职务未逾五年的情形。在创新实验核准后至创新实验期间届满日止，负责人或代理人出现前述消极资格的，主管机关应废止创新实验的核准决定或命其限期更换代理人。

对于申请业务，“条例”和“管理办法”制定了详细的审查基准。具体包括七个要件：一是创新实验规模，即创新实验所涉金额。实验期间，申请人与

---

① 重要事项是指办理创新实验须经主管机关许可、核准或特许的金融业务、运用的科技创新或经营模式创新方式、达成实验效益的衡量基准。这些事项均属创新实验根本精神所在。

② 我国台湾地区“公司法”第30条规定，有下列情事之一者，不得充经理人，其已充任者，当然解任：一、曾犯组织犯罪防治条例规定之罪，经有罪判决确定，尚未执行、尚未执行完毕、或执行完毕、缓刑期满或赦免后未逾五年。二、曾犯诈欺、背信、侵占罪经宣告有期徒刑一年以上之刑确定，尚未执行、尚未执行完毕、或执行完毕、缓刑期满或赦免后未逾二年。三、曾犯贪污治罪条例之罪，经判决有罪确定，尚未执行、尚未执行完毕、或执行完毕、缓刑期满或赦免后未逾二年。四、受破产之宣告或经法院裁定开始清算程序，尚未复权。五、使用票据经拒绝往来尚未期满。六、无行为能力或限制行为能力。七、受辅助宣告尚未撤销。

所有参与者所签订契约于提供金融商品或服务有效期间内，契约的资金、交易或保险金融总计不得超过新台币一亿元或其等值外币；对单一参与者所涉及的资金、交易、承担风险、消费信贷金额以新台币五十万元为限制，保险商品之保费或保险服务费用以新台币十万元或其等值外币为限；其余金融商品或服务以新台币二十五万元或其等值外币为限。① 二是属于需要主管机关许可、核准或特许的金融业务范畴。三是具有创新性，即创新实验的申请案未与主管机关已核准创新实验的业务性质相同或近似，而且运用未经我国台湾地区金融服务业公开发表、实施或取得专利的科技或经营模式，或是将既有技术或已取得专利的技术、以显著不同的科技或经营模式运用于金融业务。四是有效提升金融服务的效率、降低经营及使用成本或提升金融消费者及企业权益。五是申请人已完整评估创新实验对金融市场、参与者及申请人可能造成的最大风险。同时，申请人已订立独立有效的风险管理机制，包括实验产生的风险动态、风险监控机制和应对处理机制。六是申请人建立消费者保护措施并预先准备适当补偿。七是其他需要评估的事项。②

主管机关应于受理申请案件后六十日内完成审查并做出核准或驳回的决定。主管机关核准申请案件后，应将申请人名称、创新实验内容、期间、范围、排除适用的法规命令与行政规则及其他相关资讯披露于机关网站。截至 2019 年 7 月，台湾地区金融监管机构已核准 3 件金融科技创新实验申请案。③

（二）创新实验的监督管理

对于核准的申请人，“条例”和“管理办法”规定了如下义务：

第一，及时开始创新实验的义务。申请人应在收到主管机关核准通知之日起 3 个月内开展创新实验。未依规定办理的，核准决定失效。申请人应于创新实验开始办理之日起五个营业日内，以书面形式通知主管机关创新实验

① 根据“管理办法”第 5 条规定，该金额限制可以由审查会议依据个别业务性质、保护措施与实际管理需要予以调整。但放宽后的资金总计不得超过新台币两亿元。

② 根据“管理办法”第 10 条规定，其他评估事项主要包括：创新实验排除适用法规命令或行政规则的合理性、退场机制的妥适性、防止洗钱和打击资恐机制的完整性、创新实验计划的具体可行性和申请者经营业务的专业能力等。

③ https：//www.fsc.gov.tw/ch/home.jsp？id＝667&parentpath＝0，7，478.

开始日期。

第二，报告义务。测试期间，申请人应依主管机关要求提出并签署定期报告。定期报告中，申请人不仅要对创新实验有无依主管机关核准办理以及遵守法律情况作出声明，而且应就创新实验计划之办理进度、资讯系统安全控管机制之执行情形、主管机关要求事项之办理情形，以及其他申请人认为应报告的事项等进行报告。除定期报告外，若测试期间发生威胁金融市场和金融消费者权益的突发情况，包括但不限于财务、业务或人事发生重大变化、自行终止创新实验、足以造成消费者权益受损或影响经营的资讯安全事件等，申请人应在情况发生后提出并签署例外报告。主管机关有权要求申请人限期说明或提供关于定期报告和例外报告内容的相关资料，申请人应据实提供。主管机关认为有必要时，有权派员实地访查。此外，测试期间，申请人应采取适当且充足的资讯安全措施。

第三，合规开展创新实验、建立相关管理机制的义务。申请人应依主管机关之核准开展创新实验。若创新实验有重大不利于金融市场或消费者权益的情形、创新实验逾越主管机关的核准范围或违反其附加负担、有经主管机关要求改善而未改善的情形的，主管机关有权废止核准决定。此外，申请人应依参与者之专业性和创新实验可能衍生之风险，建立包括消费者适合度评估、信息披露、争议处理、补偿机制和资讯保护等在内的管理机制。

第四，创新实验测试期满时的义务。创新实验完成后，申请人应在测试期届满之日起一个月内将创新结果报主管机关。主管机关召开评估会议就消费者权益保障、测试期规定的遵循情况和资讯安全管理、说明及确认妥适性等结果评估，并应于创新实验结果文件备齐后六十日内完成评估及建议意见，以书面形式通知申请人及相关机构。对于具有创新性、有效提升金融服务效率、降低经营及使用成本或提升金融消费者及企业的权益的，主管机关应参考创新实验的办理情况，进行检讨研修相关金融法规、提供创业或策略合作的协助以及转介于相关机构。

（三）参与创新实验的消费者保护

“条例”和“管理办法”从四个方面对创新实验申请人的消费者保护义务和措施进行了全面的规定：

第一，一般保护义务。创新实验申请人沿用“金融消费者保护法”（以下简称“金保法”）所规定的金融服务业对消费者应遵守的三项一般义务：申请人预先约定限制或免除申请人责任的条款无效；订立契约应遵守公平合理、平等互惠和诚信原则；创新实验期间，申请人刊登、播放广告和招揽活动时的真实性义务。

第二，说明义务。创新实验申请人应在和消费者订立的合同中明确下列事项：创新实验的范围、重要内容、期间、可能衍生的风险、交易资讯揭露、主管机关核准文号；实验内容涉及投资商品或服务，不可保证运用绩效及收益；申请人与参与者相互之间的权利义务；参与者参加及退出创新实验之机制；涉及申请人收受款项及给付义务，其资金保护及返还措施，并告知所收受款项不受存款保险及保险安定基金之保障；申诉、争议处理及补偿机制；其他经主管机关制定之事项。

第三，制订并执行保护和补偿计划。申请人应根据创新实验的范围、期间和规模，配置合理的人员和资源，制定并执行对消费者的保护措施，并应具备适当的补偿机制。补偿机制包括交付信托或取得银行之履约保证。若经台湾地区金融监管机构审查，认为申请人的保护措施和补偿机制存在不足时，得要求申请人增加保护措施和提高补偿。该补偿机制是指申请人未能依契约提供参与者商品或服务而给予的补偿。对于实验所涉及投资运用标的价值涨跌所导致的损失，不属于补偿机制的补偿范围。对于一般契约争议的赔偿，应由申请人与参与者自行协商争议赔偿事宜，不可动用补偿机制。

第四，争议解决机制。创新实验申请人和消费者因金融商品或服务产生的民事争议解决准用“金保法”的相关规定。具体而言，创新实验申请人和消费者因金融商品或服务产生之民事争议时，消费者应先向申请人提出申诉，申请人应于收受申诉之日起三十日内作适当处理，并将处理结果通知消费者。消费者不接受处理结果或申请人逾期未处理，消费者有权在收到处理结果或期限届满之日起六十日内，向金融消费评议中心申请评议。评议机构评议前应首先由申诉处理人员进行调处。难以调处的则进入评议阶段。评议结果经双方当事人接受而成立。根据“事先书面同意”，申请人对于评议中心作出应向消费者赔付金额在新台币十万元以下的评议决定，应予以接受；评议决定超过该额度，经消费者同意缩减至该额度的，企业也应接受。若企业不履行，消费者可以申请评议机构将评议结果送法院审核。除该评议内容违反法律、公序良俗或有其他不能强制执行的原因外，法院应准予认可。消费者可以以评议书为依据向法院请求扣押申请人资产，请求拍卖等，直接进行强制执行程序。

二、我国台湾地区金融科技监管沙盒制度的特点

我国台湾地区在建立监管沙盒制度的过程中充分借鉴了英国、新加坡和澳大利亚等国的经验，但与这些国家和地区相比，我国台湾地区金融科技监管沙盒制度具有明显的特点。

（一）金融科技监管立法的专门化和系统化

专门化是我国台湾地区金融科技监管立法的首要特征。多数国家和地区的监管沙盒均是以非法律性质的文件或指引方针推动的，如英国金融行为局于2015年11月发布《监管沙盒》，① 新加坡金融管理局于2016年11月发布《金融科技监管沙盒指引》，② 香港金融管理局、保险业监管局、证券及期货事务监察委员会则通过通告的形式分别推出沙盒，③ 澳大利亚证券与投资委员会以《监管指引257》为金融科技监管沙盒的运行指导。④ 我国台湾地区是全球第一个金融监管沙盒法律化的地区。2016年我国台湾地区金融监管机构发布的“金融科技发展策略白皮书”提出建立虚拟法规调适机制，打造友善的法规环境。关于金融科技创新如何立法的问题，曾经有两个立法版本：一是立法委员版本，即在现行相关法律法规的基础上增加监管沙盒相关法规，修正现有法规；二是台湾地区金融监管机构版本，即以单行法的方式构建监管沙盒。鉴于金融科技发展具有高度不确定性，而监管沙盒是在现行监管法规外暂时例外豁免新创业者本依监管法规所应遵守的义务及应负责任，固有鼓励创新的功能，并非常态，

---

① Financial Conduct Authority, Regulatory Sandbox, November 2015.

② The Monetary Authority of Singapore, Fintech Regulatory Sandbox Guidelines, November 2016.

③ 中国香港金融管理局于2016年9月推出《金融科技监管沙盒》；保险业监管局于2017年9月29日推出保险科技沙盒；证券及期货事务监察委员会于2017年9月29日推出证券及期货事务监察委员会监管沙盒。

④ Australian Securities and Investments Commission, Regulatory Guide 257, August 2017.

由于其功能性，或于特定金融科技发展成熟、监管法律进行调适修订后逐渐退场。① 同时，在现行法基础上修订难度大、成本高，且易引起金融业的混乱，威胁金融稳定。基于此，我国台湾地区制定了专门的“条例”。以专法方式构建金融科技创新实验机制，可最大限度地免除金融科技业者违反金融法规的疑虑，加速金融科技创新发展，提升金融业竞争力，兼顾消费者权益及金融市场秩序。

系统化是我国台湾地区金融科技监管立法的又一特征。为实施“条例”，台湾地区金融监管机构制定了“管理办法”“运作办法”“金融科技创新实验民事争议处理收费办法”和“金融科技发展之辅导及协助办法”等配套法规。此外，作为金融消费者保护的专门法律，“金保法”也适用于创新实验中的消费者。“条例”和“管理办法”在专业投资机构的概念、金融业者说明义务的履行及违反说明义务时的赔偿、金融消费争议的解决等方面适用“金保法”的规定。同时，针对金融科技的高风险，“条例”和“管理办法”以一般金融消费者保护措施为基础规定了特定的、高水平的金融科技消费者权益保障措施，如强化申请人的披露范围和义务，专门的保护和补偿计划等。因此，我国台湾地区金融科技监管立法是以“条例”“管理办法”“金保法”为基础，以其他配套办法为补充而构成的完整的体系。系统化立法不仅有利于一般法和特殊法之间的衔接与协调，而且便于法律、法规的有效实施。

（二）监管立法兼具规则性和灵活性

规则性主要体现在我国台湾地区相关立法在创新实验的审查机制、市场透明度方面规定了详细的规则。在创新实验的审查方面，“管理办法”细化和明确了各项创新实验申请审查条件的标准，限制了创新实验的所涉金额，以确保金融风险、市场秩序和消费者保护的可控性；明确了创新实验创新性的定义和条件。在提高创新实验的市场透明度方面，“条例”规定申请人应依主管机关指示说明创新实验情形，必要时主管机关得实地访查。主管机关定期与金融科技业代表和政府相关代表研议、协调与金融科技发展相关的事项。“办法”要

---

① 张冠群：《自金融监理原则与金融消费者保护观点论金融科技监理沙盒制度——兼评行政院版〈金融科技创新实验条例草案〉》，载《月旦法学杂志》2017 年第 266 期。

求申请人向主管机关提供定期报告和例外报告。主管机关的监督、辅导和协助义务与申请人的报告义务相互作用，有利于主管机关和申请人双向交流，密切监测监管沙盒的运作。

灵活性体现为通过赋予金融科技主管机关较大的自由裁量权，为金融科技公司营造相对宽松和稳定的发展空间。首先，“条例”授权主管机关专责单位办理相关事宜。主管机关有权制定创新实验的申请程序、审查基准、驳回事由、实验规模、参与者保护措施、监督管理及其他相关事项的规范，有权依据规则展开个案分析，针对申请人的不同特点作出不同要求和决定。其次，“条例”规定主管机关享有法规适用之豁免权。主管机关有权在其权限范围内豁免相关法规和规则的适用。创新实验范围涉及主管机关及其他机构制定的法规命令或规则的，主管机关基于创新实验进行的必要，得到其他机构同意后，核准创新实验于实验期间排除该法规命令或行政规则全部或部分的适用，并免除申请人相关行政责任。申请人于创新实验期间，依主管机关核准创新实验的范围办理创新实验的，相关法律法规的处罚规定不适用于其创新实验行为。最后，满足特定条件的创新实验申请人，主管机关除了有权检讨研修相关金融法规外，还有权提供创业或策略合作的协助。虽然申请人于创新实验期间或实验结束后准备申请经营所实验的金融业务，仍应依修正后的金融法规申请经营许可，并于取得许可及营业执照后方可开始经营业务，但该主管机关的灵活协助有助于创新实验测试项目落地，相关金融法规的检讨研修等措施为项目落地提供了更多机会和保障。

这种规则性和灵活性相结合的立法方式以明确的规则设计和灵活的自由裁量兼顾了金融创新和金融稳定的平衡，有利于金融科技业者安全稳定地开展创新活动。

（三）完善的消费者保护措施

确保对参与创新实验者及金融消费者的保护是我国台湾地区监管沙盒立法的主要目的之一，“条例”“管理办法”为此规定了全面的保护措施。首先，“条例”和“管理办法”坚持金融消费者倾斜保护原则，以专章详细规定消费者的保护措施。其次，消费者保护事项的完备和保护方式的多样。不同于澳大利亚仅针对个案制定特殊的消费者保护措施，“条例”和“管理办法”不仅有明确的一般消费者保护措施，也有针对不同申请人的特殊消费者保护措施。如

“管理办法”明确规定创新实验申请人应当建立符合规定的管理机制和补偿机制，同时要求相关机制的建立应视申请人的具体情况而予以调整，制定特定的消费者保护措施。考虑到企业办理创新实验时同时开展其他业务，为避免业务间的利害冲突，有效隔离其他损害消费者权益之风险，“管理办法”要求创新实验的账务必须独立，创新业务与非创新业务之间的人员安排、咨询交互运用、营业设备及营业场所的共用方式，不得有利害冲突或其他损及参与者权益之行为。结合创新实验的科技风险和资讯统合管理的特质，“管理办法”还明确规定了申请人的资讯保护义务及损害赔偿机制。最后，注重消费者的细节保护。一是消费者空窗期的保护。申请人在离开创新实验或获准营业期间，若主管机关尚未完成相关法规的修正，申请人的相关测试业务可能停止，产生空窗期问题，影响消费者的合法权益。因此，“条例”规定，主管机关认为需要修正相关金融法律时，最迟应在创新实验届满后三个月内完成草案，并报行政院审查。同时，“管理办法”要求申请人的保护和补偿计划至少涵盖创新实验期间再加六个月。二是创新实验结束后对消费者的通知义务。申请人依法结束创新实验后，应依主管机关核定的退场机制和指定事项执行退场事宜，并通知参与者创新实验结束。

三、我国台湾地区监管沙盒制度对我国金融科技监管的借鉴

作为全球金融科技监管的重要方式，监管沙盒既能解决市场新进者取得资本与特许的两难问题，又能协助监管机关针对未知的创新技术或商业模式探索能够平衡创新与风险的监理路径，同时也逐渐发展成为监管机构用来探索与重塑金融监管边界的监管实验。① 全球新型市场的金融科技发展中，亚太地区独占鳌头。亚太地区金融科技方面的投资在 2014 年到 2015 年增加了三倍，其中 45% 归功于中国金融科技的发展。② 由此可见，中国金融科技具有巨大的发展潜力。2019 年 3 月 8 日，中国人民银行金融科技委员会第一次会议提出逐步建立金融科技监管规则体系，完善创新管理机制，营造有利于金融科技发展的良

① 臧正运：《建构台湾金融科技创新实验的配套机制》，载《月旦会计实务研究》2018 年第 6 期。

② IOSCO, Research Report on Financial Technologies (Fintech), February 2017, p. 65.

性政策环境。监管沙盒是解决2007年至2008年金融危机后监管机构鼓励金融创新和强调监管之间冲突的重要尝试,① 受到越来越多国家和地区的重视，理应在我国金融科技监管的建立与完善中予以关注。

(一) 建立专法化的金融监管沙盒

对于我国是否引进监管沙盒，目前学界主要有两种观点。肯定意见认为，监管沙盒突破了地域限制，提升了监管实验的准确性，目前我国的金融科技监管理念与方式与监管沙盒较为相似。引进监管沙盒有利于实现我国金融监管机构与被监管对象之间的良性互动，减少金融创新的监管成本。② 反对意见认为，设立监管沙盒的国家和地区大多金融业发展成熟，是综合性的金融监管体制。我国现有的相关机制和模式可以承担相当于监管沙盒的功能。因此，目前我国不适于引进监管沙盒。③

笔者认为，我国具有引进监管沙盒的环境和条件。首先，从监管沙盒实践看，监管沙盒的设立基础并非均为统一监管或综合监管。以中国香港为例，香港地区的金融监管模式为分业监管，在此基础上，其建立了银行业监管沙盒、保险业监管沙盒和证券及期货监管沙盒，并在三个沙盒之间建立了联络点，实现三者之间的协调运作。其次，作为金融科技监管的方式之一，监管沙盒与其他金融科技监管方式并行不悖。对于已经发展成熟的创新金融产品和服务，其性质、功能、风险等已被人们识别和熟悉，如P2P，可以制定专法予以规范。但对于其他新出现、发展尚未成熟、难以定性的金融科技新产品和新模式，宜采用监管沙盒展开试验性监管。最后，我国有长期改革试点的政策指导经验和实践基础，监管沙盒临时性和试错性的特点与我国的改革试点理念相似，从而为监管沙盒的引进和本土化提供了理念基础和规则指引。我国试点一般是基于地理区域的试错机制，而监管沙盒是针对金融产品和服务的行业性试错机制。

---

① Ivo Jenik and Kate Lauer, Regulatory Sandboxes and Financial Inclusion, CGAP Working Paper, October 2017, p. 3.

② 李有星、柯达:《我国监管沙盒的法律制度构建研究》,载《金融监管研究》2017年第10期。

③ 廖凡:《金融科技背景下监管沙盒的理论与实践评析》,载《厦门大学学报》2019年第2期。

监管沙盒模式和我国试点政策相结合，将增强监管沙盒机制的灵活性和效率性，更有利于完善监管沙盒制度的设计和运作。

基于上述分析，我国可以借鉴国际经验，整合现有金融科技监管的相关政策，出台专门的监管沙盒法律。监管沙盒的专法应集中于三个方面：一是明晰严格的沙盒准入和沙盒退出制度，尤其是对于申请人的准入审查和发生风险时快速有序的退出机制；二是明确金融科技主管机构的监管职责，强化主管机构的辅助者的定位，实时监测申请人的经营状况，及时调整，防止较大的金融风险；三是完善金融科技消费者保护监管。监管沙盒的专法化有助于减少法规修正难度，统筹监管，实现金融监管法律的系统化，维护金融稳定。同时，有利于为金融科技业提供更安全的发展环境，增强金融消费者的信心，实现金融科技健康发展。

（二）监管沙盒规则的设计方面注重金融创新与金融稳定的平衡

金融监管者建立监管沙盒虽然出于多方面的原因，但共同之处在于通过创新提高金融服务市场的竞争和效率。[①] 因此，金融监管机构应特别注重监管沙盒对金融创新的促进作用，强调动态监管和底线监管，给予金融科技从业者自主权，防止监管主体对金融科技业者的过度干预。[②] 比如，在沙盒的申请和审查方面，沙盒可以向金融机构、非金融机构企业和自然人开放。在沙盒的监管方面，主管机构有权依据金融科技企业申请豁免特定法律法规的适用，以便金融科技企业放心进入监管沙盒测试其金融产品和服务。

同时，为防止金融科技震动严重波及金融市场，监管机构应确定监管沙盒边界，控制沙盒规模，明确沙盒的准入条件和退出机制等，在风险最小化的前提下开展创新。在市场透明度、公平竞争和消费者保护等相关事项方面应有严格的法律规范。监管机构应建立畅通的金融科技信息交流反馈机制，监督金融科技企业经营发展，及时处理金融科技创新过程中的问题和风险，保障金融科技稳定测试。此外，沙盒测试期结束后，申请人应依据现行或修正后的金融法

---

① Ivo Jenik and Kate Lauer, Regulatory Sandboxes and Financial Inclusion, CGAP Working Paper, October 2017, p. 3.

② 李有星、柯达：《我国监管沙盒的法律制度构建研究》，载《金融监管研究》2017年第10期。

规申请许可继续运营，不再享受主管机关的法规适用豁免，以保障金融市场公平竞争，维护金融稳定。从现有的监管沙盒实践看，我国台湾地区监管沙盒中，成功测试的创新实验申请人特许金融业务的申请和经营仍应遵守现行或修正后的金融法规，新加坡和澳大利亚的监管沙盒也要求成功测试的申请人满足并遵守相关法律法规和监管要求，方可在沙盒外继续运营。虽然英国和中国香港监管沙盒表明，满足金融许可条件的申请人若要全面展开商业活动，可以直接申请取消或改变对其的相关限制，无须重新申请授权，但仍应该遵守相关法律规定。

(三) 建立完善的消费者保护监管

保护消费者是金融科技监管的重要政策目标。有别于传统的金融消费者保护，监管沙盒对于消费者的保护更注重金融科技创新对于消费者金融生活的优化和改善，即金融科技消费者保护已从保护金融消费者权益的单一价值转向消费者金融事务的权益保障和体验优化并重的双重价值。从目前各国和地区的监管沙盒实践看，消费者保护事项主要包括消费者的知情权、保护补偿计划、退出机制和争议解决机制。我国应在完善一般金融消费者保护机制的基础上构建注重保护范围和保护细节的金融科技消费者保护机制。

具体而言，首先从观念上重视金融科技消费者保护，将其作为金融科技健康发展的重要衡量指标之一。如将金融科技的创新是否有利于金融科技消费者作为申请人准入和退出的标准之一。在保护范围方面，针对金融科技风险的隐蔽性和规模性等特点，应注重金融交易过程中消费者的权益保护、资讯安全保护和犯罪防制等。在加强保护细节方面，我国应加强申请人的信息披露义务、适合度评估、消费者的财产安全保障和消费者补偿机制的建立等义务，明确违反义务时承担相应的责任。数据保护和资讯保护是金融科技消费者保护的重要环节。在我国专门的信息保护法律缺位的状态下，监管沙盒制度更应规定详细的金融科技消费者的信息和资讯保护措施，明确金融科技业者违反该规定时的问责机制。在金融消费争议解决及救济方面，我国应在建立完善、高效的替代性金融消费争议解决机制的基础上，对金融科技消费者争议的解决予以细化和明确，确保金融消费纠纷的高效解决及金融科技消费者权益获得充分的救济。

结 语

金融稳定、金融健全、金融普惠和金融消费者保护目标相互补充的必要性，已成为近年来全球决策者日益强调的共同主题。① 作为金融科技监管的一种重要工具和方法，监管沙盒使创新产品或服务在监管者可控的环境中进行真实测试，② 不仅有利于创新金融产品和服务快速进入市场，促进金融市场公平有效地竞争，而且有利于改善金融服务的可获得性，促进普惠金融，较好地实现了金融创新、金融稳定和金融消费者保护三者之间的平衡。我国金融科技市场广阔，监管需求更为强烈。同时，我国具有建立监管沙盒的环境和条件，可以借鉴我国台湾地区金融科技监管，以法律形式构建兼具规则性和灵活性、以金融科技消费者保护为重点的监管沙盒制度。

① The World Bank, Good Practices for Financial Consumer Protection: 2017 Edition.

② Basel Committee on Banking Supervision, Implications of Fintech Developments for Banks and Bank Supervisors, February 2018, p. 41.

拒不履行信息网络安全管理义务罪客观要件的认定

邢曼媛* 贾 勇**

摘 要：拒不履行信息网络安全管理义务罪是典型的不作为犯罪。司法机关认定该罪的客观要件，应从严格责任原则出发，以“经监管部门责令采取改正措施而拒不改正”为行政前置条件，根据法定危害结果厘清网络服务提供者的义务，严格认定“监管部门”“责令采取改正措施”和“拒不改正”以及法定危害结果。关于危害结果的量化可以参照其他网络犯罪的标准，同时要考虑到网络服务提供者和不作为犯罪的特性。

关键词：不作为 网络服务提供者 网络安全管理义务 结果犯

2015年《刑法修正案（九)》新增了拒不履行信息网络安全管理义务罪，体现了我国对网络安全的“代理式监管思路”,① “代理式监管思路”表明立法机关已经充分认识到网络服务提供者在维护网络安全中的重要地位。然而从裁判文书网公布的案件来看，截至2019年9月20日，涉及拒不履行信息网络安全管理义务罪的案件共有3个，其中只有1个案件一审单独以拒不履行信息网络安全管理义务罪定罪处罚。《刑法修正案（九)》自2015年11月1日开始实施，但至今裁判文书网公布的有关拒不履行信息网络安全管理义务罪的案件数量如此之少，说明该罪名并没有得到广泛适用。

---

* 山西大学法学院硕士研究生导师，山西警察学院教授，主要研究方向为刑法学。
** 山西大学法学院刑法学专业硕士研究生，主要研究方向为刑法学。

① 周光权：《拒不履行信息网络安全管理义务的司法适用》，载《人民检察》2018年第9期。

从程序法上看，治理网络犯罪本身就存在的侦查难度大、取证难等程序性问题，但因缺乏相应的司法解释和司法实践的经验，该罪的客观要件的诸多争议问题不能得到统一解决，使得司法实践中适用该罪的客观要件非常困难，如何认定拒不履行信息网络安全管理义务罪的客观要件已经成为亟待解决的问题。

一、网络服务提供者义务的认定

根据我国《刑法》第二百八十六条之一的规定，网络服务提供者的义务是由法律和行政法规规定的，然而我国现在并没有出台相关的司法解释规定具体的义务。笼统的规定导致司法实践中很难限定网络服务提供者的义务。该罪虽然在形式上是纯正的不作为犯罪，但是实质上成了不纯正的不作为犯罪。[①] 所以厘清网络服务提供者的义务也成为适用拒不履行信息网络安全管理义务罪的当务之急。

1997 年国务院通过的《计算机信息网络国际联网安全保护管理办法》、2000 年国务院通过的《互联网信息服务管理办法》、2012 年全国人大常委会通过的《关于加强网络信息保护的决定》（以下简称《决定》）以及 2016 年通过的《网络安全法》都涉及了网络服务提供者的义务，但现在关于网络服务提供者的义务并没有一个统一的分类标准。有学者根据违法行为的先后顺序，将网络服务提供者的义务分为预先审查义务，实时监控义务，违法信息出现后的删除、上报义务和未来同类信息的审查义务。[②] 也有学者直接将网络服务提供者的义务分为事前审查义务和事后管理义务。笔者认为这两种分类都有一定道理，但是这两种分类没有将网络服务提供者的义务和拒不履行信息网络安全管理义务罪的危害结果结合起来。结合该罪是不作为犯的特性，网络服务提供者拒不履行其义务的行为要导致法定危害结果才会构成犯罪，所以根据法定危害结果对网络服务提供者的义务进行分类，有利于明确罪与非罪的边界。

---

① 李世阳：《拒不履行信息网络安全管理义务罪的适用困境和解释出路》，载《当代法学》2018 年第 5 期。

② 曹文洁：《论拒不履行信息安全网络管理义务罪》，载《河南广播电视大学学报》2019 年第 2 期。

（一）预先审查网络信息的义务

《决定》第五条规定了网络服务提供者应承担对其用户发布的信息进行管理的义务，该义务实质上就是要求网络服务提供者承担预先审查其用户发布信息的义务。关于网络服务提供者是否应承担预先审查义务，学术界有很多争议，有学者认为对网络服务提供者设定预先审查义务会导致其负担过重，阻碍其自由经营，束缚其发展空间。笔者是不同意上述观点的，因为根据《决定》第五条的规定，实际上法律已经为网络服务提供者设定了预先审查的义务。从权利和义务的角度来看，网络服务提供者享有设立网络平台，传输信息，吸引网络用户的权利，必然就要承担管理用户信息的义务以及发现违法信息的责任。①最后，相比国家监管部门，网络服务提供者能利用自身的技术优势对网络信息进行有效管理，所以网络服务提供者应承担预先审查网络信息的义务。

（二）对违法网络信息及时删除、上报的义务

该义务对应“致使违法信息大量传播”的危害结果。《计算机信息网络国际联网安全保护管理办法》第二十一条提到了未按照国家有关规定，删除网络地址、目录或者关闭服务器的，将受到相应的行政处罚。《决定》第五条和《网络安全法》第四十七条都规定了网络服务提供者应加强对网络信息的监管，发现违法信息应当立即停止传输，并且删除，保存记录后上报网络监管部门。虽然上述两个法条都提到了“发现”一词，但结合拒不履行信息网络安全管理义务罪是不作为犯罪的特性，“发现”一般认为不是网络服务提供者在违法信息发布之前发现，而是违法信息发布之后网络服务提供者主动或者被动发现，否则就会属于作为犯罪。

（三）保护网络用户隐私信息的义务

《决定》的第一条确定了国家保护涉及公民隐私的电子信息的原则，第二条、第三条、第四条规定了网络服务提供者有依法保护网络用户隐私的义务，如果在业务活动中造成了用户隐私信息的遗失、毁损、泄露，应当立即采取补

---

① 秦前红、李文才：《网络公共空间治理的法治原理》，载《现代法学》2014年第6期。

救措施。第八条规定，如果公民发现自己的个人信息遭到泄露，有权要求网络服务提供者删除信息或采取保护措施。《决定》的第九条和第十条还规定了网络主管部门对于公民隐私信息遭到泄露后的补救措施。《决定》中共有七条规定涉及网络用户的隐私保护，可见立法机关对网络用户隐私保护的重视程度。因为互联网与网络用户的生活联系日益紧密，公民的身份信息、财产信息和企业的商业秘密都与互联网联系在一起，网络犯罪分子很容易通过侵犯网络用户的隐私信息进行犯罪，而网络服务提供者保存着大量关于用户的隐私信息，所以必须承担保护网络用户隐私的义务。

（四）协助司法机关调查、取证的义务

《决定》的第五条规定发现违法信息应立即消除，并且要保留记录，向主管部门报告。第十条规定了网络服务提供者应该采取技术措施，配合主管部门防止、制止和查处网络违法犯罪行为。网络犯罪难治理的一大原因就是取证困难，而网络犯罪的证据相当一部分以电子证据的方式呈现。相比司法机关，网络服务提供者对收集和保存电子证据有着天然的优势。同时，网络服务提供者承担协助司法机关调查网络犯罪的义务，有利于缓解司法机关的压力，节约司法资源，体现了国家与企业共治网络空间的思维。

二、“经监管部门责令后仍然拒不改正”的认定

“经监管部门责令后仍然拒不改正”是拒不履行信息网络安全管理义务罪的入罪前提，与修改后的逃税罪类似，立法机关为拒不履行信息网络安全管理义务罪设定了行政前置程序。在司法适用中要适当把握这一客观要件，既不能过分扩大刑法的打击范围，同时也要发挥本罪的威慑作用。

（一）“监管部门”的认定

根据刑法的明确规定，责令网络服务提供者改正的主体是“监管部门”。根据《计算机信息系统安全保护条例》第六条的规定，监管计算机信息系统安全的机关有公安机关、国家安全部、国家保密局和其他有关部门，其他有关部门又包括卫生部门、新闻出版部门、工商行政管理部门、地方通信主管部门、

教育部门、卫生部门、药品监督管理部门。如此繁多的行政部门依照各自的职能对网络服务提供者进行监管，势必会掣肘网络服务提供者的正常经营，不利于互联网的健康发展。所以有必要对监管部门进行目的解释和限缩解释，以维护网络空间的秩序为目的，监督部门只能在自己职能范围内对网络服务提供者进行监督，超越自身职权的责令改正行为都不能视为是有效的。如果多个监督部门同时发出有效的责令改正的命令，且这些命令之间存在矛盾，则网络服务提供者只需遵守其中一个部门的责令改正命令就应当认为不属于“拒不履行”的情形。

（二）“责令采取改正措施”的认定

“责令改正”从性质上说属于行政行为，关于“责令改正”的行政行为性质，在行政法学界主要有行政处罚说、[1] 行政强制措施说、[2] 行政命令说[3]和行政指导说。[4] 笔者较为同意行政命令说。其一，“责令改正”并不是对网络服务提供者进行处罚，所以排除行政处罚说。“责令改正”与行政指导的自愿原则相矛盾，所以排除行政指导说。“责令改正”虽然与行政强制措施都是为了制止违法行为，防止危险扩大和保护证据，但是行政强制措施的特点表现为对相对人人身或者财产的暂时性控制，“责令改正”不符合该特点，所以排除行政强制措施说。其二，行政命令是行政主体依法要求相对人进行一定的作为或不作为的意思表示，可见行政命令的本质是强制相对人履行一定的义务。“责令改正”的内涵正是监管部门强制网络服务提供者履行网络安全管理义务。所以笔者认为“责令改正”是一种行政命令。

关于“责令改正”的形式，学术界普遍认为应当采取书面形式。[5] 笔者也认为“责令改正”应当采取书面形式，但在例外情况下可以采取电话通知等其

---

① 陈振成：《责令改正与行政处罚的关系及适用问题初探》，载《城建监察》2007年第5期。

② 李岳德：《〈中华人民共和国行政处罚法〉释义》，中国法制出版社1996年版，第85页。

③ 刘依桐：《责令改正及其相关行政决定的性质认定》，载《东南大学学报》2012年第12期。

④ 叶晓川：《“责令改正”的规范性研究》，载《河北法学》2017年第8期。

⑤ 李孝猛：《责令改正的法律属性及适用》，载《法学》2005年第2期。

他形式。理由如下，其一，在行政法中，变动行政行为相对人权利义务的行政行为，通常是通过书面形式作出的，并且有完整的送达程序，行政相对人如果对做出的行政行为有异议，可以根据行政法对做出的行政行为抗辩。监管部门以书面形式通知网络服务提供者可以明确知道网络服务提供者收到了通知。采取口头、电话等非书面形式通知，一方面，相关证据难以保存，难以证明网络服务提供者是否确实收到监管部门的行政命令，另一方面，书面形式通知的行政行为内容是确定的，如果以口头或电话方式通知，行政行为的内容容易被行政机关修改或者不能准确地通知到网络服务提供者，无形中加重了互联网企业的负担。其二，“责令改正”的形式并非完全不能采取非书面形式，如果存在书面难以送达的情形，如不可抗力，则可以采用非书面形式，为了解决非书面形式的弊端，在这种情形下可以采取登记备案制度，并且在难以送达的情形消失之后，应恢复书面送达。

（三）“拒不改正”的认定

“拒不改正”一般认为是在责令法律文书指定的期限内未采取改正措施的行为，考虑到现实中的情况较为复杂，应当允许存在网络服务提供者因为不可抗力不能履行义务或者因为其他正当理由未能得知监管部门的行政命令的例外。

一般认为“拒不改正”分为两种情形，一种情形是网络服务提供者在接到监管部门责令改正的通知之后，仍然不履行安全管理义务，放任危害结果的发生。网络服务提供者对危害结果的发生持放任态度，属于间接故意，当然地构成拒不履行信息网络安全管理义务罪。另一种情形是网络服务提供者在接到责令改正的通知之后，采取了一定措施，但是没有阻却危害结果的发生。这种情形下存在衡量网络服务提供者履行义务能力的问题，如果网络服务提供者主观上在自己能力范围内尽力采取补救措施，客观上仍然不能阻止危害结果的发生而未行为，则不构成拒不履行信息网络安全管理义务罪。因为根据不作为犯罪的原理，行为人有作为的能力或者义务，并且作为之后能阻止危害结果的发生，却没有作为才构成不作为犯罪。如果网络服务提供者虽然采取了一定的补救措施，但在其能力范围内本能采取更进一步的补救措施阻止危害结果的发生，则构成拒不履行信息网络安全管理义务罪。由此也要求网络主管部门要对网络服务提供者的能力正确评估，在其能力范围之内责令其改正。

三、对法定危害结果的认定

根据《刑法》第二百八十六条之一的规定，网络服务提供者在监管部门责令改正之后拒不改正，而且造成《刑法》规定的四种危害结果才构成拒不履行信息网络安全管理义务罪，由此可见该罪是结果犯的特点。立法机关是基于网络犯罪的特点作出该规定的，网络犯罪自身的隐蔽性和网络空间的虚拟性使得网络犯罪的危险很难被预防，所以要求网络服务提供者履行预防侵害网络空间安全的危险是不现实的，还会增加其运营成本。

（一）致使违法信息大量传播的认定

“违法信息”是立法机关在《刑法》中增加的新词汇，此前并没有刑法条文中包含“违法信息”一词。从“违法信息”的字面意思上看，违反法律禁止性条款的都是违法信息，所以仅仅在《刑法》第二百八十六条之一的语境中理解“违法信息”会很片面，实际上“违法信息”不仅仅包括对社会公共秩序产生危害的信息。《互联网信息管理办法》第十五条和《电信条例》（以下简称《条例》）第五十六条都明确规定了九种违法信息，包含了威胁国家安全，社会秩序和个人合法权益的三大类违法信息。笔者认为，虽然拒不履行信息网络安全管理罪是在《刑法》的妨害社会管理秩序罪这一章节中，但将“违法信息”简单地理解为危害社会公共秩序是很片面的，遗漏了威胁国家安全和个人权益的违法信息，违背了立法机关的立法目的，所以理解“违法信息”应以《互联网信息管理办法》和《条例》的规定为准。

关于“大量传播”，《刑法修正案（九）》并没有给出明确的标准，有学者提出可以借鉴《最高人民法院、最高人民检察院关于办理利用信息网络实施诽谤等刑事案件适用法律若干问题的解释》的思路，根据违法信息被点击、浏览、转发的次数来判断是否构成“大量传播”。应当注意到利用信息网络实施诽谤是网络用户个体作为的犯罪，拒不履行信息网络安全管理义务罪的主体是网络服务提供者，网络服务提供者一般都有海量的网络用户，发现和处理违法信息的难度大，且该罪是不作为犯罪，所以违法信息被点击、浏览、转发的次数应当高于利用信息网络实施诽谤的规定的次数。

（二）“致使用户信息泄露，造成严重后果”的认定

“用户信息”是网络用户在网络服务提供者的服务器上存储的信息，网络用户既包括个人用户信息，也包括企业用户信息。“用户信息”要有受到刑法保护的价值，一般是个人私密的身份信息、财产信息、聊天和浏览记录等网络使用痕迹的信息和企业用户的财产信息、商业秘密和内部秘密。除此之外，笔者认为用户信息还包括与国家安全、国防等有关的保密信息，如国家机密，这类信息一般来源于政府和军队部门的网站，但因为网络的开放性，一般的网络服务提供者可能也会在经营过程中发现此信息，所以有关国家安全的信息也应包括在“用户信息”之内。上文中已经明确拒不履行信息网络安全管理义务罪是结果犯，所以“造成严重后果”是该罪的不法要素之一，在致使用户信息泄露的前提下，还要造成严重后果才构成该罪。关于“严重后果”的认定，笔者认为可以从泄露的用户信息的数量，造成用户的财产和名誉损失，以及对社会秩序的影响等方面进行衡量是否造成了“严重后果”。关于“严重结果”的具体量化，可以参照《最高人民法院、最高人民检察院关于办理侵犯公民个人信息刑事案件适用法律若干问题的解释》第五条的规定，根据网络用户信息被非法获取、出售的数量，用户信息的重要程度以及不法分子的违法所得判断是否导致了“严重后果”，该解释中非法获取、出售行踪轨迹、通信内容、征信信息、财产信息的入罪标准是五十条以上，非法获取、出售或者提供住宿信息、通信记录、健康生理信息、交易信息等其他可能影响人身、财产安全的公民个人信息的入罪标准是五百条以上，而其他信息被侵犯的入罪标准是五千条以上，获取公民信息的违法所得的入罪标准是五千元以上。考虑到用户个人信息在网络上泄露后的传播速度很快，且网络服务提供者一般拥有广泛的用户群，所以判断“严重后果”的标准应当低于侵犯公民个人信息犯罪的入罪标准。

（三）“致使刑事案件证据灭失，情节严重”的认定

从本法条看网络服务提供者有存储并协助司法机关提取刑事证据的义务，这里的刑事证据一般指电子数据，网络服务提供者每天都会收到大量的电子信

息，对储存电子数据有天然的技术优势。① 我国《网络安全法》第二十一条第三项要求网络服务提供者采取技术措施监控、记录网络运行状态，并且留存的网络日志不少于六个月。从该规定可以看出网络服务提供者还承担着储存网络运行记录的义务，因为网络服务提供者接受的数据在保存时往往还不是刑事证据，只有刑事案件发生时才形成证据，所以网络服务提供者保存的网络运行记录和监控录像具有共同点，在刑事案发后能作为有力的证据证明案件事实。同时，还应注意“灭失”一词，“灭失”指的是被永久删除，不能恢复的情形，有学者认为刑事证据被删除之后可以恢复的情形也属于“灭失”，笔者是不同意这种观点的，因为从根本上看拒不履行信息网络安全管理义务罪是不作为犯罪，只有出现法定的危害结果才能成立，刑事证据虽然被网络服务提供者删除但是可以恢复，实质上并不会造成刑事证据的灭失，也就不会阻碍司法机关办理刑事案件。

“情节严重”是该种入罪情形的不法要素之一，网络服务提供者不履行存储刑事证据和协助司法机关提取刑事证据的义务导致证据灭失，且“情节严重”的才会构成犯罪。笔者认为判断是否“情节严重”应该以案件涉及的犯罪的严重程度和证据对定罪量刑的影响程度为标准，如果涉及的是危害国家、公共安全犯罪的案件，或者重大刑事案件，而且灭失的证据对案件的定罪量刑起关键性作用的，就应当认定为“情节严重”。

（四）“有其他严重情节”的认定

为了应对日益变化的网络犯罪，“有其他严重情节”是立法机关为了应对可能出现的不符合上述三项但情节也很严重的情形增加的兜底性条款。在认定“其他严重后果”时应当注意，拒不履行信息网络安全管理义务罪既有一般不作为犯罪的共性，也有其独特的个性，该罪和逃税罪类似，采取了行政前置程序，网络服务提供者在监管部门责令改正后仍然拒不改正，且要导致法定的危害结果才会入罪，可见司法机关在认定该罪时应当采取严格责任原则。而且兜底性条款扩大了法官的裁量权，为了防止刑罚的扩大化，司法机关在司法实践

① 黄文婷、黄文燕：《拒不履行信息网络安全管理义务罪的理解和适用》，载《法制与社会》2016年第5期。

中一定要谨慎地从罪刑法定原则出发，运用比例原则判断，只有在网络服务提供者不作为的行为导致和前三项相当或者大于前三项的危害结果时才可适用本法条。

结　语

拒不履行信息网络安全管理义务罪是典型的不作为犯罪，并具有前瞻性和预防性的特点。在国家没有出台司法解释之前，司法机关应当把握该罪是不作为犯罪的特点，严格认定该罪的客观要件，尤其是网络服务提供者的义务、该罪的行政前置条件和四种入罪情节的具体内涵，在保持刑法谦抑性的前提下有力打击网络犯罪。

“扫黑除恶”中涉黑企业刑罚适用问题研究

李明耀*

摘　要：黑社会性质组织犯罪已经成为一个突出的社会问题。随着“扫黑除恶”专项斗争的开展，黑社会性质组织在涉黑犯罪中与企业关联逐渐加深的特点得以显现，这种关联错综复杂，相关问题的认定及具体的处罚标准缺乏完善体系。本文立足这一背景，对涉黑企业及其财产的样态进行了研究，就其要素的司法厘定进行了分析，在此基础上提出刑罚适用对策，以期为“扫黑除恶”专项斗争中涉黑企业的精准定罪量刑提供参考。

关键词：扫黑除恶　涉黑企业　涉黑财产　刑罚适用

2018年1月16日，最高人民法院、最高人民检察院、公安部、司法部为贯彻落实《中共中央、国务院关于开展扫黑除恶专项斗争的通知》精神，制定了《关于办理黑恶势力犯罪案件若干问题的指导意见》，对办理黑恶势力犯罪案件提供了科学的指导。2019年4月，在总结一年来扫黑除恶专项斗争的基础上，最高人民法院、最高人民检察院、公安部、司法部适时地发布了《关于办理黑恶势力刑事案件中财产处置若干问题的意见》等四个意见，进一步对办理黑恶势力案件进行了明确的、具体的规定，这些规定直击涉黑涉恶犯罪认定及处置的难点，为办理黑恶势力犯罪提供了重要的政策支持。但从我国近年来侦破的黑社会性质组织犯罪中，黑社会性质组织和企业的关联逐渐加深，对这些披着合法企业外衣的黑社会性质组织的打击难度要远远超过了我们所认知的传统意

* 山西大学法学院刑法学专业硕士研究生，主要研究方向为刑法学。

义上的黑社会性质组织，故对涉黑企业及其财产的准确认定，确保精准定罪量刑成为当前亟须解决的问题。

一、涉黑企业的犯罪状况

据近年来《中国企业家犯罪报告》公布的数据来看，自2000年至2014年，我国查处了80件民营企业家涉黑案件，其中仅2009年到2014年就有63件。从办理的相关黑社会性质组织犯罪案件可以发现，黑社会性质组织的发展态势已从传统的“打打杀杀”式逐渐演变为通过企业化的运作模式来实现其非法控制的目的，企业犯罪和黑社会性质组织犯罪结合得日渐紧密，黑社会性质组织企业化，逐渐成为我国黑社会性质组织犯罪的一种趋势。我国《刑法》并没有关于涉黑企业的相关表述，但可以通过第二章第四节单位犯罪和第二百九十四条来归纳涉黑企业的基本内涵，即企业有组织地通过违法犯罪活动或者其他手段获取经济利益，以支持该组织活动，并在一定区域或者行业内，形成非法控制或者重大影响，严重破坏经济、社会生活秩序。

现代企业的组织体系和黑社会性质组织的组织特征有很大的相似性，其根本目的是“盈利”，并通过获取一定的经济利益支持企业的发展，与黑社会性质组织的经济特征“有组织地通过违法犯罪活动或者其他手段获取经济利益，具有一定的经济实力，以支持该组织的活动”具有一致性，因为两者在组织特征和经济特征上的高度吻合，且黑社会性质组织往往通过转型为企业的手段来实现其社会化，故企业和黑社会性质组织的厘定具有一定的难度。企业在发展到一定的规模后，又会在一定行业或者区域内形成重大影响，与黑社会性质组织的非法控制特征又存在区分困难的情况，故在“扫黑除恶”专项斗争中，极易出现混淆具有违法行为的企业与涉黑企业之间界限的情况。

二、涉黑企业的主体厘定

涉黑企业主体的厘定，包括两个方面：一是涉黑企业主体的基本样态厘定，二是涉黑企业主体的司法厘定。

(一) 涉黑企业主体样态厘定

从涉黑企业的主体角度而言，其犯罪形态呈现一种阶梯状的分级。① 在"扫黑除恶"专项斗争中加大对黑社会性质组织的打击力度，司法实践却缺乏完善的认定标准体系及处罚标准体系的背景下，对与涉黑犯罪有所关联的企业进行刑事处罚极易陷入困境，厘清涉黑企业的主体样态，也就成为认定涉黑犯罪刑事责任主体的基础。整体而言，涉黑企业的主体样态可以分为三种。

1. 低度涉黑企业

低度涉黑企业往往是企业在涉黑犯罪初级阶段形态的企业，企业与黑社会犯罪之间的关联度较低。低度涉黑企业的一个最明显特征在于其可隔离性。从外观考察，企业的行为活动具有明显的合法性，符合正常的企业发展模式，只有其中极少数人员存在涉黑犯罪行为，而且涉黑部分与合法部分之间存在较为明显的分隔带。在司法认定过程中，可以将占比较小的涉黑人员从企业里隔离开来，不能将该企业认定为涉黑企业。

2. 中度涉黑企业

中度涉黑企业一般是企业在涉黑犯罪中级阶段形态的企业，企业与黑社会犯罪之间的关联度较高。中度涉黑企业表现在企业的理念文化与人员行为受黑社会组织影响辐射，其部分业务或人员组织已经黑社会化，企业的管理与运作上从外观上看与一般企业无异，其所行的涉黑犯罪大多为了"帮助"企业的发展与利益，即"以黑护商"，正当企业行为与涉黑犯罪行为相互交叉。与低度涉黑企业相比，黑与商难以分离。此种情况基本符合我国《刑法》第二百九十四条规定的经济特征，一般将此作为认定黑社会性质组织的定罪依据，该企业可视为涉黑企业。

3. 高度涉黑企业

高度涉黑企业一般是企业在涉黑犯罪高级阶段形态的企业，企业与黑社会犯罪之间的关联度极高。企业成为涉黑犯罪的合法外壳，包裹着的实质是黑社会犯罪团伙，主要是以"以黑护商、以商养黑"形式存在，完全符合我国《刑法》第二百九十四条规定的黑社会性质组织的经济特征。因而司法实践中存在

① 卢建平：《防范与打击企业家犯罪是一个系统工程》，载《法人》2012 年第 2 期。

大量将此类企业认定为黑社会性质组织的做法。高度涉黑企业应当成为“扫黑除恶”的重点关注对象，这种企业除名称以外，都是涉黑团伙的组织的变化成果，其最大特征就在于“以企业之名，行犯罪之实”。

（二）涉黑企业主体司法厘定

1. 涉黑企业主体厘定的设立要素

对涉黑企业主体成立要素的研究，是指企业的设立目的与涉黑犯罪的关联考察。涉黑企业的设立目的合法与否，影响着对企业涉黑犯罪主体资格的认定。企业设立要素的非法性一般可以推导出企业作为涉黑主体的结论，但需要注意的是，企业设立要素的合法性不能必然推出企业合法的结论，还需要结合企业的其他要素进行综合考虑。

就低度涉黑企业而言，企业的设立是为了正当的商业发展，隔离开极小部分的涉黑人员与业务之后，企业完全是正当合法的商业存在。就中度涉黑企业而言，企业在设立之初通常也是为了正当商业发展，但在发展过程中渗入了涉黑因素，黑与商相互交叉影响，这种企业更为常见也更为复杂，只依靠成立要素一个方面很难判断企业的性质。就高度涉黑企业而言，企业在成立之初即是为涉黑犯罪做准备的，靠从事违法犯罪活动积累资本，不断壮大涉黑力量，企业为从事涉黑犯罪做了掩护外壳，实际上存在大量的涉黑犯罪行为。

由此得出涉黑企业主体厘定的司法运用结论：企业的设立要素非法，在涉黑企业主体厘定中一般归入高度涉黑企业范畴；企业的设立要素合法，除考虑归入合法企业外，在涉黑企业主体厘定中一般归入低度涉黑企业或中度涉黑企业范畴。

2. 涉黑企业主体厘定的运作要素

对涉黑企业主体运作要素的研究，是指企业的运作结构与涉黑犯罪的关联考察。涉黑企业的运作结构合法与否，也同样影响着对企业涉黑主体资格的认定。企业运作要素的合法性一般可以作为认定企业合法的依据，企业运作要素的非法性却只能作为认定企业涉黑主体成立的必要不充分条件，还需要结合企业的设立要素及利益要素综合认定。

就低度涉黑企业而言，企业的运作结构符合正当商业模式，只是处在人员结构中某个点的极少部分人员处在业务结构中某个点的极少部分业务存在涉黑犯罪关联，且与企业整体运作没有关联，可以单独分离开来。就中度涉黑企业而言，实践中存在两种模式，第一种是“黑商混杂性”，企业部分人员业务与黑社会性质组织部分成员罪行混杂重合；第二种是“以黑护商型”，人员业务不存在重合，但企业领导与黑社会性质组织领导勾连进行利益交换。就高度涉黑企业而言，企业的运作结构基本是按照黑社会性质组织的运作结构来管理进行的，极少部分的正常商业运作结构也是为了必要的掩饰。

3. 涉黑企业主体厘定的利益要素

对涉黑企业主体利益要素的研究，是指企业的利益分配与涉黑犯罪的关联考察。涉黑企业的利益分配合法与否，也同样影响着对企业涉黑主体资格的认定。企业利益要素的合法性一般可以作为认定企业合法的依据，相比于企业的设立要素与运作要素，企业利益要素的非法性对企业涉黑主体成立的认定有着更为直观、重要的影响。

就低度涉黑企业而言，企业所得利益不会分配于涉黑犯罪领域，而是依照正常的商业分配模式进行利用，即使可能存在部分利益被有心之人用以涉黑犯罪，也与企业整体利益分配无关。就中度涉黑企业而言，可以参考2009年《办理黑社会性质组织犯罪案件座谈会纪要》（以下简称《会议纪要》）① 的规定进行认定。但不可忽视的是，只将利益分配作为唯一考量标准是不尽合情理法理的，因为企业在市场秩序的规范下一定存在合法财产。就高度涉黑企业而言，企业最终的利益分配不会以市场秩序为主要考虑，而是转化为涉黑犯罪发展的资本或涉黑罪行的成果加以分配。

三、涉黑企业的财产厘定

涉黑企业财产的厘定，同样包括涉黑企业财产的样态厘定与司法厘定两个方面。

---

① 2009年最高人民法院、最高人民检察院、公安部联合发布了关于印发《办理黑社会性质组织犯罪案件座谈会纪要》中指出：“实践中，黑社会性质组织不仅会通过实施赌博、敲诈、贩毒等违法犯罪活动攫取经济利益，而且还往往会通过开办公司等方式以‘以商养黑’、‘以黑护商’。因此，无论其财产是通过非法手段聚敛，还是通过合法的方式获取，只要将其中部分或全部用于违法犯罪活动或者维系犯罪组织的生存、发展即可。”

（一）涉黑企业财产样态厘定

财产既是认定企业涉黑过程中的重要一环，被认定的涉黑财产也是刑罚适用的重要对象。对涉黑企业的涉黑财产的精准认定，关系着刑法的准确适用与实施。但由于实践中涉黑企业的合法财产与涉黑财产共存形态不一，与涉黑犯罪的关系也不能一概而论，这使得研究涉黑企业财产的不同样态十分必要。

1. 商黑分离型

该样态的涉黑企业财产的最重要特征在于黑与商的可分性，即涉黑财产与合法财产的可分离性。在司法实践中，黑商分离样态的涉黑企业财产较好认定，与涉黑犯罪相关部分的财产认定为涉黑财产，对于企业合法经营活动所得、用于企业合法经营活动的合法财产则予以剥离，是认定涉黑财产的一种简单形态。

2. 商黑交互型

该样态的涉黑企业财产的最重要特征在于黑与商的交叉性，也即涉黑财产与合法财产的交叉性。这种样态的财产在实践中大量存在，通常表现为企业在通过涉黑犯罪取得一定的财产积累后，运用这部分财产作为基础，从事合法的商业经营来获得合法财产，前期的涉黑财产与后期的合法财产之间形成一种交叉替代的关系。同时，合法积累的财产也可能成为涉黑犯罪的条件和手段，再以其支持的涉黑犯罪为自己攫取更多的财产利益。财产的交互让大量的财产不能准确认定并给财产的处置带来困难，成为“扫黑除恶”专项斗争中处置涉黑企业财产的一个刑法难题。

（二）涉黑企业财产司法厘定

1. 涉黑企业财产厘定的来源要素

厘定涉黑企业财产来源要素的第一点就在于财产来源的合法性判断，即财产是否属于违法犯罪或其他相当手段获取，这是判断黑社会性质组织经济特征的重要因素，也是判断涉黑企业的主体厘定的重要环节。通过违法犯罪手段获取了不当的利益，对市场秩序形成冲击破坏，是“以黑护商”的典型表现，此类型财产应当认定为涉黑企业的财产。除此之外，还有部分具有合法来源的财产也应当认定为涉黑财产,① 如采用高利贷模式赚取钱财，按照民事借贷相关法律规定并不必然构成违法犯罪行为，但在发放高利贷以及收取高利贷过程中，可能有黑社会性质组织的介入，如领导、款源、收账等方面的运行，使得这种外观上具有合法来源的财产失去其合法性基础，成为涉黑财产。因而，对涉黑财产的厘定，就来源要素而言不能只根据合法性与否进行判断，而要在合法性判断的基础上加以是否具有涉黑因素的考量，也就是说，对涉黑财产来源要素的厘定，不能仅采取形式要件的判断，应当更注重实质要件的判断。

2. 涉黑企业财产厘定的走向要素

厘定涉黑财产走向要素最重要的标准就在于对财产走向合法性的评价。涉黑犯罪的持续性进行离不开经济的支持，而且经济一般不作为涉黑组织的终极目的，只作为部分目标，经济的最重要作用在于扩大犯罪组织的力量，作为犯罪组织生存发展壮大的物质基础，因而，企业财产的走向就成为判断财产是否具有涉黑性质的重要指标。企业财产走向涉黑，即用于涉黑犯罪组织或涉黑犯罪所需的，都可认定为涉黑财产。如企业财产走向为正当商业发展的，则需要分情况考量。来源要素不涉黑时，该企业财产应该定性为企业的合法财产，而来源要素涉黑的情况通常认定为涉黑财产。在此需要指出，根据相关的刑法理论以及2009年《会议纪要》精神，由于我国各地经济发展状况存在差异，涉黑犯罪的行为模式也存在差别，故不对涉黑财产走向的比重进行规定，只是根据司法实践的通常做法，在认定涉黑财产时只要求部分用于涉黑犯罪的准备或进行，不要求全部投入。

根据企业财产来源要素是否涉黑以及企业财产走向是否涉黑，可以较为准确地划定涉黑财产的范围，但所厘定的涉黑财产究竟属于“商黑分离”“商黑交互”的何种样态，仍需要根据处置前财产的具体形态作出判断。

四、涉黑企业的刑罚适用

目前司法实践中对涉黑企业及其财产的处罚存在一些混乱，或对犯罪主体

---

① 李晓明、褚础:《“扫黑除恶”中关联性企业及财产的司法认定》，载《河北法学》2019年第2期。

的一刀切认定与一刀切否认，或对涉案财产的扩大划定与缩小划定，这些人为拔高或人为降低标准现象存在的根本原因在于对涉黑企业及其财产没有形成全面的分类与评价体系，导致在适用刑罚时没有细致地分类，难以做到真正的罪刑法定。

（一）涉黑企业主体刑罚适用

1. 涉黑企业的自然人刑罚适用

低度涉黑企业由于其自身与涉黑犯罪的关联度极低，且涉黑部分存在很强的独立性，并不依托于企业而生，使得低度涉黑企业中的涉黑部分主要是涉黑人员可以分离开来，经过剥离的涉黑人员作为自然人承担刑事责任，剥离后的企业仍作为合法企业存在，受到法律的保护。这部分涉黑成员在进行涉黑犯罪时可能打着另一涉黑组织或团伙的名号，也可能打着该涉黑企业的名号，但实际上发挥威慑作用的在于这部分成员本身的涉黑性质，并不在于该企业的存在。低度涉黑企业本身并没有参与涉黑犯罪，企业中其他非涉黑成员也不参与涉黑犯罪，在适用刑罚时，只能将内部职员中的涉黑者隔离开来，认定为涉黑犯罪的自然人犯罪主体，以自然人身份依照《刑法》第二百九十四条承担刑事责任。

2. 涉黑企业的单位刑罚适用

中度涉黑企业与涉黑犯罪的交融程度已然达到一定深度，像低度涉黑企业那样剥离并不现实。这种情况下，很难将特定的部分人员划分出来，但又因企业本身不符合黑社会性质组织的四方面特征而不能画上等号，只能将涉黑企业作为一个整体单位根据《刑法》第三十条、第三十一条加以处罚。企业的领导与其他成员构成涉黑犯罪，且涉及的罪名中通常包括刑法分则明确规定的单位犯罪，如非法经营罪等。因而，中度涉黑企业本身是不构成黑社会性质组织罪的，只是由于其具体所犯罪行包括了《刑法》规定的单位犯罪，使中度涉黑企业成了与涉黑犯罪关联紧密的单位犯罪主体，故要承担单位犯罪的相应责任，中度涉黑企业自身为其所犯罪行以单位承担刑事责任。

3. 涉黑企业的组织刑罚适用

高度涉黑企业样态下，企业的作用仅仅在于赋予黑社会性质组织一个合法的外观，但其实质上是涉黑犯罪的主要力量，这种涉黑犯罪可归纳为“企业型黑社会组织犯罪”。不同于与涉黑犯罪关联的单位犯罪，高度涉黑企业本身就是进行有组织的涉黑犯罪的主体，前者是“涉黑犯罪活动的单位犯罪主体”，后者是“涉黑犯罪活动的组织犯罪主体”。对于单位犯罪，单位就是一种特定的犯罪主体，适用情形有着刑法分则的明确规定，除了《刑法》规定的单位犯罪以外，其他犯罪行为都不能将单位作为犯罪主体，而对于高度涉黑企业这种犯罪主体，就是为实施涉黑犯罪而存在的非法组织，与单位犯罪不同，它并不是《刑法》明确规定的独立犯罪，而是指这个组织中成员的共同犯罪所犯罪行的统称，是一种类型犯罪。高度涉黑企业不能作为独立的刑罚适用主体，只能对这种犯罪表现形态下的成员适用共同犯罪和集团犯罪的相关规定来适用刑罚。

（二）涉黑企业财产刑罚适用

1. 涉黑企业财产刑罚的部分适用

对涉黑企业的财产部分适用刑罚，是一种宽松的刑罚适用方式，这种适用方式一般针对的是“商黑分离”样态的涉黑财产。对商黑分离的涉黑财产，能够从企业的整体财产中分离出来是其最明显的特征，尤其是在低度涉黑企业中，对企业本身不应当进行全面的打击，将着眼点置于少数的涉黑部分更符合情理与法理，因而对可分离的涉黑财产，也不宜对企业财产进行整体处置。将涉黑财产分离出来之后，企业仍可健康合法地在正常的市场秩序下运行发展。对于分离之后的合法财产，不仅要避免受到刑罚的概括性牵连，还应当受到法律的保护。

2. 涉黑企业财产刑罚的整体适用

对涉黑企业的财产整体适用刑罚，是一种严厉的刑罚适用方式，这种适用方式一般针对的是“商黑交叉”样态的涉黑财产。对商黑交叉的涉黑财产，财产来源要素涉黑表现为涉黑财产是涉黑犯罪所得收益，财产走向要素涉黑表现为涉黑财产是涉黑犯罪工具，无论其来源要素涉黑或是走向要素涉黑，即通过违法犯罪活动所得或用于违法犯罪活动的财产，应认定为“涉黑犯罪财物及其收益以及犯罪工具”,① 这部分企业财产应当按照相关的规定一律进行处置；对财产来源要素难以辨别的财产，如果不能证明财产的合法性，就整体推定财产

① 付其运：《涉黑企业财产的处置探讨》，载《法学杂志》2012 年第 8 期。

的涉黑性。根据司法解释及《关于办理黑恶势力犯罪案件若干问题的指导意见》《关于办理黑恶势力刑事案件中财产处置若干问题的意见》，应对这种样态下的涉黑企业财产整体适用刑罚，依法追缴、没收。

结　语

随着“扫黑除恶”专项斗争的不断开展与黑社会性质组织经济特征的不断细化，涉黑企业进入司法工作者与学者的视野。本文通过对涉黑企业及其财产的类型进行划分，并通过对其主要要素的厘定来明确涉黑企业及其财产的认定标准，在此基础上构建了更为细致的刑罚适用方式，以对司法实践实现精准打击涉黑企业形成可供参考的路径选择。

风险社会视野下的刑法谦抑性研究

张　帆*

摘　要： 谦抑性是刑法学中最基础的理论之一，谦抑性意味着刑法不可主动、积极地介入社会生活。中国已进入风险社会，出现了“现代刑法的风险扩张”，刑法谦抑性已然面临着立法、司法层面的现实挑战。刑事立法呈现出犯罪化、处罚早期化、重刑化以及法益精神化倾向，刑事司法呈现出工具化倾向。刑法理论和刑事立法是时代发展的产物，会随着社会变迁与时俱进，据此，应当以“风险社会”理论为语境，对刑法谦抑性作出新的解读。

关键词： 风险社会　刑法谦抑　犯罪化

风险社会的本质是风险控制，刑法作为社会控制手段的最后一道防线，必须对出现的新问题予以回应。为此，扩大犯罪圈、甚至加大刑罚处罚力度，就是必然的选择。但是刑法作为保障法，理应保持其谦抑性。风险社会下刑法的扩张性与谦抑性之间的冲突由此产生，如何认识二者之间的关系，是值得研究的课题。

一、“风险社会”与“风险刑法”

随着经济与科技的迅速发展，其“副产品”也日益扩大到人类生活的各个领域，如恐怖主义、环境资源损害、公共安全威胁、职务腐败、经济失序等一系列风险事件频发。可以说，我们已经步入了一个新的时代——风险社会。社

* 山西大学法学院刑法学专业硕士研究生，主要研究方向为刑法学。

会环境及其变迁是法学研究的基础和起点，正如马克思所说，社会不是以法律为基础的，那是法学家们的幻想。相反的，法律应该以社会为基础。因此，立足于风险社会的语境，理性分析“现代刑法的风险扩张”具有重要的意义。

（一）“风险社会”的基本理论

德国学者乌尔里希·贝克①是“风险社会理论”的首倡者。根据贝克的观点：“风险社会是指在全球化发展背景下，由于人类实践所导致的全球性风险占据主导地位的社会发展阶段，在这样的社会里，各种全球性风险对人类的生存和发展存在着严重的威胁。”风险社会包含以下特点：一是新的时代特征。风险社会是现代化进程中因工业化出现问题而对其进行反思的新历史阶段，该阶段是工业社会转向后工业社会的必然经历，并不是附属于工业社会的，反而是对工业社会的扬弃。二是分配逻辑。风险社会揭示的是隐藏在工业化背后的潜在威胁，强调分配逻辑应该从财富型分配转型为风险分配，即“从短缺社会的财富分配逻辑向晚期的现代性的风险分配逻辑的转变”②。最后是风险特征。他指出，现在人们所面临的风险，与过去社会文明发源时就存在的风险概念相比，已经发生了本质的变化。现代的风险具有明显的内生性、不确定性、全球性与制度性四个特征。由此我们可以看出，贝克提出“风险社会”论断，是基于西方发达国家“后工业社会”的基本属性作出的。

（二）“风险社会”的中国样态

“似乎只是在一激灵间，有关风险社会的话语在中国就变得铺天盖地。”③贝克针对中国的风险样态强调：“在中国，它所具有的一个特征也导致了其与西

---

① 他将人类社会区分为前现代社会、工业社会以及风险社会，前现代社会是指处于工业革命以前的欧洲奴隶和封建式社会，工业社会是指17世纪初到20世纪中叶的古典式现代社会，而风险社会则是指20世纪中叶以后逐渐成型的自反性现代社会。

② ［德］乌尔里希·贝克：《风险社会：新的现代性之路》，张文杰等译，译林出版社2018年版，第3页。

③ 劳东燕：《风险社会中的刑法：社会转型与刑法理论的变迁》，北京大学出版社2015年版，第26页。

方社会的一大区别，这就是‘压缩的现代化’。”① 也就是说，在转型期当口的中国，既面临着与西方具有同质性的问题，也面临着独具特色的发展形势。中国的“风险社会”具有独特的样态表现：

1. 新型风险与传统风险并存

中国目前处于社会转型期，亦是风险的高发期。这一时期，传统元素与现代元素共同发挥作用，法律思维冲突碰撞，法律理念、法律制度需要作出调整。有学者指出，从总体上看，我国目前尚处在从传统的农业社会向工业社会转型的过程中。② 中国一方面尚未完成某种意义上的“古典现代化”过程，而另一方面“自反性现代化”过程在某些社会侧面又已然发生。③ 一方面，传统风险延续与升级。我国农业社会与工业社会中的传统风险仍然存在，并且其导致的社会风险仍然在升级。我国目前处于并将长期处于社会主义初级阶段的国情没有变，当前和今后一个时期，传统风险导致的事件层出不穷且愈演愈烈。另一方面，新型风险的“质、量”增加。在质上表现为食品药品风险、恐怖主义风险、环境风险等新型风险的增加，在量上表现为风险的多发性。

2. 全国性风险与区域性风险并存

我国的国情是幅员辽阔、人口众多。在悠久的历史文明、复杂的地理人情等因素影响下，各地区经济社会发展水平不平衡，形成了多元的地域特色，由此产生出风险区域性与全国性并存的特点。首先，就区域性而言，不同的地区呈现出不同的风险形态。比如，对于黑恶势力犯罪的风险，不同的区域呈现出不同的特点。在经济发达地区，黄、赌、毒是该地区黑社会性质犯罪滋生的温床，在经济欠发达地区，大多以暴力组织为其表现特征。对于毒品犯罪，多发于西南边陲和沿海地区。对于经济类犯罪，更是具有明显的区域性特征。区域性的犯罪风险不是一个单纯的犯罪学问题，其与本土的经济、政治文化、宗教、民族、地理等密切相关。其次，就全国性而言，相同的犯罪呈弥散性扩展趋势。近年来，随着科技的进步、经济的交流、交通的完善以及互联网的普及等，很多风险都已经超越了时间、空间及牵涉范围的限制，蔓延扩散至全国甚至全球。

---

① 贝克、邓正来、沈国麟：《风险社会与中国——与德国社会学家乌尔里希·贝克的对话》，载《社会学研究》2010 年第 5 期。

② 齐文远：《刑法应对社会风险之有所为与有所不为》，载《法商研究》2011 年第 4 期。

③ 刘仁文、焦旭鹏：《风险刑法的社会基础》，载《政法论坛》2014 年第 3 期。

网络犯罪、环境犯罪、黑恶势力犯罪等新的风险潜伏，随之而来的是风险渗入生活的方方面面，社会危害程度显著提高，对社会正常发展的影响呈现出“量变达到质变”状态，犯罪总量与不法程度呈几何上升趋势。

（三）从“风险社会”到“风险刑法”

风险社会强调以“风险”的重新发现作为风险控制和推动现代性政治、法律和理念变革的契机。① 据此，风险社会的研究亦由社会学领域渗透到法学领域。在新的风险逻辑下，人们对安全的渴求与日俱增，期望刑法能更加主动、积极地介入社会生活的管理当中。有一些学者认为，刑法不应过分地退缩、谦抑，应立足于风险的化解而适当地扩进。刑法作为最后一道防线，在应对风险时表现出进取和谦抑的竞合冲突，风险刑法应运而生。德国的刑法学家率先垂范，对此作出了回应。如普利特维茨于1993年在《刑法与风险》一书中首次探讨“风险刑法”概念，哈塞默将风险刑法称为“象征刑法”。金德霍伊泽尔教授明确提出了“安全刑法”概念，认为安全刑法已经跃居为刑法的主导理念，并且构成风险社会稳定的前提条件之一。② 他认为：“风险刑法主张国家在社会秩序控制中由消极角色转变为积极角色，刑法经常被用来抑制或杜绝危险犯的发生。”③

随着风险事件的频发，我国刑法学界也开始关注风险刑法理论。就目前看，对于风险刑法的认识主要存在肯定论和谨慎的反对论两种对立。肯定论认为，由于我国已被卷入全球化的浪潮之中，在某些方面也会遇到风险社会所面临的问题。④ 作为一个后发现代型国家，中国在短短数十年之内迅速地变成一个准风险社会。⑤ 肯定论的其他学者从不同角度对此展开论述，有人认为，风险刑法的理念及适用可以平缓现代社会中人类因风险产生的焦虑感，进而满足人们对安全的渴求；有人认为，风险刑法以其主动性的特点，实现了打击犯罪

---

① 莫晓宇、陈春强：《风险刑法理论研究中的错位与检讨》，载《西南石油大学学报（社会科学版）》2019年第1期。

② 韩德明：《风险刑法：理论语境和论证路线》，载《江海学刊》2018年第4期。

③ ［德］乌尔斯·金德霍伊泽尔：《安全刑法：风险社会的刑法危险》，刘国良编译，载《马克思主义与现实》2005年第3期。

④ 齐文远：《刑法应对社会风险之有所为与有所不为》，载《法商研究》2011年第4期。

⑤ 劳东燕：《风险社会与变动中的刑法理论》，载《中外法学》2014年第1期。

的目标。谨慎的反对论认为，该理论显著夸大了人为制造的风险，风险社会并不一定是社会的真实状态，因此不应将其作为刑法必须作出反应的社会真实背景。① 我国备受传统重刑主义刑法观念的毒害，刑罚适用的扩大化以及刑法的泛罪化曾严重侵犯了我国的人权保障，阻碍了我国现代法治的发展与进步。如果此时引入风险刑法理论则是对长期以来所取得的刑事法治成果的毁灭性破坏。②

虽说目前对于风险社会以及风险刑法的理论存在着学说争议，但是主流的观点，还是在一定程度上认可了风险刑法的理论贡献。风险刑法的价值在于弥补了传统刑法无法调整的法益类型；改变了传统刑法对某些罪行处罚过于滞后的做法；解决了传统刑法的一些归责问题。③

二、刑法谦抑性的蕴含

来源于西方的谦抑理念可以说是刑法学中最基础的理论之一。从法律继承看，刑法谦抑理念吸收了我国古代律学中“慎刑恤刑”的观念。从法律移植看，现代意义上的刑法谦抑最早是由日本学者平野龙一提出的，并从三方面阐述其内容：刑法的补充性、不完整性、宽容性。平野龙一认为：“刑法虽然是针对犯罪极有力的手段，但不是决定性的手段，刑法在现代人道主义的倡导下必然走向谦抑。”

关于刑法谦抑性的蕴含，国内一些学者作出了探讨，并形成了诸多理论观点。张明楷教授认为法律不理会琐细之事从实质上表达了刑法的谦抑性。④刑法谦抑性主要在于控制处罚的范围和处罚的程度，能使用非刑罚处罚方式对法益予以保护就不用刑罚处罚。⑤ 陈兴良教授认为，所谓刑法谦抑性，是指立法者应当力求以最小的支出——少用甚至不用刑罚，获取最大的社会

① 张明楷：《“风险社会”若干刑法理论问题反思》，载《法商研究》2011 年第 5 期。

② 万涛：《刑法的“进”与“退”——风险刑法观与刑法谦抑性之分析》，载《天水行政学院学报》2015 年第 6 期。

③ 孙道萃：《风险社会与风险刑法：立场与调试》，载《中国公共安全（学术版）》2011 年第 2 期。

④ 张明楷：《刑法格言的展开》（第三版），北京大学出版社 2013 年版，第 167 页。

⑤ 张明楷：《论刑法的谦抑性》，载《法商研究》1995 年第 4 期。

效益——有效地预防控制犯罪，主要包括刑法的紧缩性、补充性和经济性三层含义。① 因此看出，我国学者分别从“非刑罚处罚”“不用刑罚”等层面丰富了刑法谦抑的具体内涵。

总的来看，刑法谦抑性的蕴含如下：首先是刑法的不完整性。刑法作为社会控制的法律手段之一，其本质上是对犯罪主体权益的合法干预，其权益被限制甚至剥夺。因为对于社会控制，除了刑法以外，还存在其他的手段，刑法应当与其他社会控制手段相衔接才能发挥其功能价值。其次是刑法的宽容性。主要是指当下的刑法是一种必要的恶，为使法治更加人性化，应当发挥刑法在惩治犯罪与保障人权方面的平衡作用。最后是刑法的补充性。刑法作为只是社会控制的一种手段，而非唯一方法。刑法只有在当其他调整手段不足以发挥法律价值和作用时才会出手予以规制某种行为。行为即使产生了法益侵害或危险也并不是直接地、必然地发动刑法。可能的话，采用其他社会控制手段才是理想的。当其他社会控制手段不充分或者其他社会控制手段过于强烈时，才有必要发动刑罚。②

三、风险社会下刑法谦抑性的现实挑战

从刑法学研究看，涉及刑法边界、刑法观念、行政犯等内容，都难以与谦抑性分割。刑法谦抑性有着重要的功能，对于保持刑法理性，保障人权，合理界定刑法边界意义重大。但是，如前文所述，中国已进入风险社会，出现了“现代刑法的风险扩张”，刑法谦抑性已然面临着现实挑战。

（一）刑事立法方面

1. 犯罪化

随着社会风险的出现，犯罪现象多样化、复杂化，社会大众产生了一些焦虑与不安感。为了对此作出回应，我国选择将更多严重危害社会的行为犯罪化，不断扩大犯罪圈，以扩大刑法对社会的控制范围与控制力度，显现出刑事立法

---

① 陈兴良：《刑法谦抑的价值蕴含》，载《现代法学》1996 年第 3 期。

② ［日］平野龙一：《刑法总论Ⅰ》，有斐阁 1984 年版，第 47 页。

的扩张性趋势。为了回应民众对社会良好秩序的需求，有学者认为，“刑法谦抑原则所提倡的刑法的保障法地位正在被刑法保护法益日益普遍化、抽象化、刑法介入早期化的立法趋向所动摇”①。犯罪化最直观的表现就是刑法条文增多，罪名体系扩大。近20年来，我国相继颁布了十个《刑法修正案》，罪名数量已由1997年修订刑法时的412个增加至目前的469个，如《刑法修正案（七)》（以下简称《修七》）新增罪名9个，《刑法修正案（八)》（以下简称《修八》）新增罪名10个，《刑法修正案（九)》（以下简称《修九》）新增罪名高达20个。将过去未被视为犯罪的行为规定为犯罪，这其实是时代变迁、社会发展变化的结果。比如，当环境风险、网络风险等影响到社会发展时，且其他法律手段未能有效遏止时，就具备了将其犯罪化并用刑法介入予以制裁的正当性。

2. 处罚早期化

首先，预备行为实行化。如《修九》增设非法利用信息网络罪以及准备实施恐怖活动罪。其次，抽象危险犯的增加。如《修八》中增设危险驾驶罪以及修改后“污染环境罪”。这些犯罪的成立并不要求造成具体的法益侵害，只要“足以造成法益侵害”，具有法益侵害的可能性就构成犯罪。刑事立法通过修改构成要件要素，实际上将实害犯变为（抽象）危险犯、将结果犯变为行为犯。最后，帮助行为正犯化。如《修八》中的协助强迫他人劳动罪，即“明知他人实施前款行为，为其招募、运送人员或者有其他协助强迫他人劳动行为的，依照前款的规定处罚”。《刑法修正案（三)》增设帮助恐怖活动罪，《修九》在原第一款中增设“资助恐怖活动培训”的规定，新增第二款的规定，即为恐怖活动组织、实施恐怖活动或者恐怖活动培训招募、运送人员的，依照前款的规定处罚。

3. 处罚重型化

刑事立法关于刑事处罚的规定，表现出以下特点：其一，刑罚趋重化。如立法将部分犯罪的法定刑增加财产型的适用、增加结果加重的情节、增加从重处罚的量刑情节等。其二，刑罚方式的多元化。刑事立法一改传统的以监禁刑为中心、种类相对单一的刑罚体系。如《修九》第一条，规定的从业禁止制

---

① 刘艳红：《“风险社会”理论不能动摇刑法谦抑主义》，载《法商研究》2011年第4期。

度，第四十四条对贪腐犯罪规定的“终身监禁，不得减刑、假释”的制度。

4. 法益精神化

随着刑法学的日益进步，法益概念先后经历了实在化、精神化、功能化三个阶段。尤其是在风险社会背景下，法益论自身存在的问题使其陷入两难境地：一方面，如果坚持严格的、实体的法益概念，就必须准备更大的框架；另一方面，如果彻底放弃严格的、实体的法益概念，则法益的内容就会一般化、抽象化。

（二）刑事司法方面

风险社会对刑事司法方面的挑战主要体现在刑法过度介入民事和行政案件中，出现了刑民交叉案件处理不当、刑行衔接不畅的问题。

1. 刑民交叉案件处理不当

刑民交叉案件，既存在民事不法，又涉及刑事犯罪。司法实践中对刑民案件的处理以“两高”相关规定为依据，即“坚持罪刑法定、疑罪从无，严格罪与非罪界限，严禁以刑事手段插手经济纠纷，严禁将经济纠纷作为犯罪处理”。从我国刑法分则看，财产类犯罪与民事法律关系之间存在的关系较为密切，因此，此类案件最容易发生刑民交叉处理上的冲突。一般来说，正确认定法律主体之间的法律关系，有助于区分刑民责任。但是，风险社会的司法实践中，刑民之间的界限常常混淆，最终是否入罪，在实践中标准不一。而且，刑事法律过度介入民商事法律关系中，易导致积极入罪后果。以民商事借贷为例，由于实践中对民间借贷、套路贷等规定不完善，导致有很大一部分被告均会以出借人是“套路贷”提出抗辩。这样就容易带来借款人肆意指控出借人“非法高利贷”“套路贷”引起刑法介入的现实难题。这使得合法正常的民事法律关系主体会有恐慌不安之感，给市场经济带来了负面的影响。刑事犯罪的认定有着特有的成立要件，不能随意将民事违法案件上升为刑事犯罪。在参与市场经济的过程中，应当注重主体之间的意思自治，为当事人自己解决纠纷提供必要的保障，刑法应尽可能保持其谦抑性。

2. 刑行衔接不畅

违法与犯罪之间所具有的天然渊源关系和我国立法既定性又定量的传统方法常常导致行政法与刑法适用的竞合。如寻衅滋事、非法拘禁、故意毁坏财物、两抢一盗、故意杀害伤害他人、组织卖淫、走私等行为在《治安管理处罚法》和《刑法》中均有规定，而且在构成要件的表述上基本是相同的。只是《刑法》分则中列明了“数额较大”“情节严重”“情节恶劣”等具体犯罪成立要素。现阶段，由于风险社会的冲击，刑法越来越主动地参与到日常生活中。实践中出现了将《治安管理处罚法》调整的违法行为犯罪化的现象。违法行为犯罪化会带来一些不良后果，首先，会导致实践中僵化适用刑法、扩大打击范围和增加对被告人过度用刑的危险。其次，加重司法负担。刑法介入过早，将属于《治安管理处罚法》调整的违法行为简单“犯罪化”，会使司法资源分配不均，造成司法资源的浪费。

四、风险社会下刑法谦抑与刑法扩张关系重塑

正如博登海默所言：“法律作为人际关系的调节器一直发挥着巨大的和决定性的作用，但在任何社会中，仅仅依凭法律这一社会控制力量显然是不够的。”控制社会风险的手段并非只有法律，亦并非只有刑法，若其他手段能够予以防控社会风险，就不能轻易发动刑法，这同样是风险社会中刑法谦抑主义应保持的本色。

（一）刑法谦抑性不应过度强调

刑法保持谦抑是必要的，但过度强调谦抑性，就会导致刑法处理问题时介入不足、介入范围过窄等问题，这不利于社会风险的控制。中国正处于风险社会与转型期，刑事犯罪手段、类型多样化，引发的后果也越来越严重，不能因为片面强调刑法的谦抑性而忽视了现实社会发展所面临的风险。若不能有效地发挥刑法的作用，将某些行为犯罪化，那么公民的法益可能得不到合适的保护，其自由价值亦无从实现。而且，对于恐怖主义犯罪、有组织犯罪等社会危害性较大的犯罪，若单纯通过民事法律与行政制裁的手段，则会缺乏足够的打击力度，这也是党中央提出开展“扫黑除恶”专项斗争所考量的时代背景。若刑法过度谦抑，犯罪一旦得逞就会造成不可估量的后果，“亡羊补牢，为时已晚”。因此，对于这些犯罪予以提前处罚是非常必要的，绝不能等到造成严重侵害后果后再进行处罚。

（二）重新解读刑法谦抑性

1. 刑法谦抑性与刑事立法活跃化并非冲突

我国现阶段通过增设新罪等方式扩大犯罪圈，可谓是立法活跃化的表现，也是风险社会背景下的一种本能的反应。刑事立法也是一个过程，不能为了追求谦抑性而影响了犯罪圈的扩大。在传统社会中，环境损害风险、食品药品风险、窃取个人信息等行为社会危险性较小，还没有达到应受刑法规制的程度。但是在风险日益频发的今天，这些行为屡禁不止且愈演愈烈。如果不用刑法加以规制，那么国家社会和公民的生命财产安全将得不到有效的保障，刑法也将失去其威信力和保障法作用。因此，风险社会下，对一些高度危险行为适当犯罪化是具有正当性的。例如，增设危险驾驶罪，便是立足于交通危险引发的人身财产伤害。再如，法定犯的增加，很大一部分是为了防范社会风险。按照传统刑法理论，一般只有当实行行为发生后，并且引起了一定的实害结果（或者危险）时刑法才能介入。但是这种过于重视实害结果的立法选择并不能很好地契合当下公众对刑法的期待。因此，对于公害犯罪，增加危险犯是刑法及时回应社会的体现。

2. 刑法谦抑性并不能一味地限缩刑法规范范围

谦抑性要求刑事制裁的实效性、不可欠缺性和狭义的相当性，但并没有否决刑事规范范围的膨胀可能性。近年来，“考试入刑”“酒驾入刑”等吸引了社会公众的眼球，在引起人们担忧的同时，也安抚了其风险焦虑感。传统的刑法谦抑性，过度地以消极介入为本，甚至认为处罚范围越窄越好。但很明显，风险社会下的这种倾向是不利于风险控制的。

总之，风险社会下刑法的谦抑性已然受到挑战。我们既不能完全忽视谦抑性而使“刑法工具化”“刑法万能化”，亦不能过于强调刑法谦抑而影响到刑法机能的发挥。正如罗克辛教授所言：“谦抑性对立法者来说具有指导作用，但其不能成为限制立法权的工具。”因此，从总体看，刑法的谦抑与进取，都是时代的产物，都应当受到罪刑法定原则的规制。我们应当借用张明楷教授的一句话，对刑法的谦抑性进行反思，即我国刑法应从“限定的处罚”向“妥当的处罚”转变。

结果加重犯中直接性关联理论的本土化应用

王子怡*

摘　要：结果加重犯法定刑的特别加重在于其基本行为内含有导致重结果发生的“固有危险”，直接性关联理论要求该“固有危险”直接实现为重结果，可分别纳入基本行为和因果关系的判断中而无须移植作为单独要件。科学规则下行为时的各种客观因素对重结果的发生有确定性时成立“固有危险”；基本行为与重结果之间须具备近因关系，二者共同构成限制结果加重犯司法认定的客观方面。

关键词：结果加重犯　直接性关联　固有危险　介入因素

我国《刑法分则》关于结果加重犯的立法涉项数目较多却规则不明，由此导致了司法实践中结果加重犯认定的混乱局面，尤其体现在因果关系的认定上。德国针对这一问题提出的直接性关联理论在近几年受到了我国多数刑法学者的推崇，有学者甚至主张直接引入，但在对其含义未明的情况下主张原样移植的做法须得慎重，本文欲通过吸收直接性关联理论的合理部分，实现对其的本土化改造，为实践中结果加重犯的认定提供依据。

一、我国结果加重犯因果关系纷繁学说

结果加重犯的因果关系，建立在基本行为与基本结果之间的第一层次和基

* 山西大学法学院刑法学专业硕士研究生，主要研究方向为刑法学。

本行为与重结果之间的第二层次。因第一层次的因果关系受普通结果犯成立要求所辖，即使存在争议也是因果关系基础理论的争议，并无特殊性。故此处探讨的是第二层次的因果关系问题。实践中因果关系的认定方面呈现一片混乱，理论界的看法也可谓“乱花渐欲迷人眼”，主要观点如下：

有学者认为结果加重犯第二层次因果关系的判断标准不应当区别于第一层次，其并无特殊性①，在该观点下，有支持条件说②、相当因果关系说③，倡导全面引进客观归责理论④；有学者认为我国刑法中的绝大多数结果加重犯第二层次的因果关系是直接因果关系，间接因果关系是个例，如抢夺罪的重结果中就有间接导致他人自杀的情形；有学者主张接受德国直接性关联理论，认为只有在内含固有危险的基本行为直接造成了重结果时方可肯定结果加重犯的成立……可见，我国刑法学界主要认为结果加重犯第二层次的因果关系并无特殊之处，其中主张接受德国“直接性关联”理论的提法值得关注。

笔者认为，假设结果加重犯第二层次的因果关系并无特殊之处，且依据通说：其成立以基本犯行为与加重结果之间具有因果关系和至少过失（预见可能性）为必要。⑤ 那么“故意伤害致人死亡”的法定刑应当等同于“故意伤害罪 + 过失致人死亡罪”依想象竞合原则适用之后的刑罚。但十年有期徒刑是前者的法定最低刑，却是后者的法定最高刑，可见假设不成立。退一步讲，即使假设成立，那么“故意伤害致人死亡”和“故意伤害罪 + 过失致人死亡罪”根本没有区别的必要，“故意伤害致人死亡”罪成为立法烦琐、粗糙的表现。所以，该类法定刑特别加重的结果加重犯⑥中一定存在着某种特殊不法，对此，笔者支持危险说，即结果加重犯的本质在于基本犯罪本身所蕴含着发生重结果

---

① 陆诗忠：《刍议结果加重犯中的若干问题》，载《河南司法警官职业学院学报》2005年第1期。

② 徐岱：《论结果加重犯的因果关系——基于刑法理论和司法实践关系的反省》，载《法律科学》2018年第2期。

③ 卢宇蓉：《加重犯罪构成研究》，中国人民公安大学出版社2004年版，第163页。

④ 刘灿华：《结果加重犯直接关联性理论的本源性反思》，载《现代法学》2017年第1期。

⑤ 高铭暄、马克昌主编：《刑法学》，北京大学出版社2007年版，第205页。

⑥ 与之相对，我国刑法分则中有法定刑未特别加重的结果加重犯，如法定刑为二年到七年的虐待致死罪。

的固有危险，而德国直接性关联理论要求的“固有危险的直接实现”与之高度契合，由此，“直接性关联”理论的面纱须得被揭开。

二、德国直接性关联理论的法理思考

（一）直接性关联理论的提出和发展

受自陷禁区理论的持续影响，历史上结果加重犯的立法未附以行为人需对重结果有主观罪过的要求，直至1953年，行为人对重结果“至少有过失”才被德国刑法典正式确立，此前要求行为人对重结果担刑责的关键就在于因果关系的证成，在客观归责理论还未露头的年代，条件说一直是德国刑法上判断因果关系成立的依据，因此结果加重犯适用泛滥，直接性关联理论应运而生。

该理论由德国法官提出，首次应用于枪支走火案①中，按当时的通说，行为人显然构成伤害致死罪，但法院认为被害人的死亡结果不是用枪撞击头部直接造成的，触动扳机的伴随行为独立开启了新的因果关系进程，行为人不构成伤害致死罪。法院指出，欲成立结果加重犯，基本行为与重结果间必须具备直接关联性，却未指明“直接关联性”的含义。直到后来的阳台逃难案②，直接关联性的实质根据才被深度挖掘出来，法院认为，当重结果是由基本行为中的固有危险造成时，才成立相应的结果加重犯，易言之，若重结果是直接由第三人或被害人自己造成的，该结果就不受基本行为中的特别危险所辖。因此本案不能论以伤害致死罪，只得依故意伤害罪和过失致死罪按照想象竞合原则处理。此言一出，振聋发聩。“固有危险”一词使得直接关联性的含义得以明晰。然时有反复，直接性关联理论的内涵再次难以捉摸转折于后来的高台坠落案③。若依直接性关联的先前含义，本案中被害人

---

① 案情：行为人用手枪撞击被害人头部时不小心触动扳机，子弹射出致使被害人中弹身亡。

② 案情：行为人以残忍手段殴打某妇女，造成其鼻梁断裂，上臂受伤严重，该妇女为了逃避行为人的继续暴打，试图从二楼窗户爬向阳台，不料失足跌落而死。

③ 案情：行为人破坏架设在森林中的高台，被害人因此从高台跌落致右脚踝骨骨折，经治疗后被害人回家休养，后长期卧床，呼吸困难，送医不久死亡。法医鉴定：被害人死于长期卧床不动引发的肺血管栓塞与肺炎，若医生按常理用以稀释血液的药剂，则可避免死亡结果。

的死亡直接源于医疗过失，与破坏高台的行为无直接关系，行为人不应当承担伤害致死的刑责，但法院却认为，本案行为人构成伤害致死罪，原因是被害人脚踝骨骨折后因长期卧床和医疗过失导致肺血管栓塞直至死亡并不违反一般的生活经验，破坏高台的行为虽然在当时仅造成骨折，但死亡是伤害结果恶化之后的结果，仍受伤害行为“固有危险”所辖。至此，直接关联性再度蒙上了面纱。

德国实务界提出的这一理论引发了学界的研究热潮，直接性关联的众多解释理论如雨后春笋一般涌现。为说明结果加重犯中基本行为的固有风险和普通过失罪的风险的不同，有致命性理论、高度危险行为理论、危险要素区分理论、相当的死亡风险理论、同一风险和量的错误理论……除将关注点置于区分两种危险之上外，还产生了直接性关联理论的替代理论：轻率关联性理论和基础犯罪的保护目的关联性理论等。

（二）直接性关联理论的本土化思考

德国学界对于实务界所提出的“直接性关联”理论莫衷一是，在德国以外的韩国和我国台湾地区对该理论也有众多解读。刑法教义学要求我们应当以体系性思维为主，问题性思维为辅，[①] 在德国，该理论作为客观归责理论的下位概念，与因果关系地位并列并无不妥，而我国刑法因果关系同时解决归因和归责的问题，直接移植套用会致“水土不服”，破坏现有的刑法体系，不如吸收其合理性要素再进行本土化改造。从纷繁复杂的解读中可以发现，直接性关联理论的内容不仅包括因果关系，基本行为（尤其是“固有危险”）的判断也是重要部分。故笔者认为，重刑的结果加重犯的客观成立范围标准有二：基本行为内含致重结果发生的固有危险，重结果和基本行为之间具备近因关系。

---

① 陈兴良：《教义刑法学》，中国人民大学出版社2010年版，第14页。

三、直接性关联理论的本土化方案

(一)基本行为内含致重结果的固有危险

1. 固有危险的判断基准

固有危险的存在与否直接决定着基本行为是否成立，关于其判断基准，学界主要有三种观点：结果基准说、行为基准说、折中基准说。结果基准说认为结果加重犯固有危险的实现发生在基本结果和重结果之间，重结果由基本结果恶化实现；行为基准说主张固有危险的实现发生在基本行为本身和重结果之间，固有危险的判断应当考虑伴随整个基本行为的实施过程；折中基准说认为，基本结果和重结果指向法益性质相同时，基本结果被视为重结果实现的必经阶段，固有危险建立在基本结果和重结果之间，二者法益性质不同时，重结果的发生必须有其他附随危险介入，则固有危险的判断就建立在基本行为和重结果之间。

2. 提倡修正的行为危险说

笔者认为，基本行为的固有危险是一种客观的、现实的具体危险，却未必只建立在基本结果和重结果之间，基本行为实施过程中的一切涉及危险判断的事实都应当列入固有危险的判断资料之中，但与“一般危险”的判断规则相比要求更高。因此，笔者提倡修正的行为基准说，只有依据科学规则，判断出行为时的各种客观因素对重结果的发生有确定性时，固有危险方能成立。行为手段是这些客观因素中的关键，如打击的力度、次数和部位等，直接关系到行为对被害人侵害效果的特异体质是这些客观因素中不可忽略的重点，尽管是轻微的伤害也会因被害人有着极易被引发重症的特殊体质而具备固有危险，行为时的周遭环境可作为参考。这些都应当属于基本行为的判断范畴，应当根据个罪具体判断。

(二)重结果与基本行为之间具备近因关系

关于结果加重犯第二层次的因果关系，笔者提倡近因说：即没有被介入因素打破因果链条、盖然的引起重结果的事实原因作为结果加重犯第二层次的法律原因。鉴于此，介入因素的独立意义成为判断结果加重犯第二层次因果关系绕不开的话题。

中外刑法学界关于介入因素中断因果关系的理论十分庞杂，我国有提出自己见解的学者却不多，通说认为，只有同时具备决定力和异常性的介入因素才可中断原因果关系。笔者认为这个问题可以分为事实上的中断和法律上的中断，前者（事实因果关系）与条件说相通，后者（法律因果关系）是对事实因果的价值衡量，更具有刑法上的研究意义。笔者提倡结果加重犯第二层次的因果关系采纳近因说，同时分别讨论第三人和被害人的行为介入时，基本行为和重结果的因果关系是否中断。

1. 介入第三人的行为

在第三人行为介入的场合，能分为三种情况：其一，基本行为和介入的第三人行为都能单独造成重结果。原则上，此时介入的第三人行为是重结果的近因。但有特例，由于营救行为旨在降低危险，只要该行为不含严重的医疗过失（严重过失时会在固有危险之外创造独立的新危险，开启新的因果进程）就可被视为基本行为中固有危险的内容，故正常的第三人营救行为若单独造成重结果，不阻断基本行为和重结果间的因果关系。其二，基本行为能单独造成重结果，介入的第三人行为只是加速了重结果的发生。此时基本行为是重结果的近因。以故意伤害致死为例，即使否定假定因果关系，肯定第三人的行为对被害人生命缩短的刑法意义，由于行为人已经实施了具备固有危险的基本行为且足以造成重结果，第三人行为的介入只是依赖行为人的基本行为才能发生作用，因此不阻断基本行为和重结果间的因果关系。其三，基本行为和介入的第三人行为单独都不足以造成重结果，重叠之后才发生了作用。此时，若重叠行为同时发生，不可否认基本行为是重结果的近因，因两行为的同时实施使它们相互作用成为对方危险判断的因素。若重叠行为存在时间上的先后顺序，则介入的第三人行为可被看作异常的介入，成为重结果的近因。

例如①，吴某与他人用餐时，与近桌饮酒后的高某发生争执，吴某将高某踹倒在地，高某头部受伤被送至附近医院，诊断为酒精中毒，后高某离院自行护理，一段时间过后，高某因头部疼痛被再度送往另一医院，经检查头部有严重外伤遂接受了开颅手术，后经医治无效身亡。经法医鉴定，高某系重度颅脑

---

① 北京市高级人民法院编：《北京法院指导案例》（第4卷），知识产权出版社2008年版，第3页。

损伤合并中枢性呼吸衰竭死亡。两审法院均认为，高某受伤后医院虽未能及时确诊和对症治疗，但这一失误仅仅是没有阻止吴某行为本身的足以造成高某死亡结果的效力进程，且因头部外伤没有明显出血症状故误诊非明显异常，这一因素不能阻断吴某的伤害行为与高某死亡结果之间的因果关系。吴某成立故意伤害（致人死亡）罪。

本案中，被害人高某头部外伤没有明显出血症状故医院的误诊不属于严重的医疗过失，行为人吴某的基本行为足以造成死亡结果，介入的医院误诊因素不阻断基本行为和重结果间的因果关系，法院判决适当。

2. 介入被害人的行为

不涉及公共法益的个人法益委任于法益主体自身进行处分，但被害人行为的介入通常也作为因果关系领域的判断内容。笔者认为，被害人自我答责情况下产生的结果是否属于其自我管辖范围而不受刑法管制还需就介入的被害人行为的不同形式分别讨论。

（1）被害人逃跑

针对被害人逃跑过程中损害自身的问题，理论上有两种解决方案：强制作用说认为，在被害人有急迫的生命危险中发生类似于紧急避险的逃跑而发生重结果，不应要求被害人自我答责，但若其采取极端轻率的方式即可否定基本行为和重结果之间的因果关系。纯粹病理说原则上认为因被害人的逃跑行为与基本行为缺乏病理上的关联，故被害人需对重结果自我答责，但若被害人是在基本行为导致的意识模糊甚至丧失的情况下冒险逃跑，即肯定基本行为和重结果之间的因果关系。

笔者认为，在被害人有急迫的生命危险中发生类似于紧急避险的逃跑而发生重结果时，不应要求被害人自我答责，但若其采取极端轻率的方式原则上应否定基本行为是重结果的近因，却也不尽然，应有两项例外：生理上，被害人是在基本行为导致的意识模糊甚至丧失的情况下轻率逃跑；心理上，被害人因尊严受损，在承担着极大的精神压力和痛苦下为逃避折磨轻率逃跑。

例如①，单某和王某等五人在火车站以市价租司机李某的面包车回家，车

---

① 案例来源：河南省安阳市中级人民法院刑事附带民事裁定书（2011）安刑二终字第418号。

行至距目的地一百米处时，李某让五人下车，单某和王某声称不送至目的地就不给车费，李某说不给车费就拉到下一个目的地，遂驾车继续前行，途中单某和王某分别从车的左右侧门跳下，单某当场死亡，王某经抢救无效死亡。法院认为，李某强行不让单某和王某下车的行为属于非法拘禁，且造成二人死亡，成立非法拘禁（致人死亡）罪。本案中行为人李某只是为收取正常的车费而以将被害人拉至另一地点为威胁，并未直接侵害被害人单某和王某的人身安全，被害人不存在意识模糊和精神痛苦的情形，更无急迫的生命危险，本案中两被害人的轻率跳车“逃生”行为所致死亡结果须得自我容忍，不能归责于行为人，法院以非法拘禁致人死亡罪论处，过重不妥。

（2）被害人自杀

由于自杀是剥夺自己生命的慎重行为，故基本行为至少具有足以压制被害人意志的相当强制程度时才可成为重结果的近因，以非法拘禁为例，被害人若处在平和的拘禁环境中，只是偶尔被施加以轻微暴力，则被害人的自杀行为不得归责于行为人。

例如①，饶某骑电动车不慎撞伤一中学生左某，交警介入后通知了左某父亲，左某父亲得知后纠集谢某、游某等人去交警队看住饶某，自己去医院探望女儿。因饶某没钱赔偿，谢某不让其离开，后谢某等人挟持着饶某一起吃饭，游某威胁饶某并在其胸前推了一把，饶某情绪激动地说“没钱我把命给你”，后快步走向附近的农药店将一瓶“敌敌畏”一饮而尽，左某父亲听闻急忙赶过去对饶某拳打脚踢，饶某倒地，群众将其送医抢救后无效死亡。经法医鉴定，饶某身上多处擦伤系非致命的轻微伤，死亡原因是农药中毒。法院认为，饶某服毒死亡是其自身的积极行为，与拘禁行为无直接因果关系，谢某等人成立非法拘禁罪，不对死亡结果担刑责。本案中谢某等人只是为要求饶某赔偿医药费而裹挟其在外吃饭，可视为较平和的拘禁环境，可饶某在激动的情绪之下选择了轻率的自杀行为，该死亡结果与谢某等人的非法拘禁行为不存在近因关系，行为人无须对死亡结果承担刑责，法院判决适当。

（3）被害人延误治疗

司法实践认为，被害人延误治疗不影响因果关系的成立。笔者认为应该分

① 案例来源：江西省抚州市临川区人民法院刑事判决书（2007）临刑初字第5号。

为以下两种情况：其一，医护人员未就伤情所含危险性悉数告知被害人，仅泛泛建议入院疗养，被害人不知自己伤情的严重程度而拒绝延误了治疗的。此时基本行为应是导致重结果的近因。其二，医护人员已就伤情所含高度危险尽数告知被害人，强烈建议其入院救治，被害人明确拒绝延误治疗的。这种情况下，被害人拒绝配合治疗的行为使自己重新提升危险，这一介入因素直接造成重结果不应归咎于行为人的基本行为。

例如①，朱某因怀疑其妻与蒙某有不正当关系，对蒙某挥拳相向，二人开始厮打，朱某的朋友党某见状在蒙某后背猛踢一脚，正当蒙某转身欲还击时，朱某抓住蒙某右臂使劲向后拉，使蒙某侧身倒地，头撞到地面陷入短暂性昏迷，朱某和朋友党某上前在蒙某身上踩踏，后被拉开。医生赶到后，蒙某声称自己无事，拒绝治疗独自开车扬长而去，后因昏迷，蒙某又被送医，不治身亡。经法医鉴定，蒙某死于严重颅脑损伤，两审法院均认为，蒙某被外力作用于头部以致严重颅脑损伤，不治而亡，与朱某和党某的故意伤害行为有因果关系，被害人受伤后拒绝治疗延误病情应被视为从轻处罚的情节，不中断因果关系，朱某与党某成立故意伤害（致人死亡）罪。本案因细节（医生赶到后是否就被害人蒙某的伤情状况悉数告知）未明，结论不好判断，假设医生仅是泛泛建议蒙某入院观察而遭到蒙某拒绝延误了治疗之机，导致死亡结果发生，那么朱某的基本行为属于重结果的近因，故意伤害致人死亡罪成立，法院判决适当。

① 案例来源：陕西省高级人民法院刑事裁定书（2012）陕刑三终字第00013号。

行贿罪量刑规范化分析

——以山西省近三年行贿罪为样本

马秀卿* 武怡然**

摘 要：《刑法修正案（九）》以及关于贪污贿赂犯罪的最新司法解释对行贿犯罪做了调整，体现了“受贿罪和行贿罪并重惩治”的处罚方向。分析山西省近三年的行贿罪案例发现“重受贿，轻行贿”的法治状况仍然存在、罚金刑适用不合理、犯罪在某些行业集中反复出现。应当通过在理论上厘清两罪的社会危害性及关系，在立法上完善特别自首制度、细化行贿罪罚金刑标准、增设资格刑，在司法上坚持以审判为中心的诉讼制度改革来规范行贿罪的量刑。

关键词：刑罚差异化 互为因果 特别自首 资格刑

一、问题的提出

长期以来，我国对贿赂犯罪的惩治，无论是刑事立法还是司法实践都有“重受贿、轻行贿”的倾向。在刑事立法上，《刑法修正案（九）》（以下简称《刑修九》）之前，对受贿罪最高可以判处死刑，对行贿罪最高只能判处无期徒行；如果不考虑情节，单从犯罪数额角度分析，受贿人收受十万元贿赂，应当判处十年以上有期徒刑或无期徒刑，可以并处没收财产；行贿人行贿十万元，

---

* 山西省人民检察院刑事检察三部副部长，硕士研究生导师，主要研究方向为刑事诉讼法和刑法。

** 山西大学法学院刑法学专业硕士研究生，主要研究方向为刑法学。

应判处五年以下有期徒刑并且不处罚金。行贿人只要在被追诉以前主动交待行贿行为，就可以减轻处罚或者免除处罚；对于受贿人，刑法条文不但没有类似的从宽处罚规定，相关司法解释还要求对职务犯罪严格适用缓刑与免刑①。在司法实务中放纵行贿人的案件更是屡见不鲜，安徽阜阳中院两任院长因为受贿罪被判刑，在判决书中，行贿人的名单里安徽省界首市人民法院院长何涛的名字赫然在列。连续向中院院长行贿十五次的何涛非但没有受到处罚，反而在受贿者都被判刑后的人民代表大会上连任了界首市人民法院院长。广西壮族自治区平南县某矿业有限公司法定代表人林某，2004 年至 2009 年间在申请设立矿业企业过程中，违反国家规定申请多个探矿权证，多次向有关部门负责人行贿，共计人民币 23 万余元，却被判处免予刑事处罚。②

为了适应社会经济的发展、加大对腐败犯罪的打击力度，2015 年 11 月 1 日生效的《刑修九》以及 2016 年 4 月 18 日由最高人民法院、最高人民检察院（以下简称“两高”）联合发布的《关于办理贪污贿赂刑事案件适用法律若干问题的解释》（以下简称《解释》）对贿赂犯罪作了全新的规定。新法生效至今三年有余，实施效果如何？司法实务中对行贿罪和受贿罪的量刑较之前有何变化？还存在哪些问题？为了解三年以来我国司法机关对受贿罪、行贿罪的判决情况，笔者以中国裁判文书网为平台，以“受贿”“行贿”为案由，搜集了从 2016 年 4 月 18 日到 2019 年 4 月 18 日，山西省所有上网的受贿罪和行贿罪判决书，作为研究样本。其中，受贿罪案件共 166 件、行贿罪案件共 64 件，减去重复案例、二审改判案例和其他相关的犯罪即被判处单位行贿罪、非国家工作人员受贿罪的案件，受贿罪案件共 145 件涉及被告人 149 人、行贿罪案件共 63 件涉及被告人 65 人。虽然没有能收集全部的判决书，但在一定意义上山西省的司法状况必然能够反映出全国性的问题。对样本进行分析以后，就行贿罪的司法状况，发现了如下几个问题：

1. “重受贿、轻行贿”的局面虽然有所遏制，但并未根本扭转，两罪的刑罚差异化仍然十分严重

在样本里的 149 名受贿罪被告人中，有 38 人被判处免予刑事处罚，占总人

① 最高人民法院、最高人民检察院 2012 年 8 月 8 日《关于办理职务犯罪案件严格适用缓刑、免予刑罚处罚若干问题的意见》

② 董桂文：《行贿罪量刑规则的实证分析》，载《法学》2013 年第 1 期。

数的25.5%。有44人被判处缓刑，占总人数的29.5%。有29人被判处三年以下有期徒刑，占总人数的19.5%。有32人被判处三年以上十年以下有期徒刑，占总人数的21.5%。有4人被判处十年以上有期徒刑，占总人数的2.7%。反观行贿罪，除了缓刑适用率明显高于受贿罪外，其他几项刑罚都远低于受贿罪。(详见图1)。

行贿罪的免刑率低于受贿罪，表明山西省司法机关加大了对行贿罪的处罚力度，也说明严密行贿罪法网、体现"行贿罪和受贿罪并重惩治"的《刑修九》和《解释》对贿赂犯罪的法治状况起到了纠偏作用。但是我们也应该注意到，除了免予刑事处罚这一项标准外，两罪其他的各项刑罚以及案件数量、被告人人数，行贿罪与受贿罪还存在较大的差异，尤其是缓刑。行贿罪的缓刑适用率高达66.2%，占了一半以上，远高于受贿罪的29.5%。作为被《刑法》规定为犯罪的对合犯，刑罚差异如此之大，背后的原因值得深思。

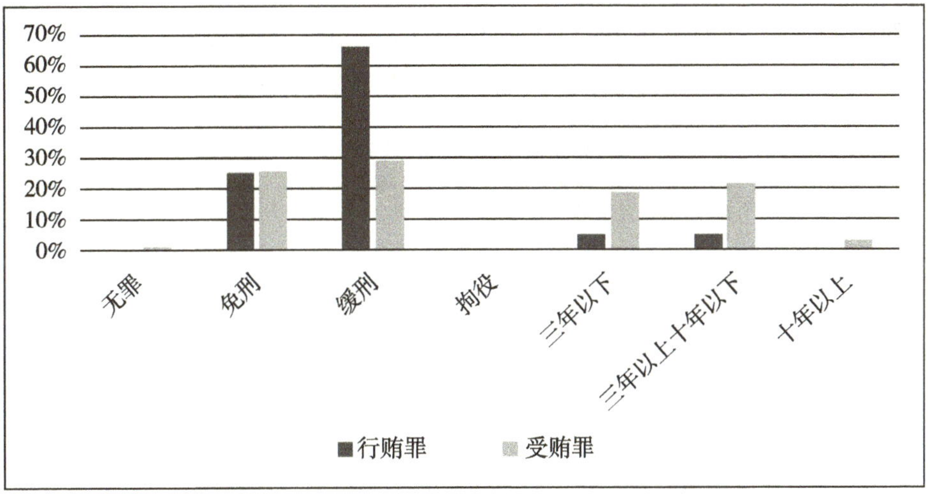

图1　受贿罪与行贿罪被告人判处刑罚对比

2. 罚金刑适用不规范

罚金刑适用不规范主要表现在两个方面。第一，是否需要判处罚金，各地法院做法不一。第二，如何判处罚金，没有统一标准。

第一，行贿罪是否需要判处罚金。由于许多行贿罪发生在《刑修九》《解释》实行之前，审判时对于行贿罪的规定已经有了较大变化。行为时有行为时的法律和司法解释，审判时又有审判时的法律和司法解释。究竟何者对被告人更有利？是否应判处罚金？不同的法院有不同的做法，有的法院判处了罚金而有的法院没有判处罚金。

第二，如何判处罚金，没有统一的标准。在行贿犯罪中，有的行贿人行贿10万元被判处罚金人民币10万元①，有的行贿人行贿65万余元被判处罚金人民币10万元②，有的行贿人行贿110万元仍然被判处罚金人民币10万元③。如此判处罚金刑，不仅不能使罚金刑在行贿犯罪的刑罚中起到其应有的效果，更有损司法公正。

3. 行贿犯罪在个别行业集中爆发、反复出现

通过分析样本，笔者发现行贿罪案件中行贿人集中出现在了煤炭运输、生产领域和建设工程领域。从数量上来说，建设工程领域位居最前列。从行贿金额上来看，煤炭行业行贿金额最高，在行贿数额累计达到一百万以上的六起案件中有四起发生在煤炭行业，且有两起案件中行贿额达到了150万元。更令人惊讶的是，某些行贿人为了承揽工程和尽快拿到工程款，在因为行贿罪被判处缓刑的考验期间仍然在向负责工程建设的国家工作人员行贿。④ 相同的犯罪能在一个行业频繁出现、屡禁不止，确实应该引起我们的注意。(详见表1)

表1　行贿案件集中行业的案件数及百分比

行业	建设工程	煤炭生产、运输	土地征收补偿	职务提升、调整	其他⑤
数量	29（44.6%）	13（20%）	4（6.2%）	9（13.8%）	10（15.4%）

二、对行贿犯罪司法现状中存在问题的分析

1. 出现“重受贿、轻行贿”的局面，原因在于以下几点：

（1）理论上认为行贿罪和受贿罪的社会危害性不同，受贿行为的社会危害性更大。虽然《刑修九》《解释》加大了对行贿罪的处罚力度，国家监察委、

① 山西省吕梁市交口县人民法院（2016）晋1130刑初80号民事判决书。

② 山西省大同市中级人民法院（2015）并刑终字第122号民事判决书。

③ 山西省介休市人民法院（2017）晋0781刑初23号民事判决书。

④ 山西省长治市屯留县人民法院（2017）晋0424刑初70号民事判决书。

⑤ 其他包括：为了要回欠款而行贿、在经济往来中收取回扣、为多获得专项补贴而行贿等。

“两高”也相继提出了“行贿罪和受贿罪并重惩治”的要求，但仍然有许多学者以及司法工作人员都认为，受贿行为造成的社会危害性要大于行贿行为，要想从源头上遏制腐败应该增强对受贿行为的约束。例如，刘宪权教授认为：“贿赂犯罪（包括受贿与行贿等）的本质在于对国家工作人员职务廉洁性的侵害，受贿罪与行贿罪由于主体限制的不同，前者的社会危害性明显大于后者，这是不证自明的。”① 张明楷教授认为：“行贿受贿双方的法律地位并不相同，对职务行为不可收买性的侵害也明显不同。”② 甚至有的学者提出将行贿行为作非罪化处理来约束受贿犯罪的发生③。如此认识行贿罪必然导致行贿罪的案件数量、被告人人数少于受贿罪，实际刑罚低于受贿罪。

（2）贿赂犯罪自身特点给侦查工作带来巨大的困难。贿赂犯罪的侦破难度很大，为了侦破案件、获得能够认定犯罪的关键证据，侦查机关通常会从行贿人处打开缺口。检察机关在办理贿赂犯罪案件中，“只要行贿人积极配合调查，如实交代问题，侦查部门就会根据具体情况对行贿人或立即释放，发给释放证明，或撤销强制措施，或撤销案件。”④

（3）从宽量刑情节认定不严格，导致缓刑率、免刑率高。

《刑修九》对行贿罪的特别自首作了新的规定。之前根据《刑法》第三百九十条第二款的规定：“行贿人在被追诉前主动交待行贿行为的，可以减轻处罚或者免除处罚。”在修改以后行贿人希望通过特别自首制度来获得从宽处罚的条件变得更加“严格”，行贿人如果只是在追诉前主动交待行贿行为的，只可以从轻、减轻处罚。只有那些犯罪较轻，对侦破重大案件起关键作用的或者有重大立功表现的，才可以减轻或免除处罚。虽然法律作出了这样严格的规定，但这并不意味着特别自首规定没有被滥用的可能。

在笔者分析的样本中，从宽处罚的量刑情节被广泛适用，行贿犯罪的被告人都在不同程度上得到了从宽处罚。其中适用最多的从宽处罚量刑情节当属第三百九十条规定的特别自首情节，占到了64%。自首、立功等量刑情节在不同

① 刘宪权：《贪污贿赂犯罪最新定罪量刑标准体系化评价》，载《法学》2016年第5期。

② 张明楷：《行贿罪的量刑》，载《现代法学》2018第3期。

③ 江涛：《废除行贿罪之思考》，载《法商研究》2015年第3期。

④ 冯彬：《论宽严相济刑事政策在实践中的异化——以行贿人实质上的非犯罪化为视角》，载《河南警察学院报》2012年第12期。

程度上也有适用，即使不能构成自首、立功，只要被告人到案后“如实供述自己的犯罪行为”，就可以被认定为坦白，进而获得从轻处罚。没有适用从宽处罚的案件仅占9%（详见表2）。

表2　从宽情节的适用数量及百分比

从宽情节	自首	特别自首	立功	坦白	未适用
数量占比	14次（21%）	43次（64%）	1（1%）	3（4%）	6（9%）

在笔者分析的样本案例中，就如何认定“行贿人在被追诉前主动交待行贿行为”，存在着“同案不同判”的现象。同样是犯罪嫌疑人在接到检察院电话通知后到侦查机关接受询问，之后交代自己的行为，有的法院认为犯罪嫌疑人是接到通知后才供述自己的行为，并不算主动到案，其行为不能构成被追诉前主动交代行贿行为①。但大多数法院的判决都认定此种情形构成了在被追诉前主动交代行贿行为，进而对被告人予以轻判。例如，被告人张某某在和省纪委谈话时如实交代了行贿事实，后经电话通知，到检察院接受询问时如实供述，法院最终对被告人适用了《刑法》第三百九十条第二款的规定②。

对于行贿罪中特别自首的理解，根据《最高人民法院、最高人民检察院关于办理行贿刑事案件具体应用法律若干问题的解释》第十三条的规定，“被追诉前”是指检察机关对行贿人的行贿行为刑事立案以前。这一点各地法院没有争议。但是所有的司法解释都没有对应当如何理解“主动交代”作出规定，这也就导致了上述“同案不同判”的现象。

被告人被认定为“在被追诉前主动交代行贿行为”之后，在量刑上的从宽效果是很明显的。按法律规定，被告人可依法获得从轻或减轻处罚，司法实务中法院通常会对其减轻处罚，判处五年以下有期徒刑。这就会让行贿数额巨大的被告人有机会被判处缓刑。例如：被告人冯某某为了调动工作向刘某某行贿一套价值112万余元的房屋，之后又行贿五万元现金。③ 按照《解释》的规定，行贿数额在一百万以上不满五百万元的应当认定为《刑法》第三百九十条第一款规定的“情节严重”，处五年以上十年以下有期徒刑。可该被告人就是因为

① 河南省沁阳市人民法院（2015）沁刑初字第156号民事判决书。
② 山西省长治市中级人民法院（2017）晋04刑终239号民事判决书。
③ 山西省大同市矿区人民法院（2015）矿刑初字第192号民事判决书。

符合《刑法》第三百九十条第二款规定的“在被追诉前主动交待行贿行为的，可以从轻或减轻处罚”而被判处了有期徒刑三年，缓刑四年。

除此之外，《刑法》第三百九十条第二款“犯罪较轻的，对侦破重大案件起关键作用的，或者有重大立功表现的，可以减轻或者免除处罚”对被告人获得从宽处罚也起到了巨大作用。什么是重大案件？根据《解释》第十四条第二款规定，根据犯罪的事实、情节，已经或者可能被判处十年有期徒刑以上刑罚的，或者案件在本省、自治区、直辖市或全国范围内有较大影响的，可以认定为《刑法》第三百九十条第二款规定的“重大案件”。但什么又是有较大影响？并没有统一的认定标准。这就给审判机关留下了很大的自由裁量空间，即只要犯罪较轻，审判人员就可以适用特别自首的规定予以减轻、免除处罚。这样一来，受贿罪与行贿罪的量刑幅度就被进一步拉大。

2. 罚金刑乱象的法理分析

第一，就行贿罪如何遵循从旧兼从轻原则判处罚金刑、司法解释与刑法之间的关系及其溯及力问题。司法实践中有三种处理意见。

第一种意见认为，行贿行为虽然发生在《刑修九》之前，但《解释》提高了追诉标准，根据从旧兼从轻原则适用《刑修九》和《解释》，对被告人更有利，对被告人应当判处罚金刑。

第二种意见认为，新旧刑法未调整主刑，《刑修九》仅是增设了罚金刑，显然新法加重了行贿罪的处刑，按照从旧兼从轻原则，对被告人应适用旧法，不得判处罚金。

第三种意见认为，对被告人应当适用旧法和《解释》，不得判处罚金。

笔者认同第三种观点。首先，对新旧刑法、司法解释进行比较。《刑法》第三百九十条第一款在原来的基础上增加了罚金刑，第二款对原来的特别自首制度进行了“从严改造”。很明显旧刑法更有利于行贿人。相比于之前的司法解释，《解释》提高了对行贿行为的追诉标准，对行贿人来说更有利。

其次，旧刑法没有关于罚金的规定，《解释》又有关于罚金的规定，应该如何抉择？这是问题的关键。笔者认为，司法解释只是刑法适用的辅助工具，不能代替刑法而发挥作用，对被告人的定罪量刑要严格依照罪刑法定原则来判决。既然按照旧刑法，不对行贿人判处罚金，那么即使《解释》有关于罚金的规定也不能适用。

第二，对罚金刑数额不统一的分析。笔者认为，造成司法实务中行贿数额相差巨大，但罚金刑相同的原因在于《解释》对行贿罪罚金刑的规定过于粗糙。

与贪污罪和受贿罪罚金刑的规定相比，行贿罪的罚金刑规定过于简单。按照《解释》第十九条第二款规定的“对刑法规定并处罚金的其他贪污贿赂犯罪，应当在十万元以上犯罪数额二倍以下判处罚金”，无论多少行贿数额，判处十万元罚金，都是正确的，按此规定势必会造成前文所述的行贿罪罚金刑乱象。

3. 资格刑的缺失导致行贿罪在特定行业反复出现

行贿犯罪之所以能在某些特定的行业反复出现，除了对行贿犯罪的普遍从宽处罚以外，资格刑的缺失也是一个重要原因。

资格刑是指剥夺犯罪人行使某些权利之资格的刑罚①。在行贿罪中设置资格刑，通过资格刑的运用剥夺掉犯罪分子的某种身份、行业准入资格，就能使其失去再次犯罪的机会。例如，在建设工程领域和煤炭的生产、运输领域，在对行贿人判处刑罚的同时取消其生产经营资质，那么行贿人就失去了在该行业行贿的基础，特定行业的行贿必然会减少。

三、行贿罪量刑规范化路径探究

1. 在理论上厘清受贿罪、行贿罪的社会危害性以及两罪名的关系

首先，贿赂犯罪和贪污犯罪不同。贪污犯罪属于贪利型犯罪，对犯罪人数没有要求，行为人一个人就可以单独实施贪污行为。贿赂犯罪，除了索贿以及行贿未遂的情形，通常需要两个人在主观上进行意思联络，客观上共同作出贿赂行为才能完成。因此，贿赂犯罪原则上属于共同犯罪，对其应该适用共同犯罪理论定罪量刑。根据“部分行为，全部责任”的共同犯罪归责理论，行贿人和受贿人都应当对受到侵害的法益承担责任。当然，“行贿罪和受贿罪并重惩治”并不是说一定要对行贿人和受贿人处以完全相同的刑罚，而是说二者的社会危害性相同，不能对行贿人过度放纵。行贿人和受贿人究竟应该

① 高铭暄：《刑法学原理》（第二卷），中国人民大学出版社1994版，第107页。

如何量刑须结合案件的具体情节综合评价，在此基础上适当的差异化也是合理的。

其次，从成因上来分析，不能简单地认为行贿是受贿的发生原因或受贿是行贿的发生原因。现实生活中，往往是行贿人希望向国家工作人员输送利益从而获得不正当利益，受贿人也希望利用自己手中的权力为自己谋求更多的利益。两者的产生应该是互为因果、相互促进。因此，只打击受贿一端并不能从根源上解决问题。

综上所述，为了有效打击贿赂犯罪应该坚持“行贿与受贿并重惩治”，严密行贿罪法网，对行贿罪和受贿罪均衡适用刑罚。

2. 在立法上完善行贿罪的法律规定

（1）完善特别自首制度

如前文所述，司法实务中对特别自首制度中“主动交代”的认定不一导致了行贿罪量刑偏低。笔者认为，所谓主动交代包括两个方面的要求，首先，要求行贿人独立地向侦查机关供述自己的行贿行为，该过程不能有司法机关的推动。因为，从法理上来说自首的被告人能够得到从宽处罚的根本原因在于节约司法资源。侦查机关之所以会对有的犯罪嫌疑人通过“打电话”的方式来要求其到案谈话，势必进行了周密的侦查工作，已经为此消耗了诸多司法资源。此时，行贿人并没有节约司法资源，所以主动交代必然要求行贿人的到案是自动的。基于此，样本案例中许多行贿人被认定为特别自首进而获得从宽处罚，是不合理的。其次，要求行贿人交代的犯罪事实真实可信。只有如实交代，才有获得从宽处罚的可能。笔者建议“两高”应出台相关司法解释进一步明确在特别自首制度中，主动交代如何认定以及关键作用如何评价、行贿人在追诉前主动交代行贿行为的，什么情况下可以从轻处罚、什么情况下可以减轻处罚。通过对特别自首制度的进一步完善，给司法工作者定罪量刑设定相对明确的标准，严密行贿犯罪法网，进而实现对贿赂犯罪的有效治理。

（2）细化行贿犯罪的罚金刑适用标准

基于前文所述，导致行贿罪中罚金刑乱象的根本原因在于《解释》对行贿罪罚金刑的规定过于粗糙。因此笔者建议应该根据行贿罪的不同量刑情节结合行贿数额，分多个档次地设置与之对应的罚金刑。例如，对行贿罪判处五年有期徒刑以下刑罚的，应当判处十万元以上，行贿数额两倍以下的罚金；判处五年以上十年以下有期徒刑的，应当判处二十万元以上，行贿数额两倍以下罚金或没收财产；判处十年以上有期徒刑、无期徒刑的，应当判处五十万元以上，行贿数额两倍以下罚金或没收财产。

(3) 对行贿犯罪增设资格刑

相比较于生命刑、自由刑，资格刑对于打击行业惯犯、反复出现在某领域的犯罪更具有优势。我国刑法对资格刑的规定见于《刑法》第三十五条的驱逐出境、第三十七条之一的职业禁止以及第五十四条至第五十八条的剥夺政治权利。其中驱逐出境只是针对外国人的规定，剥夺政治权利除了剥夺选举权和被选举权以外，剥夺言论、出版、集会、结社、游行、示威自由等政治性权利，对于行贿犯罪而言并不能罚当其罪。并且单凭剥夺政治权利难以遏制行贿犯罪。职业禁止为《刑修九》所新增，在功能、内容上都最能体现资格刑的性质。可是该职业禁止的适用要以对被告人判处刑罚为前提条件，在适用上缺乏灵活性。综上所述，我国刑法目前对资格刑的规定还不能满足对行贿犯罪量刑的需求。

笔者建议针对行贿罪设立资格刑，审判人员可以在对行贿人判处有期徒刑和罚金之后再宣布一定时期内甚至终生禁止其从事某些职业或进入特定市场。也可以根据具体的犯罪情节对被告人单独适用资格刑。这样既可以实现刑罚的预防和惩治功能，也可以使特定行业的行贿人彻底失去行贿机会。

3. 在司法上坚持以审判为中心的诉讼制度改革

司法实务中行贿案件明显少于受贿案件的一个重要原因是，为了获得行贿人的口供，办案人员在侦查阶段对行贿人做出或撤销案件或不起诉的处理。这相当于在侦查、起诉阶段变相地对犯罪嫌疑人是否有罪作出了决定。《刑事诉讼法》第五条规定的“人民法院依照法律规定独立行使审判权，人民检察院依照法律规定独立行使检察权，不受行政机关、社会团体和个人的干涉”，即在我国只有法院才能行使审判权来确认被告人是否有罪，司法实务中许多侦查机关、公诉机关的做法违背了《刑事诉讼法》的基本规定。《关于推进以审判为中心的刑事诉讼制度改革的意见》中也明确指出，“侦查机关应该全面、客观、及时收集与案件有关的证据……所有证据应当随案移送，妥善保管。”基于此，侦查机关和公诉机关不得随意对行贿人做撤案或不起诉处理。

据此要求，在贿赂犯罪的侦办和审查起诉过程中，行贿人确实有特别自首、立功或坦白等可以从宽处罚的情节，侦查机关和公诉机关应当将行贿人的表现记录在案，并随案移送。符合条件的提出从宽处罚建议。但绝不能作撤案处理。最终能否获得从宽处罚以及如何定罪量刑应该由法院依法判决。法院在判决书中也应当对所有行贿人的处理状况（无论是否有罪）予以明示，确保受贿人与行贿人之间形成一一对应关系，实现行贿罪和受贿罪的并重惩治。

刑事电子数据取证主体思考

马秀娟* 郭宇宇**

摘　要：电子数据具有较高的科技含量，对其取证主体的技术资质提出了较高要求。实践中常常发生取证主体的权限与技术资质不统一，由此对电子数据的证明力和证据能力产生不同影响，同时也会侵害犯罪嫌疑人和其他公民或公司的合法权益。因此，有必要完善相关法律，确立电子数据取证原则，规范取证程序，同时建立委托取证制度和人才培养战略，以解决实践问题。

关键词：电子数据取证主体　真实性　证据能力　有专门知识的人

刑事电子数据，是指刑事案件中可以证明案件事实的电子材料①，常见的有电话录音、电子聊天记录、电子邮件等。与传统物证、书证相比，电子数据客观存在却也十分脆弱，容易被隐蔽地损坏和消除，无形性、不稳定性和高科技性是电子数据的突出特征。刑事电子数据的特征影响着对其收集主体的要求，不仅要求收集主体身份合法，同时要求收集主体具有一定的专业技术能力，但实践中经常出现两种情况：第一，收集主体具备侦查人员的身份，但不具备专业技术能力。第二，收集主体具备计算机与网络技术能力，但不具备侦查人员的身份，无论取证主体身份不合法还是技术能力不适格，均可能对犯罪嫌疑人甚至其他公民或公司的合法权益造成损害，同时也可能影响电子数据的证明力和证据能力。

---

* 山西大学法学院副教授，主要研究方向为刑事诉讼法学。

** 山西大学法学院刑法学专业硕士研究生，主要研究方向为刑事诉讼法学。

① 黎波：《关于刑事电子证据问题的思考》，载《法制与社会》2016年第4期（下）。

一、取证主体身份不合法侵犯公民合法权益

侦查行为是为查明犯罪事实而进行的行为，常常具有强制性，侦查活动必然会对他人权利产生干预，包括犯罪嫌疑人和其他公民或公司的权利。在电子数据收集的过程中，对电子数据的载体进行扣押可能侵犯公民的财产权；对海量电子数据的识别、筛选过程可能侵犯公民的隐私权，甚至可能导致某些公司、企业的商业秘密被泄露，损害其经济利益①。因此，我国法律和司法解释均严格限制取证主体，最高人民法院2012年11月出台《关于适用〈中华人民共和国刑事诉讼法〉的解释》（以下简称《刑诉法解释》），最高人民法院、最高人民检察院和公安部2014年5月出台《关于办理网络犯罪案件适用刑事诉讼程序若干问题的意见》（以下简称《网络犯罪刑事诉讼程序意见》）、2016年9月出台《关于办理刑事案件收集提取和审查判断电子数据若干问题的规定》（以下简称《电子数据规定》），三部司法解释均明确规定刑事电子数据的取证主体应当是两名以上的侦查人员。但司法实践中常常出现不具备侦查人员身份的人直接收集电子数据的现象，2016年江苏省睢宁县公安局在侦办一起伪造货币案件时，一名侦查人员与两名协助侦查的计算机专业的技术人员（不具备侦查人员的身份）至犯罪嫌疑人家中收集相关证据，两名技术人员采取直接扣押犯罪嫌疑人手机和电脑的方式提取电子数据，后辩护人提出电子数据的取证主体不合法的辩护意见，要求启动非法证据排除程序（以下简称“伪造货币案”）。主体不合法不仅可能侵犯犯罪嫌疑人的财产权、隐私权，也有可能侵犯其他公民或公司的合法权益。

（一）侵犯公民财产权

因电子数据具有无形性、高科技性等特征，通常依附于电子数据的载体而存在，收集主体短时间内无法精确判断与采集载体中与案件相关的电子数据，为更好地查明事实、打击犯罪，收集主体会采取控制载体的方式提取电子数据。对于手机、电脑等便于携带的载体，收集主体一般采取扣押的方式，对于服务

① 潮丹丹：《刑事电子数据收集》，上海师范大学2017年硕士学位论文，第19页。

器等大型不便移动的载体，收集主体一般采取查封的方式。但手机、电脑和服务器等载体均是公民的财产，如果收集证据时主体不适格或者程序不合法，很有可能侵犯公民的财产权。

“伪造货币案”中，在仅有一名侦查人员在场的情况下，没有扣押令状存在的前提下，不具备侦查人员身份的技术人员直接将犯罪嫌疑人的手机与电脑扣押，就可能涉嫌侵犯公民的财产权。我国《刑事诉讼法》及司法解释对可能给公民财产和自由造成重大影响的侦查措施有严格的程序规定，一般要求具备侦查人员身份，并要求持有或补签令状等程序要求。《刑事诉讼法》已明确勘验、检查和鉴定可以由具有专门知识的人进行，那么“伪造货币案”中没有令状批准的扣押行为可以委托吗？一般而言，侦查措施可以分为强制性侦查措施和任意性侦查措施①。任意性侦查措施可以委托他人，而强制性侦查措施通常则具有专属性。谢登科博士将强制性侦查措施分为两项权力，即强制措施的审查决定权和执行权。审查决定权是通过审查申请事由和相关证据材料，后决定是否采取强制性侦查措施②。强制侦查措施的审查决定权不宜委托给他人行使，只能由侦查机关自行实施。关于这一点《刑事诉讼法》虽未明确规定，但可参照《行政强制法》的规定，行政强制措施与刑事强制措施具有相似性，会对公民、法人或其他组织的财产与自由产生极大限制，《行政强制法》明确规定行政强制措施不得委托③。作出强制性侦查措施的决定后，侦查人员就享有对电子数据取证的合法权限，通常应当自行实施，但为更好地收集证据和查明事实，将强制性侦查措施的执行委托给有专门知识的人，也应当是允许的。“伪造货币案”中扣押行为是不具有技术性的、不必要委托的具有强制性的取证措施，只能由侦查机关自行决定和实施，侦查人员不可以将其委托给技术人员决定。技术人员在无令状批准时的扣押行为，属于超越委托权限的违反取证程序的行为，违反《刑事诉讼法》保障公民合法权益的精神，涉嫌侵犯犯罪嫌疑人的合法财产权。

---

① ［日］田口守一：《刑事诉讼法》，张凌、于秀峰译，中国政法大学出版社2010年版，第103～118页。

② 谢登科：《电子数据的取证主体：合法性与合技术性之间》，载《环球法律评论》2018年第1期。

③ 谢登科：《电子数据的取证主体：合法性与合技术性之间》，载《环球法律评论》2018年第1期。

“快播案”中取证主体在没有通知服务器权利人的情况下，直接将快播公司租赁的4台服务器直接查封，后聘请与快播公司存在技术竞争的公司的技术人员操作提取的行为，可能存在既侵犯快播公司商业秘密，又侵犯第三方合法财产权的问题。“快播案”查封服务器的主体是行政机关的工作人员，后因快播公司涉嫌刑事犯罪，历经数月后，侦查人员才控制4台服务器。侦查人员提取电子数据也耗时许久，且提取证据之后没有及时将服务器解封。“快播案”中服务器的所有权人是与案件无关的第三方公司，服务器中除了存有快播公司的数据，还有很多其他公司的数据。虽然配合刑事案件调查是公民和企业应尽的义务，但公安机关在侦查时应当尽量不影响公民和企业的正常生活、生产，否则可能会侵犯公民和企业合法的财产权。

（二）侵犯公民隐私权

在如今无纸化、信息化的社会里，很多个人隐私以电子数据的形式被保存，暗藏于手机与电脑当中。侦查人员在侦办案件过程中，不仅能提取到能够证明案件事实的涉案信息，还能接触到与案件事实无关但与犯罪嫌疑人或其他公民有关的个人隐私，甚至有时这些涉案信息可能只占其全部个人信息的很小一部分。侦查人员在接触到犯罪嫌疑人全部个人信息时，如果不能保持注意与保密，很有可能侵犯犯罪嫌疑人的个人隐私权。

“快播案”中快播公司作为知名的网络服务提供者，拥有众多用户，该公司租用的服务器中存储着大量与案件不相关的互联网用户的个人信息，侦查人员在提取服务器中的电子数据时，如果不能采取合理的方式或者提取后没有注意用户信息的保护，很可能造成侵犯公民个人隐私权的后果①。

二、取证主体技术不适格影响真实性和证据能力

刑事电子数据对取证主体提出了更高的要求，取证主体要顺利完成取证任务，不仅需具备侦查、法律等专业知识，还需掌握科学的电子取证技术，但目

① 朱亚帅：《刑事案件电子数据的搜查、扣押程序研究》，载《江西警察学院学报》2018年第5期。

前大部分的侦查人员无法达到电子取证高精尖的要求①。因此司法实践中，侦查人员直接提取电子数据，可能会因操作失当，造成证据损坏或灭失的后果，从而影响证据的证明力；侦查人员让犯罪嫌疑人自己调取、提交电子数据，或者委托有技术能力的第三方机构或个人提取电子数据，可能会因取证主体或取证程序不合法，从而影响证据的证据能力。

2016 年山东省莱芜市钢城区公安机关的侦查人员在侦办一起利用互联网非法吸收公众存款的案件时，发现该网贷平台数据存储于阿里云服务器中，侦查人员因技术能力有限，在收集部分电子数据后，委托犯罪嫌疑人之一和某技术公司的员工一同将阿里云服务器中剩余的电子数据提取。审理时辩护人提出两份电子数据均不完整，真实性存疑；第二份电子数据取证主体不适格，该份电子数据不具备证据能力（以下简称“非法吸收公众存款案”）。

（一）影响电子数据真实性

电子数据的真实性是指存在于技术层面的电子数据是否真实，是否与原始数据保持一致，是否存在被修改、删除、增加等问题②。司法实践中法官审查电子证据的真实性，主要是对侦查取证中采取技术措施、遵守程序规则的情况予以确认。具体来说，法官审查电子证据主要针对五个方面：一是侦查取证中固定电子数据的方式，二是处理未被删除的电子数据的方式，三是对存储介质的提取，四是电子数据的提取、鉴定，五是其他证据佐证。上述审查可以分为三大类：第一类为固定、提取电子数据的方式，这主要是对电子数据载体真实性的审查；第二类为处理未被删除的电子数据的方式，电子数据的提取、鉴定等问题，这是对电子数据本身真实性的判断；第三类为“其他证据佐证”的问题，这涉及电子证据内容是否能与其他在案证据相互印证，指向的是电子数据证明内容的真实性。“非法吸收公众存款案”中，侦查人员和技术人员分别取得一份电子数据，侦查人员提取电子数据的方式不科学，导致第一份电子数据存在明显损坏、不完整的情况，证明内容与第二份电子数据也不能完全衔接；第二份电子数据由犯罪嫌疑人和技术人员共同提取，

① 崔进、顾啸宇：《刑事司法中电子证据取证问题研究》，载《法制博览》2018 年第 32 期。

② 褚福民：《电子证据真实性的三个层面》，载《法学研究》2018 年第 4 期。

内容完整且与案件相关，但没有制作提取笔录，程序上存在瑕疵。两份电子数据的真实性均存在疑问。

（二）影响电子数据的证据能力

我国《刑事诉讼法》第五十四条规定：“收集物证、书证不符合法定程序，可能严重影响司法公正的，应当予以补正或者作出合理解释，不能补正或者作出合理解释的，对该证据应当予以排除。”《刑诉法解释》第九十四条规定：“视听资料、电子数据具有下列情形之一的，不得作为定案的根据：（一）经审查无法确定真伪的；（二）制作、取得的时间、地点、方式等有疑问，不能提供必要证明或者作出合理解释的。”因此电子数据取证主体不适格，取证程序不合法，导致电子数据真伪不明，或不能提供必要证明和作出合理解释，可能导致电子数据失去证据能力。例如，“伪造货币案”中取证主体和取证程序均不合法，取证现场只有一名侦查人员在场，明显违背《刑事诉讼法》及相关司法解释“两名以上侦查人员”的要求；技术人员实施了超越委托权限的违反取证程序的行为。取证主体不适格、固定载体的取证程序具有瑕疵，根据《刑事诉讼法》和司法解释的规定，在公安机关对取得的电子数据进行瑕疵补正之前，该电子数据是不具备证据能力的。

三、电子数据取证主体制度的完善

（一）完善立法，明确原则

目前我国刑事电子数据的立法散见于司法解释之中，关于电子数据取证主体的规定存在于司法解释以及部门规章之中，且多为解决具体矛盾或问题的具有针对性的意见，过于散乱、具体，且不全面。在信息技术高速发展的今天，利用计算机犯罪的案件逐年递增，电子数据的地位也越来越重要。为更好地解决上述电子数据取证中遇到的问题，更好地发挥电子数据“证据之王”的作用，立法应当从以下两个方面进行完善：其一，《刑事诉讼法》第一百二十八条和第一百四十六条明确勘验、检查和鉴定可以委托有专门知识的人参与，《刑事诉讼法》也应在第二编第二章侦查中第 5 节和第 6 节增加委托第三方技术人员取证的内容，即《刑事诉讼法》应当明确和认可搜查和扣押程序中受委托的第三方取得的电子数据和固定载体的效力，使委托取证的实践操作和司法判定有法可依；其二，无救济则无权利，当公民合法权利遭受到侵害时，应当建立相应的救济机制予以充分及时的救济，否则会因救济渠道的缺失，引发更多的社会问题。如上文论述，电子数据取证过程中可能侵犯公民或企业的财产权、隐私权等合法权利，立法方面除了完善程序性规则，规范和监督取证主体的行为外，还应当完善公民或企业合法权利被侵犯后的救济渠道。例如，当合法权利被侵犯时，公民或企业可以向上一级行政机关复议或申诉，以期恢复权利，国家赔偿法甚至可以将其纳入国家赔偿的范围，公民或企业受到物质或精神损害时，通过提请国家赔偿得到保护。面对千差万别、日新月异的现实情况，电子数据的立法在面向解决具体问题、确保时效的同时，更应具有面向未来、着眼宏观的稳定性。电子数据的取证主体对证据能力和证明力具有深刻影响，立法时应考虑与计算机技术、网络技术、信息技术等领域出现的显现事物相适应，但也应考虑系统性和规范性。因此为解决因电子数据取证主体不合法、技术不适格影响证据能力和证明力的问题，为防止实践中法律依据不统一，应当不断完善法律法规和司法解释，通过明确法律原则的方式逐步形成一个完整的法律框架体系，而不是仅仅制定一些分散的司法解释或部门规章。

对于规范电子数据取证主体的原则，主要应明确以下两个原则：

1. 比例原则

比例原则的内涵包括两个层次：首先，保护公共利益和保护私人利益之间要有适当的比例；其次，手段的影响与手段所要达成的目的之间要有适当的比例①。比例原则广泛应用于立法、执法等活动之中，同时是司法机关判断行政机关行使自由裁量权公正、合理的重要原则。比例原则要求所采取的取证手段，需要考虑犯罪的形态和轻重、被扣押和被搜查对象的利益受损程度大小等各种因素，在符合获取证据的目的的前提下，尽量采用侵犯性较小的措施，不必要时不允许扣押和搜查。例如，如果只是想获取电脑中的特定文件，且特定文件可以当场、完整提取，就不应该扣押整台电脑或对电脑全部内容进行查看；如果只要提取服务器中快播公司的相关数据，应当在查封之后将程序变更节点及

① 龙宗智：《寻求有效取证与保证权利的平衡》，载《法学》2016年第11期。

时告知权利人，在不破坏其他不相关数据的前提下尽快提取所需证据，及时解除查封措施。

2. 令状原则

令状制度对电子数据取证而言是一项“从无到有”的制度构建，很多发达国家在取证时均采用令状原则，也就是侦查机关在取证时需要检察官或者法官签署令状后才能展开侦查活动，日本的监听需要令状、美国的电子通讯可以根据令状拦截或扣押，在我国的刑事诉讼中，技术侦查也需要批准，但电子证据取证过程中并无严格的审批制度和司法审查，司法机关只能在取证之后，对电子数据的证据能力和证明力进行事后评价，实践中很多电子数据因取证不规范无法补救，最终弃而不用。因此，我国可以借鉴国外的令状原则，可以将中国特色与国外的令状制度相结合，对电子数据取证活动进行司法审查或司法审批，既保证电子数据的证据能力和证明力不降低，也可监督以及制约侦查机关的取证活动，防止权力滥用和权力集中，有效保护公民的财产权以及隐私权。

（二）委托取证，人才培养

目前我国刑事电子数据取证主体存在的主要困难是，具备取证身份的人员不具备取证的技术，为电子数据更好得发挥证明作用，应当在明确委托取证主体、程序和效力的同时，建立长期人才战略储备，提高侦查人员的技术能力。

1. 建立电子数据委托取证制度

将专业问题交由专业人员解决，是目前保证电子数据真实性、完整性的最主要和最方便的途径。侦查人员将电子数据收集工作中涉及专业技术的部分交由专业技术人员，刑事诉讼法规定的侦查人员可以指派、聘请有专门知识的人进行勘验、检查，和鉴定类似，系委托关系。在电子数据收集过程中，侦查机关指派或委托有专门知识的人，在侦查人员的主持和见证人的监督之下，完成电子数据的取证工作，解决了侦查人员不具备技术资质的问题，但委托范围和委托权限仍需明确：

第一，关于委托范围。《刑事诉讼法》明确规定的勘验、检查和鉴定可以委托，那么其他如搜查、扣押等侦查行为是否也可以委托有专业技术的人收集电子数据呢？有学者认为，搜查、扣押、提取电子数据载体的获得性取证行为，应当要求有两名以上侦查人员完成，而对可能需要具备必要技术能力的取证行为，则实行侦查人员与专业技术人员相配合的取证方法[①]。该观点认为，搜查、扣押技术含量较低，无须委托有专门技术的人处理。这一观点具有一定合理性，但也存在局限，电子数据具有较强技术性，在搜查、扣押中也可能存在侦查人员无法解决的专门性问题，侦查人员强行搜查、扣押很可能使电子数据毁损、灭失，此时应当允许委托有专门知识的人在其指挥下参与相关搜查、扣押、查封工作。

第二，关于委托对象。《刑事诉讼法》将委托代为勘验、检查和鉴定的对象限定为“有专门知识的人”，电子数据收集中委托主体也不应当超越“有专门知识的人”。司法实践中，有的司法机关是委托相关鉴定机构的鉴定人进行电子数据收集，有的则是委托相关软件开发单位或者运营单位的工作人员收集电子数据[②]（如“伪造货币案”与“快播案”）。现行法律和相关司法解释并未对“有专门知识的人”作明确界定，他们参与刑事诉讼活动并不固定，故没有必要将他们纳入司法行政管理体系，要求他们必须取得相关专业技术证书[③]。尽管法律法规并无限制，但从规范实践中电子数据的取证活动角度来看，对于“有专门知识的人”应予适当限定：(1)“专门知识”应限定于与电子数据取证相关的专业技术知识，如计算机信息技术、软件存储技术等。(2) 个案中“有专门的知识的人”是否适格应进行质证和辩论。公诉方应承担“有专门知识的人”确系“专门”的证明责任，法庭也应给予辩护方就电子数据取证主体的合法性和合技术性提出质疑的机会。

2. 建立长期的人才培养战略

目前我国侦查人员的电子数据取证水平相对较低，仅仅依靠侦查人员难以合法、真实、完整地收集电子数据，短期内可以通过委托专门的技术型人才取证解决实践中存在的困难，但要从根本上解决矛盾，有必要制定长期的人才培养战略。首先，重视高校电子数据取证的专业教学活动，为实践培养合技术的取证人才；其次，可以组建一支高水平的取证专家教师队伍，适时对基层办案单位取证工作给与协助，以及对现有的侦查人员进行培训。

---

① 龙宗智：《寻求有效取证与保证权利的平衡》，载《法学》2016 年第 11 期。

② 谢登科：《电子数据的取证主体：合法性与合技术性之间》，载《环球法律评论》2018 年第 1 期。

③ 陈达邦：《论“有专门知识的人”参与刑事诉讼——兼论〈刑事诉讼法〉第 192 条》，载《大连理工大学学报（社会科学版）》2014 年第 3 期。

《民事诉讼法》司法解释第 91 条的再思考

马爱萍 *　王晓娜 **

摘　要：证明责任作为民事诉讼证明制度的核心问题，在我国的理论界正经历着“错位”到逐步“正位”的过程。2015 年我国《民事诉讼法》司法解释第 91 条首次确立了被认为体现了“规范说”思想的本土化的“举证证明责任”分配原则。而“举证证明责任”与“证明责任”的内涵存在着差距。因此有必要在分析“规范说”的基础上对《民事诉讼法》司法解释第 91 条进行深入思考，以便厘清相关术语的内涵及规范内容中所表达的思想，确保第 91 条的正确适用。

关键词：举证证明责任　证明责任　证明责任分配　规范说

一、《民事诉讼法》司法解释第 91 条的积极作用

在经历了对于“谁主张谁举证”规则和 2008 年《最高人民法院关于民事诉讼证据的若干规定》（以下简称《证据若干规定》）第 2 条①是否为证明责任分配规则的理论争议之后，2015 年出台的《民事诉讼法》司法解释的第 91 条被认为是我国证明责任分配的一般规则，贯穿了规范说的思想。第 91 条澄清了一些理论上的误区，体现了我国对于证明责任本质认识的逐渐明朗化。

---

* 山西大学法学院教授，法学博士，主要研究方向为民事诉讼法学。

** 山西大学法学院民商法专业硕士研究生，主要研究方向为民事诉讼法学。

① 2008 年《最高人民法院关于民事诉讼证据的若干规定》第 2 条：“当事人对自己提出的诉讼请求所依据的事实或者反驳对方诉讼请求所依据的事实有责任提供证据加以证明。没有证据或者证据不足以证明当事人的事实主张的，由负有举证责任的当事人承担不利后果。”

（一）对“谁主张谁举证”分配原则的理论困境之解

1991年《民事诉讼法》第64条①被概括为“谁主张谁举证”规则，曾被认为是证明责任分配的一般原则。第64条第1款规定了当事人对自己提出的主张，有责任提供证据，但是由于该条规定的内容过于原则化以及对该条中“主张”一词规定得不明确，造成了双方当事人对同一主张分别从正反面加以证明的困境，引起了司法实务的混乱，该规则在学者中也饱受争议。② 相较于该规则，2015年《民事诉讼法》司法解释第91条规定的内容更加具体、更具可操作性，其确立了符合规范说内容的证明责任分配结构，为谁主张谁举证规则提供了新的解释内容，使其规定的内容明确具体。第91条规定，主张法律关系存在的当事人，应当对产生该法律关系的基本事实承担举证证明责任；主张法律关系变更、消灭或者权利受到妨害的当事人，应当对该法律关系变更、消灭或者权利受到妨害的基本事实承担举证证明责任。在第91条的内容之下，“主张”一词的内容被阐释为法律关系产生的主张和法律关系变更、消灭或者权利受到妨害的主张。“谁主张谁举证”规则的规范内容就可以被解释为主张法律关系或者权利存在的一方当事人对产生该权利或者法律关系的事实承担举证证明责任；主张法律关系变更、消灭的当事人应当对变更或消灭的事实承担举证证明责任；主张权利受到妨害的当事人应当对该妨害事实承担举证证明责任。③ 这正是对规范说中原告对基本规范的要件事实的具备承担证明责任，被告对相对规范的要件事实的具备承担证明责任在我国法律情境下的正确阐释。因此，《民事诉讼法》司法解释第91条解决了“谁主张谁举证”规则的理论困境，使它在规范说下获得“新生命。”④

---

① 1991年《民事诉讼法》第64条“当事人对自己提出的主张，有责任提供证据。当事人及其诉讼代理人因客观原因不能自行收集的证据，或者人民法院认为审理案件需要的证据，人民法院应当调查收集。人民法院应当按照法定程序，全面地、客观地审查核实证据。”

② 江必新：《民事诉讼的制度逻辑与理性构建——〈民事诉讼法〉再修改之思辨》，中国法制出版社2012年版，第165页。

③ 程春华：《举证责任分配、举证责任倒置与举证责任转移——以〈民事诉讼法〉为考察范围》，载《现代法学》2008年第2期。

④ 胡东海：《“谁主张谁举证”规则的历史变迁与现代运用》，载《法学研究》2017年第3期。

（二）解“反驳”与“抗辩”之争

继“谁主张谁举证”规则之后，《证据若干规定》第2条的规定“当事人对自己提出的诉讼请求所依据的事实或者反驳对方诉讼请求所依据的事实有责任提供证据加以证明……”被认为是证明责任的分配原则。部分学者认为该条中的“反驳”与规范说中的“抗辩”内容相同，该条体现了规范说的思想。①该条的规定体现了我国对于规范说认识的深化，具有积极的意义。但是此处反驳的含义并不明确，通过文义解释也并不能得出唯一的结论，其既可以被理解为否认，也可以被理解为抗辩，根据规范说否认者不承担证明责任，抗辩者承担证明责任的原理，该规定混淆了相对方否认和抗辩的情形，并不能准确表达规范说的思想。2015年《民事诉讼法》司法解释第91条更好地对证明责任作出分配，对相对方的举证证明责任作出了明确规定。对于权利主张者来讲，其提出自己的诉讼请求，主张法律关系存在的，应当对产生该法律关系的基本事实承担举证证明责任。而对于相对方来讲，在诉讼过程中，他可能承认对方的诉讼请求或者反驳对方的诉讼请求。反驳对方诉讼请求时，其可能是否认也可能是抗辩。相对方仅作出否认时并不承担证明责任，而当其抗辩即主张法律关系变更、消灭或者权利受到妨害时才承担举证证明责任。《证据若干规定》第2条“反驳”一词的内容得以限定，具体而言：

否认，“是对属于诉讼理由因而由原告承担证明责任的主张的否认。”② 简言之，是对原告主张的直接否认，直接否定其请求权原因事实的客观存在。③否认又可以分为：第一，单纯否认，即当事人主张对方主张的事实或者法律关系不真实、不存在。比如，针对权利主张者所提出的饲养动物损害责任诉讼，相对方否认自己饲养动物的事实。第二，间接否认，当事人以已经遗忘、不了解等理由对权利主张者主张的事实予以否认。第三，附理由的否认，即当事人

① 袁中华：《证明责任分配的一般原则及其适用——〈民事诉讼法〉司法解释第91条之评析》，载《法律适用》2015年第8期。

② ［德］莱奥·罗森贝克：《证明责任论》，庄敬华译，中国法制出版社2018年版，第132页。

③ 袁琳：《证明责任视角下的抗辩与否认界别》，载《现代法学》2016年第6期。

通过主张毫不相干的事实来否认权利主张者提出的事实。① 比如，针对原告所提出的还款请求，虽然被告予以承认，但是却主张该笔钱是原告赠与自己的而非借贷。被告赠与的主张只是对于原告诉讼请求的附理由的否认，而不是抗辩。在这里也不涉及新的法律规范的适用以及由被告承担证明责任的问题，在这里依然是由原告对借贷事实承担证明责任。②

抗辩，是指当事人通过主张与权利主张者不同的事实或者法律关系以达到排斥权利主张的目的，抗辩针对的是请求权的法律效果而非请求原因事实本身。规范说中的抗辩包括权利排除抗辩、权利妨碍抗辩、权利消灭抗辩，如果被告要求驳回原告诉讼请求是建立在权利排除、妨碍、消灭规范的前提条件已经具备的基础之上，那么他就应该承担相对规范的构成要件已经具备的证明责任，证明自己主张的真实性。也就是说，“只有当被告主张的事实符合一个新的独立的对其有利的规范的特征，且该事实说明该规范的适用是正当之时，被告才承担证明责任。”③ 相对方的抗辩即《民事诉讼法》司法解释第91条所规定的法律关系变更、消灭抗辩和权利受到妨害的抗辩，如果对方要求驳回原告诉讼请求是建立在法律关系变更、消灭或者权利受到妨害的基本事实的基础之上，那么被告要承担举证证明责任，除此之外的情形下，被告并不承担举证证明责任。

二、《民事诉讼法》司法解释第91条面临的挑战

《民事诉讼法》司法解释第91条对于举证证明责任的规定是我国理论界的重大进步，基本上确立了我国证明责任的分配原则，化解了“谁主张谁举证”规则的理论困境，划清了否认和抗辩的界限，有利于解决司法实践难题。但是，《民事诉讼法》司法解释第91条相关术语的使用仍有不妥

① 杨立新、刘宗胜：《论抗辩与抗辩权》，载《河北法学》2004年第10期。

② ［德］莱奥·罗森贝克：《证明责任论》，庄敬华译，中国法制出版社2018年版，第127页。

③ ［德］莱奥·罗森贝克：《证明责任论》，庄敬华译，中国法制出版社2018年版，第131页。

之处，与规范说的内容仍然存在一定的差距①，只有对其规范内容进行进一步的界定与思考才可以避免混淆，确保第 91 条的正确适用②。

（一）举证证明责任与证明责任

“举证责任”一词起源于我国本土“事实出发型诉讼”实践③，是在司法改革背景下倡导当事人自己主动收集提供证据而提出的，强调了当事人的诉讼义务，促使当事人尽快提出证据帮助法官认定案件事实。其解决的是诉讼过程中具体案件事实的认定问题，而非诉讼最终阶段事实真伪不明时的法律适用问题。证明责任以事实真伪不明为前提，是在当事人穷尽举证手段、法官心证用尽而案件事实仍然真伪不明时诉讼风险的承担，与当事人具体的举证行为无关，其本质是法律适用问题。《民事诉讼法》司法解释第 91 条在保留主观证明责任的基础上加入客观证明责任的内涵，创造性地将二词综合表述为举证证明责任。司法解释起草者认为，举证证明责任一词既强调了当事人提供证据以证明自己的诉讼请求和反驳对方诉讼请求的诉讼义务又包含了规范说所体现的事实真伪不明时不利结果的责任承担，④ 该词包含了丰富的含义，符合目前我国的法律情境。但是该条规定虽然体现了我国对于证明责任认识的进步，但是举证证明责任一词仍然带有强烈的主观证明责任的色彩，在一定程度上造成了条文表述的非妥适性，表现出了立法者对于证明责任的保留态度。

证明责任有主观证明责任和客观证明责任之分。首先，证明责任是客观的证明责任。证明责任的核心是客观证明责任，客观证明责任最接近证明责任的本质。证明责任解决的是当竭尽一切手段仍然无法查清案件事实时，对于案件事实处于真伪不明状态下法官该如何适用法律的问题，“自由证明评价王国终结之时，正是证明责任的统治开始之时；一旦法官游历自由证明评价王国，未能

① 马爱萍、和佳佳：《民事诉讼法司法解释第 91 条之探析》，载《中共山西省委党校学报》2018 年第 5 期。

② 李浩：《证明责任的概念—实务与理论的背离》，载《当代法学》2017 年第 5 期。

③ 胡学军：《举证证明责任的内部分立与制度协调》，载《法律适用》2017 年第 15 期。

④ 任重：《罗森贝克证明责任论的再认识——兼论〈民诉法解释〉第 90 条、第 91 条和第 108 条》，载《法律适用》2017 年第 15 期。

作出判决，证明责任会给予其自由证明评价所不能给予的东西。”① 证明责任适用的前提是案件事实真伪不明，真伪不明是一种客观存在的现象，不管是在当事人主义的诉讼模式中还是职权主义的诉讼模式中都可能会出现真伪不明的结果②。有时尽管当事人已经为了举证作出了全部的努力，但是仍然可能承受诉讼的不利后果，因为真伪不明是客观存在的，证明责任的承担与当事人的举证行为并无必然的联系，在案件事实出现真伪不明的时候法官不得拒绝裁判，此时指导法官的正是证明责任规范。③ 因此证明责任的核心是客观证明责任而非主观证明责任。

其次，主观证明责任是客观证明责任的“投影”。在二者的关系上，主观证明责任仅是表，客观证明责任才是里，二者是现象与本质的关系。但是主观证明责任是证明责任题中不可或缺之义。④ 有学者曾经提出了“在辩论主义下，提供证据责任是证明责任的派生或投影”⑤。客观证明责任决定了主观证明责任。证明责任是由法律预先作出规定的，是脱离于具体的个案形态的抽象存在。在证明责任下，法律对于每一方当事人的证明对象作出了规定，“每一方当事人均必须主张和证明对自己有利的规范（即法律效果对自己有利的规范）的条件。”在具体的诉讼过程中，当事人为了避免最终证明责任的发生而积极提供证据证明自己的主张，客观证明责任是当事人积极举证行为的内在动因。但是也正如上文所示，真伪不明是一种客观存在的现象，当案件最终真伪不明时，主观的证明责任却不能为法官提供指导，因为按照这样的逻辑无法解释既然当事人已经努力举证了，但为什么还要承受不利的后果。这时，作为“幕后的证明责任”即客观的证明责任就要指导法官如何适用法律。主观证明责任就像皮影人物，但是客观证明责任却是幕后的提线人。证明责任的本质是客观证明责任。

---

① ［德］莱奥·罗森贝克：《证明责任论》，庄敬华译，中国法制出版社2018年版，第78页。

② 胡学军：《为“事实真伪不明”命题辩护》，载《法商研究》2018年第2期。

③ 陈刚：《证明责任法研究》，中国人民大学出版社2000年版，第45页。

④ 陈刚：《证明责任法研究》，中国人民大学出版社2000年版，第15页。

⑤ 陈刚：《证明责任法研究》，中国人民大学出版社2000年版，第32页。

（二）基本事实与要件事实

1. 基本事实不等于要件事实

相比于要件事实一词，《民事诉讼法》司法解释第91条所使用的基本事实一词表达的意思不够精确，基本事实的内涵和外延均大于要件事实，不能把二者等同看待。基本事实一词的使用使得当事人不能准确地确定证明对象，容易引发司法实务混乱、耗费司法资源等问题，也不利于法官正确地适用法律。在规范说下，诉讼中的证明对象是要件事实而非基本事实，证明对象被限定为适用法条的关键性事实，想要适用对自己有利的法律规范必须承担该规范的构成要件已经具备的证明责任。出于法条精准化、简洁化的考虑，法条的表述往往较为抽象，法律规范构成要件包含的是适用该法条最为核心的要件事实，是经过“去粗取精”的过程对琐碎的生活事实进行高度抽象概括的结果。生活中发生的基本事实必须具有法律意义并且能够被法律所评价，能够被抽象为法律规范要件事实，如此才能将抽象的法律规范适用于具体的、复杂的案件事实中。[①]但是，基本事实与要件事实也并非毫无关联，在诉讼过程当中，二者的关系是：基本事实→要件事实→法律适用，对于基本事实的认定有利于对于要件事实的认定[②]，基本事实的证明为要件事实的认定与法律的适用之间搭起桥梁。比如在医疗损害责任诉讼中，对于医疗机构或医务人员伪造、篡改病历等基本事实的认定有利于对过错要件事实的认定，进而可以准确适用法律。因此，诉讼过程当中并不需要当事人对所发生的事实事无巨细地进行证明，需要证明的只是法律适用最为核心的要件事实。

2. 基本事实模糊不清不等于要件事实真伪不明

“真伪不明”是证明责任适用的前提条件，是在诉讼中当穷尽一切证明手段，法官自由心证走到尽头却仍然无法认定要件事实时出现的一种客观状态。而“模糊不清”是具体案件事实认定过程中出现的一种状态，这种状态一般是

---

① 胡学军：《在“生活事实”与“法律要件”之间：证明责任分配对象的误识与回归》，载《中国法学》2019年第2期。

② 胡学军：《举证证明责任的内部分立与制度协调》，载《法律适用》2017年第15期。

由于当事人举证不力造成，通过证据的补充是可以解决的①。二者出现的时间以及针对对象都是不同的。

法官的任务是认定事实并且适用法律。法律适用是将作为案件事实的小前提涵摄于法律规范之下，需要考虑的主要是案件事实与法律规范要件事实是否相符。由于对于基本事实与要件事实认识的模糊性，实务当中经常错误地将“基本事实模糊不清”与“要件事实真伪不明”混淆而错误地适用了证明责任。法官常常在基本事实模糊不清的时候试图通过证明责任的分配来查清案件事实，将事实认定与法律适用交织在一起，混淆事实问题和法律问题②。比如，在动物致人损害的事件当中，动物造成损害的，动物饲养人或者管理人应当承担侵权责任。受害者主张损害赔偿时必须证明某人为“动物占有人”即动物处于某人管理控制之下，对于这种状态并不能直接证明，而是由受害人通过证明动物处于某人的院内或其看管范围内，并且对其进行饲养等事实，从而认定某人为动物的饲养人或者管理人。通过将生活事实上升为法律事实来进行法律的适用。当对于某人是否为占有人存疑时需要运用新的证据来证明，这里涉及的只是基本事实（即生活事实）模糊不清的问题，而非要件事实的真伪不明，更谈不上适用证明责任③。但是实践中对此认识却存在误区，导致了事实认定与法律适用的交织，基本事实模糊不清与要件事实真伪不明被画上等号。

（三）法律关系与权利

规范说构建的是权利变动体系，而《民事诉讼法》司法解释第91条建立是法律关系变动体系。法律关系一词的使用并不妥当。首先，《民事诉讼法》司法解释第91条更多的是指导发生纠纷的案件当事人在哪些情况下应该对于哪些事实进行举证，面对的是没有法律知识背景的普通公众。对于权利一词的理解要远远多于对于法律关系一词的理解。其次，笔者认为使用该词的原因是基于以下两点，第一，当发生争议的时候，需要通过法律来解决纠纷，普通的社会

---

① 胡学军：《在“生活事实”与“法律要件”之间：证明责任分配对象的误识与回归》，载《中国法学》2019年第2期。

② ［德］卡尔·拉伦茨：《法学方法论》，陈爱娥译，商务印书馆2003年版，第189页。

③ 胡学军：《在“生活事实”与“法律要件”之间：证明责任分配对象的误识与回归》，载《中国法学》2019年第2期。

关系由此而成为法律关系。在此立法者想要强调的是可以由法律解决的纠纷，处理的是可以上升为法律关系的社会关系纠纷，而非一切的社会关系，如同事关系、师生关系等社会关系。第二，法律关系是民事实体法上的重要概念，是民法研究理论的核心内容。在民事实体法与诉讼法关系上，传统思路认为诉讼法只是实体法的辅助法，并且在诉讼法中使用了与民事实体法相同的“法律关系”概念。虽然权利是法律关系的内容之一，在诉讼法上也不应该使用这一术语，因为诉讼法具有自己的独立价值，其并非仅为实体法服务①。在诉讼法上完全可以采用不同的表述以满足司法实践的需要。最后，《民事诉讼法》司法解释第 91 条规定，主张法律关系变更、消灭或者权利受到妨害的当事人，应当对该法律关系变更、消灭或者权利受到妨害的基本事实承担举证证明责任，同时采用了两个术语使得条文表述混乱、拖沓，对于法律关系使用的是变更、消灭，而权利是妨害。因此，应该直接使用权利一词以统一前后表述，这样既与规范说内容一致，也不会损害条文文义。

三、证明责任分配的界定与阐释

（一）证明责任如何分配由法律规定

证明责任是当法官心证用尽而案件事实仍然真伪不明时，由提出主张的当事人所承担的不利诉讼风险。证明责任规范规定了事实真伪不明时法官裁判的内容。证明责任的分配是民事诉讼的重要内容，证明责任的分配不是自由的而是由法律规定的。首先，法律是由立法机关制定的，具有普遍适用性的行为规范，能充分地体现出最广大人民的意愿和最有效地保障权益，其内容具有确定性、强制性、稳定性特点，能够发挥指引、预测、强制等作用。② 其次，证明责任由法律分配可以为法官和当事人提供指导。实际案情纷繁复杂，法官专业水平不一，很难在每个具体案件中都去判断证明责任的分担，这样不仅会导致法官办案压力大、裁

① ［日］谷口安平：《程序的正义与诉讼》，王亚新译，中国政法大学出版社 1996 年版，第 63 页。

② 舒国滢：《法理学导论》，北京大学出版社 2012 年版，第 33 页。

判标准不一，更容易造成法官自由裁量权过大,① 因此，证明责任必须是固定的、由法律预先作出并且是与具体诉讼的偶然性无关的。对于法官来说，法律分配的证明责任是一个安全的指路牌，法官根据法定的证明责任分配依法作出裁判，避免了证明责任分配错误的困扰；对于当事人来说，可以根据法律的规定对自己的行为形成合理预期，能够有效地维护自己的权益。② 证明责任由法律分配使法律的指引作用和预测作用得以充分发挥，法的安定性、可预测性和司法信赖得以保障。③ 最后，证明责任由法律分配可以有效地减少司法不公的问题。证明责任的分配由法律预先作出规定，当事人根据法律规定提出证据证明自己的主张，法官根据当事人提出的证据，综合辩论的全部内容，决定是否适用对其有利的法律规范，法官自由心证的透明度得以提升。在这个过程中，法官的裁判受到法律本身公正性的指引，而非其内心公正性的指引，因为唯有经过数百年的努力，由立法者所塑造的、凝聚于法律规定内容中的公正才是法官裁判的准绳和指南,④ 才可以维护为大多数人所认可的公正。证明责任由法律规定时减少了法官个人公正性认识的偏差对案件的影响，维护了司法权威和公信力。

目前,《民事诉讼法》司法解释第 91 条和《民事诉讼法》第 64 条体现了我国证明责任分配的原则，结合《民事诉讼法》司法解释第 91 条的内容,《民事诉讼法》第 64 条的规范内容得以阐释，维护了法条内容的完整性和适用性。但是由于当时立法局限，从条文表述来看,《民事诉讼法》第 64 条未摆脱主观证明责任思想的束缚，采用的术语并不规范明确，未充分体现规范说的思想。《民事诉讼法》第 64 条条文修改时应该充分吸收《民事诉讼法》司法解释第 91 条的内容，提高证明责任分配规定的法律位阶，并且应充分考虑影响分配的因素以提升规定内容的公正性、公平性和稳定性。以法律形式固定证明责任的分配内容，缩小法官的自由裁量空间，统一裁判标准和依据，实现案件事实的正确认定和法律的准确适用。⑤

---

① 宋朝武：《民事证明责任原理研究》，中国政法大学 2006 年博士学位论文。

② ［德］莱奥·罗森贝克：《证明责任论》，庄敬华译，中国法制出版社 2018 年版，第 80 页。

③ 霍海红：《证明责任：一个“功能”的分析》，载《法学论坛》2003 年第 5 期。

④ ［德］莱奥·罗森贝克：《证明责任论》，庄敬华译，中国法制出版社 2018 年版，第 114 页。

⑤ 霍海红：《证明责任的法理与技术》，北京大学出版社 2018 年版，第 18 页。

（二）证明责任在当事人之间进行分配

证明责任督促当事人积极举证以澄清案件事实，负有证明责任的一方当事人必须提出证据来证明自己的主张，否则仅是作为一种潜在可能性的证明责任便会发生作用使得其承受败诉风险。作为一种不利的诉讼结果，必须在原告和被告之间分配以维护当事人的诉讼地位平等和诉讼经济的原则。而对于整个社会的发展来说，想要使得其成员获得生活的安全感，那么公众就有一个“迫切的利益”，即在他的权利遭到侵害的时候给予法律保护，并且他也确实可以通过这个途径得到保护。所以，“适当的、明智的证明责任分配属于法律制度最为必要或最值得追求的内容。[①]”不管是从查清案件事实的诉讼过程来考虑还是仅仅从不利诉讼结果的承担来看，证明责任必须在原告和被告之间进行分配。《民事诉讼法》司法解释第91条对于当事人的举证证明责任作出规定，符合规范说的证明责任分配结构。

另外，证明责任的分配与当事人的诉讼角色是无关的。不管是加害者或者是受害者都可能提起诉讼，只不过通常是由受害者提起诉讼并且作为原告，但是却排除不了加害者主动提起诉讼的情形。由原告负证明责任这种错误观点就是人们将受害者作为原告的思维惯性所导致的。从法律条文的表述来看，没有法条直接使用原告或者被告这样的表述，往往使用的是“加害者”“受害者”“动物的饲养人或管理人”“建筑物的所有者或管理者”诸如此类的表述。从司法实践来看，如在医疗损害赔偿责任诉讼中，当患者作为原告要求损害赔偿的时候他必须证明四个构成要件：第一，医务人员实施了诊疗行为；第二，因诊疗行为受到了损害；第三，医疗机构或者医务人员存在过错；第四，诊疗行为与损害结果之间具有因果关系。只有当原告提出的事实符合法律规范的四个构成要件时，法官才会适用对其有利的法律规范。[②] 同样，在患者作为被告而医院作为原告的时候，患者所提出的事实也必须符合上述四个构成要件。否则偶

---

① ［德］莱奥·罗森贝克：《证明责任论》，庄敬华译，中国法制出版社2018年版，第113页。

② 吴兆祥：《诊疗损害责任纠纷举证证明责任研究——对〈最高人民法院关于审理医疗损害责任纠纷案件适用法律若干问题的解释〉第4条的解读》，载《法律适用》2018年第3期。

然的当事人的角色会影响到诉讼结果，这对当事人来说是不公平的。因此，证明责任的分配与当事人在具体诉讼中的角色无关，证明责任的分配是独立于具体诉讼之外的法律适用问题。

（三）当事人对有利于自己的法律规范要件事实负证明责任

罗森贝克在分析规范整个社会关系的法律规范之间关系的基础上将其分为两大类：基本规范和相对规范。基本规范又称为权利产生规范；相对规范包括权利排除、妨碍、消灭规范。权利产生规范，通常是一个权利创设规范，权利主张者依据该规范获得请求权；相对规范针对权利主张，使之自始不能形成或者不能实现。在法律规范这种相互排斥、相互配合关系的基础上，罗森贝克提出了证明责任的分配原则："每一方当事人均必须主张和证明对自己有利的规范（即法律效果对自己有利的规范）的条件。"① 原告要对权利产生规范要件事实的具备承担证明责任；被告要对权利排除、妨碍、消灭规范要件事实的具备承担证明责任。我国建立的是法律关系体系而非权利体系，在具体诉讼中，主张权利或者法律关系存在的当事人应当对产生该法律关系或权利的事实的构成要件承担证明责任；如果相对方要求驳回原告诉讼请求是建立在法律关系变更、消灭或者权利受到妨害的规范基础上，则相对方对法律关系变更、消灭或权利受到妨害的事实构成要件承担证明责任；由法官决定是否适用对其有利的法律规范。因此，当事人应当承担其主张适用的法律规范的构成要件已经具备的证明责任，并且当事人所提出的基本事实必须能够被抽象到法律规范的构成要件当中。此外，目前《民事诉讼法》司法解释第91条举证证明责任、基本事实和法律关系三个术语的表述不妥当，建议分别将其规范表述为证明责任、要件事实以及权利，明确其规范内容以指导法官正确分配证明责任，指导当事人准确针对要件事实实施举证。

（四）举证责任倒置不是证明责任的分配原则

案件事实的发生具有不可逆性，由于认识能力的有限以及当事人证据意识

① ［德］莱奥·罗森贝克：《证明责任论》，庄敬华译，中国法制出版社2018年版，第121页。

的淡薄等因素，案件事实不可避免地会出现真伪不明的现象。有时候让原告证明某个构成要素难免有些强人所难，造成程序上的不公正，因此为了体现诉讼平等的原则，尽量避免案件出现真伪不明的结果，法官会采取一些诉讼策略，举证责任倒置就是其一。举证责任倒置是立法者从原则性规范中剔除某些要素，并以相反的形式使之成为例外规范的前提条件的立法技术。当某个要素难以证明时，立法者为了降低一方当事人的证明难度，不再将其作为权利产生的要件，立法者让对方证明该要素的欠缺。① 简言之，将权利主张者所要证明的 A、B、C 等三个要件中的某个要件交由相对方从相反的方向进行证明。比如，在医疗损害赔偿诉讼当中，作为弱势一方的患者根本就不懂专业的医疗技术，让患者去证明构成要件中的医疗机构或医务人员过错几乎是难于上青天。因此，为了缓解这种举证难的压力，法律上仅让患者证明推定过错的基础事实，然后由法官根据基础事实来推定过错。由于这只是一种法律上的推定，具有高度的盖然性，所以允许医疗机构或者医务人员提出证据从相反的方向即对自身不存在过错加以证明进而推翻过错推定。我国有很多学者认为举证责任倒置是证明责任分配的例外情况②。但是笔者认为，证明责任分配的内容必然是规定依据什么样的标准在当事人之间进行分配，哪些事实需要由权利主张者承担证明责任，哪些事实需要由被告承担证明责任。但是举证责任倒置却并未体现出这样的内容，它仅仅是规定某个构成要件由相对方从相反的方向进行证明。所以，举证责任倒置并不是证明责任分配的原则，也不是证明责任分配的一种例外情形，举证责任倒置只是防止真伪不明的一种诉讼策略。

---

① ［德］莱奥·罗森贝克：《证明责任论》，庄敬华译，中国法制出版社 2018 年版，第 113 页。

② 张卫平：《证明责任倒置辨析》，载《人民司法》2001 年第 8 期。

司法责任制下院庭长审判监督管理权的转型路径

柴雷哲*

摘　要：传统型院庭长审判监督管理以行政化审批为主要方式，严重影响了审判的独立性与公开性。司法责任制下院庭长审判监督管理强调权力运行回归司法规律，充分尊重审判的独立性与公开性。在司法体制改革新时期，院庭长需切实厘清审判权与审判监督权、审判管理权之间的界限，转变过去行政化监管思维，理顺“放权”与“监管”的关系，实现院庭长审判监督管理权在司法责任制改革下的转型。

关键词：院庭长审判监督管理权　内涵演变　实践样态　转型路径

司法责任制是本轮司法体制改革的重点与核心，院庭长审判监督管理问题是落实“由审理者裁判，让裁判者负责”的司法责任制的重要一环。2015 年，最高人民法院出台了《关于完善人民法院司法责任制的若干意见》，此为全面贯彻落实完善司法责任制改革的纲领性文件。2017 年 5 月，为进一步推进司法责任制改革，最高人民法院相继出台《关于落实司法责任制完善审判监督管理机制的意见（试行)》以及《关于加强各级人民法院院庭长办理案件工作的意见（试行)》。2018 年 12 月，为确保司法责任制改革落地见效，最高人民法院制定了《关于进一步全面落实司法责任制的实施意见》，该实施意见是对司法责任制改革的进一步充实、细化、调整和完善。

在过去，以案件审批制度为主的审判管理模式对提高审判质效起到了积极

* 山西大学法学院刑法学专业硕士研究生，主要研究方向为刑事诉讼法学。

作用，但其行政化的管理行为违背了司法权的运行规律，对审判权的干预一定程度上加剧了审判权运行行政化。

党的十八大以来，为完善司法权运行机制，提升审判质效，司法机关进行了许多涉及体制、机制的积极探索与改革，审判权运行相较于过去取得了一定的成效，但司法机关内部办案权责不明，监督不到位等问题仍不可忽视。重庆市高级人民法院院长钱锋指出："审判管理最大的困局是审判权与审判管理权的关系问题，即一放就乱、一收就死的矛盾。"要实现"让审理者裁判，让裁判者负责"的目标，真正让人民群众在每一个司法案件中都能感受到公平正义，在确保审判权独立行使的前提下，必须实现对审判权的管理与制约。经过多轮改革，全国各地法院案件层层审批制度已经被废除，院庭长不能再随意干预法官独立办案也成为共识。结合各类司法责任制改革的文件来看，院庭长过去的行政化审判监督管理方式已经被禁止，严格限制院庭长对法官办案的干预。但是，并不意味着反对院庭长对司法审判权的监管，而是在遵循司法权运行规律的基础上，让院庭长的审判监督管理权在更加规范的轨道下运行。

一、内涵演变：从传统型院庭长审判监督管理到新型院庭长审判监督管理

在传统型院庭长审判监督模式下，院庭长对案件的监管主要以个案审批为主要方式，重点关注个案，对案件的结果进行把控。究其原因，以行政手段对审判权运行进行干预的现象在中国由来已久，最早可以追溯到清朝末期，此后司法权的运行一直受到行政化思维的影响。① 由于受到"司法行政化"逻辑的影响，在很长一段时期内，全国法院普遍实行院庭长案件审批制度。从案件审批制度多年的实践状况来看，院庭长对案件进行审批对于案件处理的质量和效率起到了一定的积极作用，但站在整个法治社会建设的角度来看，案件审批制度以其行政手段对司法权进行干预的方式违背了司法运行规律，随着司法体制改革不断深入，案件行政化审批制度逐步被废除，院庭长审判监督管理制度进入一个新的时期。

---

① 万毅：《历史与现实交困中的案件请示制度》，载《法学》2005 年第 2 期。

(一)以行政化案件审批为主的传统型院庭长审判监督管理

从法律所规定的职权来看，院庭长负有对法院的审判工作进行组织、协调与监督等一系列的管理职权，但从实践层面来看，相较于宏观的管理手段而言，在过去，院庭长往往通过个案把关的方式履行其审判监督管理职能，对案件的审理结果进行干预，即案件审批制度。案件审批制度，从其概念上来讲，是指所有的案件，经过独任庭或者合议庭审理后判决前，案件的审理人员将审理的具体意见上报其分管的行政领导（院长、副院长以及庭长、副庭长），经过其行政领导审批后，案件的判决才能作出。① 在院庭长审批案件的审判管理模式下，院庭长能轻易干预案件审理情况，甚至改变案件审理的结果。

案件审批制度在多年的实践中，所产生的积极作用不可否认，但也出现了很多弊端。首先，案件审批制度没有法律依据，为法外程序。在中国的法律法规中均无从找出案件审批的法律依据，案件审批无疑是法律规定之外的程序。庭院长对案件的质量进行把关，虽然是众所周知的事实，但其方式却是秘密进行的，往往通过口头或者下命令的方式进行，事后无法进行监督与追责，造成出现错案冤案时权责不明的现象。其次，案件审批制度使审判监督权将触手伸向审判权，使得审判监督权与审判权界限不明，出现混淆。行政权力的有效运行，往往离不开行政长官的审批活动，行政权即是通过审批来下达行政命令。而司法权力的有效运行，则需要独立性的审判活动，排斥行政权力的干预，此乃符合现代司法权运行之规律。在案件审批制度为主要手段的审判管理机制下，审判人员的审理意见作出后，先由院庭长审核批准，然后再将判决下发，从本质上讲，这种案件审理方式是以行政化方式来管理审判活动，用审判监督管理的方式来影响审判权的独立性，因而违背了司法规律。从形式上看，院庭长对案件的结果进行把关，实质上却干预了案件的审理与判决结果，造成了审理与判决的脱节，从而出现了审理者不裁判，裁判者不审理的现象。这种审理与判决脱节的现象使得院长与庭长其审判监督管理权凌驾于审判权之上，不参加案件的审理却享有了实质上的裁判权，这不仅影响了审判活动的独立价值与审理效率，而且影响了现代司法体制改革的进程。

---

① 张卫平主编：《司法改革评论》（第1辑），中国法制出版社2001年版，第104页。

（二）司法责任制下的新型院庭长审判监督管理权

为实现“让审理者裁判，由裁判者负责”的司法责任制改革的目标，经过长期的努力，司法审判权运行机制改革不断深入完善，案件审理层层审批的现象不断被废除，院庭长不得随意干预案件的审判已经成为共识。司法责任制改革并不意味着撤销院庭长审判监督管理权，而是在改变过去行政化审判管理的基础上，遵循司法权运行规律，规范院庭长的审判监督管理权，让权力在更加科学的轨道上运行，调整过去“审者不判，判者不审”的现象。也就是说，在司法责任制改革的新时期，对院庭长权力的限制并不排斥其对司法权的监督管理，更不是为了弱化院庭长在整个审判活动中的作用，而是要让院庭长在更加规范的机制下行使其监督管理权。院庭长需切实转变行政化思维，改变过去审批案件的做法，切实尊重司法权运行规律，认识到司法责任制下更加规范的审判监督管理权的重要性。

首先，院庭长在审判活动的定位上，在过去，院庭长通过案件审批的方式进行审判监督管理活动，直接作用于案件的事实认定和法律适用上，并直接对案件的结果进行把关。但是在司法责任制背景下，为保障“让审理者裁判，由裁判者负责”，院庭长行使审判监督管理权需在不干涉审判权独立行使的前提下，对案件的审理活动进行程序性的约束和指导。同时，由于法院内部审判人员素质参差不齐，院庭长对审判活动进行事前、事中的监督与管理，有利于统一裁判尺度，提升审判的质量、效率，使得审判活动能在公开独立的前提下，更加规范化。其次，在权力界限上，在过去，行政化的监管方式使得审判权、审判监督权、审判管理权界限不明，经常会出现行政逻辑与司法逻辑混同的现象。司法责任制下，院庭长审判权、审判监督权、审判管理权的界限更加明确，首先保障了审判权的独立行使，院庭长不得再以任何秘密方式来变相审批案件，充分尊重审判人员对于案件的自主管理、自主裁判，保证司法责任制下院庭长审判监督管理权行使对于审判权的谦抑性。最后，在管理方式上，在过去，院庭长往往通过微观、对个案进行把关的方式来监督管理，且监督管理的手段通常以口头、秘密等形式来进行。司法责任制下，院庭长审判监督管理方式向宏观的程序性来转变，且手段更加公开化。管理的对象由个案向全案、由结果把关向程序性事项指导监督方向转变。

二、实践样态：院庭长审判监督管理权转型所面临的挑战

（一）司法行政化的倾向明显

司法行政化从中国司法体制的历史轨迹上就有迹可循。在中国古代，司法机关不是独立的部门，不存在专门的司法系统，也没有职业化的司法队伍，司法机关只是中央行政部门的延伸部门，行政部门可以随意干涉司法权力的行使。进入战争年代，审判制度从属于军事制度，是军事审判的组成部门，此举是为在特殊时期确保党政部门所下达的命令政策能及时下达并落实，提高办事效率。新中国成立后，法院逐渐从人民政府中分离出来，但法院的人、财、物仍然隶属于政府。从中国法院体制的历史发展轨迹来看，其体制始终具有行政化色彩。首先，司法权在国家权力体系中处于边缘地位，行政权属于核心权力。其次，从上下级法院的关系来看，法院多按照行政体系的架构来设计，下级法院请示上级法院、上级法院干预下级法院的情况屡见不鲜。最后，从司法人员的组成来看，司法人员过去往往按照行政公务人员的模式来管理，在此观念下，司法人员往往就被认为是行政人员。①

司法行政化从其外在运行的样态来看，主要表现为两个方面：一方面表现为法官办案机制的行政化。审判权从其本质属性上，应当由法官独立行使，不受任何行政权力干涉，但在法院内部审判权实际运行情况上，受到行政化思维的影响，多数不担任行政职务的法官普遍存在一种被领导的行政化逻辑，在进行审判活动的过程中，本应独立行使的审判职权，总是习惯性地在作出判决前将案件审理情况向业务庭长以及法院院庭长进行请示汇报，让其为案件的处理结果进行把关，此现象已经成为各地各级法院的一种传统惯例。法官长期在这种依赖院庭长审批案件的机制下审理案件，法官就会逐渐失去独立审判的能力，进而不断加大审理与判决的距离；司法行政化在另一方面表现为审级关系的行政化。根据《人民法院组织法》的规定，上级法院与下级法院之间应当是监督

① 张烁：《中国法院体制行政化的历史轨迹》，载《广西政法管理干部学院学报》2003年第3期。

与指导的关系，而在实践中各级法院表现出来一种领导与被领导的关系，具体表现为案件审理过程中下级法院对上级法院进行请示与上级法院经常对下级法院提意见或发指示，而且经常通过非正式方式干预下级法院的审判工作，这种行政化的上下级关系，必然影响到法院审判的独立性。①

（二）审判权、审判管理权、审判监督权混淆

审判权、审判管理权、审判监督权是审判权运行机制的核心，三者都是司法权的组成部分。从三者的关系上来看，审判权是其核心，为主权力，法院一切工作的出发点和落脚点都是以审判权为中心进行；审判监督权与审判管理权为从权力，其性质更倾向于司法行政权，这两种权力服务、辅助于审判权，其存在的价值和意义就是保障审判权公正高效地运行。但是从这三种权力的运行样态来看，三者的权力界限是很模糊的。首先，审判权、审判监督权、审判管理权的主体为院长、庭长、审判委员会，三个主体都享有审判权、审判监督管理权。在这种权力主体结构下，审判权、审判监督权、审判管理权呈现中一种模糊的、不确定的形态，使得各种权力样态难以区分、相互混淆。其次，从权力向度来看，审判监督权、审判管理权呈现出对审判权单向的管理与监督。②审判权作为三种权力之核心，无法对审判监督管理权进行制约。权力的单向性在实践中会造成审判监督权、审判管理权对审判权的越位，影响审判权的行使。且审判监督权作为起着监督制约作用的权力，不仅监督审判权的运行，并且监督审判管理权的运行，而审判监督权对审判管理权的缺位导致审判管理权得不到有效的监督，加剧司法行政化。

（三）院庭长多重身份下的权力错位

与其他一些国家不同的是，在我国的政治体制下，法院院庭长多处于“一岗双责”的状态，从法律角度来看，院庭长为审判职务，主要负责法院内部审

① 崔永东：《司法改革与司法公正》，上海人民出版社2016年版，第24页。

② 丁晓雨、侯华北：《论内设机构改革背景下审判管理权的重塑》，载《法律适用》2018年第19期。

判权的运行，并负责内部管理工作与监督事务。① 在权力运行实践过程中，院庭长又是部门的行政长官。相较于庭长的角色，院长的角色更加丰富，不仅担任部门的行政长官，并且需要负责法院的党政工作。对于法院的党组书记而言，相对于行政角色其政治敏感性更强一些，党组书记对于一个组织是否能朝着正确的政治方向前进起着至关重要的作用。在法院院庭长多种角色结合的情况下，意味着其履行职责过程中其多种角色是相互交叉、相互融合的。一方面，从院庭长的行政管理职能来看，主要以首长负责制为原则，科层制的行政管理为基础，表现为上级对下级下达命令的方式来实现管理目标，追求办事效率；从院庭长的审判职权来看，审判权主要表现为中立性、独立性等特征，原则上不受行政权的干预。从上述院庭长多种职责来看，不仅需履行审判职责，而且需要加强法院内的审判监督管理工作。这种多权力融于一身的情况，往往会出现行政权干预司法权的现象。

三、路径选择：司法责任制下院庭长审判监督管理权的转型

建立公正高效的社会主义司法制度，是司法体制改革的重要目标。司法责任制下，院庭长审判监督管理机制强调立足于司法运行规律，通过对院庭长规范化的放权以及审判监督管理的加强，审判权与审判监督管理权的界限更加明确，不断实现院庭长审判监督权的科学化与法治化。从改革的成效来看，院庭长审判案件逐渐被废除，对于一般的案件只进行流程性的监管，对于特定的案件监管要纳入规范化轨道。但改革过程中，院庭长在履行其审判监督管理职权过程中仍然出现了一些问题：变相审批案件的情况仍然存在、不愿放权，放权后不愿监管、违反法定程序干预案件后难以追责。② 建立完善的司法责任制，需明晰审判权、审判监督权、审判管理权的权力界限，切实厘清三者关系。既要有系统、规范、具有可操作性的权责运行体系制度作为基础，又要有多方协助、公正高效的权力运行监督机制；既要有有关司法问责的机制，又要有激励履职尽责的机制。

---

① 陈丹、娄必县：《法院院庭长权力角色冲突及解决》，载《四川师范大学学报（社会科学版)》2018 年第 1 期。

② 高一飞、赵毅城：《院庭长审判监督管理机制的当前改革》，载《湖南社会科学》2018 年第 6 期。

（一）明晰审判权、审判监督权、审判管理权的权力界限

厘清审判权、审判监督权与审判管理权的界限，首先要明确三者的概念。审判权作为司法权的核心内容，其为国家权力的组成部分，代表国家意志，通过国家授权来保障法律的统一实施，具有独立性、被动性、中立性、亲历性、公开性等特征。理解审判监督管理权的概念，离不开对管理进行理解。所谓管理，就是管理者通过计划、执行、检查等一系列活动来实现预期的目标。① 法国管理学家亨利·法约尔认为管理就是实行计划、组织、指挥、协调和控制的过程。对于审判管理而言，审判管理的对象并不作用于审判权本身，也不作用于行使审判权的法官，审判管理应当是一种动态的概念，其对象应当是整个审判活动，也就是审判管理作用于整个审判权运行过程当中。从审判管理的作用来看，法院进行审判管理是在遵循司法运行规律的基础上，有效整合司法资源，客观考评审判质效，服务保障审判权依法、独立、高效、廉洁行使而开展的组织、协调、评估、考核、指导等一些列管理活动的总和。综上所述，审判管理是指为了实现审判的公正和效率，通过计划、决策、组织、领导控制等审判管理职能的行使来优化审判资源的配置，以实现既定审判目标的组织活动。② 审判权与审判监督管理权二者从性质上来讲有着本质的不同，审判权属于司法权，审判监督管理权属于行政权，但是二者并不是割裂开来看的，从某种意义上来讲审判权与审判监督管理权是相互依存的。审判权在运行过程中，涉及方方面面的问题，包括审判主体、审判目标、审判质效、审判方式等内容，如何保证审判权在规范化的轨道下公正高效地运行，此时就需要审判监督管理权来服务于审判权，保障审判权的有效运行。综上，院庭长在司法责任制下，需切实厘清审判权与审判监督管理权的关系，既要明确二者之间直接的界限，又要理顺二者之间的关系。

（二）规范院庭长审判监督管理权的权力行使

改革之前，院庭长审判监督管理活动多是通过以口头、下命令等个人秘密

① 陆开存：《人民法院审判管理机制创新的路径》，载《审判研究》，法律出版社2012年版，第82页。

② 卢上需、樊玉成：《审判权运行机制改革研究》，人民出版社2017年版，第260页。

化的方式对审判权进行监管，并且直接对审判结果产生影响。在程序上，通常没有规范化的过程记录制度，以碎片化的管理为主。司法责任制下，院庭长审判监督管理权的内容、机制、行权方式等出现了诸多变化。在行使方式上，由过去的个人化、秘密化的方式向公开化、规范化方向转变，院庭长对案件的意见必须经过法定公开的程序才能做出，并且需全程留痕保存。在行为对象上，院庭长监管的对象由过去对结果的干预转化为过程性的监管。在司法责任制下，院庭长需更加注重对审判活动的宏观的把控，进行程序性的控制。在行权的依据上，过去院庭长多依据自身多年工作经验以及工作习惯对审判进行监督管理，使得权力行使没有统一的标准。司法责任制下的新型审判监督管理机制下的行权必须以规范化的依据标准，对于管理监督流程、司法行为等一些活动都遵循统一的标准。此外，在信息技术高度发展的今天，院庭长审判监督管理权的履行要借助信息技术平台解决当前案件数量增长的趋势。比如某些法院的智慧法院系统，对于提高审判监管的质效具有重要的意义。

（三）完善院庭长审判监督管理机制的问责制度

在司法体制改革新时期，院庭长承担着与以往不同的审判监管职责。为保证权力健康有效地行使，促进院庭长审判监督管理权科学合理地运行，必须完善院庭长履行审判监督管理权的问责机制，从而实现权力运行中的“权责一致”。院庭长要认真贯彻落实《司法机关内部人员过问案件的记录和责任追究规定》与《领导干部干预司法活动、插手具体案件处理的记录、通报和责任追究规定》等文件。为防止院庭长违法违规干预案件审理，上述文件对院庭长违法越权干预案件审判的情形作出了明确具体的说明，院庭长违法干预过问案件，需要及时进行记录并将记录结果进行储存，并对其他一些程序性事项进行了具体规定。对于违反文件有关规定，司法工作人员需及时记录并进行保留，以确保事后有据可查。针对违法违规情形，规定了严格的惩戒措施，以防止院庭长以监管为由不当干预案件的审理。

域外法官责任豁免制度比较与借鉴

田　健*

摘　要： 法官责任豁免制度对法官依法行使职权与保障司法公正具有重要作用。国外法官责任豁免经多年运行，形成了各具特色的制度，积累了丰富的经验。当前我国的法官责任豁免制度需要完善，有必要对域外制度进行借鉴与学习。通过对域外制度的对比分析，我们可以在豁免制度完善、相关制度协调以及认识引导等方面进行积极借鉴，完善我国的法官豁免制度，进而推动司法公正。

关键词： 法官责任豁免　绝对豁免　相对豁免

古语有云："他山之石，可以攻玉。"在司法责任制改革的背景下，我国法官责任豁免制度尚需完善，可以看成待修饰加工的"玉"。作为"他山之石"，域外法官责任豁免制度自产生以来经历了漫长的历史①，形成了稳定的结构，积累了大量的经验，我们应当了解并借鉴域外制度。

一、域外法官豁免制度介绍

（一）英美法系法官豁免制度介绍

法官责任豁免制度起源于英国，以17世纪末为分水岭，在此之前英国的法官审判案件，尤其是重要案件，没能顺应国王意愿就可能会受到处罚，英国大

* 山西大学法学院刑法学专业硕士研究生，主要研究方向为刑事诉讼法。

① 如果以1701年《王位继承法》正式确认为起点，英国法官责任豁免制度至今已有逾四百余年时间，在美国以1872年的布雷德诉费希尔案为起点，至今也有将近150年的历史。

法官柯克就因没有使国王满意而遭到解雇。自光荣革命之后，法官就有了较大的保障。法官责任豁免在1701年的《王位继承法》中正式得到确认。随着对司法规律认识的不断加深，法官责任豁免制度逐步完善，如今英国法官已不必担心自己会遭到无端解雇。在1981年英国议会颁布了《最高法院法》，规定法官享有完全的豁免权。① 只要法官行为适当，就可以继续任职，免受撤职与解雇，而且，英国豁免还注重减小对法官未来的不利影响，只要符合豁免条件，法官就既不用担心当前可能承担责任，也不用担心自己的前途会受到影响。

美国通过案例确认法官豁免制度，美国最高法院在布雷德诉费希尔案中认定，高级管辖法院或者一般管辖法院的审判官们对于他们的司法行为，即使此项行为超出他们的管辖权范围，并且被指责为出于故意从事的，在民事上是不负责任的。② 本案确认的是绝对豁免，标准是明显缺乏管辖权，这意味着只要美国法官的司法行为没有明显缺乏管辖权，即使是恶意作出的，也不能追究法官的责任。自此以后的一百多年间，尽管存在质疑，美国的主流还是绝对豁免，直到1984年，美国转向了相对豁免，缩小了豁免范围，法官恶意或是腐败的司法行为无法再得到豁免。美国的法官豁免还可以在一定的程度上阻碍刑事责任追究，当美国法官需要被追究刑事责任时，必须先将其法官身份剥夺，否则无法追究刑事责任。当然，豁免制度也仅仅是暂时性的终止刑事责任追究，一旦剥夺法官身份，刑事责任追究程序就得以启动。

（二）大陆法系法官豁免制度介绍

大陆法系法官责任豁免制度以德国为代表，在德国，法官被视为公务员，《德国民法典》第839条③关于公务员的规定自然适用于法官，该条总体上规定

---

① 最高人民法院司法改革领导小组办公室：《〈最高人民法院关于完善人民法院司法责任制的若干意见〉读本》，人民法院出版社2015年版，第224页。

② 何沛军、刘少军：《美国法官豁免制度及借鉴——兼论我国法官豁免制度的构建》，载《净月学刊》2017年第4期。

③ 《德国民法典》第839条：（1）公务员故意或者过失违背其对于第三人应尽的职务义务的，应当赔偿第三人因此而产生的损害。仅因公务员的过失造成损害的，只有在受害人不能以其他方式得到赔偿时，始得向公务员要求赔偿。（2）公务员在对诉讼案件作出判决时违背其职务义务时，仅在违背职务义务涉及犯罪行为时，始对由此产生的损害负赔偿责任。对违背职务义务拒绝或者迟延执行任务的，不适用上述规定。

了德国公务员的责任，第 1 款规定了公务员承担责任的情况，第 2 款则特别针对法官进行了规定，依据这两款，如果是在法官行使职权时产生的责任，只有当法官违背义务的严重程度达到犯罪时，才需要对其所造成的的损失承担赔偿责任。可以看出，德国法官只要违背义务没有达到犯罪的程度，就不用承担民事赔偿责任。至于刑事责任，依据《德国联邦宪法法院法》，法官豁免并不能阻挡刑事责任的追究。

二、域外制度的比较与分析

通过前文，我们大致了解了域外的法官责任豁免制度。世界各国的法官责任豁免制度既有共性，亦有差异。

首先，关于豁免及其标准的规定，各国对此都进行了明确规定，并且和责任追究相衔接。例如，美国的豁免标准是通过法律而非判例确认的。美国法官会因为个人行为不端或是工作玩忽职守而遭到惩戒，可以看出，美国对法官的要求相对严格，但是，这种严格并没有充斥全部方面，就审判责任来说，豁免和追责的界限合理明确，没有一个法官会单单因为审判结果不正确而遭到惩戒。

其次，关于可以豁免的责任，世界各国普遍豁免了法官的民事责任，法官只要是按照法律的要求审理案件，就不用对自己所审判的案件承担民事责任。这么规定有利于法官摆脱外界的压力，为法官独立自主地依法行使审判权创造了条件。至于刑事责任，英美法系国家的法官豁免能够暂时地阻止刑事责任的追究，大陆法系国家刑事责任的追究则不会被豁免制度迟滞。之所以有这两种截然相反的选择与设计，是因为两大法系对法官定位的不同。在英美法系，法官作为立法者，需要给予足够的尊重与信任，所以豁免的范围相对的要宽泛一些，而在大陆法系，法官作为执行者，对其完成职务的情况需要监督，所以豁免的范围就相对有所限缩。

最后，在豁免的条件上，各国共同的豁免条件就是责任只有是在运用审判权时产生的，才有可能豁免，否则不予考虑。在此之上，依据进一步的条件，豁免制度可以分为两种类型：一种是绝对豁免，即只要法官的行为在司法权限内，客观上符合法律规定，就不得追究法官责任，这一类型被英国以及早期美国所采用；另一种是相对豁免，这一制度要求法官的行为不仅要在客观上符合法律规定，还要在主观上符合勤勉认真，这种制度被当前大多数国家所采用。之所以相对豁免更受欢迎，是因为从设立制度的目的出发，这一制度是要保障法官能够不受干扰，依法独立行使职权，并最终实现司法公正。相比于相对豁免，绝对豁免虽然在避免外界干扰时作用突出，但是，由于其过于绝对，可能会使部分法官在这一制度的庇护下丧失自己的职业操守，反而有可能损害了设立这一制度的本意，所以，在综合考量下，大部分国家选择了相对豁免。

三、域外制度的借鉴

（一）完善豁免制度本身

1. 选择相对豁免模式

历史上豁免制度逐步从绝对豁免发展到相对豁免。我国的豁免制度尚在发展初期，是否应当按照历史发展的顺序，先实施绝对豁免，在积累大量经验后，再逐步转向相对豁免呢？基于我国在过去一直强调法官责任，一定程度上存在过度追究法官的情形，采用绝对豁免有利于保护法官，可以遏制过度追责的倾向，而且绝对豁免标准明确，操作简单，似乎更符合我国的实际情况。但是，笔者认为绝对豁免并不合适，完善豁免制度不能只局限于豁免制度本身，需要将这一制度置于司法责任制改革的大环境下考虑，我国当前正在进行的司法责任制改革的目的是维护司法公正，而非一味的严格追究责任，与之相对应，豁免制度也应当是以实现司法公正为目的，而非为法官提供一个绝对的“保护伞”。在我国司法改革的大环境下，显然相对豁免更符合我国的需要。从表面上看，跨过绝对豁免，似乎是对域外制度发展历史的否定，但并非如此，域外制度发展历史体现的是多种因素应当协调一致。直接朝着相对豁免发展，是对域外经验的灵活运用，我国完全可以直接向着相对豁免的方向完善豁免制度，不再需要从绝对豁免转向相对豁免。

2. 确定相对宽松的豁免范围

虽然我国应当采取豁免范围较小的相对豁免，但这并不是意味着豁免范围越小越好。确定豁免范围还需要考虑其他因素，如法官因素。在前文的比较中，我们了解到法官定位对豁免制度有影响。除此以外，我国豁免范围的确定还应考虑法官群体素质的高低，如果法官的整体素质比较高的话，基本能够按照既有的法律来办事，豁免的范围就可以相对宽松一些，应当相信有些过错是法官的无心之失。相反，如果法官的素质相对较低，不能很好地严于律己，豁免范围就应当收紧一些，对一些法官的错误要加以审查，以便确定是否是故意为之，通过较窄的豁免范围，促使法官认真行使手中的审判权。具体到我国而言，笔者认为当前的豁免应当相对宽松一些，一是因为自员额制改革以来，我国法官的素质与能力较以往已有了显著的提高。二是因为目前司法责任制改革还在进程之中，虽然许多方面取得了成果，但也有部分内容需要继续调整，适当宽松的豁免范围，有利于在实践之中协调追责与豁免，逐步发展出最适合我国实际情况的责任追究与豁免制度。

3. 将人民陪审员纳入豁免范围

从名称上看，法官责任豁免制度的对象似乎应当仅限于职业法官，但是，笔者认为豁免对象不能仅由名称来决定，而是应当以职权与责任来认定，凡是有一定程度的职权与责任，就应当有一定的豁免待遇。《人民陪审员法》赋予了人民陪审员一定的权利与义务，其肩负的部分职责以及权利义务已经与职业法官十分接近，应当按照法官的标准赋予其相应的豁免待遇。所以笔者认为应当借鉴澳门的做法，突破名称的限制，将人民陪审员纳入法官责任豁免的范围，这样也可以维护人民陪审员的权利，促进人民陪审制度的发展。

（二）协调、衔接相关制度

1. 协调追责与豁免制度

笔者认为，域外重要经验之一就是协调豁免与追责。二者的最终目的在于实现正义。[①] 相同的目的使得两者具有相互配合的可能，但是，这并不意味着两者会自然而然地协调，其关系还需在实践中通过合理的设计加以调整。

协调两者，笔者认为最关键之处就在于要对豁免和追责的条件与情形作细

---

① 张太洲：《法官豁免的维度》，http：//rmfyb. chinacourt. org/paper/html/2015 -07/31/node_ 3. htm。

致且一致的规定，域外各个国家都对这两者作了细致的规定与列举。所以笔者认为，应当制定明确具体的标准，避免模糊或冲突的说法，同时还应当采取列举的方法，将一些较为常见的情形直接予以规定。针对当前我国追责规定较多且在多种文件中散布，不利于制度衔接的现状，笔者认为可以借助司法责任制改革的契机，在《法官法》的指引下，统一协调豁免与追责，在一部法律中将两种制度加以确定，这样有利于制度之间的协调。另外，在制度运行上，我国由于历史因素等各种原因，长期以来存在着重追责、轻保障的现象，这就需要赋予法官责任豁免制度一定的地位，使之在责任追究中成为必经的步骤，这样，就可以使豁免制度得到重视，发挥好对责任制度的约束作用。

2. 衔接豁免与职业保障制度

法官职业保障制度是指为了法官能超脱于当事人和各种关系依法履职，为了确保实现法官独立，法官在职业权力、身份、地位、待遇、尊严等各方面的合法权益由国家法律法规予以明确保护，以此切实维护司法公正的法官体制与司法运行机制。① 从定义中可以看出，法官责任豁免制度与法官职业保障制度有很大的关联性，所以，在设计法官豁免制度的同时，也要注意和法官职业保障制度的衔接，从而使两制度相互支持。

笔者认为豁免与职业保障制度可以通过以下两个方面进行衔接，其一，在法官职业发展和待遇保障方面，正常对待被豁免法官。只要法官被豁免，就应当视作法官没有过错，不能因豁免而对法官区别对待，应当借鉴英国的做法，使豁免不影响以后的评选和晋升，这可以同时规定在豁免后果和职业保障的法律中，通过双重规定保证法官能够享受到此待遇。其二，设立刑事暂时豁免，维护法官尊严。刑事责任暂时阻却普遍存在于英美法系国家，大陆法系很少采用这一做法。依此规律，我国暂时豁免法官刑事责任似有不妥。然而，处理法官责任豁免和刑事责任的关系，应从实际出发而非法系类型。从我国实践情况来看，存在法官因判受审而又无罪的情况，这既损害了法官尊严，也证明了法官责任豁免制度没有发挥应有的作用。对此应当借鉴域外做法，当一个曾经的审判者不具有法官身份之时，才得以对其提起刑事诉讼，而剥夺其法官身份，需要结合追责与豁免的条

① 蒋陆军:《司法责任制背景下法官职业保障之完善》，载《三峡大学学报（人文社会科学版)》2018 年第 7 期。

件，预先对其是否具有违法行为进行初步的审视，这就同时兼顾了豁免和职业保障。因为豁免刑事责任仅仅是程序上的暂时阻却，并非真正的豁免，在维护法官职业尊严的同时，不会使法官享有逃脱法律制裁的特权，并未违反法律面前人人平等的法治精神，所以笔者认为应当肯定豁免制度具暂时阻却刑事责任的效力。

（三）引导公众正确认识法官豁免

公众对法官责任豁免制度的认识亦不可忽视。域外法官责任豁免制度的发展与公众的认识基本相适应，这有利于豁免制度的良好发展。与之不同，我国豁免制度已出现而公众认识尚待转变。这一情况主要是因为我国历史上有长达两千余年的封建统治，“人治”思想浓厚，对于“青天”类的官员大加宣传且过于强调人的作用。这在一定程度上导致很多公众对法官产生了过高的期望，再加上简单地认为案件审判可以按照步骤机械化处理，两者结合之下，错案一旦出现，公众首先怒及的就是手握审判权的法官。① 公众的这些态度有时还会影响到正式的责任追究，出问题先追责就是受到了这种认识的影响。长期存在这种认识不利于法官责任豁免制度的发展和完善。对此，笔者认为应当吸取域外思想认识与制度互相促进的有益经验，积极加强宣传与引导，说明法官责任豁免必要性，通过积极主动地引导社会认识的转变，为法官责任豁免制度创造良好的舆论氛围与社会环境。

结　语

域外法官责任豁免制度较为先进，对其积极学习与借鉴有利于我国法官责任豁免制度的完善，但是这一制度受众多因素影响，借鉴与学习时应当坚持具体问题具体分析，不应当盲目照搬。应当从我国实际出发，以期能够取长补短，使域外经验为我所用。

---

① 何沛军、刘少军：《美国法官豁免制度及借鉴——兼论我国法官豁免制度的构建》，载《净月学刊》2017 年第 4 期。

认罪认罚从宽研究

◎ 认罪认罚从宽语境下精准量刑建议的实现途径
◎ 认罪认罚具结程序风险防范研究

认罪认罚从宽语境下精准量刑建议的实现途径

李　麒*

摘　要：精准量刑建议是指明确的、确定的和准确的量刑建议。认罪认罚从宽制度的内在机理要求精准量刑建议。精准量刑建议体现了刑事司法价值的要求，符合刑事诉讼规律。正确认定犯罪是精准量刑建议的逻辑前提，注重证据是精准量刑建议的事实基础。检察机关提出精准量刑建议应当参照量刑规范。充分利用大数据可以提高量刑建议的精准度。

关键词：认罪认罚从宽　精准量刑建议　公诉权　审判权

引　言

2018年《刑事诉讼法》在总结多年来宽严相济刑事政策从宽方面的实践，特别是此前认罪认罚从宽试点工作的经验基础上，确立了“犯罪嫌疑人、被告人自愿如实供述自己的罪行，承认指控的犯罪事实，愿意接受处罚的，可以依法从宽”的认罪认罚从宽的刑事诉讼原则。

为实现这一原则，刑事诉讼法规定了值班律师制度、认罪认罚案件具结程序、量刑建议、速裁程序、认罪认罚自愿性真实性审查等诸项制度，从而形成了体系化和可操作的认罪认罚从宽制度。从刑事实体法角度而言，认罪认罚从宽制度将坦白从宽的刑事政策予以法律化、制度化；从程序法角度而言，认罪认罚从宽制度实际上降低了刑事诉讼的对抗性，形成了从简从快的具有一定合

* 山西大学法学院教授、博士生导师，主要研究方向为刑事诉讼法、法律文化。

作性的刑事诉讼新模式。因此，确立认罪认罚从宽制度是刑事司法领域具有一定革命性的改革措施，必将对我国的刑事司法产生深刻和长远的影响。在认罪认罚从宽的各项具体制度内容中，检察机关的量刑建议体现了公诉权与辩护权互动的结果，既是发挥量刑激励作用的不可或缺的环节，又是对审查起诉程序重要事项的总结；同时量刑建议构成提起公诉的重要内容，在发起和选择审判程序方面具有主导作用。在终局意义上，量刑建议是否被采纳直接关系到认罪认罚从宽的实践效果。故此，量刑建议在整个认罪认罚从宽制度中具有连结、协调、评判控诉、辩护、审判基本职能实现程度的重要作用，从这个意义上讲，量刑建议是认罪认罚从宽制度得以有效运作的支点。

量刑建议在实践中有比较模糊的量刑建议、相对明确的量刑建议、精准量刑建议三种形态。实践表明，精准量刑建议是认罪认罚从宽制度有效运行的内在要求，同时，精准量刑建议也收到了良好效果。早在认罪认罚从宽试点过程中，有的地方检察院就开始了精准量刑建议的探索。有调研显示，法院对检察院精准量刑建议的采纳率较高。其中采纳率最高的某区法院，采纳率达到100%，采纳率最低的某区法院，采纳率为56%。法院采纳精准量刑建议的案件中，包括以下几种情况：一是法院认为精准量刑建议适当，在判决中予以采纳；二是根据《试点办法》的规定，法院认为检察院量刑建议明显失当，法院建议检察院调整量刑建议，检察院出具量刑调整建议书与被告人重新达成认罪认罚后，法院在判决中予以采纳。在另一法院审判实践中，认为精准量刑建议不当的案件为17件，其中11件建议检察机关改变量刑建议，检察机关改变后被法院采纳；经法院建议后其不改变精准量刑建议，法院不适用认罪认罚从宽制度，直接作出判决的有6个案件，案由包括重大劳动安全事故罪、危险驾驶罪、故意伤害罪、盗窃罪、伪造国家机关证件罪，其中由速裁程序转为简易程序的有3个。[①] 据报道，在认罪认罚从宽制度试点工作中，重庆市渝北区检察院积极探索“学、查、定、试、析、核”六字工作法，推进量刑建议精准化。

① 刘杉彬、冯靖雯、王芳：《检察院精准量刑建议与法院裁量权的冲突与平衡——以四家基层法院的认罪认罚判决书为样本》，http：//bjsyfy. chinacourt. gov. cn/article/detail/2018/12/id/3606538. shtml。

2017年1月至3月，共提出量刑建议143件158人，法院采纳率100%。① 在2018年《刑事诉讼法》正式将认罪认罚从宽作为一项法律原则和制度予以规定之后，在法律实施过程中，有的地方检察院精准量刑建议取得了实效。如攀枝花市东区检察院推行认罪认罚从宽制度以来，截至2019年7月初，适用认罪认罚制度的案件66件，提起公诉的全部刑事案件157件，占比42%。全部案件的量刑建议均被法院采纳，采纳率100%，没有出现被告人上诉、申诉的情况，也未出现被害人涉访涉诉的情况，法律效果和社会效果显著。②

为了解量刑建议的实际运行情况，最高人民检察院组织开展了量刑建议专题调研。各地检察机关反映量刑建议工作还存在不少问题和困难，主要包括如下几个方面：一是部分检察官对量刑建议工作的重视程度不够，仍然存在“重定罪、轻量刑”的倾向，检察机关只要定罪准确即可，没有把量刑建议作为公诉权的重要组成部分，推动量刑建议工作的积极性和主动性不够。二是现行量刑指导意见案件范围较小，提出量刑建议难度较大。当前的量刑指导意见对于附加刑、刑罚执行方式、数罪并罚等量刑标准没有明确规定，也给量刑建议工作带来难度。三是由于长期形成的“重定罪、轻量刑”的司法惯性，检察官对量刑的规律把握不够，对量刑的方法掌握不准，制约了量刑建议工作的开展。四是有关机关在量刑建议工作中的沟通衔接不够，影响量刑建议工作的推进。最高人民检察院党组成员、副检察长陈国庆强调，各级检察机关要贯彻落实修改后的刑事诉讼法，深入推进量刑建议工作有效开展，朝着“精准化、规范化、智能化”目标努力。这就把量刑建议精准化作为深入推进量刑建议工作的首要目标。③

实现量刑建议精准化，既需要实践探索，又需要理论阐释。笔者认为，在认罪认罚从宽语境下实现精准量刑建议，需要从以下几个方面入手：一是科学界定精准量刑建议的概念，以明确精准量刑建议的实践对象；二是深刻阐明精准量刑建议的法理，以廓清一些模糊认识，确立正确的司法理念；三是提出有

---

① 李立峰、雷晶：《重庆渝北：“六字工作法”推进量刑建议精准化》，http：//www. jcrb. com/procuratorate/jcpd/201705/t20170525_ 1756656. html。

② 攀枝花市东区人民法院《判决全部采纳靠的是精准量刑建议》，http：//www. sc-dongqu. gov. cn/zwgk/zxzwxx/xwdt/bmdt/1376848. shtml。

③ 史兆琨：《量刑建议如何做到精准化、规范化、智能化？最高检提出五大对策！》，https：//new. qq. com/omn/20190428/20190428A0G76J. html。

针对性的精准量刑建议策略，以增进法律实效。笔者愿就此略陈己见，以求教于大方，以期有裨益于实践。

一、精准量刑建议的概念界定

精准量刑建议是刑事诉讼制度不断改革、完善的产物。在1996年对《刑事诉讼法》所作的大幅度修改之前，量刑建议在实践中还是一个比较陌生的事物。检察机关在提起公诉的时候，极少提出量刑建议，公诉人出庭支持公诉时也很少提出量刑建议，至多就被告人应当从轻或者从重等发表公诉意见。这是因为，在当时的诉讼理念看来，对被告人提出指控罪名、事实是提起公诉的任务，是否定罪是衡量公诉成败的标准，至于量刑问题，通常认为是法官自由裁量权的范围，因此就将此委之于法院。1996年修改《刑事诉讼法》，引入了对抗制庭审方式，人们意识到，求刑权是公诉权的重要组成部分，定罪问题不再是控辩双方所关心的唯一事项，量刑也会成为控辩争执的焦点，而针对法官在量刑上过大的自由裁量权亦须检察监督。量刑建议由此肇兴。此后一段时期内的量刑建议主要是以相对明确的幅度刑样式出现的。受恢复性司法、程序多元化、辩诉交易、宽严相济刑事政策、以审判为中心诉讼制度改革等多种因素的综合影响，认罪认罚从宽的制度化已然成为必要。2016年11月11日，最高人民法院、最高人民检察院、公安部、国家安全部、司法部下发《关于在部分地区开展刑事案件认罪认罚从宽制度试点工作的办法》，其中第十一条规定，人民检察院向人民法院提起公诉的，应当在起诉书中写明被告人认罪认罚情况，提出量刑建议，并同时移送被告人的认罪认罚具结书等材料。量刑建议一般应当包括主刑、附加刑，并明确刑罚执行方式。可以提出相对明确的量刑幅度，也可以根据案件具体情况，提出确定刑期的量刑建议。建议判处财产刑的，一般应当提出确定的数额。这就是精准量刑建议的由来。不过，应当指出的是，其时确定刑期的量刑建议是作为相对明确的量刑幅度建议的补充形式而出现的，并未凸显其地位。2018年《刑事诉讼法》第一百七十六条第二款规定，犯罪嫌疑人认罪认罚的，人民检察院应当就主刑、附加刑、是否适用缓刑等提出量刑建议。这里吸收了试点中的一些做法，如对是否适用缓刑提出建议，就具有精准化的要求，然而，对于主刑是相对确定还是绝对确定，仍然没有明确。近期，最高人民检察院总结试点经验和2018年《刑事诉讼法》实施以来的实践状况，明确提出了精准量刑建议的要求。

精准量刑建议究竟何指？是否仍旧包括相对确定的幅度刑建议？这是推进精准量刑建议应当首先明确的问题。结合认罪认罚从宽的语境，我们同意“量刑建议的‘精准’是指提出确定刑建议，也即对刑种、刑期、刑罚执行方式等提出明确、确定的建议”① 这一观点。

也就是说，在认罪认罚从宽案件中，精准量刑建议指的是在全面评判犯罪事实、性质、社会危害程度、法定及酌定量刑情节、被告人的人身危险性等因素的基础上，检察机关对案件被告人提出确定的、明确的量刑建议。相对确定的幅度刑建议不属于认罪认罚从宽案件所要求的精准量刑建议。从一定意义上讲，精准量刑建议正是针对相对确定的幅度刑建议仍然存在的不确定、不明确性而提出的，是对相对确定的幅度刑建议的超越。

申言之，精准量刑建议应当包括以下几个方面：一是主刑的精准量刑建议。主刑是刑法所规定的只能独立适用的主要刑罚方法，在我国包括管制、拘役、有期徒刑、无期徒刑与死刑。一个罪只能宣告适用一个主刑。主刑的精准量刑建议就是说应当针对具体罪行及情节提出明确的、确定的主刑量刑建议，而不是提出选择性的主刑量刑建议。如提出对指控的某罪建议适用管制或者拘役，就不符合精准量刑建议的要求。二是附加刑的精准量刑建议。附加刑是刑法规定的补充主刑适用的刑罚方法。附加刑既可以附加于主刑适用，也可以独立适用。在我国附加刑包括罚金、剥夺政治权利、没收财产与适用于外国人犯罪的驱逐出境。附加刑的精准量刑建议包括对附加刑是独立适用还是附加适用、罚金刑的具体数额、是否附加剥夺政治权利及其附加剥夺政治权利的期限、没收财产是部分没收还是全部没收以及部分没收的具体财产数额等事项提出明确的、确定的量刑建议。三是刑罚执行方式的精准量刑建议。如对是否适用缓刑以及缓刑考验期限提出明确的、确定的量刑建议。

应当指出的是，精准量刑建议的“精准”判断标准如何把握？这也是一个值得深入思考的问题，“精”指的是精细，相对于“粗”即“模糊、大概”而

① 苗生明：《认罪认罚量刑建议精准化的理解与把握》，载《检察日报》2019年7月29日。

言;“准”指的是“准确”,相对于“偏差”而言。我们认为精准量刑建议的基本要求是明确的、确定的量刑建议,精准量刑建议的更高要求是准确的量刑建议。所谓准确的量刑建议,从实质上讲,是指所提出的的量刑建议完全符合案件的实际情况,是建立在对犯罪事实、性质、各种法定从轻(含减轻、免除)、从重以及酌定从轻、从重等情节(从轻情节如自首、立功、坦白、犯罪中止、犯罪未遂、犯罪预备、从犯以及认罪态度、退赔、谅解、被害人过错等;从重情节如主犯、累犯、前科等)的全面评判的基础上的量刑建议,也就是贯彻了罪责刑相适应原则。从形式上讲,精准量刑建议的判断标准,就是所提出的量刑建议是否最终被法院判决所认可、采纳。

二、精准量刑建议的法理辨析

在明晰了精准量刑建议的基本含义之后,我们可以进一步就精准量刑建议的生成机制、价值观念、权力与权利关系等展开讨论,以便深入理解其蕴含的法理,这样方能提升精准量刑建议运作的自觉性和有效性。

(一)精准量刑建议符合认罪认罚从宽内在机理

认罪认罚从宽的内在机理在于犯罪嫌疑人、被告人通过自愿如实供述自己的罪行,承认指控的犯罪事实,愿意接受处罚的,而获得依法从宽的国家在刑罚方面的优惠。其中,自愿如实供述自己的罪行反映了犯罪嫌疑人、被告人对指控的犯罪事实的认识,构成了认罪认罚从宽的事实基础;承认指控的犯罪事实反映了犯罪嫌疑人对犯罪事实的态度,也表明犯罪嫌疑人、被告人人身危险性的降低;愿意接受处罚意味着犯罪嫌疑人、被告人对国家刑罚权的尊重和具体刑罚内容的接受;从宽处罚则是国家对认罪认罚的犯罪嫌疑人、被告人的刑罚优惠和奖励,也是认罪认罚犯罪嫌疑人的期待。认罪认罚是条件、原因,从宽是目的和结果。从认罪认罚与从宽的辩证关系来看,二者既有发生次序先后的问题,也存在相互制约、相互影响的关系。在认罪认罚从宽中,如果没有认罪认罚就谈不上从宽,如果没有从宽,也很难激励犯罪嫌疑人、被告人认罪认罚。也就是说,如果从宽不是作为认罪认罚的必然结果,认罪认罚与不认罪认罚一样对待,犯罪嫌疑人、被告人往往会选择不认罪,这样通过正式的审判程序，也可能有被判无罪的机会。

根据我国刑事诉讼法关于认罪认罚从宽制度的设计，审查起诉阶段是认罪认罚从宽运作的主导阶段和关键环节。此时，犯罪嫌疑人被指控的罪行和相应的刑罚均未最后确定。对犯罪嫌疑人而言，被指控的罪行虽然没有最后确定，但是已经基本确定，一旦认罪，犯罪嫌疑人最关心的问题就是可能判处什么样的刑罚，是轻还是重。如果检察机关提出一个具有相对性的幅度刑量刑建议，犯罪嫌疑人就很难判断是在什么程度上从宽了。对他而言，幅度刑量刑建议所存在的不确定风险仍由其来承担，看不出这和不认罪不认罚有什么区别。因此，由于从宽前景的模糊性和不确定性，犯罪嫌疑人面对相对确定的幅度刑量刑建议就缺少认罪认罚的动力。正如卞建林教授所言："对于犯罪嫌疑人而言，量刑建议是其最能直观理解认罪认罚后实体后果的依据，量刑建议越精准，认罪认罚后的不确定性也就越低。犯罪嫌疑人之所以选择认罪，就是想换取一个比较确定的刑罚预期，让从宽处理的激励成为现实，以避免庭审的不确定性和潜在风险。如果量刑建议不确定，犯罪嫌疑人就缺乏足够的认罪动力，可能犹豫观望，甚至选择对抗，妨碍宽严相济、坦白从宽刑事政策的落实。"① 因此，可以说精准量刑建议能否得到有效推行关系到认罪认罚从宽制度的命运。

（二）精准量刑建议体现了刑事司法价值的要求

公正与效率是刑事司法的基本价值。精准量刑建议由于是建立在对案件事实和量刑因素的全面评判基础之上，与相对确定的幅度刑量刑建议比较，更接近于犯罪事实的真相和应判处的刑罚种类、刑期、财产刑数额等，更能体现刑事司法公正之罪刑相应的要求。

效率也是刑事司法的基本价值。认罪认罚从宽还包含着程序分流、审判程序从简从快的要求。在公正与效率价值关系上，认罪认罚从宽以司法公正为基础，兼顾司法公正与司法效率。在认罪认罚案件可以适用速裁程序、简易程序的情形之下，认罪认罚从宽制度则在司法公正的前提下，表现出鲜明的效率价值导向。服务于以审判为中心、庭审实质化的改革要求，认罪认罚从宽对于大

---

① 卞建林：《认罪认罚从宽制度赋予量刑建议全新内容》，载《检察日报》2019 年 7 月 29 日。

量的轻罪案件通过程序分流，步入速裁程序、简易程序等审判“快车道”，从而节约更多的司法资源以对疑难、复杂或者被告人不认罪的案件适用完善、精细的审判程序，确保司法公正。比较而言，精准量刑建议与相对确定的幅度刑量刑建议而言，更能有效地避免由于相对确定的幅度量刑建议之不确定性而带来的庭审中控、辩、审三方对量刑问题的意见分歧与观点争执，甚至引起上诉、抗诉，从而提高刑事司法效率，节约司法资源。

（三）精准量刑建议合乎控、辩、审关系的基本规律

刑事诉讼中控诉、辩护、审判三方围绕被指控的犯罪是否成立、应否判处刑罚、应当判处什么样的刑罚而分别发挥指控犯罪、为被指控人辩护、中立裁判的不同职能，三种职能之间相互制约、影响，共同促进刑事诉讼的顺利进行，实现查明真相和适用法律的刑事诉讼目的。这就是刑事诉讼控、辩、审关系的基本规律。认罪认罚从宽语境下的精准量刑建议合乎这一基本规律，是刑事诉讼科学性、合理性和正当性的体现。

首先，精准量刑建议是在充分尊重辩护权的基础上提出的，体现了辩护权对公诉权的制约。在认罪认罚从宽案件中，辩护职能的重心前移至审查起诉阶段。在认罪认罚案件中，由于犯罪嫌疑人认罪，围绕是否有罪的根本性、对抗性矛盾不复存在，控辩焦点进而转移至可能判处的刑罚问题，而如果控诉方提出的量刑建议犯罪嫌疑人可能接受，就进一步降低了程序的对抗性，在某种程度上体现出一种“合作”的样式。值班律师的介入、辩护人的意见以及犯罪嫌疑人自行辩护意见在合作式的控辩关系中有更多的机会予以充分展开和被控方接受。辩护权得到充分保障，相应地，就能够比较有效地防止公诉权的滥用。不过，尽管从结果上看，精准量刑建议体现了控辩双方的“合意”，但从过程而言，我国刑事诉讼法并不认可控辩双方围绕罪与刑进行讨价还价、协商交易，因而精准量刑建议从性质上看，仍然是控诉方的一种单方行为。

其次，精准量刑建议一方面是行使公诉权的内在要求，另一方面，也不构成对审判权的侵犯。在一些地方认罪认罚从宽精准量刑建议推行比较困难，其中一个重要原因就是对精准量刑在行使公诉权中的重要性认识不足，且存在认为精准量刑建议是对审判权干预、分割和侵犯的认识误区。如有的同志认为，“量刑自由裁量权是刑事审判权的应有内涵和法官的固有权力，是一种法官的裁

量选择活动而不是推理判断活动。量刑情节交互、量刑的各种价值目标交织，量刑方法、步骤、幅度等法律规定较为概括，这决定了量刑是一个开放、不确定、有差异性的审判活动。法官的量刑裁决吸收了检察机关量刑建议依据的情节，也考虑了法庭调查中查明的新情况。可以说，精准量刑建议是对法官量刑自由裁量权的一种限制，也与审判为中心和庭审实质化的主旨相背离。”① 笔者认为，量刑建议权属于公诉权的重要组成部分。公诉权与自诉权、民事诉权一样，本质上都是一种请求权，并不发生终局的效力。精准量刑建议与模糊的量刑建议、相对确定的量刑建议一样属于检察机关行使刑罚请求权的一种方式，并未超越公诉权。刑事审判中的定罪权和量刑权均属于审判权，在本质上都属于判断权，既有自由裁量的空间，也应受到法律和事实、控诉和辩护的限制，判断不是臆断，自由裁量也不是漫无边界、绝对自由。提起公诉引起审判程序，同时也确定了审判对象和范围。审判程序作为一种解决纠纷、判定责任的构造，本身就是一种由控诉、辩护、审判三方共同构筑的程序权力与权利、职责和义务关系结构。精准量刑建议表达了控诉方的诉讼请求，虽然构成对法官自由裁量权的一种限制，但并不具有终局裁决的意义，并未动摇审判的中心地位，也不构成对审判权的侵犯。

最后，刑事诉讼法关于量刑建议的采纳规定，合乎认罪认罚从宽案件的特点，也不排斥精准量刑建议的提出和采纳。《刑事诉讼法》第二百零一条规定：“对于认罪认罚案件，人民法院依法作出判决时，一般应当采纳人民检察院指控的罪名和量刑建议，但有下列情形的除外：（一）被告人的行为不构成犯罪或者不应当追究其刑事责任的；（二）被告人违背意愿认罪认罚的；（三）被告人否认指控的犯罪事实的；（四）起诉指控的罪名与审理认定的罪名不一致的；（五）其他可能影响公正审判的情形。人民法院经审理认为量刑建议明显不当，或者被告人、辩护人对量刑建议提出异议的，人民检察院可以调整量刑建议。人民检察院不调整量刑建议或者调整量刑建议后仍然明显不当的，人民法院应当依法作出判决。”该条规定建立在对认罪认罚从宽制度价值、功能的科学认知基础上，符合我国刑事诉讼法关于分工负责、互相配合、互相制约的公

---

① 刘杉彬、冯靖雯、王芳：《检察院精准量刑建议与法院裁量权的冲突与平衡——以四家基层法院的认罪认罚判决书为样本》，http：//bjsyfy. chinacourt. gov. cn/article/detail/2018/12/id/3606538. shtml。

安、检察、审判机关的三者之间的关系定位，合乎刑事司法实践和刑事诉讼规律，理应得到全面遵守。依据该条之规定，审判机关一般应当采纳公诉机关所指控的罪名和量刑建议，这是因为我国公诉机关提起公诉具有与审判相当的证明标准，而在认罪认罚案件中，量刑建议也充分表达了被告人的辩护意见，与其他案件相比，不再具备强烈的对抗性，也不需要法官在严格的庭审中形成判断。但是，为防止误判或者冤枉无辜，人民法院并非对检察机关指控的罪名和量刑建议照单全收，对于具有法律规定的一些情形的案件，仍然保留了全面审理的权力和机制。对于量刑建议明显不当的，或者被告人、辩护人对量刑建议提出异议的，人民检察院可以调整量刑建议。人民检察院不调整量刑建议或者调整量刑建议后仍然明显不当的，人民法院应当依法作出判决。这种处理既体现了对人民检察院工作的配合，也维护了独立审判的权力。我们认为，这种制度设计是有利于发挥认罪认罚从宽制度的激励认罪、提高效率和缓刑罚的刑事政策功能的。这是因为，一方面，如果人民法院在一般情形之下对检察机关的量刑建议置之不理，就必然要对量刑的事实依据进行全面调查，这就不可能提高诉讼效率；另一方面，如果检察机关的量刑建议对于法院审判没有任何影响，犯罪嫌疑人在审查起诉时通过认罪认罚对从宽处理的期待就充满了不确定性，这就难以激发认罪认罚从宽制度的活力。依据该条规定，量刑建议的提出和采纳，均不排斥精准量刑建议。

三、精准量刑建议的行动策略

精准量刑建议要求提出明确的、确定的和准确的量刑建议，它既是认罪认罚从宽制度内在机理和实现刑事司法公正与效率价值的要求，也符合刑事诉讼规律。因此，应当在正确司法理念的指导之下，总结司法经验，兴利除弊，发挥精准量刑建议的实际效用。

（一）正确认定犯罪是精准量刑建议的前提

在审查起诉阶段，正确认定犯罪是指人民检察院在确实、充分的证据基础上，对犯罪的认定。其内容包括：（1）认定是否存在犯罪事实，明确罪与非罪；（2）认定构成何种犯罪，确定罪名，明确此罪与彼罪；（3）认定是构成一种犯罪还是数种犯罪，明确一罪与数罪；（4）认定犯罪严重程度，明确重罪与轻罪；（5）认定是否存在犯罪预备、犯罪中止、犯罪未遂情形，明确犯罪形态；（6）认定是否属于共同犯罪，属于共同犯罪的，认定犯罪地位和作用，明确单独犯罪还是共同犯罪，明确主犯与从犯；等等。正确认定犯罪是提出精准量刑建议的前提。尽管长期以来，一些检察机关存在“重定罪、轻量刑”的偏向，但是我们还是要防止以一种偏向替代另一种偏向情形的出现，注意正确认定犯罪和提出精准量刑之间的逻辑关系，预防审判中可能出现的定罪争议。

（二）注重证据是精准量刑建议的事实基础

精准量刑建议应当建立在确实、充分的量刑证据之上，这是精准量刑建议的事实基础。为使量刑建议得到审判的检验和法庭的认可，有必要将影响量刑的各种因素建立在牢靠的证据基础之上。如自首、立功、退赔、谅解、犯罪嫌疑人人身危险性等，都应有充分、确实的证据加以证实。从理论上和法律规定的要求来看，我国对犯罪嫌疑人认罪认罚的案件并没有降低证明标准，这也是维护认罪认罚从宽制度正当性、判决结果公正性的必要条件。

（三）参照量刑规范是精准量刑建议的尺度

经过多年的探索和实践，在最高人民法院的指导之下，人民法院系统形成了初具规模的量刑规范和常见罪的量刑指导意见，在司法实践中有效地限制了法官过大的量刑自由裁量权，初步实现了“同案同判”。对检察机关而言，不少检察官由于受“重定罪、轻量刑”的惯性思维的影响，尚不熟悉法院的量刑规范和量刑指导意见，致使在提出量刑建议方面还不能做到精准。因此，一方面，检察官需要加强学习，掌握、运用法院系统现有的量刑规范和指导意见；另一方面，最高检察机关也可以协同最高人民法院总结司法经验，扩展量刑指导意见的适用案件范围。

（四）充分利用大数据提升量刑建议精准度

最高人民检察院要求，在精准量刑建议方面，要充分发挥大数据智能辅助系统的作用。实践表明，大数据、智能化与检察工作的结合，有效提升了量刑建议的精准度。因此，检察机关将参考学习法院系统和专家学者开发的量刑辅助系统，在充分论证的基础上，适时组织研发可以普遍适用的量刑建议辅助系统。大数据的重要特点是信息量大、类型化和精细化，收集的案例数据和信息越多，越能显示其中的趋势性、规律性。大数据对提升量刑建议精准度的作用主要在于通过大量的案例数据，能够比较好地掌握同一类型案件在不同区域、不同法院的量刑情况，寻找其中的共性与差异，从而有助于确立量刑建议的标准，提升量刑建议的精准度。

认罪认罚具结程序风险防范研究

贾保瑞*

摘　要： 认罪认罚具结程序中存在冤假错案、司法腐败的风险，主要表现为犯罪嫌疑人被迫认罪和替人定罪。这两大风险主要来自被追诉人非自愿性认罪认罚、无法获得有效的律师帮助和降低案件证明标准三个因素。有限的司法资源下，如何防范认罪认罚具结程序中的风险，是当前司法实践中亟须解决的现实问题。保障刑事被追诉人获得有效的法律帮助以及在确定犯罪事实发生、犯罪主体的基础上降低案件证明标准可以有效避免冤枉无辜。

关键词： 认罪认罚　自愿性　法律帮助　证明标准

引　言

关于认罪认罚从宽制度的完善在党的十八届四中全会通过的《中共中央关于全面推进依法治国若干重大问题的决定》中被首次提出。2016年7月22日，中央全面深化改革领导小组第二十六次会议审议通过《关于认罪认罚从宽制度改革试点方案》，会议审议通过了《关于认罪认罚从宽制度改革试点方案》。同年9月3日举行的第十二届全国人大常委会第22次会议上通过了《全国人大常委会关于授权最高人民法院、最高人民检察院在部分地区开展刑事案件认罪认罚从宽制度试点工作的决定》（以下简称《授权决定》）。11月16日，最高人民法院、最高人民检察院、公安部、国家安全部、司法部联合印发了《关于在部分地区开展刑事案件认罪认罚从宽制度试点工作的办法》（以下简称《试点办

* 山西大学法学院刑法学专业硕士研究生，主要研究方向为刑事诉讼法。

法》)，对实施认罪认罚从宽制度进行了细化规定。由此，认罪认罚从宽制度正式拉开序幕。这项制度覆盖我国刑法规定的全部罪名，关系公正与效率，对完成刑事诉讼的任务、实现刑事诉讼的宗旨具有重大意义，而在认罪认罚从宽制度中起决定性作用的正是审查起诉环节中的具结程序。

认罪认罚从宽制度中的“具结”包含真诚悔过，书面认错并承诺将来不再犯同一或类似错误的内容。但作为一种新的法律程序，认罪认罚从宽制度中的具结程序有其独特之处。根据国家出台的上述关于认罪认罚从宽制度权威性文件，再结合“具结”的解释、现行相关“具结悔过”的法律规定，可以将“认罪认罚具结程序”定义为在刑事案件的审查起诉环节，犯罪嫌疑人如实供述犯罪事实、承认罪行、积极承担法律责任并签署认罪认罚具结书，由此而获得检察机关较轻量刑建议的诉讼程序。随着认罪认罚从宽制度的推进，具结的实践情况发生巨大的变化，在这一背景下，对认罪认罚从宽制度下的具结程序进行研究无疑具有重要的理论价值与实际意义。

一、认罪认罚具结程序可能的现实风险

认罪认罚具结程序是认罪认罚从宽制度的关键环节，正是因为认罪认罚具结程序的存在，使刑事案件办案效率得到大幅度提升。但是认罪认罚具结程序不可避免地会隐含着一定的风险，这对一种新程序而言是正常现象，我们需要做的是在规范层面尽量填补漏洞，在实践层面加强监督制约。认罪认罚具结程序的风险主要表现为以下两个方面。

（一）造成冤假错案的风险

认罪认罚具结程序的主要内容为控辩双方在认罪量刑协商的过程中对各方的权益进行处分，而“协商”的基础应该是博弈双方地位的平等，如果这种平等关系无法有效建立起来，那么在此基础上的“协商”就无法避免怠于履行义务和违反规定处分权利（权力）等行为的发生，从而造成冤假错案。

认罪认罚具结程序存在助长司法机关过度依赖口供、甚至强迫认罪认罚的风险。认罪认罚从宽制度可以说给了公安司法机关（主要是侦查机关与检查机关）一个重要的筹码——“从宽”，这个筹码使公安司法机关能够轻易地获得

被追诉人的有罪供述，从而为案件的办理带来极大便利，这很容易激发司法机关的惰性，使其在案件办理过程中过分沉迷于与被追诉人进行“协商”“劝说”犯罪嫌疑人认罪认罚，而不是积极地去调查取证，还原案件真相。不得不承认，在我国当前的司法环境下，与拥有国家权力的司法机关相比，刑事被追诉人处于明显弱势的地位，这种地位上的悬殊会给犯罪嫌疑人带来较大的心理压制，再加上大多数犯罪嫌疑人对相关法律法规懵懂无知，尤其是在他们缺乏律师帮助的情况下，很可能出现“不自愿”“不明智”，甚至是被迫认罪认罚的现象。公安司法机关怠于履职、强迫认罪认罚又会进一步促使案件的调查脱离实体真实，为冤假错案的发生埋下隐患。

（二）造成司法腐败的风险

认罪认罚从宽制度可能导致在刑事诉讼中检察机关权力过分扩张，甚至有出现权钱交易的风险。认罪协商程序使得刑事司法的重心由审判转为审外，原有的监督机制难以为继，同时也扩大了检察官的自由裁量权，使得检察官的协商裁量是否妥当、公正更多是倚重检察官的诚实及其对执法的使命感，缺乏有效的监督制约机制。① 在认罪认罚具结程序中，检察机关对于程序的启动、推进起到关键作用，加之法院一般都会采纳检察机关的量刑建议，在当前认罪认罚从宽制度适用率不断提高的趋势下，加上不起诉决定权，检察机关已逐渐成为刑事诉讼的核心，检察机关过大的权力使得“司法腐败”成为可能。特别是对于事实认定不清的案件，检察机关在认罪协商的过程中往往具有很大的自由裁量权，在监督制约机制缺位的情况下，这些权力存在着极大的失控风险。一些检察官为了减轻办案压力更甚至是谋取私利，很可能会忽略自身应承担的法定性义务，降低对案件审查的法定要求，造成部分案件在事实不清楚或违背真实事实的情况下被移送法院审查起诉，不仅严重违反作为法律工作者的职业道德，更违背了我国司法机关“以事实为基础，以法律为准绳”的办案原则。

另外，认罪认罚从宽制度将被害人的意见作为量刑的重要情节，使得量刑

---

① 陈逸宁：《协商性司法的选择——台湾地区刑事协商程序的理论审视及借鉴》，载《法大研究生》2017年第1辑。

结果直接与经济赔偿相挂钩，这就造成刑事被追诉人的赔偿情况直接影响到检察机关给出的量刑建议，加之认罪认罚具结程序的过程处于不透明的状态，很容易引发公众最担心的“花钱买刑”“权钱交易”的问题，从而激化社会矛盾，影响整个社会的和谐稳定。

二、风险因素及程度分析

（一）认罪认罚具结程序中存在的风险因素

1. 刑事被追诉人非自愿认罪认罚

刑事被追诉人认罪认罚的自愿性是保障认罪认罚具结程序得以顺利进行的基本前提。为了保障被追诉人认罪认罚的自愿性，被追诉人的自愿性要求其在诉讼程序中应当拥有自愿行使某项权利的能力与认识，同时要求正当合法的诉讼程序运行。被告人的自愿性只有在诉讼程序正当合法的框架下才能得到保障。认罪认罚自愿性首先要求刑事被追诉人认罪认罚具有明智性，即被追诉人知悉其犯罪的性质、可能面临的刑事处罚以及认罪认罚的法律后果等；同时要求刑事被追诉人的认罪认罚出自其自身的真实意思表示，没有在精神、肉体上受到胁迫或者是其他压力。刑事被追诉人一旦选择了认罪认罚，就意味着其放弃了辩护的权利。司法实践中，由于检查官怠于履职或者是其他一些私人目的，确实存在刑事被追诉人虚假认罪的现象，而人民法院在关于存在被告人认罪认罚自愿性的审查上又缺乏具体操作标准，有审查形式化嫌疑，有的法院在审查认罪认罚时主要就是对“被告人是否认罪认罚”进行例行公事似的询问，并不具备任何实质意义。非自愿的认罪认罚如同“刑讯逼供”一样，是司法机关追求业绩又怠于依法履职的表现，为案件真相的查明埋下巨大隐患，不仅易诱发冤假错案，更是严重损害了司法权威。

2. 无法保障被追诉人获得有效的律师帮助

《刑事诉讼法》明确规定认罪认罚案件中犯罪嫌疑人、被告人有获得法律帮助和辩护的权利。在制度设计层面，主要是通过值班律师制度保障犯罪嫌疑人的律师帮助权。但从实践情况来看，目前普遍存在值班律师帮助效果不明显、有效辩护率低的现象，很难对维护刑事被追诉人的合法权益起到实质性作用。

值班律师性质定位不明、工作内容单一，个性特征不明显，实质辩护和有效辩护作用发挥不明显。依据《刑事诉讼法》的规定，值班律师享有会见权、在犯罪嫌疑人签署具结书时享有在场权，以及为刑事被追诉人提供法律咨询、程序选择建议、申请变更强制措施、对案件处理提出意见等法律帮助三项权利，但并不享有阅卷权、调查取证权等权利，其法律地位有别于“辩护人”。除享有在犯罪嫌疑人签署具结书时的在场权、会见权、提供法律帮助三项权利之外，《刑事诉讼法》及相关法律并未赋予值班律师其他诉讼权利，也未就其如何参与控辩协商进一步明确，这直接导致在认罪认罚具结程序中，值班律师仅能从形式上见证协商过程和自愿性，无法提供实质性的帮助，进而影响了法律帮助的有效性和对检察机关的有效监督。

3. 降低法定案件证明标准

依据《刑事诉讼法》第五十五条的规定，“案件事实清楚，证据确实、充分”即为我国刑事案件的证明标准。2015 年最高人民法院、最高人民检察院、公安部、司法部联合发布的《刑事案件速裁程序试点工作座谈会纪要（二）》指出，对于被告人自愿认罪，有关键证据证明被告人实施了指控的犯罪行为的，可以认定被告人有罪。[①] 但是，在《授权决定》以及 2018 新修订的《刑事诉讼法》中并未就认罪认罚案件的证明标准作出明确规定。随后，部分试点城市根据《授权决定》的要求，出台了实施细则，明确指出案件证明标准可以降低。如上海市实施细则要求“办理认罪认罚案件要做到主要犯罪事实清楚，主要证据确实充分”。

认罪认罚从宽制度是在我国刑事案件发案率不断上升、司法员额制改革使得案多人少的矛盾不断加剧的背景下设立的，认罪认罚具结程序作为认罪认罚从宽制度中的重要组成部分，对于刑事案件诉讼效率的提高意义重大，也正是基于该程序所出具的认罪认罚具结书和检察机关的量刑建议，才使审判阶段的送达、法庭调查、法庭辩论等过程得以大大缩减，司法人员的案件处理压力得以减轻，从而将精力集中于那些重大疑难案件。在案件的审查起诉环节降低证明标准，意味着公诉机关对侦查机关移送的案卷证据材料不必进行严格的审查。

---

① 《刑事案件速裁程序试点工作座谈会纪要（二）》第七条明确要求：准确把握证明标准。被告人自愿认罪，有关键证据证明被告人实施了指控的犯罪行为的，可以认定被告人有罪。对于量刑事实的认定，采取有利于被告人原则。

从表面上讲，降低证明标准是程序从简的自然延伸，但是，鉴于审判阶段法官仅是对被告人认罪认罚的自愿性、明知性进行审查，那么这种看似自然顺畅的过渡，就会成为认罪认罚从宽制度改革中面临的巨大风险。一方面，证明标准的降低容易使认罪认罚从宽制度异化为“疑罪从轻”，导致有罪推定的回潮；另一方面，证明标准的降低会导致“口供中心主义”卷土重来，容易产生强迫、引诱口供现象，难以保证刑事案件的办案质量。

（二）风险程度分析

刑事被追诉人非自愿认罪认罚、无法获得有效的律师帮助以及案件证明标准的降低构成认罪认罚具结程序适用中的三大风险因素，为了避免冤假错案、司法腐败现象的发生，在理想的状态下我们肯定是要三者兼顾，并且严格把关，直到完全消除这些风险因子。但是，实践中司法资源是有限的，在效率平衡的压力下，我们应付三大风险因素的力量是很有限的，如何最有效地进行风险防范，值得深入研究和分析。

1. 消除非自愿认罪因子的作用分析

确保被追诉人认罪认罚的自愿性当然可以降低冤假错案的发生，但是作用有限。被追诉人自愿认罪认罚不能代表其确实实施了犯罪行为，一些犯罪嫌疑人不懂法律，更不懂得如何维护自身权利，为了早日获得自由身，完全听从检察机关的建议，稀里糊涂“自愿”认罪认罚；另一些是基于血缘、权钱交易故意冒名顶罪，这些人为了隐藏真正的罪犯，通常会不遗余力地将全部的责任揽到自己身上。所以，刑事被追诉人的话并不是完全可信，将防范重心放在消除非自愿认罪因子上，并不能有效预防冤假错案的发生。

笔者认为，防范认罪认罚具结程序中的冤假错案、司法腐败的风险，应主要将着力点放在法律帮助和证明标准上，对于认罪认罚自愿性问题，可以通过对刑事被追诉人提供有效的法律帮助解决。当然，这并不意味着没必要保障被追诉人认罪认罚的自愿性，只是说在有限的司法力量下，自愿性保障问题可以被有效的法律帮助所吸收。另外，法官在就自愿性问题进行审查的时候，不能停留在被告人的口头回应上，应当透过表面，注重考查被追诉人的主观心态和客观行为，如被告人对犯罪的认识、悔改的意愿、是否主动缴纳罚金、是否积极退赔退赃等。

2. 保障被追诉人获得有效法律帮助的作用分析

认罪认罚具结程序中，确保被追诉人获得律师的有效帮助，对认罪认罚从宽制度的顺利施行发挥重大作用。其一，能够确保被追诉人认罪认罚的自愿性，避免司法机关为了提升办案效率迫使当事人认罪认罚情形的发生。犯罪嫌疑人往往对认罪认罚的结果缺乏理智认识，需要辩护律师加以分析和说明，通过律师向被追诉人介绍认罪认罚的利弊与得失，从而引导被追诉人作出明智选择；其二，能够最大限度地维护刑事被追诉人的合法权益。辩护律师的职责是根据事实和法律，提出犯罪嫌疑人、被告人无罪、罪轻或者减轻、免除其刑事责任的材料和意见，维护犯罪嫌疑人、被告人的诉讼权利和其他合法权益。由具备专业法律知识的律师参与到被追诉人的认罪认罚、量刑情节及量刑建议等问题的协商中，才能与司法机关进行有效的谈判和协商；其三，律师的有效帮助是制约司法机关公权力行使、防止冤假错案的重要力量。由律师通过查阅卷宗材料、找寻有利于犯罪嫌疑人的证据、申请解除法定期限已过的强制措施、代为申诉和控告，充分保护犯罪嫌疑人，在监督司法机关公权力行使的同时，积极防范冤假错案的发生。因此，认罪认罚从宽制度的实施中，通过充分赋予律师在会见、阅卷、取证、辩护等方面的权利，使律师能够进行“有效辩护”，是防止冤假错案发生的有效方式。

3. 坚持法定证明标准的作用分析

实体真实，是现代刑事诉讼追求的一项重要的价值目标。毋庸置疑，坚持法定证明标准，可以最大限度地保证案件质量。坚持法定证明标准，意味着侦查机关必须依法调查取证，不能懈怠，检察机关必须全面收集证据材料，且该法定义务不因刑事被追诉人的认罪而减轻，达到“案件事实清楚、证据确实充分”的要求，是防止冤假错案发生的“防火墙”。在与程序公正没有冲突的情况下，追求实体真实、查明案件真相是司法系统的绝对目标。但我们也必须认识到，在被追诉人已经自愿认罪认罚的情况下，仍然坚持将不认罪案件的处理方式适用于认罪案件上，在案件处理上不采取任何的变通，必然会影响办案效率，对司法资源造成浪费，更是无法体现认罪认罚从宽制度的价值所在。正如有学者指出的那样，“如果对于认罪认罚案件与不认罪案件在证明标准和证据要求方面不做区别把握，则两种类型案件的办案模式事实上也不会有区别，提高办案效率的目标也就没有了实现的基础。”① 龙宗智教授也认为：“从案件不同的严重程度以及适用的不同程序看，简易程序与普通程序的证明标准有别，一般刑事案件与死刑案件的证明标准有别，也属合理的制度设置，因为简易程序的程序简化，首先是举证、质证、认证的程序简化，而且简易程序以被告人认罪为前提，此时如果仍然要求严格的证明方法并适用很高的证明标准，则与简易化的程序法理不兼容”②。

三、认罪认罚具结程序的风险防范路径

通过在第二部分的分析，笔者认为防范认罪认罚具结程序中的风险应当着重加强对被追诉人法律帮助权的保障，如果刑事被追诉人能获得来自专业的法律人士的服务，为其是否认罪认罚进行权衡考量、参与量刑协商，同时监督检察机关权力行使的合法性与正当性，那么“被迫”认罪认罚的现象就能有效避免。同时结合司法资源有限性和诉讼效率的考量，笔者认为认罪认罚案件可以适当降低证明标准，但必须保证对案件事实、犯罪主体的证明达到确定无疑的程度。

（一）基础型路径——落实值班律师制度

笔者认为，值班律师在审判前及在定罪量刑之外维护犯罪嫌疑人诉讼权利和其他合法权益的行为也属于刑事辩护，建议将值班律师纳入辩护人范围，通过对值班律师程序性、实体性权利的设置和维护，切实保障犯罪嫌疑人的辩护权。

在程序方面，一是时间保障，给予律师审查起诉环节时间保障。检察机关自受理案件之日起，应当为律师保留阅卷和提交辩护意见的时间，确保听取律师意见具有实质意义；二是听取意见保障，在犯罪嫌疑人签署认罪认罚具结书之前，由检查机关主导召开诉前会议，主要听取律师意见、被害人意见，实现证据开示和认罪协商，通过会见犯罪嫌疑人，知晓其对认罪认罚的意见和态度，在获得犯罪嫌疑人首肯的前提下，可以代表犯罪嫌疑人与检察官共同协商，最

① 苗生明：《认罪认罚案件对公诉人举证、质证等工作的新要求》，载《人民检察》2016 年第 2 期。

② 龙宗智：《中国法语境中的“排除合理怀疑”》，载《中外法学》2012 年第 6 期。

终协商结果应当得到犯罪嫌疑人的书面确认。①

在实体权利上，一是保障值班律师会见权。《刑事诉讼法》规定犯罪嫌疑人有权约见值班律师，实践中也应当充分保障值班律师会见犯罪嫌疑人的权利。会见当事人是律师提供有效法律帮助的前提。通过会见，值班律师能够向犯罪嫌疑人了解案件情况，充分告知其认罪认罚的规定，向其释明认罪认罚的性质和法律后果，还可以了解犯罪嫌疑人认罪认罚是否出于自愿，是否属于被迫认罪认罚。二是赋予值班律师阅卷权。提供法律帮助和辩护的有效性建立在律师对案情充分了解的基础之上，阅卷是律师全面了解案情的主要方式之一，只有在全面了解案件情况之后，值班律师才能为犯罪嫌疑人提供有针对性的咨询、建议，处在与检查机关信息对等的地位上充分参与量刑协商，最大限度地为犯罪嫌疑人争取实体和程序两个方面的从宽处理。对于避免证据不足案件通过认罪认罚消化处理、防范冤假错案的发生具有重要意义。随着电子化的日益普及，还可以采用电子卷宗的模式，目前深圳市部分地区已实现卷宗电子化，值班律师能够快捷便利地获取相关卷宗。三是构建律师权利救济途径。律师对审查起诉阶段所辩内容和程序性权利，若有异议的，可以向原机关申请复议，对复议结果不服的，可以向上级检察机关申请复核，通过构建复议复核程序，为律师提供有效救济途径。

（二）精准式路径——确保犯罪事实、主体确定无疑

为了保证效率的提高，实现认罪认罚从宽制度的目的，则可以适当降低案件的证明标准，但是必须保证对犯罪主体、事实达到确定无疑的程度。我们必须承认认罪认罚案件有别于不认罪案件，如果在每一起认罪案件中都严格坚持法定证明标准，轻视来自刑事被追诉人的口供，那么认罪认罚具结程序将失去根本性意义，认罪认罚从宽制度的设立目的恐怕也难以实现。虽然学界中有学者主张在坚持法定证明标准的前提下，根据犯罪嫌疑人是否认罪的情况和可能判处的刑罚分层次把握②，但在案件事实清楚、证据确实充分的基础上，认罪认罚案件在实践证明层面是否还存在研讨的空间?

---

① 陈卫东：《认罪认罚从宽制度研究》，载《中国法学》2016年第2期。

② 朱孝清：《认罪认罚从宽制度的几个问题》，载《法治研究》2016年第5期。

在排除由于被追诉人不懂法律、受到来自司法机关的压力而“被迫”认罪认罚的情形下，我们一般认为基于人趋利避害的本能反应，在没有实施犯罪行为时，犯罪嫌疑人不会选择认罪，更不会认罚。这里有一个例外情况不能忽视，即被追诉人基于私人目的代他人顶罪。因此，在认罪认罚具结程序中，检察机关必须对犯罪事实已经发生、犯罪分子是谁等主要事实的证明达到确定无疑的程度。这样一来，既可以有效避免冤假错案的发生，又不会降低认罪认罚案件的办案效率，实现实体正义与程序正义的统一。所以，在认罪认罚具结程序中，检察机关应着重对犯罪事实和犯罪主体进行审查，不能仅凭被追诉人的口供就启动认罪认罚具结程序，必须做到在结合其他证据的基础上，对犯罪事实、犯罪主体的认定达到事实清楚、证据确实充分的程度。

课题成果

◎ 既得受益权保护的国际经验与本土构建

◎ 设区的市地方立法特色的完善

——以山西省九个新设区的市近三年立法为分析样本

◎ 矿藏资源国家所有权法律属性研究

既得受益权保护的国际经验与本土构建*

曹克奇**

摘　要：我国应构建统一的既得受益权保护规范体系，对机关事业单位工作人员和企业职工的年金权益予以同等保护。一方面，规定权益归属期限规则，采用混合赋权模式，允许年金计划中自由选择渐进归属模式、悬崖归属模式或立即归属模式，并缩短权益归属期限。另一方面，规定权益归属条件规则，采用折中立场，明确职工因其过错被解雇，用人单位有权收回其未归属权益，但收回的金额不得超过未归属权益的30%。

关键词：企业年金　职业年金　既得受益权　权益归属规则

既得受益权是指权益归属条件成就之后职工对用人单位所允诺的职业（企业）年金（以下简称“年金”）所享有的权利，涉及用人单位管理权限与职工退休利益。2017年人力资源和社会保障部颁布了《企业年金办法》，首次在第十九条规定了权益归属期限规则，在第二十条第五项规定了权益归属条件规则，对既得受益权予以保护。但适用于机关事业单位工作人员的《机关事业单位职业年金办法》尚未对此作出规定。因此，比较国内外既得受益权保护的经验，构建统一的既得受益权保护体系对机关事业单位工作人员，乃至企业职工均具有重要的意义。

---

* 本文是2019年度山西省法学会法学研究课题“机关事业单位职业年金的规范化与立法研究”（SXLS（2019）B18）阶段性研究成果。

** 山西大学法学院讲师，法学博士，主要研究方向为社会保障法。

一、既得受益权概述

我国职业（企业）年金分为个人缴费与单位缴费两个部分，职工个人缴费部分本质为职工工资的延期支付，因此，当期计入本人年金个人账户后，职工对个人账户资金享有所有权。但是用人单位缴费部分，单位通常会订立权益归属条款（Vesting Provision，又称为赋权条款），权益归属条款通常包括权益归属期限条款和权益归属条件条款，权益归属期限条款要求职工工作满若干年（如5年）离职时才能取得用人单位缴纳的年金，其目的在于限制职工流动、保证职工忠诚。而权益归属条件条款通常要求职工在工作期间未发生违法违纪等行为，在离职时才能取得用人单位缴纳的年金，如廉洁保证金，其目的在于约束职工行为。只有当权益归属期限及条件成就后，用人单位所允诺的年金才能成为职工不可丧失的权利（No Forfeitable Right）。

对于该项权利，我国学界主要有既得权、期待权（期待利益）两种不同的界定：第一，既得权说。既得权一词来源于英美法中“vested pension”，为美国、英国等国家所使用。在《布莱克法律词典》中，“是指雇员退休时，即使不再受雇于该雇主，依然对其依据养老金计划缴纳的保险费利益所享有的权利。”① 在我国大陆地区，林羿博士在其《美国的私有退休金体制》中使用既得受益权这一概念。目前为我国大陆学者多使用。② 第二，期待权（期待利益）说。期待权（期待利益）源于德国法“Anwartschaft”一词。③ 为德国、我国台湾地区所使用。笔者认为我国权益归属要件成就之后，退休之前受益人享有权利性质是既得权。既得权是指作为权利的发生要件的法律事实全部均已发生的权利。作为既得权，一方面，该项权利的享有者已经满足了权利实现条件，另

---

① Vested Pension：A pension in which an employee (or employee's estate) has rights to benefits purchased with the employer's contributions to the plan, even if the employee is no longer employed by this employer at the time of retirement. The vesting of qualified pension plans is governed by ERISA. See, Bryana Garner, Black's Law Dictionary (10th ed. 2014)), Thomson West.

② 殷俊、黄蓉：《论企业年金计划中的既得受益权及其作用》，载《求索》2009年第6期。

③ 国内有学者译为期待权益，参见沃尔夫冈·多伊普勒著：《德国劳动法》，王倩译，上海人民出版社2016年版，第407页。

一方面，该项权利已经能给权利人带来直接利益。最典型的例子是在条件、期限成就之前权利人所享有的权利；继承法中后位继承人的权利；所有权保留买卖中保留买主的附延缓条件权利。在年金法中，之所以权益归属条件成就之后，退休之前的权利属性认定产生差异在于美国和德国年金计划实施的不同，在德国年金以雇主直接给付为主，因此，雇员享有的退休金债权，在退休之前，雇员享有退休金期待权。但是在美国法中，以信托型年金计划为主，只要年金信托生效，雇员即处于受益人地位，享有受益权。因此，即使在退休之前，只要符合权益给付的条件，对雇员而言已经是既得权。因此，在我国在权益归属条件成就之后，退休之前，职工享有既得受益权。

用人单位通过设立权益归属条款，鼓励职工忠诚，约束职工行为，无可厚非。但是劳动力的流动是一个富有活力的社会的基本因素之一，不仅可以帮助职工不断地改进其所掌握的技术和知识，也可以避免长期工作产生的劳动力滞怠，进一步增强经济发展的活力。如果设立过久的权益归属期限条款，如设置长达 15 年的权益归属期限，使得职工难以自由流动，侵犯了职工的职业自由。而订立严苛的权益归属条件条款，仅因轻微过失即剥夺职工可以享有的用人单位缴纳的年金，使退休金成为镜中花、水中月，严重影响了职工的退休生活。因此，各国往往通过立法确立权益归属期限规则与权益归属条件规则，以规制权益归属期限条款和权益归属条件条款，保护既得受益权。

二、权益归属期限规则

权益归属期限规则是指法律规定的用人单位将其缴纳的年金归属于职工的最长时间。换言之，是指职工取得用人单位年金权益时间的最低基准。其中，权利即指职工享有的受法律保护的不可以被用人单位撤销的年金受益人的既得受益权。利益是指根据权益归属公式职工可以实际取得的年金金额。既得受益权不同于应计利益，当雇员取得全部年金应计利益的不可撤销权利时，即被赋予完全（百分之一百）的既得受益权。也可能仅享有部分应计利益。换言之，既得受益权仅表示职工的企业年金权利是否受到保护。至于将来到达退休年龄时，究竟可取得多少年金待遇，则依累积的利益而定。

用人单位设立年金计划的原因之一即在于留住人才长期为本单位工作。因此，用人单位在年金计划中对缴费所产生的权益归属于职工的时间和比例进行控制，而最低权益归属规则就是用人单位缴费所产生权益转化为职工权益的时间与比例的最低要求。最低权益归属规则在法律性质上属于基准性规范，用人单位与职工协商一致可以设定或变更权益归属的时间和比例，但设定或变更后的时间和比例应优于法定的最低标准以有利于职工。在比较法上，最低权益归属规则主要包括以下四种模式：

（一）立即赋权模式

立即赋权模式（Immediate Vesting）是指职工从用人单位缴费之日起即享有用人单位缴纳的全部金额。立即赋权模式是计算最为简单，最有利于职工流动的归属模式。在美国，大学教师退休基金（TIAA - CREF）运行的确定缴费型计划采用《国内税法》规定的年金计划，将雇主与雇员缴费逐月归集至雇员个人账户，雇员立即享有全部权益，雇主无权收回。教授在不同大学之间变更工作单位可以保留原有账户，只需由新雇主取代旧雇主缴费即可①。我国台湾地区劳退新制分为劳工退休金个人专户制度和年金保险制度，无论个人账户抑或个人年金保险，雇主一旦履行其法定的提缴退休金义务，存入劳工个人退休金专户中的退休金及其收益，即成为劳工或其遗属的既得权，雇主不得剥夺②。

立即赋权模式优点在于计算简便，携带性好，利于职工流动。但不足在于用人单位难以通过年金计划激励职工长期为单位服务，不利于留住人才，因此，在私人退休金计划中并不常见。而采用立即全部归属模式的制度往往具有浓厚的社会保险色彩，如我国台湾地区的劳工退休金制度、香港特别行政区的中央公积金制度等。

（二）悬崖赋权模式

悬崖赋权模式（Cliff Vesting）是指经过特定的等待期间后，职工即取得用人单位允诺的年金，用人单位不得撤销。例如，双方约定工作时间满 10 年，用

---

① John H. Langbein, David A. Pratt, Susan J. Stabile. Pension and employee benefit law, Foundation Press/Thomson Reuters, 2010. p. 152.

② 林炫秋：《劳工退休金条例中退休金期待权不可丧失与可随同移转之研究成果报告》，我国台湾地区专题研究计划成果报告，2006 年。

人单位允诺的年金及其收益全部归属于职工，如未满10年，用人单位有权收回其全部或部分允诺的年金。德国、日本及我国台湾地区法采用悬崖赋权模式，具体包括：（1）在德国法中，依1974年《企业年金法》第1条的规定，雇员在退休给付事由发生前离职，若年满35岁，且符合退休给付允诺至少已存在10年或者退休给付允诺至少已存在3年而在职期间至少已有12年两者之一，即可取得不可丧失的退休金期待利益。然而，一方面，女性常因养育子女中断工作无法达到权益归属条件最低要求，另一方面，与国际比较，德国归属条件所要求工作期间过长，阻碍雇员自由流动。2001年修改《企业年金法》，一方面降低年龄要求由35岁减低至30岁并将允诺存续期间由10年缩减为5年，同时删除退休给付允诺至少已存在3年而在职期间至少已有12年这一要件。目前，德国《企业年金法》规定雇员只要获得企业养老金承诺至少5年且离职时年满30岁，即可获得不可撤销的权利。①（2）在日本法中，《确定给付企业年金法》对受给权并未作任何规定，但《确定缴费年金法》规定企业型年金中内部规约可以规定年资未满三年者应返还事业主资产。②（3）在我国台湾地区，“劳动基准法”中劳工退休制度（劳退旧制）规定劳工欲自请退休领取退休金，必须符合工作15年以上年满55岁，或是工作25年以上两种法定要件之一，劳工在符合上述要件之前若自行离职，将完全丧失领取退休金的可能性。③

悬崖归属模式的优点在于计算较为简单方便，无须保存记录及行政费用较低。但采用全有或全无的方式，容易导致职工在规定的工作年限期满后便马上离职，或者用人单位在职工服务未满规定年限时以不当方法随意解雇职工以逃避权益归属。

---

① 林炫秋：《台湾地区、德国与美国企业退休给付法制之比较研究》，政治大学法律研究所2001年博士学位论文，第203~210页。

② 日本《确定缴费年金法》第3条第3项规定：“企业型年金之规约，应订定下列揭示事项：10. 企业型年金加入者受雇于实施事业主未满三年，而丧失资格者，该个人别管理资产当中，由该企业型年金事业主提拨的部分，以政令规定全部或一部分还该事业主时，该返还事业主资产金额的计算方法之相关事项。”

③ 我国台湾地区“劳动基准法”第53条规定：“劳工有下列情形之一，得自请退休：一、工作十五年以上年满五十五岁者。二、工作二十五年以上者。三、工作十年以上年满六十岁者。”

(三) 渐进赋权模式

渐进赋权模式(Graded Vesting)是指经过特定的等待期间后，职工即可取得年金期待权，但用人单位允诺的年金数额随着工作年限的增加而增加。例如，在确定缴费型年金计划中，双方约定工作年限 2 年以上 3 年以下享有 20% 应计利益；3 年以上 4 年以下享有 40% 应计利益；4 年以上 5 年以下享有 60% 应计利益；5 年至6 年享有 80% 应计利益；6 年以上享有全部应计利益。如果职工工作 5 年，用人单位累积缴费 1 万元，则职工离职时即享有既得受益权，用人单位累积缴费 1 万元中的 8000 元应归属于职工。在确定给付型计划中，职工并无账户，但在计划中规定应计利益的计算方式，例如，双方约定职工退休时每年可以取得年平均工资的 60%，应计利益的计算方式为比例计算法(Fractional Rule)①。假设职工年均工资为 1 万元，则其退休时应每年收到 6000 元的企业年金待遇。正常退休年龄为 65 岁，当职工已经工作 5 年年满 55 岁时离职。其工作年限的比例与距离退休时间的比例为三分之一，因此，年退休收入 2000 元。在渐进归属模式下，根据本段确定缴费型计划的归属时间表 5 年可以获得 80% 的应计给付，则其 65 岁退休时年收入为 1600 元。

渐进赋权模式一方面避免了悬崖归属模式在归属期限成就时解雇职工的问题，也避免了立即全部归属模式无法施加人力资源管理的弊端，但管理起来比较复杂，对于用人单位而言必须保留所有职工的权益归属记录，增加了行政上的成本。

(四) 混合赋权模式

混合赋权模式，是指用人单位可以选择不同的赋权模式，但不应低于归属模式的最低标准。如 1974 年美国《雇员退休收入保障法》中规定了三种可选择

---

① 在美国《雇员退休收入保障法》中为防止确定给付型企业年金计划中雇主采用向后负担(Back Loading)的应计利益计算方式，导致雇员虽然取得既得受益权，但较早离职时应计利益过少以至企业年金待遇过低。规定了应计利益的三种计算方式：第一，3% 规则，即雇员离职时有权取得的应计利益至少为正常企业年金待遇的 3% 乘以参加企业年金计划的年数的总额。第二，133% 规则，即雇员对任何后来企业年金计划年度应计利益的比率，不得超过先前年度应计利益比例的 133% 数规则。第三，比例规则，即按照实际的应计利益，与雇员参加企业年金计划期间可取得的预期企业年金的一定比例计算。因我国企业年金为确定缴费型计划不再详细展开。See，ERISA § 204 (b) (1)，29. U. S. C. Sec. 1054 (b) (1)。

的最低权益归属模式。第一种是渐进归属模式，采用15年渐进归属模式，即雇员在工作5年后，即可取得应计给付25%的权益，其后每多工作1年，增加5%的权益，最后5年，每年增加10%的权益。总计工作15年即可取得全部的应计权益。第二种是悬崖归属模式，采用10年悬崖归属模式，即职工工作满10年后，即全部取得应计给付。第三种是45规则模式（The Rule of 45），即雇员的年龄加工作年限等于45时，若至少工作5年时，取得50%的应计权益，此后每工作一年增加10%的权益。因此，美国法中的权益归属采用混合模式，雇主可以自由选择。1986年《税收改革法》（Tax Reform Act 1986）进一步加强了对雇员权益的保护，废除45规则，同时缩短两种归属模式的归属期限。具体而言：第一，将15年渐进归属模式修改为7年渐进归属模式。由于15年的期限过长，不仅增加了企业的管理成本，也使得雇员获得许多小额权益，因此，修改为7年渐进归属模式，雇员工作满3年即享有20%的权益；此后工作每增加一年即增加20%的权益，至服务7年时取得全部权益。[①] 第二，将10年悬崖归属模式修改为5年归属模式，10年的工作期间过长，不利于保护雇员的权利，因此进一步缩短为5年，即工作满5年之前，无法取得应计权益。但工作满5年可以取得全部权益。[②] 第三，废除45规则，45规则有利于高龄雇员，使雇主不愿雇用高龄雇员以免增加企业成本。遂在1986年《税收改革法》中删除。2001年美国修改《雇员退休收入保障法》将确定缴费型计划中的雇主匹配缴费部分的归属期限进一步缩短至悬崖归属模式为3年和渐进归属模式为6年。2007年《养老金保护法》进一步将其适用范围扩大至所有的确定缴费型计划的雇主缴费。我国《企业年金办法》也采用混合赋权模式，但可选择的模式仅有立即赋权模式和8年悬崖赋权模式两种。

总之，不同的赋权归属模式各有利弊，在不同类型的计划中适用情况也不相同。在美国，确定给付型计划适用悬崖赋权模式居多，确定缴费型计划适用渐进赋权模式居多。2005年89%的确定给付型计划适用悬崖赋权模式，7%适用渐进赋权模式，2%适用立即赋权模式。47%的确定缴费型计划适用渐进赋权

---

① ERISA § 203 (a) (2) (B), 29. U. S. C. Sec. 1053 (a) (2) (B).

② ERISA § 203 (a) (2) (A), 29. U. S. C. Sec. 1053 (a) (2) (A).

模式，22%适用立即归属模式，22%适用悬崖赋权模式。[①] 因此，混合赋权模式有利于综合不同模式的利弊，交由用人单位和职工自行选择适合其实际情况的权益归属期限条款。

三、权益归属条件规则

权益归属条件规则，又称之为“坏男孩条款（Bad Boy Clauses)”，是指用人单位有权因职工的不当行为（Employee Wrongdoing）而减损其年金权益的约定。在年金制度中，为约束职工在工作中的行为，用人单位在年金计划中会设置权益归属条件，如要求职工遵守工作规则、法律法规的规定等，如职工在工作期间违反上述约定，将扣减其年金，甚至剥夺其权利，以增加职工的违规成本。而出现违法、违规行为的职工被称为“坏男孩”，因违法、违规行为而减损其年金权益的约定被称为“坏男孩条款”。对于“坏男孩条款”的规制，主要有以下两种模式：

（一）否定模式

认为“坏男孩条款”不具有法律效力，在美国法中，实务上雇员的不当行为通常包括两种类型：第一类包括欺诈（Fraud)、贪污（Embezzlement）或者不诚信（Dishonesty)，第二类主要指跳槽至雇主的竞争对手。[②]《雇员退休收入保障法》出台之前，立法并没有规制“坏男孩条款”，而是将之解释为基于特殊目的的失权条款——合理收回（Forfeiture For Cause)，然而《雇员退休收入保障法》中并没有为“合理收回”设置例外，因此，只要超过《雇员退休收入保障法》规定的最低权益归属规则的期间和比例，基于任何原因剥夺雇员权益均为法律所禁止，包括“坏男孩条款”。[③] 不过，司法实践中亦有认为如果允许将

---

① See DOL, Bureau of Labor Statistics, National Compensation Survey: Employee Benefits in Private Industry in the United States, 2005. p. 70.

② John H. Langbein, David A. Pratt, Susan J. Stabile. Pension and employee benefit law, Foundation Press/Thomson Reuters, 2010. p. 158.

③ John H. Langbein, David A. Pratt, Susan J. Stabile. Pension and employee benefit law, Foundation Press/Thomson Reuters, 2010. p. 158.

权益归属于跳槽至雇主竞争对手的雇员，将不利于雇主对新雇员进行投资和培训，因而，认为此种类型的“坏男孩条款”有效。① 此外，对于高阶主管计划（Top Heavy Plan）也允许设置坏男孩条款。在学理上，亦有学者质疑认为“坏男孩条款”违反了任何人不能从自己的违法行为中获益的法理。在我国台湾地区，基于延迟工资说，司法裁判禁止雇主以惩戒解雇为由剥夺劳工之退休金权利，已经成为法院判决共同的见解。

（二）肯定模式

即“坏男孩条款”具有法律效力，当雇员出现违法等行为时，用人单位有权减损其退休金权益。英国法中，《1995 年退休金法》第 93 条规定：“如对雇主犯刑事、过失或诈欺致对雇主负偿还责任时此权利可予以剥夺。”② 在我国，原劳动部 1995 年发布的《关于印发的〈关于建立企业补充养老保险制度的意见〉》曾采用肯定模式。③ 虽然该规定已经废止，但《企业年金试行办法》并未否定坏男孩条款的效力，因此，长期以来司法实践一直认可企业设立权益归属条件。如余朝红与南京东沛国际贸易集团有限公司劳动争议案：“余朝红主张该方案中规定职工在达到退休年龄前离开公司的不得享受补充养老保险待遇的条款无效，但其该项主张缺乏法律依据，故不能成立，本院不予采信。”④ 在上诉人杜积成与上诉人甘肃酒钢集团宏兴钢铁股份有限公司工伤保险待遇纠纷案中，《酒泉钢铁（集团）公司企业年金方案》第二十条规定：“员工因违法、违规、违纪等被企业开除或除名的，开除或除名前企业缴纳部分及该部分投资收益全部归企业所有，杜积成因违规、违纪被解除劳动合同，企业缴费的部分不予支付。”⑤ 2017 年通过的《企业年金办法》在第二十条第三项规定职工因过错被解除劳动合同的，企业年金个人账户中企业缴费及其投资收益可以完全归属于职工个人。

---

① See Lojek V. Thomas，716F. 2d 675（9th Cir. 1983）.

② See，Pension Act of 1995. s. 93.

③ 《关于印发的〈关于建立企业补充养老保险制度的意见〉》规定：“职工在严重违法、违纪、自动离职等情况下，补充养老保险待遇的处理，由企业补充养老保险方案规定。”

④ 江苏省南京市中级人民法院二审（2013）宁民终字第 2665 号民事判决书。

⑤ 甘肃省嘉峪关市中级人民法院二审（2016）02 民终 42 号民事判决书。

综上，否定说禁止用人单位设立权益归属条件，使得职工的退休权益明确、可预期，有利于保障职工的退休生活。但严格的禁止性规定使得用人单位缺乏设立年金的动力，间接损害了职工的利益。肯定说赋予用人单位部分管理权限，当职工存在特定不当行为时，允许用人单位剥夺其允诺的年金，有利于用人单位约束职工行为，但职工违法违纪已经发生已经承担相应的民事、行政甚至刑事责任，再进一步剥夺其退休利益，过于严苛。

四、我国既得受益权保护规范体系的构建

2015 年，我国进行了机关事业单位养老保险改革，将机关事业单位工作人员和企业职工的养老保险制度进行并轨，但是在对于既得受益权的保护却并未同步。未来我国应构建统一的既得受益权保护规范体系，对全体职工的退休权益予以同等对待。一方面规定权益归属期限规则，借鉴国际经验，采用混合赋权模式，即年金计划中可以选择渐进归属模式、悬崖归属模式或立即归属模式。考虑到现代社会，工作流动性加快，应缩短权益归属期限，如采用渐进归属模式归属期限不应超过 6 年，即职工在工作 3 年后即可取得应计给付 40% 的权益，其后每多工作 1 年，增加 20% 的权益。如采用悬崖归属模式，职工工作满 3 年后，即全部取得应计给付。另一方面规定权益归属条件规则，采用折中立场，明确职工因过错被解雇，用人单位有权收回其未归属权益，但收回的金额不得超过未归属权益的 30%，以平衡用人单位管理权限与职工的退休权益。

设区的市地方立法特色的完善*

——以山西省九个新设区的市近三年立法为分析样本

马皎皎**

摘　要：特色既是地方立法的根本理念，也是地方立法质量提升的核心内容。基于山西省九个设区的市近三年70多部立法文献资料分析发现，一方面设区市地方立法特色已经初步形成；另一方面仍存在地方立法的内容创新不明显、立法的形式创新普遍不足、实施性立法不到位、创制性立法欠缺四个方面的突出问题。因此，完善设区市地方立法的特色，一方面应重视对山西资源型经济转型发展要求、经济社会发展现实需求、改革创新与文化传承关系三个方面因素的考量；另一方面应坚持以问题引领立法、以创新性立法为重点突破、以实施性立法为基本保障、引入必要的立法特色完善的程序保障机制。

关键词：设区市地方立法　立法特色　特色完善

2015年修订后的《立法法》赋予所有设区的市地方立法权，这既是我国立法体制的新发展，为地方立法开辟了新空间，也是推进地方法治建设和全面依法治国的新机遇、新挑战。但是，在全面依法治国的形势下，面对地方立法的新机遇、新挑战，如何创新立法理念，全面提升地方立法的质量尤为重要。立法特色既是地方立法的重要研究内容和生命力所在，也是地方立法的主要目标导向和基本评价标准。因此，针对性研究山西省设区的市地方立法特色不仅具有重要的理论价值，而且具有及其重要的实践意义。

---

* 本文系作者参与的2018年山西省法学会年度法学研究重点课题《山西省设区市地方立法特色与模式研究》的阶段性研究成果。

** 山西大学法学院法学理论专业硕士研究生，主要研究方向为法理学与立法学。

一、设区的市地方立法特色的概念与评价

(一) 设区市地方立法特色的释义

所谓设区市地方立法特色是指特色作为设区市地方立法的存在价值和质量评价重要指标，相对于中央立法或其他设区市地方立法在立法必要性、立法内容创新性、立法技术创新性等方面所具有的独特品质和风格的总称。设区市地方立法特色通常具有两大特点：(1) 设区市地方立法特色应具备相对性、地方性特征，即设区市地方立法特色是相当于中央立法和其他地方立法而言的，应突出差异性和地方性。(2) 设区市地方立法特色应具备创新性特征，即设区市地方立法特色关键是在立法内容和立法形式上真正有所创新，做到“他无我有，他有我优”。

而设区市地方立法特色建设的理想目标通常包括四个方面：(1) 设区市地方立法特色应突显立法的必要性。(2) 设区市地方立法特色应蕴含立法内容的创新性。(3) 设区市地方立法特色应表征立法技术的创新性。(4) 设区市地方立法特色应遵循限制性规定，即地方立法特色应符合“不抵触”和“不重复”等规定以维护法制统一。

(二) 设区市地方立法特色的评价指标体系和标准

1. 设区市地方立法特色的评价指标体系

按照上述分析地方立法特色的评价指标至少应当包括四个一级指标，即立法必要性、立法内容创新性、立法形式创新性、立法限制性。其中，前三个为正向指标或激励指标，后一个为负向或约束指标。二级评价指标 11 项，即地方立法特色的地方性、客观性、时代性、针对性、可操作性、立法模式、体例、条款、语言的创新性、立法的纵向限定、立法的横向限定。三级评价指标包括 28 个（详见表 1）。

表1　设区市地方立法特色的评价指标体系

<table>
<tr><th>一级评价指标</th><th>二级评价指标</th><th>三级评价指标</th></tr>
<tr><td rowspan="2">立法必要性指标30%</td><td>地方性指标15%</td><td>具体包括立法补白、立法细化、立法成熟度三个指标</td></tr>
<tr><td>客观性指标15%</td><td>具体包括差异程度、吻合程度、立法规划可行度三个指标</td></tr>
<tr><td rowspan="3">立法内容创新性指标26%</td><td>时代性指标6%</td><td>具体包括立法目的、理念、原则的特色化三个指标</td></tr>
<tr><td>针对性指标12%</td><td>具体包括调整事项、调整对象、立法制度、有效性四个指标</td></tr>
<tr><td>可操作性指标8%</td><td>具体包括实施性条款比率、行为模式特色化条款比率、法律后果特色化条款比率、解决地方同类事物措施的创新性四个指标</td></tr>
<tr><td rowspan="4">立法形式创新性指标24%</td><td>立法模式创新指标6%</td><td>具体包括立法表现形式规范性、立法主体适宜性两个指标</td></tr>
<tr><td>立法体例创新指标6%</td><td>具体包括立法与上位法和同类地方法结构体例相似度两个指标</td></tr>
<tr><td>立法条款创新指标6%</td><td>具体包括核心条款和整体条款创新率两个指标</td></tr>
<tr><td>立法语言创新指标6%</td><td>具体包括立法语言规范度和严谨度与本土化两个指标</td></tr>
<tr><td rowspan="2">立法限制性指标20%</td><td>立法纵向限制指标10%</td><td>具体包括立法不抵触、不重复两个指标</td></tr>
<tr><td>立法横向限制指标10%</td><td>具体包括立法一致性指标</td></tr>
</table>

2. 设区市地方立法特色的评价标准

所谓设区市地方立法特色的评价标准是指对于地方立法特色的三级评价体系进行定性或定量分析判断的依据或尺度。主要包括五个评价标准。(1)创新性标准，即主要考量评价事项的原创性程度。如地方立法特色中的时代性、地方性指标。(2)独特性标准，主要考量评价事项与上位法和同类地方立法的差异性。如针对性指标、客观性指标。(3)有效性标准，主要考量评价事项的实施效果或经济效益和社会效益。如立法模式指标、可操作性指标。(4)契合度标准，主要考量评价事项与地方立法限制性规定或雷同化取向的吻合程度。如客观性指标、限制性指标。(5)比率标准，主要考量评价事项在整体或同类事项中所占的比例。如可操作性指标、立法体例创新指标、立法条款指标等。

二、山西省设区的市地方立法特色建设的实证考察

(一)山西省设区市地方立法特色建设总体情况

从2015年《立法法》修改后，山西省九个设区的市先后开始了地方立法实

践。截至2019年5月，山西九个设区市在制定《地法立法条例》及相关配套地方法规基础上①，全面推开设区市地方立法②。这些地方实体性立法主要包括五类41部、程序性立法18部。其中，实体性立法2016年制定实施2部，2017年制定实施11部，2018年制定实施18部，2019年上半年制定实施10部。其中历史文化建筑群保护类的地方法规5部③，水资源保护类的地方法规6部④，非物质文化保护类的地方法规2部⑤，环境保护类的地方法规17部⑥，城市管理类的地方法规12部⑦。上述地方立法特色表现不一。前三类历史文化建筑群保护类法规、水资源保护类法规、非物质文化遗产保护类法规的地方立法特色主要体现在立法的必要性，即这类地方立法的地方性和客观性特别突出，均属于我国山西省独一无二，其他设区市所没有的事项。同时，在立法的理念、原则、体例、立法模式上具有创新性。特别是《运城市关圣文化建筑群保护条例》虽仅有21条却充分体现地方立法有特色、不抵触、可操作基本原则。第四类环境保护类法规的地方立法特色主要体现在山西省资源型经济转型发展的普遍要求，

---

① 这些法规包括：《晋中市地方立法条例》《长治市地方立法条例》《阳泉市地方立法条例》《朔州市人民代表大会议事条例》等。

② 截至2019年5月山西省设区市地方立法实体性立法包括五类41部，其中已生效35部，未生效正在制定审议的6部。

③ 这些地方法规包括：《忻州市五台山风景名胜区条例》《运城市关圣文化建筑群保护条例》《朔州市应县佛宫寺释迦塔保护条例》《长治市不可移动文物保护条例》《晋城市太行古堡群保护利用条例》。

④ 这些地方法规包括：《长治市辛安泉饮用水水源地保护条例》《运城市涑水河流域生态修复与保护条例》《吕梁市柳林泉域水资源保护条例》等。

⑤ 这些地方法规包括：《吕梁市非物质文化遗产保护条例》《临汾市非物质文化遗产保护管理办法》。

⑥ 这些地方法规具体包括三类：一类是大气污染防治条例，如《临汾市燃煤污染防治规定》《吕梁市扬尘污染防治条例》《阳泉市大气污染防治条例》等。二是绿化条例，如《阳泉市城市绿化条例》《吕梁市城市绿化条例》。三是禁止燃放烟花爆竹规定，如《临汾市禁止燃放烟花爆竹规定》《忻州城区禁止燃放烟花爆竹规定》《运城市禁止燃放烟花爆竹规定》等。

⑦ 这些地方法规具体包括七类：一是电梯管理条例，如《晋中市电梯安全条例》《忻州市电梯安全管理条例》；二是养犬条例，如《忻州市养犬管理条例》《长治市养犬管理条例》。三是城市文明行为促进条例，如《晋城市文明行为促进条例》。四是旅游资源开发保护管理法规，如《临汾市旅游资源保护和开发办法》。五是城市交通或电动车管理条例，如《阳泉市道路交通安全管理条例》《晋城市公共交通条例》。六是中小学幼儿园建设规划管理法规，如《吕梁市中小学校幼儿园规划建设条例》。七是环境卫生管理法规，如《阳泉市市容环境管理条例》《运城市农村环境卫生管理办法》。

但有的侧重于燃煤污染、大气污染、机动车和非道路移动机械排气污染的防治，有的侧重于绿化城市改善环境，有的侧重于移风易俗改善环境。第五类地方城市管理类法规的立法特色主要体现在城市管理模式、管理内容的创新，如电梯安全管理、养犬管理、城市文明行为促进、旅游资源开发保护管理、城市交通管理、中小学幼儿园建设规划管理等方面，同时这类地方立法特色还集中体现在实施性条款创制方面。

程序性地方立法 18 部，其中，《地方立法条例》8 部，《地方人大及其常委立法程序规定》1 部，《地方政府立法程序规定》1 部，《地方人大常委立法论证程序规定》1 部，《地方人大常委立法听证程序规定》1 部，《地方人大常委会立法规划和立法计划编制工作制度》1 部，《地方人大常委会立法专家顾问制度》1 部，《地方人大法律法规草案征求意见工作制度》1 部，《地方人大常委会立法评估工作制度》1 部，《人大常委会立法工作联系点制度》1 部。程序性地方立法的特色在 8 部《地方立法条例》中几乎看不到，这类地方立法基本上是重复上级地方立法的规定，而地方立法的特色表现明显的主要是晋城市的 7 部地方人大各方面工作程序的规定，这些规定具体、明确、针对性强。

（二）山西省设区市地方立法特色建设已取得成效

1. 地方立法特色已初步形成

通过前文分析可以发现，之所以认为山西省地方立法特色已初步形成主要表现在三个方面：一是地方历史文化建筑群保护、地方水资源保护、地方非物质文化保护这三个方面的地方立法特色的立法必要性表现突出，这些地方立法事项不仅在全国全省属于独一无二，基本契合本地区的实际情况，同时其立法的体例、立法模式、立法内容均具有一定的创新性。如《运城市关圣文化建筑群保护条例》充分体现了地方立法有特色、不抵触、可操作的地方立法特色；《忻州市五台山风景名胜区条例》在规划、管理、保护等方面内容言简意赅、结构体例清新简约。二是地方环境保护方面的立法虽然立法特色并不明显，但立法的针对性较强，立法特色完善空间较大。如阳泉、长治、晋城三个市都制定了《大气污染防治条例》，临汾市、晋中市制定了《燃煤污染防治条例或规定》，吕梁市专门制定了《扬尘污染防治条例》和《机动车和非道路移动机械排气污染防治条例》。这些内容《山西省大气污染防治条例》地方立法中都有相关内容，设区市针对它们存在的特殊问题制定一些具体的实施性规定即可。三是地方城市管理方面的立法其立法特色虽优劣不均衡，但个别地方立法对特色立法却具有示范引领作用。如《吕梁市中小学校幼儿园规划建设条例》。

2. 设区市立法形式基本符合地方立法的特色趋势

所谓立法形式基本符合地方立法的趋势是指山西省设区市地方立法基本采取单行立法的形式，很少采用综合立法的形式。这主要理由包括两个方面：一方面，中国特色社会主义法律体系已经基本形成，在上位法已基本覆盖重要的立法事项的前提下，地方立法特别是设区市地方立法重点不是全面系统的创制性立法，而应当是补白和主要进行实施性立法。山西省设区市立法基本符合这一趋势。另一方面，即使在《立法法》授权的“城乡建设与管理、环境保护、历史文化保护”等方面的事项范围内，国家法和上位法的立法已经能够基本覆盖，这些方面的立法也不需要综合立法。目前，仅“城市管理”方面全国设区市已经有四十多部城市管理综合立法，而山西省没有一部。这充分说明山西省设区市地方立法形式符合地法立法的特色趋势。

三、山西省设区的市地方立法特色建设存在问题

（一）地方立法的内容创新不明显

地方立法内容创新是地方立法特色建设的重要方面，其特色建设的目标应当包括增强时代性、提高针对性和可操作性三个方面。基于对山西省九个设区市近三年41部实体性立法文本分析发现，这些地方立法的内容创新性不明显。其特色不明显主要表现在下列两个方面：

（1）地方立法的针对性不强。这方面的问题在五类地方立法中的表现不一。在历史文化建筑群保护类和水资源保护类的地方立法中立法事项的选择针对性较强，但针对性的保护措施明显欠缺；在非物质文化保护类的地方立法中立法事项的选择针对性不强，保护措施的针对性也不强；在环境保护类的地方立法中立法事项的选择针对性较强，保护措施的针对性并不强；在城市管理类法规的地方立法中立法事项选择和保护措施的针对性都不强。

（2）地方立法可操作性较差。现有大多数的地方立法中都普遍存在可操作

性差这个问题，只有个别的地方立法的可操作性较强。就整体而言，现有的地方立法的实施性条款比率、行为模式特色化条款比率、法律后果特色化条款比率、解决地方同类事物措施的创新率均低。

（二）地方立法的形式创新普遍不足

地方立法形式创新也是地方立法特色建设的主要方面，其特色建设的目标应当包括立法模式创新、立法体例创新、立法条款创新、立法语言创新等多方面。基于对山西省九个设区市近三年41部实体性立法文本分析发现，这些地方立法的形式创新性普遍不足。其特色普遍不足集中体现在三个方面：（1）立法体例缺乏创新。山西省现有的41部实体性地方立法体例较多采用“条例”比较完整的形式（共36部，占87.8%），而很少采用“实施办法”（1部、占2.4%）、“规定”（5部、占12.2%）。忽视了从立法体例上设区市立法应突出对上位法的补充、细化的功能定位。（2）立法条款的创新率较低。其中核心条款的平均创新率不足6%；整体条款的平均创新率都不足3%。（3）立法语言不规范和不严谨制约了技术创新的空间。这些是在现有大多数的地方立法中普遍存在的问题。一是在法律责任条款大多数地方法规都有如下表述：“违反本条例规定，法律、法规已有法律责任规定的，从其规定”“负有××××监督管理职责的部门及其工作人员滥用职权、玩忽职守、徇私舞弊的，依法给予处分；构成犯罪的，依法追究其刑事责任”。上述情形中，依法给予处分等于没有规定，构成犯罪依法追究刑事责任违反法律保留原则，设区市地方立法无权设定刑事责任。二是在前三类保护性的地方法规中均有：“市、县（市、区）人民政府应当对保护××××作出突出贡献的组织和个人给予表彰奖励。”上述情形中的规定既没有体现制度创新，也缺乏基本的法律保障。三是所有的管理类地方法规中都有：“为了加强××，规范××行为，保障××，维护××和××，根据有关法律、法规规定，结合本市实际，制定本条例。”上述情形中，凡是没有指出根据哪些具体法律、法规规定的，一般均无或找不到上位法的相关规定；凡是指出“结合本市实际”恰恰是不清楚本市实际或无法结合本市实际，自然无法体现地方立法特色。

（三）地方立法中的实施性立法不到位

突出地方特色是地方立法质量水平的基本衡量标准，而由地方立法的功能和定位所决定，地方立法一方面必须立足于地方经济、政治、社会、文化发展的特殊利益需求；另一方面要着重提高针对性和实用性，解决上位法没有或无法解决的问题。因此，地方立法特色建设和完善就应当突出或大力推进实施性立法。综观山西省现有的41部实体性立法文本可以看出：一是从整体上讲，实时性立法文本太少，大部分属于交叉立法或重复立法；二是从个体上讲，每一部地方法规中实施性条款所占比率也很低。特别是在环境保护和城市管理类地方立法中这一问题更加突出。

（四）地方立法中的创制性立法欠缺

如果特色是地方立法的存在价值和生命力所在，那么创新就是地方立法的灵魂，创制性立法就是地方立法特色建设和完善的关键。因此，地方立法特色建设和完善就应当以创制性立法为着力点，强化和精化创制性立法。综观山西省现有的41部实体性立法文本可以看出，真正创制性立法几乎没有。

四、山西省设区的市地方立法特色完善的基本路径

山西省设区市地方立法特色建设的现状，针对山西省设区市地方立法特色建设存在的问题，遵循地方立法特色建设的一般规律，山西省设区市地方立法特色完善的基本路径应当从以下四个方面展开：

（一）以问题引领地方立法

设区市地方立法特色建设的基本理念或特点就是突出地方性和提高创新性，其核心是坚持问题导向并以问题引领地方立法。地方立法特色完善之所以坚持问题引领立法的基本策略或基本方针，其理由有三点：(1) 提高地方立法的针对性，既是地方立法与中央立法的主要区别，也是地方立法特色化的基本思路，而提高地方立法针对性的前提是问题找的准。(2) 增强地方立法的可操作性是地方立法特色建设的落脚点，但必须以地方立法问题意识是否突出为基本保障。(3) 扩大地方立法的创新性，是地方立法特色建设的中心环节，而扩大创新性既要克服非理性的立法冲动，也要避免重复立法、抄袭立法。这一切无不以地方立法的独到空间为切入点。这一切入点必须坚持问题导向。山西设区市地方立法特色建设中

存在立法的内容创新不明显、立法的形式创新普遍不足、实施性立法不到位、创制性立法欠缺等四个方面的问题及其表现，“问题导向不明显”是根本。在完善地方立法特色的实践中，如何坚持问题引领立法的特色建设完善策略，应当围绕山西资源型经济转型独特问题、设区市经济社会发展突出问题、设区市改革创新和文化传承必须着力解决的问题依次展开：（1）以问题引领立法规划的制定，并以问题导向是否鲜明作为论证分析立法规划的必要性和可行性的重要依据。（2）以问题引领立法事项确立，并以问题意识是否突出作为确立立法事项、进行进一步立法的基本依据。（3）以问题引领立法内容和立法形式创新，并以问题解决的针对性、可操作性作为判断立法特色有无的基本指标。（4）以问题引领立法评估，并以问题解决的实际效果作为评价地方立法特色化的主要标准。

（二）以创制性立法为重点突破

通过前文对山西省近三年 41 部地方实体性立法特色建设的成效和问题分析，笔者认为，创制性立法欠缺既是山西设区市地方立法特色建设的突出问题之一，也是山西今后设区市地方立法特色完善的必经之路。地方立法特色完善之所以以创制性立法为重点突破，其理由包括两方个面：（1）衡量和检验地方立法特色建设和完善水平的核心指标是创新性，而创制性立法对地方立法而言是最具创新性的立法形式，同时也是一个地方立法特色明显的标志性成果之一。（2）在中国特色立法体制下，地方立法创新性的空间并不大，国家立法和上位法挤压地方立法的空间很有限，但地方立法存在的独特价值和特殊需求给创制性立法提供了创新机遇。因此，一个地方创制性立法的缺失是地方立法特色建设和完善的瓶颈，必须要重点突破。

在完善地方立法特色的实践中，如何实现创制性立法的重点突破，需要着力解决好两方面的问题：（1）将设区市创制性立法的重点突破作为地方立法规划编制和论证的必备内容，有目标开展立法调研，积极主动选择寻找突破口；围绕山西资源型经济转型独特问题、设区市经济社会发展突出问题、设区市改革创新和文化传承必须着力解决的问题聚焦创制性立法项目。（2）避免地立法的趋同化多角度创新。一方面，在国家立法空间下寻找地方创制性立法空间，实现补白立法；另一方面，在地方同类立法项目中，针对普遍问题寻找地方特殊有效的解决办法，进行具体制度和具体措施方面的创新立法。

（三）以实施性立法为基本保障

实施性立法是地方立法的常态和主流，也是地方立法特色建设与完善的基本保障。地方立法特色完善之所以以实施性立法为基本保障，其理由包括三个方面：（1）实施性立法既是地方立法的常态和主流，也是地方立法必须遵循的基本规律。因此，设区市地方立法特色完善不能背离地方立法的基本规律、远离地方立法的主战场。否则，地方立法的创新和特色化就会落空。（2）以实施性立法为基本保障是地方立法形式创新的主要措施。在中国特色立法体制下，地方立法创新性的空间并不大，创制性立法空间更小。因此，通过实施性体例创新、实施性制度创新、实施性措施创新、实施性条款创新能够最大限度促进创新和扩大创新点。（3）以实施性立法为基本保障是地方立法特色建设和完善的最有效途径。在中国特色立法体制下，地方立法创新性的空间并不大，国家立法和上位法的挤压地方立法空间很有限，以实施性立法为基本保障是地方立法特色建设和完善的最有效途径。

在完善地方立法特色的实践中，如何以实施性立法为基本保障，全面完善地方立法特色，应重点落实好三个方面的工作：（1）将设区市实施性立法作为地方立法规划编制和论证的主要内容，有层次设计立法计划，针对性开展立法调研，分步骤有重点落实立法任务；围绕山西资源型经济转型共性问题、立足设区市经济社会资源优势聚焦实施性立法项目。（2）避免地方立法的趋同化多角度多层次创新。一方面，在国家立法空间下寻找地方实施性立法空间，实现细化立法；另一方面，在地方同类立法项目中，针对普遍问题寻找地方特殊有效的解决办法，进行实施性体例、实施性制度、实施性措施、实施性条款等多角度多层次创新立法。（3）在地方立法的核心条款设计上下功夫，特别是针对核心条款的行为模式、法律后果设计方面，既不重复上位法，也不抄袭同位法，在与上位法“不抵触”的前提下，努力做到“人无我有，人有我优”。

（四）引入必要的立法特色完善的程序保障机制

立法特色建设和完善不仅是立法理念、立法原则、立法内容、立法形式等方面的问题，也离不开立法的程序保障机制。所谓必要的立法特色程序保障机制，其实是指能够保证地方立法特色形成并逐步完善的不可或缺的、稳定的立法模式及其良性运行机理。地方立法特色完善之所以需要引入必要的立法特色程序保障机制，其理由有二：（1）立法程序是立法质量的必要保障。其逻辑是“没有科学、公正、民主的立法程序保障，就没有高质量高水平的立法”。地方立法也不例外，特别是要形成和完善地方立法特色更离不开程序保障机制。（2）地方立法活动和地方立法特色的形成和完善有其自身必然规律。立法特色缺失往往和立法者不遵循立法活动规律，盲目非理性立法行为有直接关系。科学、正当、民主的立法程序是一种预防和规制非理性立法的抑制机制或纠错机制。因此，引入必要的立法特色完善程序保障机制，就可以使立法者遵循特色形成规律和特色完善规律，既可以抑制非理性立法，也可以将立法导入正轨，提升立法质量。

在完善地方立法特色的实践中，如何引入必要的立法特色完善程序保障机制，主要做好两个方面的工作：（1）完善地方立法特色必须建立地方立法刚性程序。一是省和设区市人大应针对地方立法建立专门的立法规划项目特色阐明、立法特色论证、立法特色听证、立法特色评估等程序；二是省和设区市人大应强化对设区市立法指导制度，编制立法技术分类指导手册。（2）设区市地方立法机关应创设立法活动中的立法项目淘汰机制，便于特色缺失的地方立法项目从立法规划、立法活动的合理退出。

矿藏资源国家所有权法律属性研究*

王　楠**

摘　要： 矿藏资源国家所有权法律属性的相关学说主要有“私权说”“公权说”和“混合说”。“私权说”忽略其独特性质，将其等同于民事所有权；“公权说”为国家对矿藏资源的管控提供依据，但因其法律内涵过于单薄导致现实适用存有障碍；“混合说”承认其公私兼具的法律属性，能够很好地衔接理论研究和实践应用。确定矿藏资源国家所有权属性有利于实现矿产资源立法科学合理、维护矿藏资源开发利用秩序等。

关键词： 矿藏资源　国家所有权　法律属性　权能

国家所有权法律制度起源于罗马法，最初以皇权制度表现出来。并伴随着自然法理论的不断深入而得到发展。其立足于对社会事务的解决，对于促成西方法律制度的发展演进发挥着重要的效用。通过立法确立自然资源领域国家所有权的主体地位已逐渐发展成为一种新的趋势①。我国现行法律中国家所有权制度是计划经济体制的延续②，其源于苏联“统一唯一国家所有权”法学学说③；与“国家所有”相关的是“全民所有”，“全民所有”只是一个经济或社

* 本文是山西省教育厅“2019 年度研究生教育创新计划项目（硕士组）”课题《地勘成果工业产权化研究》（课题编号：2019SY058）的阶段性研究成果。

** 山西大学法学院经济法学专业硕士研究生，主要研究方向为经济法和矿产资源法。

① 叶榅平：《自然资源国家所有权主体的理论诠释与制度建构》，载《法学评论》2017 年第 5 期。

② 王涌：《自然资源国家所有权三层结构说》，载《法学研究》2013 年第 4 期。

③ 孙宪忠等：《国家所有权的行使与保护研究》，中国社会科学出版社 2015 年版，第 231～232 页。

会意义上的概念，不能成为特定个体权利上的法律概念①。经济属性是矿藏资源的本质属性，也是宪法将其规定为国家所有的重要考量。矿藏资源国家所有权是自然资源国家所有、全民所有的延伸，是一项宪法性权利②，是由计划经济体制下单纯的政治权利演化而来的。对当今在社会主义市场经济体制下矿藏资源国家所有权进行探析是实践发展及理论更新的需要。这正如泰耶尔所言："法律愈发展，法律术语就愈需明确其含义；区别增加了，新的情景和难题出现了，而原有的那套概念、区别和术语就须认真修正。法律和人类的其他思维领域并非大相径庭，其同样需要清晰的思维之助才能理解问题。若常用的法律术语得到正确运用，我们便易于理解问题本身；若不能正确运用，那我们至少也应该弄清究竟错在何处。"③

一、关于矿藏资源国家所有权属性的三种学说

学界关于矿藏资源国家所有权法律属性的争议众说纷纭，具有代表性的观点主要有："私权说""公权说"和"混合说"。"私权说"认为"矿藏资源国家所有权是一个民法上的制度，《物权法》对其规定不存在任何体系上的问题"，因为矿藏资源国家所有权的客体可以通过明确具体的界定加以解决，其范围仅指民法上所有权适用的狭义国有物，并且国家可以通过完善相关法律，限制对其处分来达到保护我国生态环境和资源安全的目的④。"公权说"认为，矿藏资源国家所有权的性质不是私权，而是一种公权⑤。该观点主张：宪法上的矿产资源国家所有权并非将国家作为特殊民事主体而授以民法所有权的赋权条款，而是对国家干预的宪法承认，即用行政许可的形式体现矿产资源的国家所

---

① 马俊驹：《国家所有权的基本理论和立法结构探讨》，载《中国法学》2011 年第 4 期。

② 《宪法》第九条：矿藏、水流、森林、山岭、草原、荒地、滩涂等自然资源，都属于国家所有，即全民所有。

③ [美] 霍菲尔德：《基本法律概念》，张书友编译，中国法制出版社 2009 年版，第 27 页。

④ 薛军：《自然资源国家所有权的中国语境与制度传统》，载《法学研究》2013 年第 4 期。

⑤ 巩固：《自然资源国家所有权公权说》，载《法学研究》2013 年第 4 期；徐祥民：《自然资源国家所有权之国家所有制说》，载《法学研究》2013 年第 4 期。

有权能。矿产资源国家所有权便成为抽象化的“国家”运用国家公权力行使由国家机关代表国家间接行使支配矿产资源的权利，当行为人侵害矿产资源国家所有权时，承担区别于私法上补偿性责任的惩罚性责任。“混合说”包含有“三结构说”和“双阶构造说”两种观点。“三结构说”认为，宪法上规定的矿藏资源国家所有权是一个混合性的所有权，兼有公权和私权双重法律属性。第一层结构指矿藏资源国家所有权的私法架构。即宪法上的国家所有权与民法上的所有权二者无论从法律关系的结构还是形式上看都是统一的；宪法规定的矿藏资源国家所有权是规定国家作为所有者与其他任何私人之间的关系。而民法上的所有权是规定所有者与其他任何私人之间的关系，二者逻辑层次完全相同。第二层结构指矿藏资源国家所有权的公法架构。它指国家有权对矿藏资源进行立法分配、行政管制和利益分配等。即矿藏资源国家所有权除具有民法上的占有、使用、收益和处分普通权能之外，还包涵有立法、行政和司法方面的诸多权能。第三层结构是指矿藏资源国家所有权具有宪法义务。国家作为矿藏资源所有权人，不具有自身的利益，而是为全体人民的利益（甚至包括后代的利益）行使自然资源所有权。这是国家在矿藏资源所有权上的宪法义务，构成了矿藏资源国家所有权的第三层结构，也是国家所有权最为核心和重要的内容①。“双阶构造说”认为：矿藏资源国家所有权存在宪法所有权和民法所有权两个位阶的权利。宪法所有权和民法所有权不属于同一效力位阶，两者之间没有冲突，在法律体系中相辅相成、并列共行。但二者之间也存有区别，宪法所有权与民法所有权之间的差异主要表现在：首先，两者的原则不同。民法所有权适用“一物一权”原则，而宪法所有权不适用这个原则。其次，两者的价值不同。宪法所有权在于维护社会经济制度，与其被阐释为国家的基本权利，毋宁被理解为国家的基本义务。民法所有权在于实现物尽其用，并防范私主体对权利的侵害；宪法所有权和民法所有权在实践中客观存在，但容易混同的原因在于矿藏资源国家所有权的特殊性在于国家既是资源管理者，又是资源所有者；当国家作为矿藏资源的所有者以民法所有者身份出现时，受经济利益的驱动，容易滥用民法上的所有权，而怠于行使宪法上的所有权，即国家怠于行使其对自然资源管理者义务②。

---

① 王涌：《自然资源国家所有权三层结构说》，载《法学研究》2013年第4期。
② 税兵：《自然资源国家所有权双阶构造说》，载《法学研究》2013年第4期。

二、对矿藏资源国家所有权属性三种学说的比较分析

对存在问题的比较分析是解决问题的前提，通过对矿藏资源国家所有权属性三种学说的比较分析，从而能为完善矿藏资源法律制度提供核心理论依据。

（一）“私权说”难以自圆

所有权作为一种物权，其主体、客体和内容都必须是特定的①。“国家所有权”概念与民法上所有权基本原理不符合大抵已经成为法学界的共识②。“私权说”采用传统的权利划分体系，为矿藏资源国家所有权提供简明扼要的认定方式，但存在着以下问题：一是私权主体的实体化、平等性与“国家所有”的抽象性、优越性之间存在矛盾。传统民法理论认为：“一个私有财产只有一个所有人，所有人的权利是绝对的和排他的。”③ 与民事所有权相比，国家所有权是一种名义所有④、抽象所有⑤。即使对于本国民众也是不可以占有使用的⑥。国家所有抽象普遍，在现有法律体系之内不存在可等量化的平行权能。二是私权客体的确定性与矿藏资源的不确定性之间存在矛盾。传统意义上的私权客体指函物、行为、智力成果和权利；作为国家所有权客体的矿藏资源是赋存于地下的资源，其具有难以量化和具体化的特征，而这并不符合传统私权对物特定性的要求。三是私权内容的私权性与矿藏资源国家所有权内容的公权性之间存在矛盾。就物权的内容来说，其特指权利人对物的占有、使用、收益和处分，而矿藏资源国家所有权的内容包括管理和利用两大方面。四是私权行使的自主性与矿藏资源国家所有权行使的非自主性之间存在矛盾。私权以意思自治为逻辑起

---

① 孙宪忠：《国家所有权的行使与保护研究》，中国社会科学出版社 2015 年版，第 73 页。

② 谢海定：《国家所有的法律表达及其解释》，载《中国法学》2016 年第 2 期。

③ 肖厚国：《所有权的兴起与衰落》，山东人民出版社 2003 年版，第 56 页。

④ 肖泽晟：《宪法意义上的国家所有权》，载《法学》2014 年第 5 期。

⑤ 尹田：《民法思维之展开》，北京大学出版社 2008 年版，第 296 页。

⑥ 孙宪忠：《国家所有权的行使与保护研究》，中国社会科学出版社 2015 年版，第 13 页。

点，强调当事人行使权利的自主自愿；矿藏资源国家所有权则以全民意志为出发点和落脚点，旨在于保护全民共同利益。五是私权救济原则的补偿性、自负责任性与矿藏资源国家所有权救济原则上的惩罚性、不负责任性之间存在矛盾。当私权受到侵害时，以当事人责任自负为原则、替代责任和补充责任为例外，行使权利救济的目的在于填平当事人由此造成的损失；侵犯矿产资源国家所有权则是对全民利益的侵犯，法律赋予严苛的制裁措施，让不法行为人受到严厉的法律制裁。

（二）“公权说”内涵微薄

该学说立足于社会契约和公共信托理论，将国家对矿藏资源所享有的权利看成全民权利的让渡和对国家的委托。“国家保障自然资源的合理利用，保护珍贵的动物和植物”是资源国家所有权的实质内容。①“公权说”没能将国家对自然资源的主权性管理与基于所有者的产权管理区别分开；只是笼统地赋予国家特定的权能，权利内容过于微弱。从公权法理上来看，国家对矿藏资源利用方式的干预虽然具有正当性和必要性，但必须用宪法方式对矿藏资源利用予以规定的原因则在于，倘若国家采用政策甚至行政命令的方式直接对矿藏资源的利用方式予以干预，就会产生出国家过度干预社会事务的假象，这与我国改革开放以来所形成的良好法治习惯相冲突，与对土地的利用方式相矛盾，与传统物权秩序相背离。而排除这些障碍的最便捷方法就是在宪法中明确规定自然资源属于国家所有。“公权说”的合理性正是基于这一角度而言的。“公权说”的不足之处则在于其虽能够有效保障国家对矿藏资源享有权利的合法地位，但对于该权利项下具体内容的行使却存在诸多的不利障碍，主要表现在“公权说”内容过于单薄，难以涵盖规模庞大的矿藏资源法律领域。

（三）“混合说”火候尚缺

矿藏资源国家所有的“双阶构造”和“三结构说”揭示出了矿藏资源的不同形态在价值与功能上的差异，对于矿藏资源的开发利用与保护具有极其重要的指导意义。但其缺陷在于这种“混合构造说”不符合我国宪法对国有矿藏资

① 巩固：《自然资源国家所有权公权说》，载《法学研究》2013 年第 4 期。巩固：《自然资源国家所有权公权说再论》，载《法学研究》2013 年第 2 期。

源的定性。因为公权性直接赋予国家对矿藏资源管理和保护的权力和责任，使矿藏资源难以直接进入民事流通领域；而私权性则又将矿藏资源国家所有权与私人所有权等同无异，国家如同私人一般享有私法所有权的全部权能，甚至能够凭借其私权效能去追求资源利益的最大化。这种混合型的权利构造模式虽保证了国家在矿藏资源领域的利益最大化，从不同程度上承认矿产资源在国家中的地位，赋予不同类型国家所有权不同的权能，但将其引入实践却存在回应性弱的局面。对矿藏资源国家所有权定性的目的在于调整分配秩序、协调社会利益。因为每一个社会经济关系首先是作为利益表现出来的①，矿藏资源价值的多样性决定了其利益的多元化，对其是否开发利用以及如何开发利用需要平衡各方面的因素，这并非仅仅是一个经济问题。倘若将经济利益最大化作为所有权行使的唯一目的，可能会导致对矿藏资源开发利用中生态环境问题和社会问题的忽视。倘若将国家利益最大化作为利益立足点则会阻碍我国矿产资源事业的发展和进步，出现与民争利的不良局面，进而阻碍市场经济的发展壮大。

综上可见，矿藏资源国家所有权不纯粹是私法上的所有权，也不纯粹是国家对自然资源的行政管理权，而是两种法律调整机制同时驰骋的疆域和结果②。正是因为全体公民共同构成了国家，所以可以将“全民所有”理解成是“国家所有”。“全民”是所有法律主体的集合③，不仅仅是指单一的法律主体，而是泛指一切法律关系的主体之和。从二者的关系上看，全民所有是基础，国家所有是形式。全民所有或国家所有中的“国家”，既不是独立于“全体公民”之外的实体，也不是凌驾于“全体公民”之上的实体，而是由领土、居民和主权三要素构成的抽象意义上的国家④。从国内效力上看，国家所有权排除了国家以外的主体所享有的所有权；除国家外的任何单位和个人开发利用自然资源的前提都必须是获得国家许可。“国家所有”中的“国家”还需要有具体的承载主体来实现“所有”的目的⑤。

---

① 《马克思恩格斯全集》第18卷，人民出版社1972年版，第307页。

② 王社坤：《自然资源产品取得权构造论》，载《法学评论》2018年第4期。

③ 谢海定：《国家所有的法律表达及其解释》，载《中国法学》2016年第2期。

④ Deutsches Rechtslexilcon，Band 3.，Verlag，C. H. Beck，1994，Seite 490~491.

⑤ 彭中礼：《论“国家所有”的规范构造——我国宪法文本中“国家所有”的解释进路》，载《政治与法律》2017年第9期。

三、确定矿藏资源国家所有权属性的法律价值

市场经济体制下矿藏资源国家所有设定的实质是国家对矿藏资源的管制，从政府与市场关系角度去理解，国家对矿藏资源的管理权实质上是国家干预矿藏资源配置的权力，其权能设定应是以解决市场失灵为己任。立足于我国宪法对矿藏资源国家所有权权能的规定以及市场条件下政府与市场关系中政府的职能定位，我国矿藏资源国家所有权属性确定的法律价值主要体现在以下几点：

（一）有利于实现矿产资源立法科学合理

从1986年实行矿产资源有偿取得以来，我国矿产资源开发利用虽然有了巨大发展并取得了重大成就，但秩序始终处于紊乱状态，1996年虽然对《矿产资源法》进行了修改，但在整个矿产资源领域法治建设与其他自然资源领域的法治建设相比差距甚大，秩序紊乱问题依然没有得到解决，其中最关键的问题就是对矿藏资源所有权属性定位不科学，因此正确确定矿藏资源所有权属性，是矿产资源领域法治建设的核心问题。

（二）有利于维护矿藏资源开发利用秩序

“旨在保护公民和财产、实施合约和界定产权的政府活动，可以视为所有市场经济存在的基础。”① 资源使用许可证的初始分配也是国家所有权的权能。但与普通许可证不同，资源许可证的分配属于资源产权的出让和资源利益的分配。长期以来，我国资源开发利用许可证一直以低偿甚至无偿方式分配，将全民所有的矿藏资源价值等同于许可证的财产权价值，导致高能有效的资源产权市场无法建立起来，并造成矿产资源领域严重的私挖滥采、环境恶化、劳资关系紧张、干部人事腐败、税收流失严重、社会两极分化等问题。② 矿藏资源的合理开发利用需要依赖市场机制，而市场机制有效作用的前提则是存在可交易的资

---

① ［美］约瑟夫·E. 斯蒂格利茨：《公共部门经济学》，郭庆旺等译，中国人民大学出版社2013年版，第66页。

② 王继军：《矿产资源有偿取得法律问题研究》，载《政法论坛》2008年第6期。

源产权。在我国，资源产权的创设逐渐为立法所重视，通过探矿许可、采矿许可所创设的探矿权、采矿权被赋予了财产权价值。产权保护同样构成国家所有权的权能。没有对产权的有效保护，就难以形成对产权合理利用的有效激励。因为只有一个人事先就以所有者的身份来对待自然界这个一切劳动资料和劳动对象的第一源泉，把自然界当成隶属于他的东西来处置。他的劳动才成为使用价值的源泉，因而也成为财富的源泉。①

（三）有利于国家所有者收益权的实现

征收资源税费及矿产资源权益金不仅是国家资源利益的体现，也是国家干预资源配置、促进资源合理利用、保护生态环境的重要手段。税费的征收是资源国家所有权的一项基本权能。现如今我国的资源税费征收制度还很不完善。具体体现在：第一，资源税费相关立法尚不健全。我国的矿产资源相关税费由资源税、矿产资源补偿费、矿区使用费、探矿权价款、采矿权价款、探矿权使用费、采矿权使用费和石油特别收益金等组成。其大多是在法律原则性规定下，由行政法及相关规定规范征收②。有关资源税费的法律规定复杂分散，且缺乏统一的资源税费基本立法。第二，有关资源税费的构成尚需完善。资源税费的征收不仅未能充分体现国家的资源利益，而且也未能反映资源产品的市场供求、稀缺程度和环境生态的损害成本等。有鉴于此，完善资源税费立法、改革、征税费范围，改变计征方式，提高资源税税负，调整资源补偿费费率等是完善矿藏资源国家所有权权能的重要举措。

（四）有利于资源开发保护监管

资源的保护与开发利用的监管是国家所有权的核心权能③。对矿藏资源的保护和监管体系应由调查监测、用途管制、资源保护、监督检查等制度组合而

---

① 《马克思恩格斯选集》，人民出版社 1972 年版，第 5 页。

② 资源税的征收依据是国务院发布的《资源税暂行条例》，矿产资源补偿费、矿区使用费、矿业权（探矿权、采矿权）价款、矿业权（探矿权、采矿权）使用费和石油特别收益金的征收依据分别是由国务院发布的《矿产资源补偿费征收管理规定》《矿产资源勘查区块登记管理办法》《矿产资源开采登记管理办法》等行政法规和规定。

③ 王克稳：《论自然资源国家所有权权能》，载《苏州大学学报（哲学社会科学版）》2018 年第 1 期。

成。矿藏资源的调查监测是对其进行开发利用和保护的基础性工作，对摸清矿藏资源家底、合理开发利用矿藏资源、监管矿藏资源使用、保护矿藏资源环境、实现社会经济可持续发展意义重大。矿藏资源用途管制是指对一定国土空间的矿藏资源根据资源属性、使用用途和环境功能等方面的差异采取相应监管措施的制度安排。用途管制是有效实施资源保护、促进资源集约利用，提高资源配置效率的重要制度，也是资源开发利用许可的依据和基础。我国目前主要的矿藏资源保护制度是划定保护红线，在业已划定的资源数量、质量、空间的基础之上进行保护。对于矿藏资源的管理，无论是用途管制、标准规制还是许可利用都须通过严格的监督检查以确保各项管理制度的落地。在立法上，我国的资源单行立法都规定有相应的监督检查制度，但在实践中，法律上设定的监督检查制度远未得到有效实施和执行，资源开发利用中监管缺失的现象依旧存在。

（五）有利于环境生态治理修复

矿藏资源领域地质和生态的破坏可以归纳为六大方面：一是矿山开采中废气、粉尘、废渣排放，产生大气污染和酸雨。二是采矿诱发地质灾害。三是采矿活动破坏了大量耕地和建设用地。四是矿山建设和生产破坏林地，进而加剧水土流失和沙漠化。五是采矿使矿区水均衡遭受破坏，产生各种水环境问题。由于矿井疏干排水，导致大面积区域性地下水位下降，破坏矿区水均衡系统。六是采矿破坏自然地貌景观，影响整个地区环境的完整性。① 生态修复与环境治理的直接责任主体是资源使用人，通常以生态环境恢复治理保证金的方式来保障行使，即由资源使用人向政府监管部门预先缴纳生态环境恢复治理保证金保证在资源开发完成之后，将环境生态修复到或超过原先生态环境生产能力的最佳状态。我国目前政府在生态修复和环境治理权能和制度上的缺失集中体现在至今我国还没有规范政府这一权能的基本立法。虽然现有地方立法规定了资源开发利用中的生态环境修复治理制度，但并未将其作为政府的一项基本权能。在保证金制度方面，实践中，生态环境恢复治理保证金缴纳比例过低，保证金

① 林家彬等：《中国矿产资源管理报告》，社会科学文献出版社2011年版，第58～60页。

与生态环境恢复治理实际所需资金之间存在极大的问题，特别是一旦发生严重的生态灾难或环境污染，过低的保证金根本难以满足恢复治理的需要。加之实践中对保证金的监管缺失，导致保证金的随意挪用现象常有发生。而立法层面上未将生态修复与环境治理作为政府职责的弊端则导致很多生态破坏和环境污染不仅无法得到有效的修复或治理，甚至呈现不断恶化的趋势。

《三晋法学》征稿启事

《三晋法学》（王继军主编，中国法制出版社出版）是由山西大学法学院主办的法学学术论丛。本论丛以“探索法学理论前沿，拓展基础理论研究，密切关注法律实务，提倡学术自由，遵守学术规范”为宗旨。开设“名家论坛”“探索与争鸣”“法学各科专论”“判解研究”“课题成果”“博硕论文精粹”“法学教育”等栏目。欢迎海内外有创见卓识的法律人惠赐高质量稿件，阐说思想，传播文化，繁荣法学。2006 年起每年出一辑，每辑 30—35 万字。

《三晋法学》论文格式要求：

1. 150—200 字中文摘要。

2. 3—5 个关键词。

3. 作者简介。在文章题目下作者名字的右上角用 * 标示，在当页正文下注明。例如：山西大学法学院教授，主要从事外国法律制度史研究。

4. 注释采用脚注，当页排序。

例如：

①郭道晖：《宪政简论》，载《法学杂志》1993 年第 5 期。

②张庆福：《宪法与宪政》，载许崇德主编《宪政与民主政治》，中国检察出版社 1994 年版，第 3 页。

③《毛泽东选集》第 2 卷，人民出版社 1991 年版，第 732 页。

④王人博：《宪政的中国之道》，山东人民出版社 2003 年版，第 1 页。

⑤［美］约瑟夫·E. 斯蒂格利茨：《公共部门经济学》，郭庆旺等译，中国人民大学出版社 2013 年版，第 66 页。

⑥作者：《文章题目》，http：　　　　　。

5. 文章字数要求：不要超过 8000 字。

6. 请勿一稿多投；格式不符合要求的不予采用。

7. 来稿需发送电子稿一份。电子稿请寄 liqi@ sxu. edu. cn

8. 来稿一经采用，即发给电子版的“采稿通知书”。不设稿酬，随寄作者样书一本。

图书在版编目（CIP）数据

三晋法学．第十四辑／王继军主编．—北京：中国法制出版社，2020.8

ISBN 978－7－5216－1146－5

Ⅰ．①三… Ⅱ．①王… Ⅲ．①法学－文集 Ⅳ．①D90－53

中国版本图书馆 CIP 数据核字（2020）第 102079 号

策划编辑 周琼妮（zqn－zqn@126.com）

责任编辑 周琼妮 陆紫薇 封面设计 李宁

三晋法学（第十四辑）

SAN JIN FAXUE（DI－SHI SI JI）

主编/王继军

经销/新华书店

印刷/北京京华虎彩印刷有限公司

开本/710 毫米×1000 毫米 16 开 印张/24.75 字数/319 千

版次/2020 年 8 月第 1 版 2020 年 8 月第 1 次印刷

中国法制出版社出版

书号 ISBN 978－7－5216－1146－5 定价：92.00 元

北京西单横二条 2 号

邮政编码 100031 传真：010－66031119

网址：http：//www.zgfzs.com **编辑部电话：010－66067023**

市场营销部电话：010－66033393 **邮购部电话：010－66033288**

（如有印装质量问题，请与本社印务部联系调换。电话：010－66032926）